식민지 조선
불취학자들의 배움

야학경험자의 구술사를 토대로

이정연

일러두기

1. 인용 자료 중 지명이나 조사대상자의 출신지 및 활동 지역명은 식민지기 당시의 지명을 그대로 사용했다.
2. 조사대상자의 연령은 한국에서 일반적으로 사용되는 세는나이로 표기했다.
3. 연호 표기는 원칙적으로 서양력으로 표기하나 인용 부분의 일본 연호에 관해서는 원문을 그대로 사용하고 괄호 안에 서양력을 병기했다.
4. 인용구에는 적절히 띄어쓰기와 구두점을 추가했다.
5. 본문의 인용구에 고딕체로 진하게 표시된 부분은 문맥의 의미를 강조하기 위해 저자가 임의로 표시한 것이다. 단, 글씨체 변화 없이 진하게만 표시된 부분은 원문의 강조 부분을 그대로 표시한 것이다.
6. 제3장부터 제5장에서 조사대상자의 이름 뒤 또는 문장 끝에 기입한 괄호 속의 번호(이름(No.○), 또는 문장 뒤에 (No.○, ○, …))는 제3장의 〈표3-4〉의 조사대상자(야학 학생경험자)에 붙인 번호와 같다.

머리말

내가 국민핵교만 나왔어도 이렇게 고생하지는 않았을겨…

이 말은 작고하신 내 어머니의 평소 입버릇이었다. 어머니는 1931년 식민지 조선에서 태어나 유년 시절을 보내셨고 만 14세에 해방을 맞이하셨다. 한 번도 학교 문턱을 넘어본 적은 없으나 한글과 구구단과 같은 간단한 문해·계산능력은 있었기 때문에 일상생활에 큰 지장은 없으셨다. 학교에 다닌 적이 없는데도 어느 정도 문해 능력을 갖출 수 있었던 것은 식민지기 마을에 개설된 야학에 다니셨기 때문이다. 어머니가 야학에 다니셨다는 사실은 알고 있었으나 그 상세한 이야기까지는 제대로 들은 적이 없었다. 그래서 이번 조사에서 야학경험자로서 어머니께도 인터뷰를 실시했다. 인터뷰를 통해 당시 어머니의 학습의욕이 남다르게 높았다는 점에 새삼 놀라게 되었다. 그리고 모두에서 소개한 말씀을 평소 왜 그렇게 자주 하셨는지 더욱 이해하게 되었다. 매년 농한기라는 짧은 기간에만 운영되긴 했으나 마을 청년이 가르쳤던 야학이 배움에 목마른 불취학 아동이었던 어머니께는 오아시스와 같은 곳이었다.

*　　　*　　　*

이 책이 나오게 된 계기가 마련된 것은 필자가 2011년부터 참여했던 일본학술진흥회 과학연구비 조성사업 공동연구 '일본 통치하 대만·조선의 학교교육과 주변문화 연구(日本統治下臺灣·朝鮮の學校敎育と周邊文化の研究)'(연구대표자: 사토 유미(佐藤由美))로까지 거슬러 올라간다. 필자는 이 공동연구에서 사회교육 분야를 담당했고, 그중에서도 식민지 조선의 야학에 대해 조사·연구하게 되었다. 식민지기 야학에 대해서는 박사학위논문에서도 조금 다루긴 했지만 주로 문헌자료에 의존했었기 때문에 식민지기에

실제로 야학에서 배운 사람들이나 가르쳤던 경험이 있는 사람들에 대한 인터뷰조사의 필요성을 늘 느껴왔다. 하지만 좀처럼 조사에 착수하지 못했고 시간만 흘러가던 때에 위의 공동연구에 참여하게 되면서 다소 늦은 감은 있으나 야학경험자(학생과 교사)들의 증언을 모으는 일에 도전해 보기로 했다. 그러나 식민지기 야학경험자들을 찾아내는 일은 결코 쉬운 일이 아니었다. 어디서부터 무엇부터 조사를 시작해야 할지 막막할 따름이었다. 본문에서도 자세히 설명하겠지만 조사에 착수하려던 시점에 야학경험자들의 연령은 이미 80세를 넘은 고령이었고, 학교와는 달리 야학은 학적부 등과 같은 기록이 거의 남아 있지 않기 때문이다.

그런데 공동연구 2년 차에 들어섰을 즈음 새로운 국면을 맞이하게 되었다. 필자는 일본에 거주하고 있어 좀처럼 조사 착수가 쉽지 않아 한국에 사는 가족에게 야학경험자를 찾아줄 수 있는지 상의를 하게 되었고 가족들은 흔쾌히 응해 주었다. 처음에는 가족과 친척, 지인 중에서 조사대상자를 물색하기 시작했고, 인터뷰조사를 받으신 분들이나 그 가족분들께 다시 소개받는 형식으로 조사를 진행해 갔다. 당초 예상했던 것보다 대상자가 많이 나타나 공동연구 종료 이후에도 개인연구로서 다른 연구조성비를 획득해 야학경험자들에 대한 인터뷰조사를 계속 진행해 갔다.

하지만 시간이 경과함에 따라 주변 사람들의 소개만으로는 한계를 느끼게 되었고, 그 후로는 인터넷으로 검색하거나 경로당과 노인복지관 등을 돌면서 직접 야학경험자들을 찾아나서는 등 다양한 방법을 도입하게 되었다. 예를 들면 인터넷에서 검색한 신문기사나 블로그 등에 식민지기 야학에 관련한 내용이 조금이라도 발견되면 신문사나 블로그 관리자에게 직접 문의하거나 해당 지역에 직접 찾아가 탐문하기도 했다. 또한 TV 뉴스나 다큐멘터리 방송에 나오는 인터뷰 내용 중에 "야학에서 배운 적이 있다"와 같은 야학 관련 이야기가 나오면 그 인물을 찾기 위해 방송국에 문의하거나 그 인물이 사는 마을의 이장이나 노인회장 등에게 부탁해 소개받기도 했다. 그리고 야학경험자에 대한 인터뷰를 위해 현지를 방문했을 때 시간적 여유가 생길 때마다 그 지역의 경로당과 마을회관 등을 찾아가 야학경험자를 수소문해 보기도 했다. 이러한 일련의 조사대상자 발굴 작업은 필자가 일본에 거주하는 관계로 대부분 한국에 있는 필자의 둘째 오빠가 도 맡아 해 줬다. 이렇게 다양한 방법을 동원해 발견된 야학경험자는 팔순을 넘긴 고령이라서 한 명이라도 발견이 되면 일본에서 서둘러 건너가 조사를 진행했다. 그로 인해 조사에 꽤 많은 시간이 걸렸지만 조사대상자 수는 조금씩 늘어갔다.

조사대상자의 거주지는 북쪽으로는 강원도 평창에서 남쪽으로는 제주도까지 전국에 걸쳐 있다. 본서에서 다루는 것은 64명의 증언이지만 실제로 조사를 한 인원은 86명으로 조사과정에서 생긴 에피소드도 셀 수 없이 많았다. 인터뷰조사를 위해 방문했으나 인터뷰를 시작한 지 몇 분 혹은 몇 십분 경과했을 즈음 야학경험자가 아님을 알게 되었을 때의 낙담과 허망함으로 순간 당황했던 일도 여러 번 있었다.

그러나 한편으로 식민지기의 학교교육이나 실생활, 시대 정황 등 다양한 이야기를 들을 수 있어 나름 의미있는 시간이었다. 예를 들면, 강원도 평창에 사는 야학경험자를 방문했을 때의 일이다. 겨울이어서 눈도 많이 내리고 꽤 추운 시기였다. 도중에 길을 헤매서 전파도 잘 안 터지는 산속 깊이까지 들어갔다가 우여곡절 끝에 간신히 조사대상자의 집에 도착했을 때는 이미 날이 저물어 깜깜해진 후였다. 서둘러 인터뷰조사를 시작한 지 몇 분인가 지났을 즈음 조사대상자가 야학에 다닌 적이 없다는 사실을 알게 되었다. 실상은 식민지 말기 마을에서 이루어진 성인 대상 국어강습회로 보이는 곳에 조사대상자의 어머니가 참여했었고, 그곳에 몇 번인가 따라갔을 때 익혔던 일본어를 조금 기억하는 정도였다. 그것을 조사대상자의 자제분이 야학에서 배운 것으로 착각해 모친을 우리에게 소개한 것이었다. 학교에 다닌 적이 없는 모친이 일본어를 조금 배웠다고 하니 야학에서 배운 것으로 생각했던 모양이다. 그러나 식민지기 당시 산간지역의 생활상을 비롯해 산간벽지라서 교육시설은 물론 외부인의 출입조차도 쉽지 않았던 지역민에 대해 식민지 말기 일어상용정책이 어떻게 전개되었는지 등을 짐작할 수 있는 이야기를 들었던 것은 큰 수확이었다.

이렇게 야학에 다닌 적이 없거나 혹은 간이학교 등에 다녔던 사람을 야학경험자라고 소개받게 된 이유는 조사대상자를 물색할 때 식민지기 당시 정식 학교가 아닌 곳에서 배운 적이 있는 사람으로 다소 폭넓게 찾았고, 그로 인해 간이학교를 정식 학교로 간주하지 않아 조사에 응한 경우가 여럿 있었다. 또는 소개자와 조사대상자 사이에 의사소통이 원활하지 않아서 야학에 다닌 적이 없는 사람을 소개받는 등 그 이유는 다양했다.

*　　　*　　　*

야학경험자들을 찾아내는 일은 물론 조사대상자가 거주하는 곳까지 운전하고, 인터뷰조사를 보조하고, 녹취록 작성에 이르기까지 모든 조사과정에 동행하며 물심양면으로 도와준 둘째 오빠부부(이준권, 박영섭)가 없었다면 본서는 세상 밖으로 나오지 못했을 것이다. 막냇동생의 연구를 위해 바쁜 일상 속에서도 조력을 아끼지 않았던 오빠 부부께 이 자리를 빌려 심심한 감사의 마음을 전한다. 그리고 이번 조사에 협력해 주신 다른 형제들과 친척, 지인들께도 깊이 감사드린다.

본서는 올해 3월 일본에서 먼저 출판한『植民地朝鮮における不就學者の學び―夜學經驗者のオーラル・ヒストリーをもとに―』(HAKUEISHA)의 한국어판이다. 일본어판 출판에 이어 이번 한국어판 출판까지 가능하게 해주신 박영사의 나카지마 케이타(中嶋啓太) 선생님과 편집을 맡아주신 김민조 선생님께도 감사 인사를 올린다. 그리고 일본어판 출판 때 일본어 교열을 맡아주고, 이번 한국어판 출판에서는 식민지기 일본어 자료의 한국어 번역확인 작업을 도와준 동경대학 박사과정 마츠오 유미(松尾有美) 선생에게도 고마움을 전한다.

아울러 본서를 출판하는 데에 있어 '공익재단법인 히로세재단(ヒロセ財團)'의 연구조성금이 큰 도움이 되었다. 오랜 기간에 걸친 조사로 인해 당초 계획보다 한일 양국에서의 출판이 상당히 지연되었는데도 불구하고 묵묵히 기다려주신 배려와 지원에 깊은 감사의 말씀을 올린다.

*　　　*　　　*

인터뷰조사로 야학경험자를 방문하면 처음에는 '제대로 된 학교도 아닌데 왜 조사를 하느냐'라던가 '인터뷰할 정도로 대단한 내용도 없다', '기억나는 게 별로 없다'라는 등의 다소 소극적인 반응을 보였지만 인터뷰가 시작되고 어느 정도 시간이 경과하면 긴장도 풀리고 이야기도 탄력을 받아서인지 점점 마치 어렸을 때로 돌아간 것처럼 천진난만한 표정을 보이면서 당시의 경험담을 풀어내는 분들이 많았다. 그래서인지 인터뷰가 끝나고 작별인사를 할 때가 되면 불편한 몸을 이끌고 문 밖까지 나와 배웅하면서 고마워하시거나 "언제 또 오냐?"라며 아쉬운 표정을 짓는 분들도 적지 않았다. 학교에 다닐 수 없어 야학에 다닌 사실을 부끄럽게만 여겨 왔던 자신들의 과거를 전부 쏟아내 후련해서인지 또는 누군가가 자신의 어린 시절 이야기에 귀 기울여 주고 인정받았다는 느낌이 들어서인지 어르신들 표정에서 뭔가 치유 받고 해방된 듯한, 그리고 한층 기분이 고양된 듯한 느낌을 받은 적도 종종 있었다. 이번 조사가 어르신들께 조금이나마 위안이 되었기를 바라본다.

2013년 4월부터 2018년 10월까지 약 5년 6개월에 걸친 긴 조사 기간과 그 조사결과를 본서로 정리하기까지 걸린 약 4년이라는 기간을 합하면 조사개시부터 거의 10년에 가까운 세월이 지났다. 그 사이 야학경험자들 중에는 본서를 받아보지 못하고 돌아가신 분들도 여럿 계신다. 바지런하지 못한 필자 탓에 본서가 완성되기까지 너무나 오랜 시간을 기다리게 해 드린 점에 대해 야학경험자 및 가족 여러분께 죄송한 마음과 함께 깊은 감사의 인사를 올린다.

어려서 학교에 다니지 못한 것을 늘 한스럽게 생각하셨지만 그 어느 누구보다도 현명하고 지혜로우셨던 존경하는 나의 어머니 송정섭 여사를 비롯해 이번 조사에 협력해 주신 야학경험자분들께 이 책을 바친다.

2023년 3월
이정연

차례

제3장　불취학자들의 배움의 실태
-1930~40년대 야학경험자의 구술사를 바탕으로-

제4장　여성의 배움과 야학

제5장　야학교사의 교육실천

종장　불취학자의 배움과 야학

조선민중의 교육욕구는 충족되었는가?

제 1 절
근대 교육과 조선민중

19세기 후반 외세의 침략적 접근과 개항이라는 큰 변화를 맞으며 한국은 서양의 과학기술 등의 근대 문명을 받아들일 수밖에 없게 되었다. 근대 학교교육의 도입도 그 일환이다. 한국 최초의 근대 학교는 1883년에 개항장이었던 원산에 설립된 원산학사이다. 원산의 지방유지와 개화파 관리들에 의해 설립된 원산학사는 문예반과 무예반으로 편성되어 각각 경서와 병서를 가르치고 문무(文武) 공통과목으로 산수, 물리, 기기(機器), 농업, 양잠, 채광(採鑛) 등의 실용적인 과목과 외국어 및 법률, 지리 등의 근대적 교과를 가르쳤다.[1]

그 후 1886년에는 한국 최초의 관립교육기관인 육영공원이 설립되었다. 육영공원은 외국과의 교섭과 해관(海關)의 사무처리를 위한 영어교육기관으로 1882년에 설립된 동문학(同文學)을 확대·개편하여 설립된 것이다. 동문학의 교육대상은 정부 고관 자제들로 영어교육을 중심으로 하는 교육 내용이어서 오래 가지 못하고 1894년에 폐교되었다. 그에 반해 기독교 선교사들에 의해 설립된 사학은 고아나 부랑아, 여자들에게도 널리 교육을 실시하여 근대 학교교육의 보급에 크게 공헌했다. 최초의 근대적 사학은 미국 북부 감리교회 선교사 아펜젤러(Appenzeller, H.G.)가 1885년에 설립한 배재학당이며, 이 선교회는 이듬해 여성대상 교육기관으로 이화학당도 설립했다. 그 이후에도 학교 설립은 계속되었고, 장로파교회 선교회에서도 학교설립을 통한 교육사업을 전개했다.[2]

정치와 경제, 교육 등 사회전반에 걸친 근대화를 추진한 갑오개혁 (1894-1896년)에 의해 1895년에는 '교육조서'가 공포되었고, 근대 교육제도도 정비되어 갔다. 그때 정부가 중시한 것은 초등교육의 보급과 근대화에 필요한 각 분야의 인재육성이었다. 전자를 위해 사범학교와 소학교를 설립하였고, 후자를 위해 각종 외국어학교와 무관학교, 의학교, 상공(商工)학교, 광무(鑛務)학교, 우무(郵務)학교, 전무(電務)학교, 법관양성소 및 잠업

---

1 신용하 「우리나라 최초의 근대학교 설립에 대하여」 『한국사연구』 제10집, 1974, pp. 191-204.
2 정재걸 외 『한국 근대 학교교육 100년사 연구(1): 개화기의 학교교육』 한국교육개발원, 1994, pp.9-15.

(蠶業)시험장 등을 설립하였다.

　　그러나 제1차 한일협약(1904년)에 따라 한국은 일본의 고문정치를 받게 되어 자주적인 근대화는 막을 내리게 된다. 1906년부터는 일본에 의한 통감정치가 시작되고 한국의 교육정책은 실질적으로 일본에 의해 추진되게 되었다. 통감정치 아래 학부(學部)는 1906년 8월에 기존의 소학교령을 보통학교령(칙령 제44호)으로 개정·공포하는 것을 비롯하여 고등학교령 및 고등여학교령, 사범학교령, 외국어학교령, 농림학교관제 등을 제정해 갔다. 특히 주력한 것은 보통학교의 확장이었는데 관공립학교에 대한 한국 민중의 저항과 경계심으로 인해 공립보통학교에 대한 입학을 기피하는 현상이 일어났다.[3] 그에 반해 사립학교와 서당은 급증하면서 통감부는 1908년에 사립학교령을 공포하여 통제를 시작하였고, 서당에 대해서도 '서당에 관한 훈령'을 제정하여 관리하였다. 그리고 공립학교에 대한 입학을 독려하기 위해 부형회와 가정방문, 학예회, 통속강담회(通俗講談會) 등의 통속교육(사회교육)도 전개했다.[4]

　　이러한 관공립학교 기피현상과 사학에 대한 통제는 '한일병합조약'(1910년 8월 22일 체결, 동년 8월 29일 발효)에 따라 '대한제국'이 '조선'이라는 일본의 식민지로 전락한 후에도 한동안 지속되었다. 조선의 교육에 대한 조선총독부의 기본방침은 시세와 민도에 맞는 보통교육과 실업교육을 중점적으로 전개하고 '충량한 국민을 육성'하는 것이었다.[5] 그러나 식민지 초기의 조선민중은 여전히 공립학교를 기피하고 사립학교와 서당을 선호했다. 1911년의 초등교육기관 수를 보면, 서당이 전체의 90% 이상을 차지하고 있고, 그 다음으로 사립 각종학교가 8%, 관·공·사립 보통학교가 1.7%로 서당과 사립학교가 압도적으로 많다. 학생 수도 서당이 60% 이상을 차지하고 있고, 사립 각종학교가 약 25%, 보통학교가 14% 정도이다.[6]

3　學部 『韓國敎育』 1909, p.10.

4　이정연 『한국 '사회교육'의 기원과 전개』 학이시습, 2010, pp.81-104.

5　隈本繁吉 『敎化意見書』 1910, pp.35-40(초출은 渡部學·阿部洋編 『日本植民地敎育政策史料集成(朝鮮篇)』 第69卷, 龍溪書舍에 수록).

6　朝鮮總督府 『朝鮮總督府統計年報』 1925, pp.654-655.

그로 인해 조선총독부는 '학교를 중심으로 하는 사회교육'이라는 시책을 통해 부형회와 가정방문 등의 학부형에 대한 취학독려활동과 함께 학예회와 전람회, 운동회 등을 개최하여 학교교육의 내용과 성과를 학부형과 일반민중들에게 공개함으로써 공립학교의 호감도를 높여 취학률을 높이려고 했다.[7]

그러나 1919년에 전국적인 규모로 일어난 3·1운동을 기점으로 조선민중의 교육열이 높아지기 시작했고, 이후 입학경쟁이 과열화되는 사태로 전환되었다. 조선총독부에 의한 학교교육을 받아들이게 된 조선민중의 동기에 대해 오성철은 크게 세 가지로 나누어 설명한다. 우선 학교를 통해 정치적 실력을 양성하기 위한 것이고, 둘째로 학교를 이용하여 상승적 사회이동을 도모하기 위함이며, 마지막으로 정상적인 사회생활을 위한 기본조건을 확보하기 위해 학교교육을 수용하게 되었다고 정리하고 있다.[8]

하지만 3·1운동 이후 바뀐 조선민중들의 높은 교육열에 조선총독부는 그 이전의 취학독려정책을 버리고 반대로 입학시험을 부과하여 학생을 선발하게 된다. 그리고 학교증설에는 소극적인 자세를 보이고 사립학교에 대해서는 여전히 엄격한 통제를 가해갔다. 그로 인해 조선민중들은 조선총독부에 대해 학교증설을 요구함과 동시에 민중 스스로 부락단위로 기금을 모아 보통학교 설립운동을 전개하기도 했다. 하지만 조선총독부의 미온적인 대응은 그 이후에도 크게 개선되지 않았고, 조선민중들의 교육요구는 중등학교나 고등교육기관의 설립운동으로까지 발전해 갔다.

이러한 실태에 대해 사노 미치오(佐野通夫)는 3·1운동 이후 "'교육열'로서 표출된 조선민중들에 의한 조선총독부의 학교 수용은 이러한 교육내용의 변혁을 바라는 요구를 내포한 것이었다"고 말하면서 조선민중에 의한 학교 수용의 내실에 주목할 필요가 있다고 지적한다.[9] 즉 3·1운동 이후 조선민중의 교육열이 높아진 것은 분명하지만 공립학교 취학률의 상승과 입학경쟁이 사립학교에 대한 심한 탄압과 조선총독부의 소극적인 학교증

---

7 이정연, 앞의 책, pp.143-151.
8 오성철『식민지 초등 교육의 형성』교육과학사, 2000, p.202.
9 佐野通夫『日本植民地教育の展開と朝鮮民衆の對應』社會評論社, 2006, pp.256-258.

설정책이라는 상황하에서 일어나고 있다는 점에 주의할 필요가 있다는 것
이다. 실제 보통학교뿐만 아니라 중등학교 진학을 희망하는 사람이 해마다
늘어남에도 불구하고 조선총독부는 학교증설이 아니라 간이학교의 설치나
졸업생지도와 같은 임시방편적인 시책으로 민중의 교육욕구를 해소해 가
려고 했다. 따라서 식민지 말기가 되어도 학령아동의 취학률은 50% 정도
에 그쳤고, 여아들의 취학률은 30% 정도로 매우 낮은 수준이었다.[10]

그럼 수많은 불취학자(不就學者)들의 교육욕구는 어디에서 어떻게 충
족되었을까? 앞에서 말했듯이 3·1운동 이후 조선민중의 교육열은 급격히
높아졌지만 조선총독부에 의한 학교증설의 움직임은 둔했고, 반면 사립학
교와 서당 등에 대한 통제는 강화됨에 따라 불취학 아동들이 많이 생겨나
게 되었다. 이러한 불취학 아동의 교육을 담당했던 것은 대부분 각 지역에
설치된 야학이나 강습소 등이었다. 이러한 교육시설에서는 불취학 아동뿐
만 아니라 학령기를 넘긴 청년이나 농민, 노동자, 그리고 부녀자 등에게도
교육을 실시했다. 이러한 교육시설과 교육활동은 관이 운영하는 경우도 일
부 있긴 하나 대부분은 조선민중들이 운영하는 것이었다. 즉 근대 교육에
대한 조선민중의 욕구는 조선총독부에 의한 학교만으로는 충족되지 않았
으며, 그 교육욕구의 많은 부분은 조선민중 스스로가 설립·운영하는 야학
과 강습소에 의해 충족되었다.

---

10 위의 책, p.276.

제 2 절

선행연구의 검토와 본 연구의 과제

조선민중에 의한 교육실천으로 대표되는 '야학'에 관한 기존 연구들은
주로 '억압-저항'이라는 이분법적인 연구관점이 강했다고 할 수 있다. 그
대표적인 연구로서는 강동진을 비롯하여 노영택, 이시카와 다케토시(石川
武敏), 차석기 등 1970-80년대의 연구를 들 수 있다.[11] 이 시기의 연구들
은 '야학'을 조선민중들의 민족교육의 장으로 여기는 관점이 강했다. 하지
만 그러한 관점으로는 조선민중은 오로지 '억압'의 대상 또는 '저항'의 주체
로만 그려지기 쉬워 실제 자신들의 생활 향상이나 교육욕구를 채우기 위해
스스로 교육과 배움을 만들어 가는 교육의 주체라는 측면이 간과되어 버릴
수 있다. 그리고 '억압-저항'이라는 이항대립의 관점으로는 당시의 실태에
대한 단편적인 면밖에 보지 못하기 때문에 그 관점만으로는 설명할 수 없
는 부분이 존재하며 고찰 대상에서 빠지기 쉽다. 예를 들면 3·1운동 이후
공립학교 입학희망자의 급증과 학교설립운동, 야학의 증가 등과 같은 현상
은 식민통치에 대한 '저항'이라고만 단정할 수 없는 면이 존재하며, 따라서
당시의 조선민중들의 교육실태를 충분히 그려내기 위해서는 보다 다각적
인 고찰이 필요하다.

1990년대 말경부터 이러한 이항대립적인 연구관점을 극복하려는 새
로운 연구들이 등장하게 된다. 그 대표적인 연구가 김형목과 이정연의 연
구이다. 우선 김형목은 식민지기 조선의 야학운동은 '선실력양성·후독립'
에 입각한 문화운동으로서 식민지교육정책에 대한 '저항과 순응'의 양면성
을 지닌다고 하며, 따라서 야학운동을 민족교육운동의 관점에서만 바라보
면 그 진정한 실상을 밝힐 수 없다고 말한다. 그리고 식민지기의 야학운동
은 문해교육과 입학난의 해소 등 근대 교육의 보급을 위한 교육운동의 중
심영역이고, 지역주민의 화합과 단결을 도모하기 위한 시세에 맞는 문화

---

11 姜東鎭著·阿部洋譯「日帝支配下の勞動夜學」『韓』通卷34號, 1974, pp.25-62; 노영택
『일제하 민중교육운동사』탐구당, 1980 ; 石川武敏「1920 年代朝鮮における民族敎育の
一斷面─夜學運動について─」北大史學會『北大史學』Vol.21, 1981, pp.35-52; 차석기
「일제하 노동야학을 통한 민족주의교육의 전개」고려대학교 교육대학원『고려대 교육논
총』16·17, 1987, pp.1-17; 이명실「일제하 야학의 민족교육에 관한 연구─1920년대를
중심으로─」숙명여자대학교 대학원 교육학과 석사학위논문, 1987 등.

를 창출한 장이었다고 분석하고 있다.[12] 이정연도 "조선민중에 의한 사회교
육의 실천인 '야학'은 (중략) '3·1운동'이라는 대규모의 독립운동을 기점으
로 '실력양성운동'의 기운이 높아지는 가운데 대한제국 말기의 대표적인 사
회교육적 실천이었던 '야학'이 급격히 증가하는 형태로 나타나 다시 주요한
사회교육운동으로 계승"되었고,[13] 그 야학은 조선민중의 교육열과 생활 향
상의 욕구, 즉 생활상의 근대화에 대한 열망을 충족시키기 위한 교육의 장
으로서 기능한 면이 강했다고 말한다. 실제로 야학에서 가르친 교육내용은
조선어, 일본어, 산술 등과 같은 문해교육을 비롯하여 실생활에 도움이 되
는 농업지식이나 기술, 주산, 습자, 작문 등과 같은 실용적인 과목이었다.[14]

하지만 지금까지의 야학연구는 당시의 신문과 잡지 등 문헌자료만을
이용한 연구가 대부분으로 야학의 전모를 규명하기는 어려웠다. 특히 교육
을 받은 학생들의 생각과 반응, 예를 들면 야학에 다니게 된 계기나 목적,
교육내용 및 방법, 교재, 교사와 학생의 관계, 야학에 대한 생각과 기대,
만족도나 효과, 주변의 반응 등은 문헌자료를 통해서는 상세하게 밝혀낼
수가 없다. 따라서 야학을 직접 경험한 사람들의 증언은 매우 귀중하다.
그러나 야학은 정규교육기관인 학교와는 달리 학적부 등과 같은 기록들이
거의 남아 있지 않아 경험자를 찾아내는 일조차 매우 어렵기 때문에 야학
에 관한 구술사연구는 아직 초보적인 단계이다.

김민남과 조정봉은 식민지기의 야학경험자(당시의 교사 및 학생)나 그
자손 및 지역주민 등에 대한 인터뷰조사를 실시하긴 했으나 그 조사대상자
를 선정할 때 당시의 형사사건부를 기초로 했다. 그로 인해 조사대상자 대
부분은 격문 배포나 사회주의 조직결성 등의 치안유지법 위반으로 검거·
체포된 야학교사나 그 가족, 주변인물 등이다. 물론 인터뷰조사를 통해 식
민지기의 신문이나 잡지 등으로는 밝혀낼 수 없었던 당시 야학의 실태를

---

12 김형목 「1920년대 전반기 경기도 야학운동의 실태와 기능」 독립기념관 한국독립운동사
    연구소 『한국독립운동사연구』 제13집, 1999, pp.101-135; 김형목 「1920-1924년 여자
    야학의 현황과 성격」 『한국여성교양학회지』 제12집, 2003, pp.47-63.
13 이정연, 앞의 책, pp.290-291.
14 위의 책, p.283.

좀 더 자세히는 엿볼 수 있지만 위와 같은 증언자의 선정방식에서 볼 수 있
듯이 그 증언들이 민족적 · 항일적인 관점에서 조사 · 분석되기 쉽다는 점
은 부인할 수 없다. 또한 그 조사지역도 영주와 칠곡 등 경상북도 지역에
국한되어 있다는 점도 한계라고 할 수 있다.[15] 하지만 당시 야학은 전국적으
로 널리 퍼져 있었고, 그 운영실태와 성격도 모두가 동일한 것은 아니었다.

김부자(金富子)는 계급과 젠더 관점에서 조선인 여성의 불취학 요인을
고찰하는 데 있어 종군위안부의 증언집을 이용하여 불취학 여성의 교육을
학교 밖의 야학이나 서당이 담당해 왔음을 밝히고 있긴 하나,[16] 야학의 상
세한 실태에 대해서는 검토하고 있지 않다. 천성호도 야학운동사를 고찰하
는 가운데 구술사 조사를 시도하지만 1920년대 말~1930년대 초에 다녔던
경험자 2명에게 인터뷰를 하는 정도에 그치고 있다.[17]

이에 본서에서는 야학연구의 부족한 실증성을 확보하고 보다 다양한
야학경험자들의 증언을 얻기 위해 좀 더 많은 야학경험자들을 찾아내어 식
민지기 야학의 실상에 대한 인터뷰조사를 시도했다. 학습자들 입장에서 바
라본 야학의 실상을 들여다봄으로써 기존의 문헌조사 중심의 연구들이 안
고 있었던 한계를 극복하는 데에 조금이나마 일조하기 위함이다. 즉 식민
지기 야학에 다녔던 학습주체들, 특히 불취학 아동들이 왜 야학에 다니게
되었고, 거기서 무엇을 어떤 방법으로 배웠으며 무엇을 느꼈는지 등을 야
학을 경험한 사람들의 증언을 통해 밝히고자 한다. 또한 야학의 역할과 그
의의에 대해서도 검토하고, 나아가 이상의 결과를 바탕으로 야학만이 아니
라 당시의 사회상황 및 생활실상, 조선민중들의 일본에 대한 인식 등에 대
해서도 살펴보고자 한다.

본서의 구성과 내용은 다음과 같다.

---

15 조정봉 · 김민남 「일제하 영주지역의 노동야학에 관한 연구」 『한국교육』 제31권 제4호,
    2004, pp.53-71; 김민남 · 조정봉 「1930년대 칠곡지역 야학의 재발견」 『중등교육연구』
    제42호, 1998, pp.1-32.

16 金富子 『植民地期朝鮮の教育とジェンダー: 就學 · 不就學をめぐる權力關係』 世織書房,
    2005.

17 천성호 『한국야학운동사-자유를 향한 여정 110년』 학이시습, 2009.

우선 제1장에서는 식민지기 조선에서 교육정책이 어떻게 전개되었는
지에 대해 검토한다. 특히 조선총독부가 소극적인 학교증설정책을 추진하
면서 한편으로는 사설교육기관에 대한 통제와 조선 특유의 사회교육정책
을 통해 학교증설에 수반되는 재정적인 부담을 경감시키고, 동시에 심각한
입학난을 해결하려고 한 과정을 살펴본다.

제2장에서는 3 · 1운동 이후 조선민중의 고조되는 교육욕구에 대해 조
선총독부가 미온적인 교육정책을 전개하는 가운데 조선민중들이 학교증설
운동이나 농촌계몽운동 등을 전개하면서 스스로 교육욕구를 충족시켜 간
과정을 그려낸다. 특히 조선민중들에 의한 야학운동에 대해 검토한다.

제3장에서는 식민지기 불취학자들의 배움을 담당했던 야학이 실제로
어떻게 이루어졌는지, 그 실태를 1930~40년대 야학경험자들의 구술사를
바탕으로 규명한다.

제4장에서는 식민지기 조선인 여성들의 불취학 상황 및 총독부의 여성
교육정책을 살펴본 후 1930~40년대 야학경험자들의 구술사 중 여성의 구
술사에 초점을 맞춰 당시의 여성들의 생활 및 배움의 실태를 밝히고 그 특
질을 알아본다.

제5장에서는 야학교사의 유형을 검토한 후 야학경험자들의 구술사
를 바탕으로 당시의 야학설립자나 교사들의 활동 및 그 특질에 대해 고
찰한다. 또한 소수이긴 하지만 이번에 발굴해 낸 야학교사 경험자 4명
(1939~43년에 야학교사를 경험)의 구술사를 통해 야학의 설립, 또는 야학교
사를 담당하게 된 계기나 목적, 교육대상, 교수내용, 교수방법 등을 비롯
해 문헌자료로는 파악할 수 없는 야학교사들의 사고와 학생들과의 관계 형
성 등과 같은 구체적인 실천내용에 대해서도 살펴보고자 한다.

식민지 교육사연구에서의
구술사연구방법의 가능성

상술한 바와 같이 본서에서는 식민지기 야학에서 배우거나 가르친 경험이 있는 사람들에 대한 인터뷰조사를 통해 얻은 증언(경험담)을 이용하는 구술사 방법을 채용한다. 최근 한국 및 일본의 역사학계에서도 구술사연구가 늘어나고 있고 질적 연구방법의 하나로서 정착하고 있다.

구술사는 주로 1970년대 이후에 영국과 미국에서 민중사로 발전한 역사학의 연구방법으로서 사람들이 구술한 과거의 사건이나 경험을 바탕으로 역사를 재구성해 가는 방법이다.[18] 일본에서는 1960년대 중반부터 정치적 지도자나 사회엘리트의 구술사연구[19]가 이루어졌고, 1970년대부터는 민중사, 생애사, 1980~90년대에는 전쟁체험 기록이 이루어졌다. 그리고 1990년대부터는 일본의 침략 · 식민지배로 인해 받은 피해를 발굴 · 기록하는 운동이 확대됨에 따라 구술사에 대한 주목도 높아졌다.

일본 역사학계의 구술사에 대한 본격적인 검토는 1986년부터 88년에 걸친 역사학연구회의 검토에서 시작되었다. 동 연구회의 『역사학연구』편집위원회는 1986년 12월 심포지엄 '구술사-그 의미와 방법과 현재-'를 개최하여 구술사의 방법과 논점에 대해 논의했다. 그 후에 두 개의 좌담회를 조직해 그 기록과 함께 역사가의 논문을 수록한 구술사에 관한 두 권의 책[20]을 간행했다. 이러한 심포지엄, 좌담회, 논문 등을 통해 구술 사료와 문헌 사료의 사료적 가치가 본질적으로 동일하다는 것과 구술 사료는 문헌 사료가 부족할 경우에 큰 가치를 발휘하고, 또한 구술 사료와 문헌 사료는 서로 한쪽의 사료 해석 · 사료 비판을 촉구하는 상호보완관계에 있다는 점이 확인되었다. 그리고 많은 역사학자들은 구술자의 직접적인 체험만이 아니라 구술자의 역사적 사건과 시대적 관점, 전문(傳聞)이나 전승(傳承) 구술

---

18 酒井順子『市民のオーラル・ヒストリー──歷史を書く力を取り戻す』川崎市生涯學習財團 かわさき市民アカデミー出版部, 2008, p.5.

19 '기도(木戶)일기연구회'는 옛 군인을 중심으로, '내정사연구회'는 내무관료를 중심으로 인터뷰를 실시하였고, 그 담화속기록은 많은 정치학자나 역사학자에 의해 연구에 활용되게 된다. 御廚貴『オーラル・ヒストリー──現代史のための口述記錄─』中公新書, 2011, pp.53-76.

20 歷史學研究會編『オーラル・ヒストリーと體驗史─本多勝一の仕事をめぐって─』, 『事實 の檢證とオーラル・ヒストリー─澤地久枝の仕事をめぐって─』青木書店, 1988.

까지도 구술사로 포함시키고 있다.[21]

　　그러나 역사연구는 문헌 사료를 바탕으로 이루어지는 것이라는 통념이 뿌리 깊었던 일본에서는 구술사가 신뢰할 수 있는 역사학의 연구방법으로 인지되기까지 다소 시간이 걸렸다. 1980년대 후반부터 90년대에 걸쳐 구술 사료의 다양한 해석 가능성이 열리게 되면서 영국·미국을 중심으로 구술사연구가 활발하고 광범위하게 이루어지게 되었다. 그 결과 오늘날 구술사는 역사학과 사회학의 방법으로서 학문적인 인지를 얻고 있고, 2003년에는 일본에도 '일본구술사학회'가 설립되어 구술사의 가능성이 추구되고 있다.[22]

　　일본과 마찬가지로 한국에서도 실증주의 역사학의 전통에 따라 구술사는 학문영역에서 그다지 인정되지 않았고, 1980년대가 되고 나서야 주목받게 되었다. 1980년대 후반 민주화운동 이후 일본에 의한 식민지시대부터 전후 군사정권시대에 걸쳐 이루어진 인권침해의 진상규명[23]을 위한 사회적·정치적 운동의 전개과정에서 피해당사자의 증언을 바탕으로 한 연구가 등장하게 되었다. 2000년대 이후는 진보정권(김대중, 노무현정권)의 지원을 받아 다양한 역사의 진상규명이 이루어졌으며 정부관련 연구기관과 과거사 청산관련의 위원회에 의한 다양한 구술 사료 채록사업이 추진됨으로써 구술사의 필요성이 학계와 사회전반에 널리 공유되게 되었다. 그리고 2008년에 한국 최초의 구술사연구소가 개소되었고, 2009년에는 '한국구술사학회'가 설립되었다. 2010년에는 구술 자료 채록기관과 연구기관이

21　廣川禎秀「日本近現代史研究とオーラル・ヒストリー」大阪市立大學文學部紀要『人文研究』第46卷 第11分冊, 1994.12, pp.626-629.

22　酒井, 앞의 책, pp.14-15.

23　한국 근현대사에서 반민주적·반인권적 사건 등에 대한 진상을 규명하기 위해 2005년 5월 31일 여야 합의로 '진실·화해를 위한 과거사정리 기본법'이 제정되어 같은 해 12월 1일부터 2010년 12월 31일까지 '진실·화해를 위한 과거사정리 위원회'가 설치되었다. 이 위원회의 임무는 식민지통치기에 대일협력에 종사한 친일파들의 반민족행위를 비롯해 한국전쟁 전후의 민간인 학살사건, 남북분단체제하의 간첩조작사건, 민주화투쟁 등의 진상을 규명하고 역사적 진실을 밝혀내는 것이었다. 2010년에 일단 활동이 끝난 이 위원회는 2020년 5월 20일 '진실·화해를 위한 과거사정리 기본법' 개정안이 통과됨으로써 활동을 재개하여 미완성의 과거사 조사를 다시 실시하게 되었다.

한국구술사학회와 '한국구술사네트워크'를 조직하고, 구술 자료 채록기관에서는 구술기록아카이브를 구축하는 등 큰 발전을 보이고 있다.[24]

구술사란 무엇인가? 그 정의는 다양하다. 사카이 준코(酒井順子)는 나라마다 구술 자료를 다루는 전통이 다르고 또한 녹음을 할지 말지를 둘러싸고도 의견이 다르다고 말한다. 그리고 구술사의 정의를 크게 협의와 광의의 정의로 나누어 설명한다. 우선 전자는 테크놀로지의 발전에 따라 발달한 녹음기기를 이용해 사람들에게 그 경험을 듣고 녹음하여 기록한 사료를 바탕으로 역사를 써가는 방법이고, 후자는 반드시 녹음을 해야 하는 것은 아니며 사람들의 증언의 의미를 역사적·사회적으로, 때로는 심리학적으로 폭넓게 고찰해 가는 것, 특히 집단적인 기억에 초점을 맞춰 기억의 정치성 등에 대해 고찰해 가는 방법이라고 말한다.[25] 본서에서는 전자의 방법을 채용한다.

한편 윤택림은 구술사의 다양한 정의에 대해 언급하면서 서양의 정의에는 크게 다음과 같이 두 가지의 흐름이 있다고 정리한다. 하나는 주로 역사적 기록을 인터뷰를 통해 수집하여 아카이브를 구축하는 기록관리학적 전통으로 수집과 보존에 중점을 두는 미국의 구술사가 대표적이다. 또 하나는 '밑으로부터의 역사기록'으로 대안적인 역사서술을 지향하는 사회사적 전통으로서 영국을 비롯한 유럽의 구술사에서 찾아볼 수 있다.[26] 후

---

24 윤택림 『역사와 기록연구를 위한 구술사연구방법론』 아르케, 2019, pp.48-75.

25 酒井, 앞의 책, p.17, 26. 사쿠라이 아츠시(櫻井厚)는 생애사와 구술사에 대해 과거의 개인적인 경험을 구술 형태로 듣는 방법을 채용한다는 점에서는 공통되지만 생애사는 "문자 그대로 개인이 살아온 인생을 현재 시점에서 되돌아보며 과거의 경험을 증언"하는 것으로 자서전이나 일기 등 소위 개인문서(personal document)도 자료로서 사용하기 때문에 문자기록을 이용한다는 의미에서는 반드시 구술형식을 취하지 않는 경우도 있다고 말한다. 한편 구술사는 "역사적인 사건에 대한 증언, 또는 지금까지 들을 수 없었던 사람들의 이야기를 통해 소위 역사적 증언을 발굴함으로써 문서자료에는 없는 역사적 사실을 규명해 가는 경향이 강하다"고 양자의 차이점을 설명한다. 櫻井厚「ライフヒストリー研究における〈インタビューの經驗〉: 報告〈〈企劃〉シンポジウム: 消えゆく聲を聞く/見えないものを見る: オーラル·ヒストリーの可能性とアーカイヴの課題)」史資料ハブ: 地域文化研究: 東京外國語大學大學院地域文化研究科21世紀COEプログラム『史資料ハブ地域文化研究據點』2, 2003, pp.12-13.

26 윤택림, 앞의 책, pp.77-79.

자의 대표적인 연구자가 영국의 P.톰프슨(Paul Thompson)으로 그의 『The Voice of the Past』(1978년)은 일본에서도 번역 출판되어 각광을 받았다.[27]

한국에서도 영국 등의 유럽과 마찬가지로 구술사의 개념을 "단순히 구술 자료를 채록하는 것이 아니라 역사의 지평을 넓히는 '밑으로부터의 역사'로서 받아들이는 경향이 있다."[28] 예를 들면 역사인류학자인 윤택림은 구술사를 "과거의 경험을 기억을 통해서 현재로 불러와서 구술자와 역사가의 대화를 통해서 쓰인 역사"라고 정의하고 있고,[29] 사회학자인 김귀옥은 "구술자의 기억이 연구자와의 구술 과정을 통해 이야기되고 문자화되면서 역사적 자료로서 지위를 부여받는 것"이라고 정의한다.[30] 본서도 기본적으로는 이러한 정의를 채용한다.

물론 구술사의 주관성, 그리고 인터뷰상황의 영향으로 인해 구술자의 기억이 "의식적 무의식적으로 굴절−망각, 착각, 과장 혹은 축소, 침묵과 선택, 자기최면과 합리화 등−되게 마련"[31]이라는 점에는 주의해야 한다. 그러나 실증적 문헌사학을 중심으로 하는 근대 역사학이 사용하는 문자기록 또한 한정적이라고 하지 않을 수 없다. 따라서 역사가는 미발견 문헌자료를 발굴하여 기존의 역사자료를 다양한 각도에서 해석하는 작업을 계속한다. 역사가인 이용기는 "대개의 문헌자료는 국가와 지배자, 승리자, 엘리트의 기록이다. 따라서 문헌고증 중심의 역사학은 '위로부터'의 관점을 취하기 십상이며, '기록을 남기지 않은 사람들', 즉 민중을 배제하거나 대상화시키는 경향이 강하다"고 지적한다. 따라서 "구술사는 문헌자료의 양적 한계를 보완하고, 문헌고증 중심의 역사학에서 배제되거나 대상화되어 왔던 민중의 삶의 경험을 드러내는 하나의 유력한 방법"이라고 구술사의 의의에 대해 말한다.[32]

---

27 ポール・トンプソン著・酒井順子譯『記憶から歴史へ―オーラル・ヒストリーの世界』青木書店, 2002.

28 윤택림, 위의 책, p.80.

29 위의 책, p.80.

30 김귀옥 『구술사연구』 한울, 2014, p.106.

31 이용기 「구술사의 올바른 자리매김을 위한 제언」 『역사비평』 2002. 2, p.366.

32 이용기 「역사학, 구술사를 만나다」 『역사와 현실』 71, 2009, pp.306−307.

　본서에서는 식민지기의 비정규 교육기관으로서 그 관련기록(문헌자료)이 적은 야학의 실상을 보다 구체적으로 그려내기 위해 당시의 야학경험자의 증언을 활용한다. 야학은 정규 교육기관인 학교와 달리 야학 수나 학생 수 등의 통계 자료를 비롯해 학적부, 교지 등과 같은 문자기록이 남아 있지 않고, 당시의 신문이나 잡지 등에 개별 사례가 간략하게 소개되어 있는 정도이다. 그 내용도 야학의 소재지나 설립자, 교사, 재정상황 등 개략적인 정보에 그친 것이 많아 상세한 실태는 파악하기 어렵다. 그로 인해 한정된 문헌자료를 바탕으로 이루어진 기존의 야학연구에서는 야학에서 배우거나 가르친 경험이 있는 당사자들의 구체적인 활동내용이나 학생과 교사 간의 교류와 관계 형성, 그들 각자의 생각 등에 대해서는 밝혀내지 못했다.

　당시 야학을 이용한 사람들은 그 대부분이 경제적 이유나 성별(주로 여성) 조건, 취학연령 초과, 지역 환경 등과 같은 이유로 인해 정규 교육기관에 취학하지 못하거나 교육적 혜택을 누리지 못한 사람들이며, 그 수는 결코 적지 않았다. 식민지기의 취학률이 매년 증가했다고는 하나 입학경쟁이 점점 심해졌음에도 불구하고 식민지 말기에도 취학률은 50% 정도였던 것을 감안하면 야학이 학교에 다닐 수 없는 사람들의 교육욕구를 채워주는 장으로서 기능했다고 할 수 있다. 그러나 위에서 말했듯이 문헌자료가 적다는 큰 제약으로 인해 그동안의 야학연구는 야학의 실태뿐만 아니라 식민지기 조선의 야학의 특질과 의의도 충분히 밝혀냈다고 말하기 어려운 상황이다. 본서가 구술사 방법을 채용하는 이유도 바로 여기에 있다.

제1장

식민지 조선의 교육정책 전개

'취학독려'에서 '학생선발'로 전환

1 3·1운동 이후의 교육정책 변화

식민지기 조선의 초등교육기관은 조선인 아동이 다니는 '보통학교'와 조선에 사는 일본인, 즉 재조내지인(在朝內地人) 아동들이 다니는 '소학교'로 나뉜다. '내지'(일본)에는 없었던 보통학교라는 명칭을 새로 만든 이유는 내지인의 교육과는 다른 조선인에 맞춘 식민 교육 방침이 있었기 때문이다.[1] 고마고메 다케시(駒込武)는 "학교 체계에서 계층 상승의 지렛대라는 성격을 탈색시키기 위해 소·중·고라는 계통성을 지닌 명칭을 싫어했던 것은 아닐까"라며 총독부의 의도를 해석하고 있고,[2] 오성철도 "그 의도는 중학교 명칭을 고등보통학교로 바꾼 것에도 일관되는" 것이라며 "'보통학교'라는 명칭 안에는 중등 및 고등 교육을 억제하고 초등 교육을 종결 교육으로 위치시키려는 식민 교육 정책의 본질이 함의되어 있는 것"이라고 분석하고 있다.[3] 종래의 소학교라는 명칭을 폐기하고 보통학교를 사용하게 된 것은 일본이 1906년 2월 대한제국에 통감부를 설치해 내정을 간섭하게 되고, 같은 해 8월에 기존의 '소학교령'(1895년 7월)을 개정하여 '보통학교령'을 공포하고 나서부터이다. 통감부는 기존의 소학교를 보통학교로 개칭하고, 수업연한도 6년에서 4년으로 줄이는데, 이 방침은 1910년 대한제국이 식민지 '조선'으로 전락한 이후에도 한동안 유지되었다.

그러나 통감부는 관공립보통학교에 대한 한국 민중들의 저항과 경계로 인해 학생 모집에 어려움을 겪게 된다. "관공립학교가 구식 교육에 비해 그 교수시수가 적고 학과목 또한 다르다는 것을 이상하게 여겨 이른바 관공립학교는 수업시간이 심히 적어 우리 자제들은 유희를 위해 등교시킬 필요가 없다. 관공립학교는 한학 시간이 매우 적은데 이것은 오래된 국풍을 멸시하는 것이다"[4]라는 학부의 기록에도 나와 있듯이 당시의 민중들은 관

---

1 식민지 대만에서도 대만인 아동이 다니는 학교는 '공학교'(公學校)이고 내지인 아동이 다니는 학교는 '소학교'였던 것을 보면 일본의 식민교육 방침을 엿볼 수 있다.

2 駒込武『植民地帝國日本の文化統合』岩波書店, 1996, p.80.

3 오성철『식민지 초등 교육의 형성』교육과학사, 2000, p.21.

4 學部『韓國敎育』1909, p.10.

공립학교에서 이루어지는 교육에 대해 기존의 교육보다 수업시수도 적고, 특히 한학 수업시간이 적은 것과 새로운 교과목에 대한 저항이 있었던 것으로 보인다. 그로 인해 "지방 공립보통학교에서는 학도 모집에서 현저하게 어려움이 생겨 서적, 기구를 제공하고 수업료를 징수하지 않는데도 불구하고 중류 이상의 자제들은 쉽게 입학하지 않고, 오히려 설비가 불완전하고 수업료를 내야 하는 학교에 입학해 각 교감들은 모든 방법수단들을 동원해서 권유를 시도하지만 기대한 학도들은 얻기 어렵고",[5] "중류 이하의 자제들만 관헌의 권유에 따라 재학하게 되어 보통학교는 빈민학교라는 악평을 듣는"[6] 상황에까지 이르게 되었다.

관공립보통학교 입학 기피현상은 식민지기 이후에도 한동안 계속되었고, 대부분의 조선민중들은 관공립학교보다 사립학교나 서당을 선호했다. 오오노 겐이치(大野謙一)가 조선총독부의 학무과장 재임 중에 저술한『조선교육문제관견』(朝鮮敎育問題管見)을 보면 식민지 초기의 공립보통학교에 대한 조선민중들의 반응과 총독부의 대응을 엿볼 수 있다. 즉 식민지 초기 조선민중들은 공립보통학교의 교과에서는 조선어 사용을 금지하고, 정책적인 연유로 인해 역사 교과목이 빠졌다고 오해하고 있었다고 기술하고 있다. 그리고 수업료는 "월사금이 없거나 거의 없는 것에 가까웠으며", 교과서도 "당초 한동안은 대여해 주는 등 가능한 한 학부형의 부담을 경감시킴으로써 적극적으로 아동의 취학을 장려해 왔다"고 기록하고 있다.[7] 그러나 이러한 당국의 대응책에도 불구하고 〈표1-1〉의 초등교육기관 수의 추이를 보면, 식민지 초기인 1910년대는 사립 각종학교와 서당이 압도적으로 많았고, 학생 수에서도 서당이 훨씬 많았음을 알 수 있다.

---

5 위의 책, pp.10-11.

6 學部『韓國敎育ノ現狀』1910, p.27.

7 大野謙一『朝鮮敎育問題管見』朝鮮總督府學務課內朝鮮敎育會, 1936, pp.61-62.

표 1-1 　식민지기 초등교육기관의 취학상황

연도	관공사립보통학교		사립각종학교		서당		간이학교	
	기관 수	학생 수	기관 수	학생 수	기관 수	학생 수	기관 수	학생 수
1910	173	20,194	2,085	-	-	-		
1911	306	32,384	1,467	57,532	16,540	141,604		
1912	367	43,562	1,323	55,313	18,238	169,077		
1913	388	49,323	1,285	57,514	20,268	195,689		
1914	404	53,021	1,214	53,865	21,358	204,161		
1915	429	60,660	1,090	51,724	23,441	229,550		
1916	447	67,628	973	48,643	25,486	259,531		
1917	461	75,688	827	43,643	24,294	264,835		
1918	508	80,143	780	35,197	23,369	260,975		
1919	570	80,632	698	34,975	24,030	275,920		
1920	681	107,362	661	51,008	25,482	292,625		
1921	794	159,361	625	57,074	24,193	298,067		
1922	947	238,058	653	71,157	21,057	280,862		
1923	1,099	306,358	637	68,439	19,613	256,851		
1924	1,218	346,048	628	68,516	18,510	231,754		
1925	1,322	385,687	583	55,622	16,873	208,310		
1926	1,392	408,928	600	61,576	16,089	196,838		
1927	1,478	422,212	566	56,861	15,069	189,260		
1928	1,546	432,224	549	54,118	14,957	191,672		
1929	1,700	443,525	528	56,096	11,469	162,247		
1930	1,831	459,457	513	54,643	15,036	150,892		
1931	1,861	502,107	497	56,289	9,208	146,901		
1932	1,978	517,091	471	55,198	8,630	142,668		
1933	2,105	564,901	457	57,274	7,529	148,105		
1934	2,221	640,140	430	62,927	6,843	153,684	384	17,669
1935	2,363	720,757	412	70,128	6,209	161,774	579	35,696
1936	2,504	802,976	394	75,027	5,944	169,999	746	48,204
1937	2,601	901,182	393	80,352	5,681	172,786	927	60,077
1938	2,707	1,050,371	357	77,722	5,293	172,456	1,145	76,192
1939	2,853	1,215,340	335	75,989	4,686	164,507	1,327	86,979
1940	2,995	1,385,944	300	69,981	4,105	158,320	1,488	99,108
1941	3,129	1,571,990	284	69,753	3,504	150,184	1,618	110,869
1942	3,365	1,779,661	252	65,745	3,052	153,784	1,680	117,211

자료: 朝鮮總督府『朝鮮總督府統計年報』1925(1910–25), 1935(1926–35), 1942(1936–1942)을
　　　바탕으로 작성함.
주: 사립각종학교의 학생 수는 조선인 학생 수이다.

　　통감부는 사립학교를 항일애국사상 교육의 온상으로 간주하고 1908년
'사립학교령'을 공포하여 사립학교에 대한 통제에 착수하였고, 서당에 대해
서도 같은 해 '서당에 관한 훈령'을 제정하여 관리에 들어갔다. 그로 인해
사립학교는 식민지기에 들어선 이후 매년 줄어들었고, 서당도 1920년 이
후 감소경향을 보이게 된다. 그에 반해 보통학교는 조금씩 수를 늘려 가는
데 1920년대부터는 급증하게 되고 특히 학생 수의 증가는 매우 두드러진
다(〈그림1–1〉, 〈그림1–2〉).

그림 1–1 　초등교육기관 수의 추이

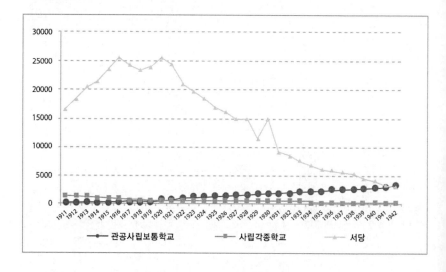

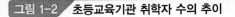

그림 1-2 초등교육기관 취학자 수의 추이

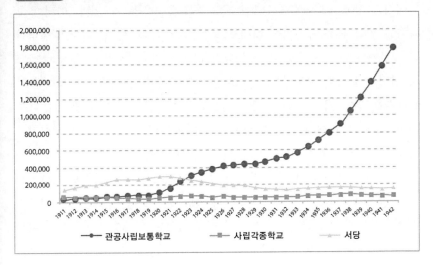

이러한 변화의 배경요인으로서는 1919년에 일어난 3·1운동을 들 수 있다. 조선뿐만 아니라 세계 각지에 있는 조선인들과도 연계하며 전개된 거족적인 독립운동이었던 3·1운동은 조선총독부와 조선민중 모두에게 커다란 전환점이 되었으며, 특히 교육에 대한 양자의 대응에 큰 변화를 가져왔다.

예상 밖의 거대한 항일운동에 맞닥뜨렸던 조선총독부는 기존의 무단정치를 수정하여 소위 '문화정치'로 전환시키고 언론, 출판, 집회, 결사의 자유 등을 인정하는 방향으로 정책을 바꾸었다. 하지만 그것은 완전한 자유는 아니었고, 식민통치에 지장이 없는 범위 내에서만 완화된 회유적인 통치로의 전환이라고 할 수 있다. 1922년 2월 '조선교육령'을 개정해 일본 내지의 학제와 동일하게 한다는 취지 아래 보통학교 및 중등학교의 수업연한을 연장하고 사범학교도 신설하였다.

한편, 3·1운동 이후 조선민중들의 변화로는 기존에 보통학교 취학을 기피하던 조선민중들이 취학경쟁이 일어날 정도로 보통학교 취학을 희망하게 되었다는 점을 들 수 있다.[8] 〈그림1-2〉의 초등교육기관 취학자 수의

8 한우희 「일제식민통치하 조선인의 교육열에 관한 연구」 『교육사학연구』 Vol.3, 1990.2,

추이를 보면 1923년에 보통학교의 학생 수가 처음으로 서당의 학생 수를 넘어서고 있고, 그 이후에도 계속 증가하고 있음을 알 수 있다. 이러한 보통학교 취학자 증가 동기에 대해 오성철은 크게 세 가지로 나누어 설명한다. "첫째는 학교를 통해 정치적 실력을 양성한다는 것이며, 둘째는 학교를 상향적인 사회 이동의 통로로 이용한다는 것이고, 셋째는 정상적인 사회생활을 위한 기본 조건을 확보하기 위해 학교를 다닌다는 것이다."[9] 즉 조선민중의 교육행위는 "집단적 공동체적 차원의 동기"에 의한 것이기도 하지만 "개인적 차원의 동기"에 의한 것이기도 한 것이다.

입학경쟁의 심화에 대한 상세한 내용은 뒤에서 다시 살펴보겠으나 간단히 말하자면, 기존에 "취학장려를 위해 보통학교장이 경찰관의 원조를 받아 집집마다 방문하여 반강제적 독려를 했었던"[10] 상황이 3·1운동 이후에는 공립보통학교에 입학하고자 하는 자발적인 입학희망자의 급증으로 인해 입학시험을 부과해 학생을 선발하는 상황으로 바뀌는 이른바 역전현상이 일어난 것이다.

---

pp.121–135; 오성철, 앞의 책 등이 그 대표적인 연구이다.

9　오성철, 위의 책, p.202.

10　帝國地方行政學會 『朝鮮統治秘話』 1937, p.286.

그림 1-3 **두근거리는 가슴으로 모인 어린이와 학부형(수송동공보, 壽松洞公普)**
(『東亞日報』1929. 3. 24)

2 조선총독부의 미온적인 학교증설정책

〈표1-2〉에서 볼 수 있듯이 3·1운동 직후 공립보통학교의 입학지원자 수가 배로 증가했다. 1910년대는 모집정원과 거의 같은 정도의 지원이 있거나 정원에 미달되는 해도 있었는데, 1920년 이후는 지원자 수가 모집정원을 항상 초과했고, 1922년은 약 2배의 경쟁률을 보이고 있다. 이러한 입학난은 당시의 신문에도 많이 보고되었다. 예를 들면 1923년 3월 3일자 『동아일보』 3면의 거의 절반에 가까운 지면이 보통학교 입학난에 관한 기사로 채워졌다. 그 내용을 살펴보면 경성시내의 취학연령 아동이 만 명을 넘었는데도 시내의 16개 보통학교가 수용 가능한 아동 수는 고작 3천 명 정도에 지나지 않는다며 예산이 적어 학교증설이 제대로 이루어지고 있지 않는 실태를 개탄하는 내용이다. 같은 해 5월에도 공립보통학교의 입학통계를 제시하면서 심각한 입학난에 비해 학교의 설립이 수반되지 않고 있음

을 다음과 같이 지적하고 있다.

> 向學心 勃興에 伴하야 公立普通學校 入學志願者의 激增은 朝
> 鮮全道를 通하야 一般으로 認하는 바이나 學校의 設立과 施設은 此
> 에 伴치 아니하야 志願者의 全部를 收容키 不能한 狀態인바 最近 數
> 年來의 統計를 見하면 大正六年度의 公立普通學校入學者는 三萬
> 四千三百七十一人이엇고 十年度에는 志願者數 七萬八千百三十九人
> 中 入學者가 五萬三百八十八人에 不過하고 十一年에 入하야는 志願
> 者 數가 十三萬四千七百十三人에 達한바 入學者는 約其半數의 七萬
> 一千七百七十七人에 不過하며 京畿道의 十年度에 在한 二萬一千의 公
> 立學校 生徒가 十一(年-인용자)度에는 一躍하야 三萬五百餘人에 激
> 增되얏다더라(향학심 발흥에 따라 공립보통학교 입학지원자의 격증은 조
> 선 전도를 통틀어 인정하는 바이나 학교의 설립과 시설은 이를 따라가지
> 못하여 지원자의 전부를 수용하기 어려운 상태인 바 최근 수년간의 통계
> 를 보면 다이쇼6년도(1917년도-인용자)의 공립보통학교 입학자는 34,371
> 명이었고, 10년도(1921년도-인용자)에는 지원자 수 78,139명 중 입학자
> 가 50,388명에 불과하고 11년(1922년-인용자)에 들어와서는 지원자 수가
> 134,713명에 달한 바 입학자는 약 그 절반인 71,777명에 불과하고 경기도
> 는 10년도에 21,000명의 공립학교 생도가 11년도에는 한 번에 30,500여 명
> 으로 격증되었다더라.)[11]

보통학교의 입학난은 입학지원에 필요한 민적(호적) 대조 인증을 받기 위해 경성부 민적계(民籍係)에 하루 5~6백 명, 원서접수기한이 다가오면 하루에 천 명 가까운 군중이 쇄도해 민적계가 아수라장이 되어 버렸다는 보도(〈그림1-4〉)에서도 그 치열함이 전해진다.

---

11 「普校入學統計, 志願十三萬餘人」『東亞日報』1923.5.19.

그림 1-4 경성부 민적계에 몰려든 군중

(『東亞日報』 1922. 3. 7)

그러나 총독부는 이러한 입학난 문제에 대해 구제기관을 증설할 필요가 있다고 인정하면서도 궁핍한 재정상황을 비롯해 교원 양성, 그 밖의 준비 등을 이유로 급격한 증설은 불가능하다고 말한다.[12] 그 대신에 지방 유지들에 의한 구제 노력을 촉구하는 기사를 『매일신보』에 게재하였다.

今日과 如히 我朝鮮에셔 敎育의 機關이 完備되지 못한 此時에 急速의 度로 向上하는 此向學熱을 如何히 하면 此를 緩和하며 阨窮의 途에셔 彷徨하는 此入學難의 問題를 如何히 하면 此를 解決홈을 得홀 것인가? 一方으로 向學熱에 對하야는 欣喜에 不堪홀 바이지마는 又 一方으로 入學難에 對하야는 實로 苦痛에 不堪홀 바이로다.

그러면 我社會의 責任을 有호 人士들은 此難關인 問題가 眼前에 橫掛하얏는대 此를 黙視홀 것인가? 此를 방관홀 것인가? 아마도 我社會人士의 諸氏는 必然 苦憫의 情을 不勝하얏슬 것이며 慨嘆의 辭를 發치 아니호 者가 無홀 것이로다. 그러나 오즉 苦憫의 情쑌으로는 此를 救濟홀 슈 無호 것이며 慨嘆의 辭쑌으로는 此를 緩和홀 수 無한 것이로다. 이에 我京城社會의 有志人士는 熱烈한 衷情의 衝動으로 蹶然히 起하며 躍然히 動하얏도다. 此蹶然히 起하며 躍然히 動호 결과는 맛참

---

12 「社說: 入學難을 如何히 調節할까(下)」『每日申報』 1922. 4. 15.

니 入學難救濟期成會라는 光明호 新旗幟을 樹立하게 된 것이로다(오늘날과 같이 우리 조선에서 교육의 기관이 완비되지 못한 이 때에 급속도로 향상하는 이 향학열을 어떻게 하면 이것을 완화하며 운이 좋지 않아 고생 길에서 방황하는 이 입학난 문제를 어떻게 하면 이것을 해결할 수 있을 것인가? 한편으로 향학열에 대해서는 기쁠 따름이지만 또 한편으로 입학난에 대해서는 실로 고통을 감내하지 못할 따름이다.

그러면 우리 사회의 책임 있는 인사들은 이 어려운 문제가 눈앞에 있는데 이것을 묵시할 것인가? 이를 방관할 것인가? 아마도 우리 사회인사 여러분은 반드시 고민할 것이며 개탄하지 않는 자가 없을 것이다. 그러나 오직 고민만으로는 이것을 구제할 수 없는 것이며 개탄만으로는 이를 완화할 수 없는 것이로다. 이에 우리 경성사회의 유지인사는 열렬한 충정의 충동으로 힘차게 일어나 생기 있게 움직일 것이다. 이 힘차게 일어나 생기 있게 움직인 결과는 마침내 입학난구제기성회라는 광명한 새로운 기치를 수립하게 된 것이로다.)[13]

총독부는 3·1운동 이후 보통학교 취학희망자가 늘어남에 따라 1919년에 3면 1교(3面 1校) 계획에 착수하고, 1929년에는 1면 1교(1面 1校) 계획을 수립해 1936년에 완성되었지만 취학희망자 모두를 수용하기에는 학교가 턱없이 부족했다.[14] 〈표1-2〉와 〈그림1-5〉에서 볼 수 있듯이 1930년대에 들어서면 입학경쟁은 더욱 격화되어 간다. 이러한 입학난을 타개하기 위해 총독부가 1934년에 새롭게 도입한 것이 간이학교였다(간이학교 설치추이는 〈표1-1〉을 참조).

간이학교는 2년제 공립초등교육기관으로 공립보통학교에 부설되어 운영되었다. 간이학교에서는 보통교과교육만이 아니라 농업실습을 내용으로 하는 직업교육이 보다 중시되었다.[15] 후루카와 노부코(古川宣子)는 간이

---

13 「社說: 入學難救濟會期成會, 有志人士의 美擧」『每日申報』1922.4.16.

14 식민지 조선은 13도(道) 구획으로 나뉘어 있었고 그 하위행정구획으로는 부(府)·군(郡)·도(島) → 읍(邑)·면(面) → 정(町)·동(洞)·리(里)로 나뉘어 있었다. 1942년 말 현재 13도 → 21부·218군·2도→114읍·2,211면→28,470정동리였다. 朝鮮總督府『朝鮮總督府統計年報』1942, p.8.

15 古川宣子「植民地期朝鮮の簡易學校─制度導入とその普及を中心に─」『大東文化大學紀要』第55號, 2017, p.129.

학교가 "경제공황으로 인한 농촌 피폐의 심화와 만주국 성립과 같은 지역
사회와 제국 일본의 변화에 대응하는 형태"로 도입되었다고 그 도입배경에
대해 설명하며 그 목적 달성을 위해 농업교육과 수신교육을 더욱 강화했다
고 말한다.[16]

표 1-2 공립보통학교 입학상황

연도	모집정원	지원자 수	입학자 수	입학율(%)
1912	22,985	21,120	17,508	82.9
1913	21,855	18,083	15,600	86.3
1915	23,745	24,124	20,889	86.6
1916	26,711	27,612	23,701	85.8
1917	28,819	34,371	28,103	81.8
1918	27,004	30,816	24,764	80.4
1919	27,655	25,829	22,328	86.5
1920	36,082	45,761	35,475	77.5
1921	47,389	78,139	50,388	64.5
1922	67,533	134,695	71,729	53.3
1923	82,192	123,144	80,510	65.4
1925	85,164	87,379	74,431	85.2
1926	85,008	90,053	75,676	84.0
1927	89,747	95,307	81,720	85.7
1928	94,874	108,625	87,855	80.9
1929	96,785	115,615	92,553	80.1
1930	102,350	123,226	98,437	80.0
1931	106,688	124,212	98,698	79.0
1932	110,224	121,505	99,493	82.0
1933	117,381	142,811	113,980	80.0
1934	130,201	187,609	133,660	71.0
1935	140,572	231,857	143,278	62.0
1936	154,413	308,843	157,717	51.0
1937	180,140	349,481	182,236	52.0

---

16 위의 책, p.142.

자료: 1) 1911~1929년의 통계는 朝鮮總督府 『官報』 1912.12.7, 1913.10.29, 1915.11.23, 1916.9.26, 1917.9.25, 1918.10.24, 1920.1.6, 1920.11.9, 1921.11.17, 1922.12.14, 1923.12.17, 1927.4.15, 1927.4.21, 1928.5.30, 1928.11.30, 1929.12.14.

2) 1930년부터의 통계는 朝鮮總督府學務局學務課 『學事參考資料』 1937.11.

그림 1-5 공립보통학교 입학경쟁

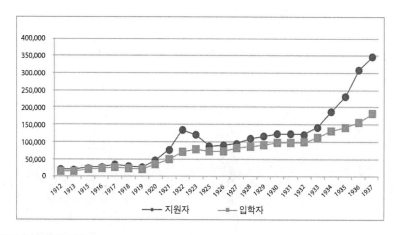

자료: 〈표1-2〉와 같음

　　『동아일보』에 실린 "新學年 入學生 數爻가 激增이 되야 市內 普通程度 學校에서는 十一倍의 超過가 되고 中等學校에서는 二十五倍의 應募가 되여 學校經營者의 困難이 되며 學父兄의 煩悶이 되며 學年兒童의 苦痛이 된다"(새 학년 입학생 수가 급증하여 시내 보통정도의 학교에서는 (경쟁률이-인용자) 11배 초과하였고 중등학교는 25배의 응모가 있어 학교경영자가 어려움을 겪고 있으며 학부모는 번민하고 학년아동은 고통스럽다)[17]라는 기사와 '年復年 深刻化하는 入學難과 試驗地獄-보통학교에도 지원자가 넘처나고 더구나 중등교 이상은 말못된 현상, 寒心한 各種校 收容力'(해마다 심각해지는 입학난과 시험지옥-보통학교에도 지원자가 넘쳐나고 중등학교 이상은 말 못 할 현상, 한심한 각종학교의 수용력)[18]이라는 기사제목에서 볼 수 있듯이 입학난은 보통

17 「入學難을 如何히 할가(上)—當局의 責任—」 『東亞日報』 1922. 3. 26.

18 『東亞日報』 1930. 2. 4.

학교뿐만 아니라 중등학교에서는 더욱 심각했음을 알 수 있다. 특히 〈그림 1-6〉을 보면 1930년대 이후 중등학교의 입학난은 더욱 심화되어 간 것으로 보인다. 그러나 지원자가 매년 증가하는 데도 불구하고 입학자 수의 증가폭은 그다지 크지 않다.

그림 1-6 **중등학교 입학경쟁**

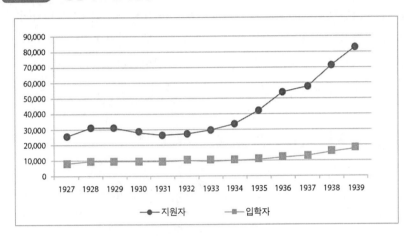

자료: 오성철 『식민지 초등 교육의 형성』 교육과학사, 2000, p.390.
(초출: 朝鮮總督府學務局學務課 『學事參考資料』 1937; 朝鮮總督府學務局學務課 『朝鮮ニ於ケ
ル敎育ノ槪況』 1941)

다음의 〈표1-3〉은 1937년 5월 현재 중등학교 수와 학생 수를 나타낸 것인데 그 수가 많지 않다. 이와 관련해서는 1933년 11월 『조선일보』가 재조(在朝)일본인 대상의 중등학교(중학교, 고등여학교)와 조선인 대상의 중등학교(고등보통학교, 여자고등보통학교) 수와 모집정원을 비교하면서 조선인의 중등학교 입학난을 보도하는 다음의 기사에서도 확인할 수 있다.

일본에서는 남녀 중등학교가 상당히 보급되여 현재는 입학시험은
대개 업고 모집정원에 지원자가 차지 못하야 중등학교의 폐합까지 성
행될 째에 조선학생에게는 전긔와 가치 일본 전문학교 이상의 시험지
옥(試驗地獄)을 일우고 잇스니 명춘 입학긔를 압두고 순진한 어린 학생

에게는 다시 시험지옥의 대공황 속에서 헤매이게 될 것이다. 또 조선 안에 잇는 일본인 중등교육긔관은 실업학교 등 (조선인과-인용자) 공학(共學)하는 것 이외에 중학교가 십일교, 고등녀학교가 이십사교에 달하며 그 모집인원이 중학교는 공립고보 십오교의 그것에 갓가우며 고등녀학교는 공립녀고보의 그것에 비하야 사배에 달하는 상태라고 한다.[19]

〈표1-3〉을 보면 일본인 남자 대상의 공립중학교와 조선인 남자 대상의 공립고등보통학교가 같은 수이고, 여자의 경우 조선인 여자 대상의 공사립을 합쳐도 일본인 여자 대상의 고등여학교가 훨씬 많다. 1940년대의 재조일본인 인구가 70만 명 정도였던 것을 감안하면 2천만 명을 넘는 조선인 대상의 중등학교 수가 얼마나 적었는지 알 수 있다.

표 1-3 중등학교 수 및 학생 수(1937년 5월 말 기준)

학교 구분		학교 수	학생 수		
			일본인	조선인	합계
일본인 대상	중학교 공립	16	7,313	465	7,778
	고등여학교 공립	29	10,702	566	11,268
	고등여학교 사립	1	635	21	656
조선인 대상	고등보통학교 공립	16	175	8,747	8,922
	고등보통학교 사립	11	0	6,707	6,707
	여자고등보통학교 공립	11	1	2,947	2,948
	여자고등보통학교 사립	10	0	4,200	4,200
실업학교	농업 공립	34	834	6,676	7,510
	상업 공립	17	3,268	3,213	6,481
	상업 사립	8	535	3,167	3,702
	공업 관립	1	165	73	238
	수산 공립	3	6	226	232
	직업 공립	6	619	697	1,316
	직업 사립	3	478	366	844

19 「入學戰線에 敗北한 二萬少年將奈何」『朝鮮日報』 1933. 11. 4.

실업보습 학교	농업	공립	85	0	2,906	2,906
		사립	7	0	337	337
	상업	공립	12	235	1,034	1,269
		사립	2	0	329	329
	공업	공립	9	66	645	711
	수산	공립	1	0	19	19
	기업(機業)	공립	1	0	30	30
	기타	공립	8	596	128	724

자료: 朝鮮總督府學務局學務課 『學事參考資料』 1937, pp.1-5.

1930년대에 들어와서 중등학교의 입학경쟁이 격화됨에 따라 당시의 신문에서는 입시 시기가 다가오면 각 학교의 입시요강과 함께 입시예상문제나 입시준비 시의 주의사항 등을 실거나 입시 후에는 소위 명문 고등보통학교나 여자고등보통학교, 실업학교의 입학시험문제와 답안 해설을 게재하기도 했다.[20] 이러한 극심한 입시경쟁에 대해 충청남도에서는 중등학교 입시에서 "考查內申에 置重하고 筆記, 口述 兩 試驗과 身體檢査를 均等으로 重要視하야 試驗地獄을 排除하는 劃期的 斷案을 決定"(입시고사 내신에 치중하고 필기, 구술 두 시험과 신체검사를 균등하게 중시하여 시험지옥을 배제하는 획기적인 안을 결정)[21]하는 등 과도한 입시준비교육을 방지하기 위해 중등학교 입시제도의 개혁에도 착수했다. 경상남도에서도 "종래의 지육(智育) 편중의 폐해를 개선하여 덕육(德育), 체육에 중점을 두고 동시에 초등학교의 소견표를 더욱 유력하게 참고할 방침을 정해"[22] 이듬해부터 실시하도록 각 중등학교 및 보통학교장 앞으로 통첩을 하달했다.

그러나 입학난은 좀처럼 완화되지 않았고, 중등학교 입학시험에 실패한 소년들이 자살을 시도했다는 기사가 많이 보도되는 등[23] 급증하는 입학

---

20 오성철, 앞의 책, p.392.
21 「中等校入試制度改善―過渡의 準備敎育을 排除」 『每日申報』 1936. 12. 9.
22 「準備敎育을 廢し口述身體에 重點―中等學校의 入試方法改善, 慶南道から方針通牒」 『釜山日報』 1936. 12. 29.
23 「入學難! 入學難! 落第하고 飮毒, 두 곳에서 입학시험을 보앗스나 한 고데도 합격 못 되야 그만 음독, 全州高普에 應試햇던 少年」 『東亞日報』 1927. 3. 17.; 「入學難 犧牲, 飮毒한

희망자들을 위해 제대로 대응하지 못했다. 두드러진 학교증설은 볼 수 없었고, 식민지기 전체를 통틀어 지배자가 피지배자인 조선민중들의 교육욕구를 충족시킬 수 있는 제도교육은 결국 마련되지 못했다.

學生」『東亞日報』1928. 3. 17.;「學生鐵道自殺, 試驗에 락데하고 자살, 試驗地獄의 又一犧牲」『東亞日報』1928. 3. 25.;「不合格悲觀? 普校生自殺 달아나는 기차에 뛰어들어 入學難 地獄의 어린 犧牲, 梁山公普 李昌錫君」『東亞日報』1933. 3. 19.;「入學戰線에 꺼꾸러진 童心! 落第의 悲哀 안고 斷食타 飮毒한 優等少年, 善隣商業에 떠러진 杏村町 禹錫圭君, 入學難이 비저낸 斷腸悲劇」『東亞日報』1939. 4. 5. 등.

일석이조의 사회교육시책 전개

1 '학교를 중심으로 하는 사회교육'시책

위에서 살펴보았듯이 3·1운동이 조선총독부와 조선민중에 미친 영향은 크다고 할 수 있으며 그 이후의 변화는 특히 교육에서 크게 나타났다. 총독부는 무력적인 억압보다는 세계정세 및 일본의 선진성을 알리고 이것을 자각할 수 있는 조선인을 교육해 가는 일이 조선 통치에 중요하다고 생각해 학교교육은 물론 사회교육에도 한층 주력해 나가기 시작했다.[24] 그 하나가 보통학교를 이용해서 전개하는 '학교를 중심으로 하는 사회교육'이라는 시책이다.

식민지 조선의 사회교육은 "신정(新政) 이래 주로 학교를 중심으로 이루어졌고, 민심의 계발, 사상의 선도"를 꾀하는 것이 목적이었다.[25] 하지만 식민지 초기는 조선민중이 공립학교 입학을 기피하고 사립학교와 서당을 선호했기 때문에 총독부는 공립학교 취학률을 높이기 위한 대책이 필요해졌다. 그에 따라 학교를 부모나 일반민중에게도 개방함으로써 공립학교의 선진성 및 우수성을 알리는 다양한 사회교육을 실시했다. 예를 들면 학생성적 전람회나 학예회, 운동회 등과 같이 주로 학교교육의 성과 및 결과물을 보여줌으로써 공립보통학교에 대한 선전효과를 도모했다. 그 한 예로서 평안남도의 양시(楊市)공립보통학교에서는 학생성적 전람회를 "매년 개최해 일반의 관람을 제공하여 향학심의 향상을 도모하였고, 이 전람회에는 습자, 작문(일문, 한글 모두), 그림, 수공예품 등을 출품하도록 했다. **이때 군내 각 사립학교에서도 출품을 하도록 함으로써 양자를 비교 연구하도록 하여 보통학교를 소개하는 데 매우 유효한 방법**"[26]으로 삼았다. 경상북도 경산(慶山)공립보통학교에서는 학예회(전람회)를 열어 민관유지와 부형뿐만 아니라 서당교사를 초대하여 "신교육이 무엇인지에 대해 그들에게 커다란 교훈을

---

24 弓削幸太郎『朝鮮の教育』自由討究社, 1923, pp.243-246.

25 幣原坦『朝鮮教育論』六盟館, 1919, pp.169-171; 朝鮮總督府學務局社會教育課『朝鮮社會教育要覽』1941, p.13.

26 朝鮮總督府學務局『學校を中心とする社會教育狀況』1922, p.200.

주"고자 했다.[27]

　그러나 3·1운동을 기점으로 공립학교에 대한 조선민중들의 태도가 바뀌고 취학률이 급격히 고조되어 감에 따라 총독부는 기존의 사회교육을 통한 취학독려를 그만두고 오히려 입학난 문제를 해결할 방법으로 '학교를 중심으로 하는 사회교육'시책을 이용·강화해 갔다. 조선총독부는 1922년 1월에 "학교(단 초등 정도에 한함)를 중심으로 하는 사회교육의 성적이 비교적 우량한 것을 각 도에서 보고하도록 해서"[28] 『학교를 중심으로 하는 사회교육상황』(學校を中心とする社會敎育狀況)이라는 보고서를 펴냈다. 이 보고서를 보면 1920년대에는 1910년대에 비해 '국어강습회'나 '야학회'의 설치가 증가했는데 이것은 고조되는 교육열을 해소하기 위한 방법으로서 추진된 조치가 아니었을까 사료된다. 그리고 1910년대와 마찬가지로 부형회와 강연·강화회(講話會), 학예회, 전람회 등과 같은 활동들이 계속되긴 했으나 그 목적은 '취학독려'가 아니라 주로 지방민중들에 대한 '정신교화'였다. 이 시기에 보통학교 졸업생을 중심으로 하는 청년회나 교화단체와 같은 보다 체계적인 단체가 많이 조직되었던 것을 보면 교육열 해소와 함께 정신교화에 주력했음을 엿볼 수 있다. 즉 1920년대에는 3·1운동을 계기로 높아진 조선민중의 교육요구를 수용하면서도 한편으로는 항일운동 방지를 위한 치안유지 및 민중교화를 도모하기 위해 그에 맞는 새로운 시책이 주로 보통학교를 매개로 실시된 것이다.[29] 1921년 5월 13일자 『매일신보』에 실린 『학교와 사회교육—조선문화촉진의 급무—』(〈그림1-7〉)라는 다음의 기사에서도 총독부가 3·1운동 이후 '내선인 융화(內鮮人融和)'나 '각종 청년회의 선도' 등을 위해 '학교를 중심으로 하는 사회교육'시책을 강화했음을 엿볼 수 있다.

27　「慶山通信: 學藝展覧会」『釜山日報』 1914. 12. 24.

28　朝鮮總督府學務局, 앞의 책.

29　이정연 『한국 '사회교육'의 기원과 전개』 학이시습, 2010, pp.168-172.

總督府 學務局에서는 今日 警察當局에 希望ᄒ야 互相連絡을 保持
ᄒ야 社會敎育施設에 關ᄒ야 努力홀 方針인대 大槪 其 內容을 示ᄒ면
現行 朝鮮敎育令은 施行以來 十年을 經過ᄒ야 今日의 時勢에 進運에
伴ᄒ야 此의 全部에 涉ᄒ 改正의 必要를 認ᄒ고 客年 臨時敎育調査會
를 設置되고 內鮮朝野의 有識者에게 委員을 囑託ᄒ야 其 意見을 參酌
ᄒ야 朝鮮의 現狀에 適切ᄒ 制度를 確立ᄒ고져 目下 愼車調査中이며
(중략) 學校敎育만에 一任ᄒ야 足ᄒ다홀 것이 아니라 個人의 品性과
社會의 風潮 等 不知不識의 間에 影響홈이 多大ᄒ 것이 有ᄒ니 卽 **敎
育의 振興은 學校敎育과 社會敎育의 騈進에 俟치 아니치 못홀 것**은 勿論이
라 文化가 아즉 普及치 못ᄒ야 **朝鮮에는 特히 社會敎育의 方面에 一層 力
을 注홀 必要가 有ᄒ니** 故로 苟히 社會 等의 安寧秩序를 紊亂케 홈과 如
ᄒ 것의 對ᄒ야는 監督取締를 嚴히홈은 勿論이라 ᄒ겟스나 **學校의 父
兄會, 母姉會, 同窓會, 其他 學校를 中心으로 ᄒ는 社會敎育의 施設** 又는 內
鮮人融和에 關ᄒ 諸般의 施設 或은 各種 靑年會의 善導 等에 對ᄒ야는
當事者와 警察官憲과의 提携協力이 最히 必要ᄒ다 認ᄒ다ᄒ더라(총독
부 학무국에서는 오늘날 경찰당국에 희망하여 상호연락을 유지하고 사회교
육시설에 관해 노력할 방침인데 대개 그 내용을 살펴보면 현행 조선교육령
은 시행 이래 10년이 경과해 오늘날의 시세 진운에 따라 이 전부에 걸친 개
정의 필요를 인정하여 작년 임시교육조사회를 설치하고 내지 및 조선의 조
정과 민간의 유식자들에게 위원을 촉탁하여 그 의견을 참작해 조선의 현황
에 맞는 제도를 확립하고자 목하 조사 중이며 (중략) 학교교육에만 맡기고
만족할 것이 아니라 개인의 품성과 사회의 풍조 등 부지불식간에 영향이 크
니 즉 교육의 진흥은 학교교육과 사회교육을 함께 추진할 필요가 있음은 물
론이라. 문화가 아직 보급되지 못한 조선에는 특히 사회교육의 방면에 한층
주력할 필요가 있으니 따라서 사회 등의 안녕질서를 문란하게 하는 것과 같
은 것에 대해서는 감독과 단속을 엄격히 함은 물론이나 학교의 부형회, 모
자회, 동창회, 기타 학교를 중심으로 하는 사회교육의 시설 또는 내선인 융
화에 관한 제반 시설 혹은 각종 청년회의 선도 등에 대해서는 당사자와 경
찰관헌과의 제휴협력이 가장 필요하다고 인정한다더라.)[30]

---

30 「學校와 社會敎育—朝鮮文化促進의 急務」『每日申報』1921. 5. 13.

그림 1-7 「학교와 사회교육―조선문화촉진의 급무―」

(『每日申報』1921. 5. 13)

학교를 중심으로 하는 사회교육은 지역의 여러 학교가 공동으로 운영하는 경우도 있었다. 경성부(京城府)에서는 1921년 11월 9일부터 13일까지 5일간 공립보통학교 연합교육전람회(〈그림1-8〉)를 부내의 교동(校洞)공립보통학교에서 개최하였고 "電氣, 瓦斯, 教育, 衛生, 運動具, 樂器, 玩具, 讀物, 通信, 交通, 教育統計, 理科學, 機械, 標本産業, 工藝, 學用品, 計器 等의 陳列이 有할지오. 又 夜間은 活動寫眞及幻燈을 映寫"(전기, 가스, 교육, 위생, 운동기구, 악기, 완구, 읽을거리, 통신, 교통, 교육통계, 이과학, 기계, 표본산업, 공예, 학용품, 계기 등의 진열이 있을지오. 또한 야간은 활동사진 및 환등을 영사)[31]하는 등 "교육에 참고되는 진렬품이 만히 잇고 그 내용이 매우 충실하다하야 지나간 구일에 개회하는 날부터 륙칠천 명 내지 만여 명의 관람자가 드러와서 매우 성황을 이루엇다"[32]라고 한다. 그리고 이 전람회에 출품한 어의동(於義洞)간이공업학교의 공예품이 거의 매진되었다는 기사[33]에

31 「公普聯合教育展覽」『東亞日報』1921. 11. 7.

32 「最終日의 大盛況―련합교육뎐람회―」『東亞日報』1921. 11. 14.

33 위와 같음.

서 새로운 문물에 대한 조선민중들의 높은 관심을 엿볼 수 있다.

경성부 공립보통학교 연합교육전람회 이틀째 광경
(『東亞日報』1921. 11. 11)

이러한 '학교를 중심으로 하는 사회교육'을 담당한 것은 보통학교의 교원이었고, 그 업무부담은 상당히 컸던 것으로 보인다. 학생들을 가르치면서 한편으로는 학교관계자나 지역유지·부형 등 일반민중에 대한 '국어'(일본어)강습이나 계몽·선도활동들도 했었기 때문이다. 많은 학교에서는 해당 학교의 교원들이 방과 후에 각종 강습회나 야학회를 실시하거나 주말과 휴일에도 먼 부락까지 가서 다양한 사회교육활동을 담당하기도 했다. 예를 들면 경상남도에 있는 창녕(昌寧)공립보통학교에서는 1920년 8월부터 부형과 학교 간의 연락을 도모하고 동시에 지방교화에 일조하기 위해 교원들 스스로가 환등기나 축음기 등을 들고 통학 구역인 각 마을로 출장을 나가 면장이나 학무위원, 경찰관 등의 원조를 받으면서 교육·위생 등에 관한 통속강화를 했다.[34] 평안북도의 희천(熙川)공립보통학교에서는 1920년 11월부터 매주 일요일에 해당 학교의 교육 방침을 표시한 알림판을 교문 앞에 내놓아 지나가는 사람들의 눈에 쉽게 띄도록 하거나 "(집안에―인

---

34 朝鮮總督府學務局, 앞의 책, p.151.

용자) 은둔하기 쉬운 부인의 식견을 넓혀 향토를 알게 하고 동시에 그것에
익숙해지게 하여 가정의 개선에 도움이 되도록 하기 위해" 매년 봄과 가을
에 읍내 부근의 명소유적 및 각 관공서, 육군학교 등을 견학하는 '부인견학
단'을 조직해 인솔하는 등의 임무를 담당했다.[35] 강원도에서도 학교를 중심
으로 하는 사회교육을 항상 권장하였으며 "각 학교의 졸업생 동창회 및 졸
업생을 중견으로 하는 학교를 중심으로 조직된 청년회의 진흥"을 비롯해
"공립보통학교를 중심으로 그 지방의 서당교사강습회에 대해서는 본년도
(1922년도-인용자)부터 특히 지방비 보조금을 교부하여 이 활동들을 촉진
하고 그 밖에 부형회의 진흥통속강습·강연회 등을 개최해 독려해 온 결과
실제로 예상 이상의 효과를 얻"었다.[36] 그 활동 내용은 조금씩 다르지만 다
른 학교 상황도 크게 다르지 않았다. 이러한 학교교원의 과중한 업무부담
문제로 인해 사회교육의 비전문직화를 비판하는 목소리[37]나 업무부담으로
인한 교원의 건강악화문제를 지적하는 기사도 등장했다.[38]

'학교를 중심으로 하는 사회교육'시책은 학교교원에게 과중한 업무부
담을 주는 문제가 있긴 하지만 3·1운동 이후 생긴 교육열 해소와 사상 선
도라는 두 가지 과제를 안고 있었던 조선총독부에게 있어 학교를 증설하거
나 다른 사회교육시설을 설치하지 않고도 이미 있는 학교시설과 교원을 활
용해 재빠르게 두 문제를 동시에 해결할 수 있는 일석이조의 효과를 낳는
시책이었다.

---

35 위의 책, pp.193-195.

36 「學校의 社會教育」『每日申報』 1922. 2. 1.

37 金三斗「初等學校に於ける社會的教育の指導」『文教の朝鮮』 1928.9, p.107.

38 「慶北 初等教員에게 呼吸器病이 激增─原因은 負擔이 過重」『東亞日報』 1931. 8. 31.;「教
    員의 健康이 問題, 待遇改善論 擡頭─教員不足과 過勞가 原因」『東亞日報』 1937. 8. 19.

2 '졸업생지도'시책

경성제국대학 교수인 마츠츠키 히데오(松月秀雄)는 "조선에서는 학교교육, 사회교육을 통해 국가주의와 실학주의가 근본 사조를 이루고 있다"고 하며 조선 사회교육의 주요 대상은 "국가에 대한 어느 정도의 관념을 갖고 있으며 국어를 이해하고 산술, 이과 등에 관한 다소의 지식을 갖춘 초등학교 졸업자가 최소한의 착수점이 된다"고 말한다. 즉 "조선 사회교육의 대상으로서 청소년과 성인이 같은 줄에 나란히 서 있는 것이 아니라 청소년이야말로 사회교육 전반의 직접적인 대상이고 청소년을 통해 성인에게도 교육적 영향을 부차적으로 주려고 한다"[39]고 하며 청소년이 사회교육의 주요 대상이라고 주장한다. 마츠츠키는 그 대표적인 청소년의 사회교육 중 하나로서 '졸업생지도'를 들며 이 시책은 **"조선 사회교육의 특색을 가장 단적으로 상징하는 것**으로서 공립보통학교 졸업생에 대해 학교가 근로적 훈련을 제공하는 것인데 교육주체 측에서 보면 학교교육이고, 객체 측에서 보면 사회교육이다"[40]라고 설명한다.

졸업생지도는 1927년 경기도 지사 요네다 진타로(米田甚太郎)와 내무부장 이노우에 기요시(井上淸)의 지도·독려 아래 경기도 농무과장 야히로 이쿠오(八尋生男), 학무과장 다카하시 사토시(高橋敏), 시학관 모리 다케히코(森武彦) 등이 그 입안계획을 세워 도내 보통학교 10개 교를 지정해 졸업생 110여 명에게 지도를 개시한 것에서 출발한다.[41] '졸업생지도'의 목적은 "즉지(卽地), 즉인(卽人), 즉가(卽家)적으로 졸업생을 지도 도야하여 졸업생의 농사개선을 통해 한 집안의 영농을 개선하고, 졸업생의 근로를 통해 전 가구의 근로에 영향을 미쳐 지도생의 완성을 통해 한 집안의 완전함을 도모"[42]하는 것이라고 되어 있다. 또한 이 시책에는 "보통학교 졸업생을 꾸준히 지도해서 수신제가 흥업치산(修身齊家 興業治産)의 결실을 거두어 지방개

---

39 松月秀雄「朝鮮の青少年教育」『教育思潮研究』第113卷 第1輯, 1939.6, pp.362-372.

40 위의 책, p.369.

41 大野謙一, 앞의 책, p.239.

42 增田收作「朝鮮に於ける部落中心人物につきての一考察」『朝鮮』1936.11, pp.102-103.

발의 중견으로 삼는 일"[43]도 기대되었다. 즉 졸업생지도를 통해 각 가정의 경제적 향상과 함께 졸업생을 지역의 중견인물로 육성하고 농업 진흥도 꾀하려는 것이었다.

　그 배경에는 1920년대 후반에 민족운동 전반의 고조와 함께 제1차, 제2차에 걸친 '산미증식계획'[44]으로 인한 심각한 농촌 피폐화가 있었다. 일본은 제1차 세계대전 후 식량부족문제를 안게 되면서 조선에서 식량 증산을 강행해 안정적인 식량 공급처를 확보함으로써 식량난을 해결하려는 계획을 세웠다. 그러나 실제로는 토지개량 및 관개(灌漑)나 농사개량 등을 통한 산미증식계획에는 소극적이었던 반면 토지 겸병에는 토지의 구입 경영을 통해 높은 소작료로 큰 이윤을 얻을 수 있기 때문에 더욱 적극적이었다. 그로 인해 조선의 중소지주와 자작농, 그리고 빈농층이 몰락해가고, 소작쟁의나 노동쟁의가 급증했으며 진학과 취직을 위해 농촌을 떠나려는 청년들이 늘어났다.[45]

　이미 앞에서 말했듯이 1920년대 이후 보통학교만이 아니라 중등학교 입학희망자가 계속 늘어났는데 조선을 일본의 식량공급지로 여겨 농업을 기간산업으로 삼아온 총독부 입장에서는 많은 청년들이 진학이나 취직을 위해 도시부로 유출되는 것은 큰 고민거리였다. 그래서 고안된 시책이 보통학교를 마친 졸업생들에 대해 보통학교 교원들이 계속해서 졸업생을 개인 또는 공동으로 지도하는 '졸업생지도'라는 '조선의 독특'[46]한 시책이었던 것이다. 예를 들면 전라북도 군수회의에서 도지사가 학교교육이나 봉급생활을 원하는 청년들의 증가로 인한 농촌의 피폐를 우려하면서 졸업생지도의 촉진을 설파한 훈시에서 그 목적을 확인할 수 있다.

43　林虎藏「普通學校卒業生指導の實際」『文敎の朝鮮』第50號, 1929.10, p.37.

44　강만길 『고쳐 쓴 한국현대사』 창작과 비평사, 2000, pp.125-128.

45　위의 책; 이정연, 앞의 책, p.214.

46　大野謙一, 앞의 책, p.239. 오오노는 졸업생지도가 조선의 독특한 시책이라고 말하고 있지만 실제로는 일본의 식민지였던 대만에서도 실시된 시책이다.

學校敎育을 偏重視하야 卒業 後 俸祿生活을 希求하는 者가 多有한 까닭에 잘못하면 農村의 疲弊를 招來코저 하는 實情에 鑑하야 普通學校 卒業 後 家庭에 在한 靑少年의 指導敎養에 對한 施設普及의 緊要한 일을 認定하야 昭和三年末 卒業生指導 學校를 設立하얏섯는바 其 實績은 相當 良好하다 將來의 此가 施設 及 發達에 對하야는 各位도 特히 用意하야 地方 靑少年의 敎化上 所期의 效果를 收하는 同時에 民風作興 及 産業振興의 助成에 資하기를 期하라.(학교교육을 편중시하여 졸업 후 봉록생활을 희망하는 사람이 많은 탓에 잘못하면 농촌의 피폐를 초래하는 실정을 감안하여 보통학교 졸업 후 가정에 있는 청소년의 지도교양에 대한 시설보급이 긴요함을 인정해 1928년 말 졸업생지도 학교를 설립하였는데 그 실적이 상당히 양호하다. 장래 이 시설 및 발달에 대해서는 여러분도 특히 준비해서 지방청소년의 교화에서 소기의 효과를 거두는 동시에 민풍작흥 및 산업진흥의 조성에 이바지하도록 하라.)[47]

평안남도 평양부에서는 "地方農村의 普通學校 卒業生을 指導키 爲하야 各 學校에 同窓靑年團을 組織"(지방농촌의 보통학교 졸업생을 지도하기 위해 각 학교에 동창청년단을 조직)하고 "上級學校에 가지 못하는 者에 對하야는 어늬 學校 卒業이던지 在校生과 大體 同一한 取扱을 하야 家庭訪問도 하며 또 從來 一年에 한번식밧게 開催치 안튼 同窓會를 자조 開催하야 學校와 卒業生과 恒常 連絡을 取하는 同時에 各 學校 講習會 又는 夜學 等을 開催하야 補習敎育을 施行"(상급학교에 가지 못하는 사람에 대해서는 어떤 학교를 졸업했던지 재학생과 대체로 동일한 취급을 해서 가정방문도 하고 종래 1년에 한 번씩밖에 열지 않았던 동창회를 자주 개최하여 학교와 졸업생과 항상 연락을 취하는 동시에 각 학교강습회 또는 야학 등을 개최하여 보습교육을 시행)[48]하는 등의 조치를 통해 중등학교에 진학하지 못하는 졸업생들에 대한 다양한 지원책을 강구했었다.

---

47 「俸給生活에 戀戀하야 農村疲弊를 不顧─普校卒業生指導는 緊急하다, 全北郡守會席上 金知事訓示」『每日申報』1930. 9. 18.

48 「靑年團을 組織하야 普校卒業生指導─平壤府가 目下規定草案中」『每日申報』1930. 2. 26.

졸업생지도 시책을 선두에 서서 실행한 경기도에는 그 실천을 배우기 위해 전국 각지에서 시찰 방문하는 사람들이 많았다. 예를 들면 "경기도 내 졸업생지도 학교로서 조선 전체에 그 이름이 알려지게 된 서정리공립보통학교"는 시찰자 수가 하루 평균 3명이며 교장을 비롯해 7명의 교원은 그 대응에 쉴 시간은 물론 업무시간조차 빼앗길 정도였다고 한다.[49]

그림 1-9 **졸업생지도 부락인 경기도 모곡리에서 강연 중인 고다마 히데오(兒玉秀雄) 정무총감**(『京城日報』 1930. 8. 31)

일본의 경우 메이지(明治: 1868-1912년) 후기부터 다이쇼(大正: 1912-1926년)시대에 걸쳐 급속한 취학률 상승을 보였고, 그 후로 중등학교 진학 희망자도 늘어갔으나 중등학교의 문은 매우 좁아서 많은 실업보습학교가 방계적(傍系的)인 근로 청년의 교육기관으로 기능하게 된 과정이 있다.[50] 이러한 실업보습학교의 특징은 식민지 조선에서도 동일하게 나타났다. 1910년 보통교육 및 실업교육의 보급을 위해 별도로 입학기준을 세우지 않았던 실업보습학교는 3·1운동 이후 해마다 교육요구가 고조됨에도 불구하고

49　「西井里から木浦まで―一週間の旅行(2)西井里卒業生指導」『京城日報』 1930. 9. 2.

50　高森充「明治後期～大正期の社會教育政策と青年教育―近代日本の青年教育史(その2)―」
　　　『名古屋大學敎育學部附屬中高等學校』 第13集, 1967, pp.148-150.

학교증설, 특히 중등교육기관의 증설이 좀처럼 진행되지 않는 가운데 중등교육을 받고 싶어 하는 많은 청년들이 이용하는 방계의 중등교육기관이 되어 갔다.[51] 그리고 실업보습학교의 입학경쟁률은 고등보통학교나 실업학교만큼은 아니었지만 지원자가 매년 증가해 다른 중등학교와 마찬가지로 상승세를 보였다. 그러나 조선에서는 실업보습학교도 학교증설과 보급에 시간과 비용이 많이 필요하다는 이유로 그 대체 조치로서 졸업생지도라는 식민지 특유의 보습교육이 실시되게 되었다고 할 수 있다. 그것은 1929년 3월에 일주일 정도 경기도, 황해도, 평안남도, 강원도, 충청남도, 경상북도 등 각 도의 실업보습학교를 시찰한 기쿠치 요시키(菊池良樹)가 기술한 다음의 문장에서 확인할 수 있다.

> 조선의 보습학교는 점차 그 교육의 본질에 합치되어 가고 있으며 지방교화의 측면에서도 실적이 적지 않은 것은 가장 기쁜 일이라고 생각한다. 그러나 학교 수는 매우 적고 또한 학교가 상당수 설치되어 그 교육이 널리 보급되기에는 꽤 오랜 시간이 걸리기 때문에 여기에서 고려해야 할 점은 실업보습학교의 설치를 촉구하는 일도 필요하지만 그와 함께 **보통학교나 소학교에서 그 졸업생들이 어느 정도의 연령이 될 때까지 지도하고 보좌하는 일이다.**[52]

일본 내지의 신문인 『오사카아사히신문』(大阪朝日新聞)에도 "경북도에서는 보습학교의 설립은 첫해에 1년에 한 명당 700엔의 경비를 필요로 하는 일로서 도저히 현재 이상의 보편화는 바람직하지 않다고 하며 졸업생지도에 전력을 쏟는 것으로 결론짓고 성안(成案)을 연구하고 있다"[53]고 당시의 조선 교육의 상황이 소개되었다. 이미 의무교육이 실시되고 있었던 내지와는 달리 식민지 조선에서는 의무교육은커녕 보통학교 증설도 제대로

---

51 李正連「植民地朝鮮における實業補習教育に關する一考察―實業補習學校の設置及び運營を中心に―」『生涯學習・キャリア教育研究』第7號, 2011, p.11.

52 菊池良樹「朝鮮の實業補習教育」『文教の朝鮮』第49號, 1929. 9, p.44.

53 「指導招集と耕作組合組織―餘り金をかけずに普校卒業生を指導」『大阪朝日新聞 附錄 朝鮮朝日』1929. 11. 27.

이루어지지 않았고, 중등교육 이상은 그 상태가 더욱 심각했다. 그로 인해 1920년대부터 조선민중들은 부락 단위로 기금을 조성하여 보통학교 설립운동을 스스로 전개했을 정도였다.[54]

그러나 총독부는 이러한 높은 교육열을 일부 해소시키면서도 조선에서는 시세와 민도에 맞춘 보통교육과 실업교육을 중점적으로 추진한다는 교육방침을 유지하고, 또한 안정된 식민통치를 위한 체계적인 민중교화체제가 필요했기 때문에 내지에는 존재하지 않았던 식민지 특유의 졸업생지도시책을 고안하게 된 것이라고 볼 수 있다.

요컨대 졸업생지도시책은 위에서 살펴본 마츠츠키(松月)교수의 글에 있듯이 "국가에 대한 어느 정도의 관념을 갖고 있으며 국어를 이해하고 산술, 이과 등에 관한 다소의 지식을 갖춘 초등학교 졸업자"에 대해 보통학교 교원이 보습교육을 계속해 나감으로써 단순히 농업경제의 진흥만이 아니라 보통학교 졸업생들이 진학이나 취업을 위해 농촌을 떠나는 일을 방지하는 동시에 각 부락의 중견인물로 육성해 부락 전체에 대한 민중교화도 도모할 수 있는 일석이조의 사회교육시책이었다고 할 수 있다.

그림 1-10 **경북 의곡(義谷)공립보통학교 재학생 및 졸업생 제지(製紙) 실습**
(『文敎の朝鮮』第68號, 1931)

---

54 오성철, 앞의 책, pp.67-84.

3 '국어'의 보급정책

식민지 조선에서의 '국어', 즉 일본어의 보급정책은 주로 학교교육을 중심으로 이루어졌다. 하지만 식민지 초기는 공립보통학교의 보급률은 낮았고 많은 조선민중들은 사립학교와 서당을 이용했다. 그로 인해 조선총독부는 사립학교와 서당에 대해서도 일본어를 교수시킬 여러 정책을 채택해 일본어를 보급해 갔다. 1918년 2월에 공포된 '서당규칙'에서는 서당을 개설할 때 "부윤(府尹), 군수(郡守) 또는 도사(島司)에 신고"하도록 하였고, "한문 외에 특히 국어, 산술 등을 교수할" 것을 구비사항으로 규정했다. 또한 1929년 6월에는 서당 개설조건을 '도지사 인가제'로 강화하고 서당규칙에 "서당에서 국어, 조선어, 산술 등을 교수할 경우에는 그 교수용 도서는 조선총독부 편찬 교과서를 사용할 것"이라는 조항을 신설했다.

한편 일본어교육은 그 대상을 학교에 다니는 아동·학생에 한정하지 않고 학교에 다니지 않는 청년·성인에 대해서도 이루어졌다. 이노우에 가오리(井上薰)의 연구에 따르면 식민지 초기의 학령아동 이외에 대한 일본어교육은 공립보통학교나 헌병·경찰 권력에 의한 '국어강습회' '국어강습소'가 중심적인 존재였고, 총독부는 '국어강습회' '국어강습소'를 '사설학술강습회'와는 구별해 우대했던 것으로 보인다.[55] 그러나 조선에서 일본어 보급정책이 본격화된 것은 1937년 이후라고 전해진다.[56]

만주사변(1931년) 이후 일본은 '대동아공영권'의 확립을 위해 조선을 대륙진출 병참기지로 만들어 갈 필요가 있었고, 그를 위해서는 조선민중들에 대해 '국민정신의 도야'와 '경제실질의 강화로 국민적 능력을 진작'하여 '물심양면을 기할' 필요성이 더욱 커지게 되었다. 그것은 1936년에 제7대 조선총독인 미나미 지로(南次郎)가 취임할 때 발표한 '유고(諭告)'에서 엿볼 수 있다.

---

55 井上薰「第一次朝鮮教育令下における日本語普及·強制政策:『國語講習會』『國語講習所』による日本語普及政策とその實態」『北海道大學教育學部紀要』66, 1995, pp.33~56.

56 남창균「일제의 일본어 보급정책에 관한 연구: 일제말기(1937~1945)를 중심으로」경희대학교 대학원 석사학위논문, 1995, p.51.

　　현하 세계정세가 계속 험악하여 제국의 상황 또한 쉽지 않다. 안으로는 크게 국민정신의 도야, 경제실질의 강화를 통해 국민적 능력을 힘껏 키우고, 또한 동양평화의 근간인 일만일체(日滿一體)의 큰 계획을 이루어 양국동영(兩國同榮)의 결실을 배양하는 일은 매우 중요한 일로서 조선이 담당할 사명이 점점 커질 것으로 생각한다. 즉 인적, 물적인 두 요소에 걸쳐 내선일여(內鮮一如), 선만상의(鮮滿相依)의 경지를 통찰하여 자원을 개발하고 민심을 계발하여 널리 실로 용감하고 강한 국민으로서 문제없이 생활 기준에 도달하게 만드는 일은 바로 통치 종국(終局)의 이상(理想)을 드러내는 이유로서 향후 더 많은 노력을 필요로 한다. 그리고 그 정신에 입각해 그 이상으로 가는 길은 더욱 황도(皇道)국가의 본연을 인식하고, 여러 사람들의 화합을 돈독히 하며, 문화, 산업, 경제의 모든 기운을 촉진하여 민도의 향상과 공익 증진에 노력함으로써 물심양면을 기하는 것에 있음은 말할 필요도 없다.[57]

　　중일전쟁 발발 후에는 황민화정책이 시작되어 일본어 보급·강제정책이 더욱 강화되었다. 1938년에 제3차 조선교육령을 개정해 종래의 '보통학교'라는 명칭을 일본 '내지'의 '소학교'로 통일시켰고, 조선어를 선택과목으로 변경하였으며 급기야 1943년에는 조선어과목을 폐지했다.[58] 이미 언급했듯이 이 시기부터는 학교교육만이 아니라 조선민중 전체에 대한 일본어 사용의 강제가 더욱 강화되었다.

　　우선 지방의회에서 일본어 사용을 강제하였고, 관공리, 학교직원에게도 일본어 사용을 강요했다. 그 후 그 범위가 가정, 직장[59]으로 확대되었으며,[60] 1942년에는 국민총력조선연맹지도위원회에서 '국어보급운동요강'이 결정되었다. 그 후 이 요강을 바탕으로 각 도에서는 그 지역에 맞는 실시 시책을 작성해 조선 전체에 일제히 '국어상용운동'을 전개하게 되었다.[61]

---

57 「諭告」『朝鮮總督府官報』號外, 1936. 8. 27., p.1.

58 井上薫「日本統治下末期の朝鮮における日本語普及·強制政策: 徵兵制度導入に至るまでの日本語常用·全解運動への動員」『北海道大學教育學部紀要』73, 1997, pp.114-119.

59 「職場마다 講習所, 京畿道에서 國語普及에 萬全」『每日新報』1942. 6. 26.

60 남창균, 앞의 논문, p.51.

61 「愈よ全鮮一齊に常用運動を展開, 指導委員會で要綱決る」『釜山日報』1942. 5. 8.

'국어보급운동요강'의 전문은 당시 신문에도 게재되었는데 『매일신보』에 게재된 전문은 다음과 같다.[62]

◆一. 趣旨(취지)

本 運動은 半島民衆으로 하야금 確固한 皇國臣民됨의 信念을 堅持하고 一切의 生活에 國民意識을 顯現시키기 위해서 모다 國語를 解得케 하고 또 日常用語로서 이것을 常用케 하는데 잇다(본 운동은 반도 민중으로 하여금 확고한 황국신민으로서의 신념을 견지하고 모든 생활에 국민의식을 드러내기 위해 모두 국어를 깨우치게 하고 일상용어로 이것을 상용하게 하는 데 있다)

◆二. 運動要目(운동요목)

(一)國語常用에 對한 精神的 指導(국어 상용에 대한 정신적 지도)

1. 皇國臣民으로서 國語로 말할 줄 아는 名譽를 感得케 할 것(황국신민으로서 국어로 말할 줄 아는 명예를 느끼게 할 것)

2. 日本情神의 解得上 國語常用이 絶對로 必要한 所以를 理解하게 할 것(일본정신을 깨우치는 데 있어 국어 상용이 절대로 필요한 이유를 이해하게 할 것)

3. 大東亞共榮圈의 中核인 皇國臣民으로서 國語의 習得, 常用이 必須의 資格要件임을 自覺하게 할 것(대동아공영권의 핵심인 황국신민으로서 국어의 습득, 상용이 필수 자격요건임을 자각하게 할 것)

(二)國語를 解得하는 者에 對한 方策(국어를 깨우치는 자에 대한 방책)

1. 官公署職員은 率先해서 國語常用을 할 것(관공서 직원은 솔선해서 국어를 상용할 것)

2. 學生, 生徒, 兒童은 반듯이 常用할 것(학생, 생도, 아동은 반드시 상용할 것)

3. 會社, 工場, 鑛山 等에서도 極力 常用을 奬勵할 것(회사, 공장, 광산 등에서도 적극적으로 상용을 장려할 것)

4. 靑年團, 婦人會, 敎會 其他 集合에서도 國語使用에 힘쓸 것(청년단, 부인회, 교회 기타 집합에서도 국어사용에 힘쓸 것)

5. 적어도 國語를 解得하는 者는 반듯이 國語를 使用함은 勿論 모

---

62 「國語普及運動要綱」『每日新報』1942.5.7., 같은 해 5월 8일에는 『釜山日報』(일본어)에도 게재되었다.

든 機會에 國語를 解得치 못한 者에 對한 敎導에 힘쓸 것(적어도 국어를 깨우친 자는 반드시 국어를 사용함은 물론 모든 기회에 국어를 깨우치지 못한 자에 대한 교도에 힘쓸 것)

(三)國語를 解得치 못하는 者에 對한 方策(국어를 깨우치지 못한 자에 대한 방책)

1. 國民學校 附設 國語講習所의 開設, 2. 各種 講習會의 開催, 3. 國語敎本의 配付, 4. '라디오'에 依한 講習, 5. 雜誌에 依한 講習, 6. 平易한 新聞의 發行, 7. 常會에서의 指導, 8.兒童生徒에 依한 一日一語運動, 9. 各 所在에서 國語를 아는 者로부터의 指導(1. 국민학교 부설 국어강습소의 개설, 2. 각종 강습회의 개최, 3. 국어교본의 배부, 4. '라디오'에 의한 강습, 5. 잡지에 의한 강습, 6. 평이한 신문의 발행, 7. 상회(모임)에서의 지도, 8. 아동생도에 의한 하루 한 단어운동, 9. 각 소재에서 국어를 아는 자에 의한 지도)

(四)文化方面에 對한 方策(문화방면에 대한 방책)

1. 文學, 映畵, 演劇, 音樂方面에 對하야 極力 國語使用을 勸奬할 것, 2. '라듸오'第二放送에 國語를 더욱 만히 너흘 것, 3. 諺文新聞, 雜誌에 國語欄을 만들 것(1. 문학, 영화, 연극, 음악방면에 대해 적극적으로 국어사용을 권장할 것, 2. '라디오'제2방송에 국어를 더욱 많이 넣을 것, 3. 언문신문, 잡지에 국어란을 만들 것)

(五)國語常用者에 對한 表彰 及 優先的 處遇(국어 상용자에 대한 표창 및 우선적 처우)

1. '國語常用의 집' 等 國語常用者 또는 國語普及에 功이 잇는 者 等을 表彰할 것, 2. 公職 其他의 就職 及 其 待遇의 各般의 處遇에 優先的으로 考慮할 것(1. '국어 상용의 집' 등 국어 상용자 또는 국어보급에 공이 있는 자 등을 표창할 것, 2. 공직 그 밖의 취직 및 그 대우의 모든 처우에 우선적으로 고려할 것)

(六)此際 官民이 協力하야 全鮮的으로 本 運動 展開에 對하야 明朗하고 且 熱意 잇는 氣運을 釀成하게 힘쓸 것(이때 민관이 협력해 조선 전체적으로 이 운동 전개에 대해 명랑하고 동시에 열의 있는 기운을 양성하도록 힘쓸 것)

(七)國語普及 年次計劃을 樹立할 것(국어보급 연차계획을 수립할 것).

조선총독부 학무국 사회교육과가 '국어의 보급'에 대해 정리한 다음의 문장을 보면 1938년도부터 국민학교를 중심으로 '국어강습회'를 개최해 매년 약 10만 명에 대해 '국어교본'을 무상으로 배포하고 강습회 경비도 보조해 일본어 수강자 수를 대폭 늘렸으며, 1941년도부터는 청년단을 총동원하는 등 일본어 보급에 한층 박차를 가했음을 알 수 있다. 당시의 신문[63]에 1930년대 후반부터 '국어강습회'에 관한 기사가 늘어나기 시작해 1940년 이후 급증했던 것에서 그 기세가 느껴진다.[64]

국어 지식의 결여는 통치정신의 주지(周知) 철저, 시국의 정당한 인식, 기타 만반의 사항에 지장을 초래하는 일이 적지 않기 때문에 종래 각 도에서는 부락강습회의 개최, 기타 방법을 통해 적극 그 보급 철저에 노력해 왔으나 그 보급상태는 만족할만한 것은 아니었기 때문에 본 총독부에서는 연차계획 아래 국민학교(전 공립보통학교)를 중심으로 소화 13년도(1938년도-인용자)부터 매년 약 10만 명에 대해 국어교본을 무상으로 배포하고 강습회 경비를 보조하여 강습회를 개최하게 한 결과 각 교화단체, 종교단체 등도 이에 협력하는 곳이 점차 증가해 소화16년도(소화13년의 오타로 보인다-인용자)부터 소화15년도(1940년도-인용자)까지의 실적은 매우 양호하고 사설강습회를 합해 매년 30만 명에 달하는 수강자를 내기에 이르렀으므로 이 기회를 놓치지 않고 매년 각 도

---

63 1940년 8월 10일에 『조선일보』와 『동아일보』가 조선총독부에 의해 폐간이 되어 『매일신보』가 조선어로 쓰인 유일한 신문이 되었다.

64 예를 들면 「國民學校를 開放 町마다 國語講習會—百萬府民에게 國語解得運動」『每日新報』 1941. 6. 21.;「防空壕안에서 國語講習會」『每日新報』 1941. 12. 18.;「各部落聯盟單位로 國語講習會開催」『每日新報』 1942. 6. 4.;「國語講習會 春川서 全解運動」『每日新報』 1942. 6. 11.;「2千 國語講習所 全南道內에 開設」『每日新報』 1942. 8. 3.;「國語全解에 拍車」『每日新報』 1942. 8. 7.;「國語普及運動(各地)」『每日新報』 1942.8.12.;「國語講習會 一齊히 開講式 擧行」『每日新報』 1942. 9. 4.;「農閑期 國語强襲—江原道에서 『고쿠고』五萬部 購入」『每日新報』 1942. 11. 11.;「國語强襲—鐵原郡에 2百餘所」『每日新報』 1942. 11. 27.;「國語講習會」『每日新報』 1943. 8. 28.;「婦人國語講習會」『每日新報』 1943. 9. 19.;「儒林層들 모아서 國語講習會를 開催」『每日新報』1944.1.15.;「(社說)國語全解에 힘쓰라」『每日新報』 1944. 8. 18.;「國語의 普及徹底 위해—내달 1일부터 各町 國語講習」『每日新報』 1944. 10. 15.;「빨리 國語 배우자 短期國語講習會」『每日新報』 1945. 2. 14.;「國語講習會表彰」『每日新報』 1945. 2. 18. 등.

의 계획과 함께 1년에 90만 명의 국어 해득자를 증가시킬 것을 목표로 삼아 목하 순조롭게 계획을 진행하고 있다. 소화16년도(1941년도-인용자)부터는 청년단도 총동원해서 적극 보급에 노력해 가고 있다.[65]

1913년 이후 1929년까지의 국어 보급률

연도	조선인 총수	국어를 이해하는 조선인 수	비율
1912년 말	15,169,923	92,261	0.61%
1918년 말	16,697,017	303,907	1.81%
1923년 말	17,446,913	712,267	4.08%
1928년 말	18,667,334	1,290,241	6.91%
1933년 말	20,205,591	1,578,121	7.81%
1938년 말	21,950,716	2,717,807	12.38%
1939년 말	22,098,310	3,069,032	13.89%

  1940년에는 조선인의 성(姓)과 이름을 일본식으로 고치는 '창씨개명'(創氏改名)이 실시되었고, 조선인 남성을 '황군'(皇軍)으로 전장에 보내기 위한 준비조건으로 조선인에 대해 기존보다 더욱 일본어 능력을 습득하도록 강요하는 등[66] 일본어 보급은 식민지 말기의 중요한 정책과제였다. 징병제도 실시계획 발표(1942년 5월 9일) 이후 조선민중에 대한 '국어'의 강요는 더욱 강화되었고, 반면 조선어 사용은 엄격히 금지되었다. 1943년의 제4차 조선교육령에 따라 학교교육에서 '조선어' 과목은 완전히 폐지되었다. 또한 조선어의 연구나 계몽활동을 하는 '조선어학회'가 탄압을 받았고, 많은 조선어연구자가 검거 투옥되는 등 조선어 통제가 강화되었다.[67]

65　朝鮮總督府學務局社會教育課, 앞의 책, pp.61-62.

66　井上薫, 앞의 논문, 1995, p.34.

67　熊谷明泰「植民地下朝鮮における徵兵制度實施計劃と『國語全解・國語常用』政策(上)」『關西大學人權問題研究室紀要』48號, 2004, pp.77-78.

사립교육기관에 대한 통제

제1절에서 말했듯이 3·1운동 이후 입학난이 심해짐에도 불구하고 조선총독부의 미온적인 대응으로 급격한 학교증설은 이루어지지 않았다. 그로 인해 1920년대부터 조선민중들은 스스로 부락단위로 기금을 조성해 보통학교 설립 운동을 전개하게 된다. 이 운동은 1930년대에 들어와서는 전국으로 확대되었고, 당시의 조선총독부에 의한 '1면 1교제'와 나란히 전개되었다. 보통학교의 설립에 필요한 기금을 조선인 스스로가 다양한 방법으로 조성해 총독부로부터 보통학교 설립 인가를 받은 후 도(道) 지방비나 총독부로부터 일부 보조금을 받아 보통학교를 설립하는 형태로 이루어졌다.[68]

한편 사립학교와 사설학술강습소 등과 같은 사설교육기관에 대해서는 통제를 가해 증가를 막았다. 통감부시대인 1908년에 '사립학교령'이 제정되어 "모든 사립학교는 학부대신의 인가를 받도록 하였다."[69] 당시 학부차관이었던 다와라 마고이치(俵孫一)가 한성부(漢城府) 및 도 교육주사를 대상으로 한 훈시에 따르면 사립학교령에서 가장 중점을 둔 것은 교과서, 즉 교육내용이었다. 그것은 다와라 학부차관이 사립학교령의 공포 이유에 대해서 말한 다음의 연설에서 확인할 수 있다.

> 새롭게 중점을 교과서에 두었다. 사립학교에서 사용하는 교과서로서 심히 좋지 않은 한국 현황에 비추어 매우 위험한 것이 상당히 많다. 이에 사립학교령에 대해서는 충분히 단속을 엄중히 하여 한국의 국시국정(國是國情) 또는 진운(進運)을 따르지 않는 교과서는 반드시 구속하고, 학부편찬 또는 검정 이외의 도서에 대해서는 사용 인가를 받도록 한다.[70]

'한일병합조약' 이후 "한층 사립학교의 지도감독에 힘을 써서 메이지 44년(1911년-인용자) 10월 부령 114호로 사립학교규칙을 공포해 이전 사립학교령을 대신하고, 또한 사립학교의 감독지도를 철저히 하도록 했다."[71]

---

68 오성철, 앞의 책, p.67.

69 高橋濱吉『朝鮮敎育史考』帝國地方行政學會朝鮮本部, 1937, p.310.

70 위의 책, p.311.

71 위의 책, p.422.

그리고 1915년에 규칙을 개정해 사립학교에 대한 제재를 더욱 강화해 갔다. 그로 인해 많은 사립학교가 폐교되어 사립학교 수가 격감했다(〈표1-1〉을 참조).

폐교된 사립학교와 사립보통학교는 그 후 공립보통학교로 전환해 운영되는 경우도 많았다. 박진동은 1921년부터 1928년까지 신설된 공립보통학교 861개교 중 당시 민족계 신문인『동아일보』와『조선일보』에 공립보통학교 신설과정이 게재된 213개교를 분석해 그 대부분의 학교가 조선인의 주도로 설립된 것을 밝히고 있다. 그리고 신설된 공립보통학교 중 사립학교, 서당, 강습소 등이 그 전신이었던 경우도 적지 않았다고 한다. 사립보통학교가 공립보통학교로 변경된 이유로는 경영난, 학부형의 경제적 부담, 경영자와 학부형 간의 갈등, 사립학교에 대한 억제책 등을 들 수 있는데, 그 중에서도 경영난은 큰 이유였다.[72] 사립학교는 공립학교와 달리 지방비 보조가 거의 없었을 뿐만 아니라 수업료를 징수하지 않는 곳도 많았고 지역 주민들의 기부금에 의존했었기 때문에 항상 재정난을 안고 있었다.[73]

1930년대가 되면 사립학교에 대한 통제는 더욱 강화된다. 1933년 7월 '사립학교규칙'을 개정해 사립학교의 유지방법, 수업료 및 입학금 변경, 사립학교의 폐지 등을 할 경우에도 종래의 신고제에서 인가제로 기준을 강화하는 등 관리·감독을 더욱 엄격히 해 갔다.[74] 다음의 신문기사에서 볼 수 있듯이 중일전쟁의 장기화로 인해 전시체제가 지속되는 가운데 '황국신민' 육성 교육을 위해 '사학기관의 개선지도'라는 명목으로 사립학교는 물론 서당과 강습소 등에 대한 통제도 강화해 갔다.

72 박진동「일제강점하(1920년대) 조선인의 보통교육 요구와 학교설립」역사교육연구회
    『역사교육』제68집, 1998, pp.59-97.
73 강명숙『사립학교의 기원—일제초기 학교설립과 지역사회』학이시습, 2015, pp.70-78.
74 「私立學校統制强化: 學校의 經營, 廢止에 今後 認可制採用—授業料와 入學金等도 統制,
    明22日부터 實施」『東亞日報』1937. 7. 22.;「私立學校規則을 改正, 經營內容의 종내보
    다 감독도 엄중하게 屆出形式을 認可制로」『每日申報』1937. 7. 22.

비상시 하에 긴장된 기분으로 개최되엿든 지난번 도지사회의(道知事會議)에는 남(南)총독으로부터 중요한 훈시가 잇슨 것은 물론 여러 가지 지시사항이 잇서 각 도 실정에 의하야 특별한 시설을 하도록 하엿다.

이 중에 한 가지 중대시되는 것은 **각 도에 잇는 사립학교와 또는 학술강습소(學術講習所), 서당(書堂) 등 사학기관에 대한 개선지도를 강조**한 것이다.

그리하야 경기도에서는 이 지시에 의해서 도내에 잇슨 사학기관의 개선지도를 하고저 보조금(補助金)짜지도 교부하기로 되엿는데 현재의 형편으로는 임의 소화十三년도(1938년-인용자)의 예산이 결정되엿슴으로 부득의 명년도부터나 본격적으로 이에 착수를 해보리라고 한다.

그래서 위선 도내에 잇는 사학기관의 총수를 조사하는 한편 현재의 경영주체(經營主體)라든지 그 종별(種別) 등을 엄밀히 조사하기로 되어 이에 대한 구체적 방법을 입안하는 중에 잇다고 한다. 작년 四월 조사에 들어난 수자를 보면 사립초등학교가 三十二교, 사립중등학교가 十七교, 학술강습회라는 것이 一백五十五교, 서당이 三백三十八 합게 五백四十二교에 달하는데 작년 후반기와 금년 신학기짜지에 수효에 변경이 잇섯고 경영자 외 변동 등이 만음으로 재조사를 하게 된 것이라고 한다.

이 조사에 의하야 보조금의 범위를 작성해서 명년도 예산에 편성할 터이며 종래 문자보급(文字普及)을 위한 이러한 기관을 압흐로는 一보 진하야 **황국신민으로의 쑤렷한 교육을 할 수 잇도록 여러 가지로 시설을 개선하리라**는 것이며 교원(教員)들의 지위안정(地位安定)에 대한 적극책도 지시하야 단순한 강습소와 서당으로서보다도 **비상시국하의 인식을 쑤렷이 하는 교육기관**이 되도록 하리라는 것이다.[75]

---

75 「完全한 教育機關으로 道內 私學塾 改善―文盲打破에서 進一步―」『每日新報』1938. 5. 29.

강습소나 서당에 대한 단속강화는 경기도,[76]만 아니라 함경남도,[77] 평안남도,[78] 충청남도,[79] 전라남도,[80] 경상남도,[81] 강원도,[82] 개성부[83] 등 전국적으로 이루어졌다.[84] 한편 보통학교의 '1면 1교' 설치가 아직 추진되지 않은 지역에는 기존의 서당을 활용하여 보통학교에 준하는 교육을 할 수 있도록 서당교사강습회를 개최해 초등 교육을 담당시키는 곳도 있었다. 다음은 함경남도 장진군(長津郡)이 초등 교육 보급을 위해 동하(東下)공립보통학교, 하갈(下褐)공립보통학교 및 서한(西閑)공립보통학교의 연합, 장진공립보통학교의 3개소에서 서당교사강습회를 개최하게 된 경위를 확인할 수 있는 기사이다.

> 長津郡 七個面에 公立普通學校 五個所로 一面一校制도 아즉 完成되지 못하얏슴으로 交通이 便하고 人口가 稠密한 地方에 比하야도 初等教育機關의 不足을 부르짓게 되는데 當郡은 三百三十方里의 廣闊한 面積을 가진 우에 集團部落이 稀少하야 旣設된 五個 普通學校로서

---

76 「府內各處에 散在한 講習所等을 取締, 無許可講習所와 書堂調查, 私學에 對한 團束嚴重」『中央日報』1933. 2. 2.;「府內 各講習所 內容調查依賴」『每日申報』1937. 6. 10.;「市內不正講習所를 從前보다 取締 强化, 개중에는 부당한 강습료를 징수한다, 80個所의 內容을 調查」『東亞日報』1940. 2. 6.

77 「書堂七百餘 學童 1萬7千, 咸南道內의 最近調查」『東亞日報』1935. 1. 11.

78 「無認可學校, 講習所 閉鎖보다 善導가 緊要, 평양부 무면허 학교 19 平南學務課의 調查 結果」『東亞日報』1937. 8. 26.

79 「書堂取締規則과 忠南의 各私設學院」『朝鮮中央日報』1934. 9. 19.;「道內 各書堂調查 無認可는 閉鎖方針, 五百 四十處에 만육천명 수용 定規手續하라고 通牒」『東亞日報』1935. 11. 14.

80 「麗水郡書堂取締―教授停止한 곳도 多數!」『朝鮮中央日報』1934. 10. 12.;「莞島署 猛活動 左翼書堂 取締」『朝鮮中央日報』1933. 8. 26.

81 「書堂濫設을 取締れ特に 學父兄諸氏に望む」『釜山日報』1930. 2. 10.

82 「認可의 手續도 없이 私學經營은 不可―江原에서 取締를 嚴命」『每日新報』1939. 10. 10.

83 「三千餘命을 收容한 兒童講習所 徹底調查, 開城府 不良講習 閉鎖方針」『東亞日報』1937. 10. 30.;「不良講習所는 閉鎖 開城署管內 私設講習所 調查」『東亞日報』1939. 7. 7.

84 「私立學院과 書堂等 今後로 徹底取締 赤色勞組事件을 發端으로 全朝鮮的으로 嚴査開始」『東亞日報』1935. 11. 30.;「初等教育의 助役: 許可없는 書堂, 講習所嚴重取締할 方針 設備 잇으면 存續認可 얻도록 不穩한 덴 閉鎖命令」「全朝鮮 4, 5百 個所 不適한 건 斷然廢門, 警務當局의 談」『東亞日報』1937. 12. 11.

는 到底히 通學의 便을 엇기 어려움으로 公普校에 通學하기 어려운 遠
隔한 村落에는 于先 書堂敎育으로써 初等敎育의 緩和를 圖하게 되엿
다. 그리하야 書堂數가 七十五個所인 바 同書堂에서 兒童敎育에 從事
하는 書堂訓丈의 向上을 圖함에 敎育普及上 가장 必要함을 直覺한 郡
當局에서는 日常 그들의 指導敎養에 不怠의 努力을 加하고 잇으며 따
라서 各 公立普通學校에서도 區域 內 書堂과 連絡을 取하야 兒童敎育
의 向上을 企圖하고 잇는 바인데 今夏에는 夏休期間을 利用하야 各 公
立普通學校 主催로 郡內 左記 三個所에서 書堂敎師講習會를 開催하고
四年制 普通學校 學科敎授方法을 傳敎하게 되엿다.(장진군 7개 면에 공
립보통학교가 5개소로 1면 1교도 아직 완성되지 못해 교통이 편리하고 인
구가 많은 지방에 비교해도 초등교육기관이 많이 부족한데 장진군은 3백 3
십 방리의 광활한 면적을 가진 데다 집단부락이 적어서 이미 설치된 5개 보
통학교로는 도저히 통학하기 어려워서 공립보통학교에 통학하기 힘든 멀리
떨어진 촌락에는 우선 서당교육으로 초등교육의 완화를 도모하게 되었다.
그리하여 서당 수가 75개소인데 이 서당에서 아동교육에 종사하는 서당 훈
장의 향상을 도모하는 것이 교육보급상 가장 필요하다는 것을 깨달은 군 당
국에서는 평소 그들의 지도 교양에 게으름 피지 않고 노력을 하고 있으며,
따라서 각 공립보통학교에서도 구역 내 서당과 연락을 취해 아동교육의 향
상을 기하고 있는데 이번 여름에는 여름방학 기간을 이용해 각 공립보
통학교 주최로 왼쪽에 제시한 군내 3개소에서 서당교사강습회를 개최하
고 4년제 보통학교 학과 교수 방법을 전수하기 위해 교육하게 되었다.)(이
하 생략)[85]

3개소 모두 8월에 4일간 각각 11명, 26명, 15명의 서당교사에게 강습
을 실시했다. 강습회의 강사는 각 지역의 공립보통학교 교원, 면장, 경찰
서장, 금융조합 이사, 군·면 기수(技手), 그리고 특히 지방 진흥에 대해서
는 군에서 강사가 파견되어 강연을 진행했다.[86]

나아가 '1면 1교' 계획을 보충할 목적으로 서당을 간이학교로 승격한
일도 있었다. 예를 들면 평안남도에서는 1934년에 1,326개소 서당 중에

85 「一面一校 實施前에는 書堂敎育을 改善, 訓丈부터 素質改良에 努力—長津郡 官民協力으
　로—」『每日申報』1933. 8. 9.

86 위와 같음.

서 "優秀한 書堂을 選擇한 後 國庫와 道費로 補助金을 주어 修業年限 二個
年의 簡易初等學校로 昇格을 식키는 同時에 無資格敎師를 排除하고 第三
種敎員의 免狀이 잇는 有資格敎員을 配置하는 것이 今回의 書堂改善의 根
本方針으로 道學務課에서는 目下 書堂의 內容調査를 開始하얏섯는데 (중
략)農村의 不況으로 豫定과 가티 進行되지 못하는 **一面一校의 計劃을 補充하**
는 것으로 總經費 四萬五千圓程度를 計上하기로 決定(우수한 서당을 선택한
후 국고와 도비로 보조금을 주어 수업연한 2년의 간이초등학교로 승격시키는 동시
에 무자격 교사를 배제하고 제3종 교원 면허가 있는 유자격 교원을 배치하는 것이
이번 서당개선의 근본방침으로 도 학무과에서는 목하 서당의 내용조사를 시작했
었는데 (중략) 농촌의 불황으로 예정대로 진행되지 못하는 1면 1교 계획을 보충하
는 것으로 총 경비 4만 5천원 정도를 계상하기로 결정)"[87]했다. 충청북도에서도
서당에 보조금을 교부해 서당교사강습회를 개최하고 경영방법도 간이학교
와 유사한 형태로 경영해 가기 위해 서당의 '대개혁'을 단행했다. 그 목적
은 농촌진흥운동[88]에 서당의 기여를 끌어내는 데에 있었다.[89] 당시 경기도
연천(漣川)공립보통학교장인 요시다(吉田)는 "농가 갱생계획의 실행에 관해
초등보통교육에서 협력할 구체적 방안"으로 가정에서의 근로 작업 장려와
졸업생지도의 강화, 간이학교의 사명 등과 함께 서당교육의 개선책도 내놓
았다.[90]

　　다음에 소개하는 사례는 1934년 1월 15일부터 18일까지 황해도 곡산

---

87 「優秀한 書堂을 簡易學校로 昇格, 第3種 免狀 가진 敎員을 採用, 平南道 臨時費로 補助」
　　『每日申報』 1934. 1. 27.

88 세계 대공황에 따른 농촌경제의 궁핍화와 그로 인해 일어난 농민의 저항운동을 억제하
　　는 방책으로 조선총독부가 1932~40년에 추진한 농업정책이다. '근로의 철저, 소비 절
　　약, 책임 관념의 함양이라는 생활에 입각한 교양을 갱생계획에 기초한 영농지도 중에서
　　체험적으로 기르는 것에' 중점을 두었다. 富田晶子「準戰時下朝鮮の農村振興運動」歷史
　　科學協議會『歷史評論』No.377, 校倉書房, 1981.9, pp.80-81.

89 「補助敎育機關 大改革 書堂敎師講習會 準簡易普校를 經營식히고저 忠北道의 文敎對策」
　　『每日申報』 1934. 8. 11.

90 吉田熙「農家更生計劃の實行に關し初等普通敎育に於て協力すべき具體的方案」『文敎の
　　朝鮮』No.7, 1934, pp.141-168.

군이 개최한 서당교사강습회 취지와 실행 요항으로[91] 강습은 4일간 합숙형
식으로 이루어졌고, 아침 8시부터 밤 10시까지 국민체조 및 미화 작업을
비롯해 학과 강습 및 과외 강연, 좌담회, 자습 및 예습 등의 일정으로 강습
이 진행되었다. 〈그림1-11〉은 매일 아침 조식 전에 이루어진 미화 작업 광
경이다. 강습회에서는 일본어, 조선어, 산술 등의 교과교육과 함께 '농촌진
흥운동을 조장하기' 위해 직업과를 신설하여 농업과 공업 관련의 과외 강
연도 운영했다. 일본어나 조선어, 산술, 직업 등의 교과는 곡산보통학교의
교사가 가르쳤고, 농업(잠업)과 공업지식에 관한 강연은 군에서 강사가 파
견되었다.

그림 1-11 **곡산군 서당교사강습회에서 미화 작업 중인 서당교사들**
(『每日申報』1934. 1. 29)

◆趣旨(취지)

    原來 書堂敎育에는 一定한 敎授方法이 업시 다만 慣例에 依하야
指導者의 自由意思에 依하야 學童을 敎養하얏섯스나 近時 社會의 情
勢는 더욱 變遷함에 鑑하야 當局에서는 이 改善의 途를 講하는 中이다.
本郡은 普通學校의 敎育機關이 不足함으로 一層 그 必要를 痛感할 뿐

---

91 「谷山郡 書堂敎師講習會 開催—農村振興의 基本이 되도록—」『每日申報』1934.1.29.

안이라 將來의 農村振興은 더욱 濃厚한 指導로 할 現勢에 잇슴으로써 이 實際家로서 그 向할 바를 示하야서 僻地 簡易教育機關으로 實績을 擧揚함은 勿論 實業을 主眼으로 하는 職業科를 新設하야 農村振興運動의 助長을 期한다.(원래 서당교육에는 일정한 교수 방법이 없이 다만 관례에 따라 지도자의 자유의사에 따라 학동을 교양했었으나 근래 사회 정세가 더욱 변천하는 것을 감안해 당국에서는 이 개선방도를 강구하는 중이다. 본 군은 보통학교의 교육기관이 부족함으로 더욱 그 필요를 통감할 뿐 아니라 장래의 농촌진흥은 더욱 농후한 지도로 할 추세이므로 그 실천가로서 그 나아가야 할 바를 제시해서 벽지의 간이교육기관으로 실적을 거두는 것은 물론 실업을 주안으로 하는 직업과를 신설하여 농촌진흥운동의 추진을 돕도록 한다.)

◆ 要項(요항)

一, 主催(주최): 谷山郡(곡산군)

二, 會場(회장): 谷山公立普通學校(곡산공립보통학교)

三, 會期(회기): 昭和九年一月十五日부터 四日間(每日 午前九時부터 午後四時까지)(1934년 1월 15일부터 4일간(매일 오전 9시부터 오후 4시까지))

四, 講習科目及講師(강습과목 및 강사)

國語科·算術 (국어과 · 산술과)	谷山校 訓導 (곡산학교 훈도)	鄭光烈 (정광열)
朝鮮語(조선어)	同	柳永載(유영재)
職業科(직업과)	同	李允國(이윤국)
舍監(사감)	郡屬(군 소속)	尹俊壽(윤준수)

五, 講習事項의 標準(강습사항의 표준)

가, 當該學科의 教授方法에 關한 觀念(당해 학과의 교수 방법에 관한 관념)

나, 各學年科程의 主眼點(각 학년 과정의 주안점)

다, 普通學校 第五, 六學年 教科書의 研究(보통학교 제5, 6학년 교과서 연구)

라, 本道 産業獎勵方針의 大要(본도 산업장려방침의 대요)

六, 會員資格(회원자격): 郡內 國語, 算術을 課할 改良書堂으로 認可를 得한 書堂教師, 但 普通學校 六年 卒業 以上의 學力을 有한 者(군내 국어, 산술을 가르칠 개량 서당으로 인가를 받은 서당교

사, 단 보통학교 6년 졸업 이상의 학력을 가진 자)

七, 定員(정원): 十五名(15명)

八, 經費(경비): 本郡 鄕校財産 旣定豫算으로써 受講生의 旅費 實費을 補助함(본군 향교재산 기정예산으로 수강생의 여비 실비를 보조함)

九, 科外講演(每日 午後四時부터 同六時짜지)(과외 강연(매일 오후 4시부터 6시까지))

農村振興에 對하야 (농촌진흥에 대하여)	郡屬(군 소속)	尹俊奉(윤준봉)
蠶業獎勵에 對하야 (잠업장려에 대하여)	産業技手 (산업기수)	德永雅男 (도쿠나가 마사오)
製織工業獎勵에 對하야 (제직공업 장려에 대하여)	同	朴亨祿(박형록)

十, 行事表(행사표)

午前八時起床(오전8시 기상)…(自午前八時至同九時)(오전8시~9시)國民體操及美化作業(국민체조 및 미화작업)…朝食(아침식사)…(自午前九時半至午後四時)(오전9시~오후4시)學科講習(학과강습)…(自午後四時至同六時)(오후4시~6시)科外講演(과외강연)…夕食(저녁식사)…(自午後七時至同八時)(오후7시~8시)座談會(좌담회)…(自午後八時半至同九時半)(오후8시반~9시반)自習及豫習(자습 및 예습)…午後十時(오후10시)…就寢(취침)

이상과 같이 조선총독부의 교육정책은 1919년 3·1운동을 기점으로 크게 전환되었다. 조선의 교육은 보통교육 및 실업교육에 중점을 둔다는 기존의 방침은 고수하면서도 3·1운동 이후에 높아진 교육욕구를 채워주기 위한 교육기관의 증설에는 적극적이지 않았다. 3·1운동 이전까지는 공립보통학교 기피현상을 방지하기 위해 적극적인 취학독려정책을 전개했다는 점에서 보면 큰 변화이다. 더욱이 보통교육의 대표적인 교육시설인 보통학교의 증설도 날로 높아지는 조선민중들의 교육열을 해소하는 데에는 터무니없이 부족했고, 그러한 상황은 식민지 말기까지 계속되었다. 한 편 사학에 대한 통제는 완화하지 않고 폐지 또는 공립학교로 전환해 갔다.

조선총독부는 위와 같은 소극적인 학교보급정책을 추진하면서 한편으로는 '학교를 중심으로 하는 사회교육'이나 '졸업생지도', '국어강습회' 등과 같은 다양한 사회교육시책을 시대 상황에 맞춰 구사하며 대량의 학교증설에 수반되는 재정적인 부담을 경감시키면서 동시에 심각한 입학난으로 인한 당국에 대한 민중들의 불만을 해소해 가려 했다. 그리고 보통학교의 졸업생들이 진학이나 취업을 위해 농촌을 떠나는 것을 막기 위해 그들을 각 부락의 중견인물로 육성해 감으로써 농업을 중심으로 하는 안정된 식민지 경영체제를 유지하고 동시에 3·1운동과 같은 저항운동의 재발 방지를 위한 사상선도(思想善導)까지 추진함으로써 일석이조(一石二鳥)를 넘어 일석사조(一石四鳥)의 효과를 거두었다. 그러나 이러한 사회교육시책도 조선민중의 높은 향학열과 교육적 요구를 충분히 만족시키지는 못했다.

교육욕구의 고조와 야학 증가

3·1운동 이후의
교육열 발흥과 입학난 문제

1 입학경쟁의 심화와 불취학 아동문제

1919년에 일어난 조선민중에 의한 3·1운동은 조선총독부에 의해 무력으로 진압되어 결과적으로는 실패로 끝났으나 경성에서 시작되어 전국 및 해외에 있는 조선민중들에게까지 널리 민족의식을 고취시켰을 뿐 아니라 같은 해 일어난 중국의 5·4운동에까지 영향을 미친 피억압민족에 의한 반식민지운동의 선구적인 운동이다.[1] 거국적인 3·1운동은 이후 조선총독부의 통치방침에 영향을 미쳤고, 교육정책에도 많은 변화를 가져왔다. 즉 ①법령상으로는 내선인(內鮮人)의 구별을 철폐하고 보통교육에 한해 '국어'(일본어)를 상용하는 자와 그렇지 않은 자의 구별에 그친다, ②학교의 종류·계통·수업연한을 거의 내지와 동일하게 한다, ③대학교육·사범교육을 인정한다, ④보통교육을 제외하고는 모두 내지의 학제를 그대로 채용하며 대학·전문·실업교육에서는 조선의 특수성을 완전히 배제하는[2] 등 '문화정치'에 따른 교육방침의 전환이 이루어졌다.

여기에서 한 가지 주목할 것은 종래 공립학교 '취학독려'를 했던 조선총독부가 3·1운동 이후 해마다 급증하는 많은 취학 희망자들 중에서 학생을 '선발'하게 된 것이다. 이것은 기존까지 공립학교를 '기피'했던 조선민중들이 3·1운동 후에 공립보통학교 취학을 희망하는 경우가 많아져 입학경쟁이 일어났기 때문이다. 3·1운동 이후 조선민중의 '향학열의 발흥'에 대한 조선총독부의 다음과 같은 인식에도 드러나 있듯이 3·1운동은 조선민중에게 실력양성을 위한 교육의 필요성을 인식시켰고, '신교육' 즉 조선총독부에 의한 학교교육을 수용하는 변화를 가져왔다.

> 이렇게 향학열이 일시에 발흥한 이유는 지난 조선 독립 소요 사건의 동기 유인(誘因)이 된 미국 대통령 윌슨의 민족자결주의가 기대를 벗어나 평화회의도, 워싱턴(華盛頓)회의도 또한 태평양 회의도 조선 문제와 같은 것에는 관심도 없으며, 그 방대한 국토와 무한한 경제력과 세

---

1 백영서 편 『백년의 변혁―3·1에서 촛불까지』 창비, 2019, pp.47-53.

2 大野謙一 『朝鮮敎育問題管見』 1936, pp.135-136.

계대전을 구실로 급조된 병력에 깊은 신뢰를 두고 민주 자유의 깃발을 높이 흔들며, 정의 인도(人道)를 소리 높여 외치는 그런 미국의 지지 후원에 의해 조선 독립을 꾀하려고 했던 것이 완전히 몽상에 지나지 않았다는 것을 깨닫고 이제야 비로소 **타력(他力)주의를 버리고 자력으로 독립을 이뤄야 한다는 것을 알게 된 것이다. 그것에는 소위 문화를 촉진하고 실력을 양성해야 하고 문화의 본원은 교육에 있다고 하여 소위 향학열이 확연히 드러나기에 이르렀다.** 또한 지방의 완고한 사람들이 만세운동에서 신교육을 받은 사람 및 학교 학생들이 중견이 되어 그 행동이 기민하고 질서 있는 모습을 보고 신교육이 반드시 조국의 관념을 없애는 것이 아니라 오히려 **신교육이어야 한다는 관념을 품게 되어 취학 아동은 일제히 격증**하고 기존 학교만으로는 수용이 어렵게 되었다.[3]

그러나 날로 높아지는 조선인의 향학열에 조선총독부의 학교증설은 따라가지 못하였고, 입학경쟁은 식민지 말기까지 계속되었다. 〈표2-1〉은 조선인 추정 학령아동의 취학상황을 나타낸 것인데, 취학률이 해마다 오르긴 하지만 1930년대 후반이 되어도 약 30% 정도밖에 학교에 다니지 못하고 있음을 알 수 있다. 특히 여자의 취학률은 남자의 3분의 1에도 미치지 못하는 수준이다.

---

3 朝鮮總督府警務局『朝鮮に於ける同盟休校の考察』1929, p.4.

표 2-1	조선인 추정 학령아동 취학의 상황

연도	인구			추정 학령아동 수			재학 아동 수			취학률		
	남	여	計	남	여	計	남	여	計	남	여	計
1915	8,192,614	7,765,016	15,957,630	1,104,537	1,040,244	2,144,781	57,480	6,374	63,854	5.2	0.6	2.9
1920	8,901,988	8,214,090	16,916,078	1,174,765	1,108,903	2,283,668	93,285	13,915	107,200	7.9	1.2	4.6
1926	9,509,323	9,105,710	18,615,033	1,283,758	1,229,271	2,513,029	370,595	68,395	438,990	28.9	5.6	17.6
1929	9,569,706	9,214,731	18,784,437	1,291,912	1,243,988	2,535,900	391,085	80,320	471,405	30.2	6.4	18.6
1930	10,003,042	9,682,545	19,685,587	1,349,608	1,307,144	2,656,752	405,000	85,934	490,934	30.0	6.5	18.5
1931	10,023,837	9,686,331	19,710,168	1,353,218	1,307,653	2,660,871	409,502	89,658	499,160	30.3	6.8	18.7
1932	10,183,362	9,853,911	20,037,273	1,374,754	1,330,278	2,705,032	415,708	96,896	512,604	30.3	7.3	18.9
1933	10,269,286	9,936,305	20,205,591	1,386,354	1,341,402	2,727,756	452,929	108,363	561,292	32.7	8.1	20.6
1934	10,416,040	10,097,764	20,513,804	1,406,165	1,363,199	2,769,364	510,570	125,764	636,334	36.3	9.2	23.0
1935	10,769,916	10,478,948	21,248,864	1,453,939	1,414,657	2,858,596	568,867	147,863	716,730	39.1	10.5	25.0
1936	10,842,097	10,531,475	21,373,572	1,463,683	1,421,749	2,885,432	624,854	173,370	798,224	42.7	12.2	27.7
1937	10,842,097	10,531,475	21,373,572	1,463,683	1,421,749	2,885,432	694,029	206,628	900,657	47.4	14.5	31.2

자료: 朝鮮總督府學務局學務課『學事參考資料』1937. 11, pp.121-122.
주: 1) 추정학령아동 수는 인구의 13.5%로 계상한다. 1937년의 인구는 자료가 없기 때문에 전년
　　의 인구를 참고로 하여 사용했다.
　 2) 재학 아동 수는 각 연도 5월 말 현재 관·공·사립보통학교 재학 아동 수이다.

　1920년대 이후 공립보통학교 취학 희망자는 급증하나 학교가 그 요구
를 수용하지 못해 대량의 불취학 아동을 낳았다. 보통학교에 따라서는 불
취학 아동을 구제하기 위해 단기 강습회를 개최하는 곳도 있었고,[4] 지역유
지나 종교단체, 나아가 경찰관이 불취학 아동에게 교육을 제공하는 곳도
있었다.[5] 제1장에서 검토했듯이 당시의 신문에는 불취학 아동과 입학난문
제에 대해 소개하는 기사를 많이 볼 수 있고,[6] 1930년대에 들어오면 입학

4　「麗水短期講習會」『東亞日報』1922. 12. 18.
5　「崔秉完氏의 特志」『東亞日報』1922.12.23.；「金元榮氏의 美擧」『東亞日報』1923.4.15.；
　　「朴泰珠氏의 敎育熱」『東亞日報』1923. 4. 28.；「警察官의 美擧」『東亞日報』1923. 12. 7.；
　　「順天夏期講習」『東亞日報』1924. 8. 19. 등.
6　「入學難으로 郡民大會, 십배나 되는 지원자로 인하야 김히군민이 대회를 열고 결의」『東亞
　　日報』1922. 3. 18.；「入學難을 如何히 할가(上) 當局의 責任」『東亞日報』1922. 3. 26.；
　　「入學難을 如何히 할가(河)－富豪의 責任－」『東亞日報』1922. 3. 27.；「三倍의 志願者, 부
　　산의 보통학교 입학난」『東亞日報』1922.3.27.；「八百名이 超過, 목포입학난」『東亞日報』
　　1922. 3. 29.；「入學難을 如何히 調節홀가(上)」『每日申報』1922.4.14.；「入學難을 如何
　　히 調節홀가(下)」『每日申報』1922. 4. 15.；「府內 五千餘名의 不就學兒童 救濟는 이부교

난은 더욱 심해져 관련기사는 한층 늘어난다. 또한 "만성 고질화된 보통학교 입학난",[7] "해마다 심각해지는 입학난과 시험지옥",[8] "어린이들을 울리는 입학사정지옥",[9] "불취학 아동의 범람",[10] "팽창된 향학열로 인해 도처에 입학난!"[11] 등과 같은 제목에서 볼 수 있듯이 1930년대에 들어서도 입학난은 해소되지 않고 만성화되어 갔다. 입학난은 중등학교에서는 더욱 심각해 이러한 입학난을 이용한 사기나 호적위조 등의 범죄가 일어나는가 하면[12] 시험에 낙방해서 자살했다[13]는 기사들도 적지 않았다.

당시의 대표적인 민족지였던 『동아일보』는 초등학교에서 중등학교 그리고 전문학교 등에 이르기까지 심각한 입학난 문제를 두고 "무수한 조선의 실학(失學)청소년들을 실학지옥에서 구출할 수 잇"는 해결책에 대해 논의하는 좌담회를 개최했다. 좌담회는 1936년 1월 30일 오후 5시부터 경성부에 있는 신문사 사장실에서 교육 각계 인사 17명과 동 신문사 4명이 참석해서 진행되었다. 좌담회 내용은 1936년 2월 1일부터 7일까지 총 5회에 걸쳐 같은 신문에 게재되었다(〈그림2-1〉을 참조).

수제를 쓰게 되든지 혹은 속성괴관을 특설할터」『時代日報』1925. 1. 25.;「朝鮮初等教育普及, 第1次計劃을 樹立し不就學兒童を救濟」『釜山日報』1928. 5. 15.;「굿게 다친 入學地獄門, 어린 魂의 受難時代」『東亞日報』1929. 3. 24. 등.

7 「慢性의 痼疾化한 普校入學難 학급의 증가는 륙학년 自然增加 3學級뿐」『中外日報』1930. 1. 25.

8 「年復年 深刻化하는 入學難과 試驗地獄」『東亞日報』1930. 2. 4.

9 「어린이들을 울리는 入學査定地獄, 두근거리는 어린 가슴을 안고 아침부터 爭先雲集」『每日申報』1931. 3. 25.

10 「靈山面을 惱やます不就學兒의 氾濫, 學級增加は焦眉の急」『釜山日報』1936. 3. 11.;「不就學兒의 氾監— 統營普通學校では一學級八十人收容, 更に附屬講習を併設」『釜山日報』1936. 3. 20.

11 「膨脹되는 向學熱로 到處에 入學難! 學級增加의 陳情沙汰」『每日申報』1936. 3. 1.

12 「入學難을 惡用 數百圓 詐欺 학교에 입학시켜 준다고 하고 犯人은 本町署에」『每日申報』1936. 5. 17.;「入學難을 奇貨로 한 犯罪 金品受授의 事實 露現 본정서 사기한을 체포 취조중, 府內 某敎員에 波及形勢」『每日申報』1936. 5. 28.;「某公立高普校 關係 本町署 事件 擴大, 입학난 괴화로 금전수수 혐의 關係者를 陸續召喚」『每日申報』1936. 6. 2.;「入學難이 나흔 戶籍僞造 面長 等」『每日申報』1936. 6. 28.;「入學難 惡用의 犯罪相—合格식혀준다고 交際費等을 詐取」『每日申報』1937. 3. 20. 등.

13 제1장의 각주23을 참조.

그림 2-1 **입학난 문제 좌담회**

(『東亞日報』 1936. 2. 1)

좌담회에서는 의무교육의 실현이 가까운 미래에는 어려울 것 같으므로 '문맹퇴치'에 주력하는 일이 시급한 과제이며 그것을 위해서는 "개량서당과 강습소 등을 부활시킬" 필요가 있다고 입을 모은다. 그러나 당국의 사학기관에 대한 단속이 너무 엄격한 것에 대한 비판의 목소리도 나왔다. "書堂이나 講習所에 對한 當局의 取締는 經營者 또는 講師의 思想關係 以外로 또 무엇이 잇습니까?"(서당이나 강습소에 대한 당국의 단속은 경영자 또는 강사의 사상관계 외에 또 무엇이 있습니까?)라는 사회자의 질문에 대해 안청(安靑)학교의 김태영(金台榮)이 다음과 같이 말한 것에서 그 양상을 엿볼 수 있다.

思想關係란 우리가 보는 바로는 當局이 내세우는 한 口實인듯 합니다.
大體 目前에 汎濫하는 失學兒童을 單 一名이라도 救出하겟다고 나서는 그들의 大部分이 中學出身程度인데 그들에게 무슨 不純한 思想이 잇을 理 잇으며 더욱 내 자식 네 자식 할 것 없이 苟苟한대로 講習所나마 맨들어 가지고 文盲이나 免해보자는 그 가엾은 努力에 무슨 不穩한 思想이 잇겟습니까. 都是當局의 方針으로는 講習所나 書堂은 아주 없앳으면 하는 態度입니다.(사상관계란 우리가 보는 바로는 당국이 내세

우는 하나의 구실인 것 같습니다. 대체로 눈앞에 범람하는 배울 기회를 잃
은 아동을 단 한명이라도 구출하겠다고 나서는 그들 대부분이 중학교 출신
정도인데 그들에게 무슨 불순한 사상이 있을 리가 있으며, 더욱이 내 자식
네 자식 할 것 없이 한때나마 강습소라도 만들어 문맹이나 면해보자는 그
가엾은 노력에 무슨 불온한 사상이 있겠습니까? 당국의 방침은 강습소나
서당은 아주 없앴으면 하는 태도입니다.)[14]

같은 해 3월 21일 밤에 동 신문사 평양지국에서도 교육계에서 12명,
사회계에서 6명, 동 신문사 기자 3명이 모여 입학난 대책 좌담회가 열렸
다. 이 좌담회에서도 가난해서 학교에 가지 못하는 무산아동을 위한 강습
소 설치의 필요성을 주장하면서 당국이 교육예산을 늘리지 않는데다 사상
문제를 이유로 강습소 단속을 강화하는 것을 비판하고 있다.[15]

총독부는 1934년에 간이학교라는 2년제 초등교육기관을 도입해 입학
난에 대응해 갔다. 공립보통학교에 부설하는 형태로 설치된 간이학교는 농
업실습을 내용으로 하는 직업교육이 전체 3분의 1의 시간을 차지하는 통상
적인 초등보통교육기관과는 다른 교육기관이었다. 간이학교는 제도 도입
때부터 관련규정이 없어 보통학교 편입은 제도상 인정하지 않는 방침으로
시작된 기관이다. 이러한 간이학교의 설치는 계속 늘어났고, 1940년에는
보통학교 2개교 당 1개교 비율로 설치되었다.[16] 〈표2-1〉에서 볼 수 있듯이
1937년에도 조선인 학령아동의 취학률은 30% 정도이고 식민지 말기가 되
어도 50% 정도에 그쳤던 점에서 조선총독부는 입학난에 대해 적극적인 보
통학교의 증설이라는 정공법이 아니라 "일시적인 편의의 방편으로 이것을
통례로 삼는 것은 적법이라고는 할 수 없"[17]는 간이학교라는 제도의 도입으
로 응급조치를 했다고 할 수 있다.

---

14 「入學難問題座談會(二): 初等學校, 私學機關獎勵, 校舍二重利用―講習所, 夜學의 取締緩
和等―朝鮮敎育은 非常道로」『東亞日報』1936. 2. 2.

15 「本社平壤支局主催 入學難對策座談會」『東亞日報』1936. 3. 29.

16 古川宣子「植民地期朝鮮의 簡易學校―制度導入과 그 普及을 中心에―」『大東文化大學紀
要』第55號, 2017. 3, pp.129~144.

17 岡久雄『朝鮮敎育行政』帝國地方行政學會朝鮮本部發行, 1940, p.53.

2 교육에서의 지역격차 및 남녀격차

1920년대 이후의 입학난과 그에 대한 조선총독부의 소극적인 대응에 대해서는 상술한 바와 같은데 교육에서의 지역격차와 남녀격차도 주목할 만한 점이다. 우선 지역별 취학률을 보면 〈표2-2〉에서 볼 수 있듯이 도시 지역인 부(府)의 취학률은 1920년대 중반부터는 50%를 넘어서지만 농촌인 읍면의 취학률은 부의 3분의 1 정도이고, 1930년대 이후 취학률이 높아졌다고 해도 부의 절반 정도로 30%를 넘지 못하고 있다. 남녀별로 보면 부와 읍면 모두 여성의 취학률이 남성에 비해 현저히 낮은데 읍면의 여성 취학률은 1930년대 후반이 되어도 10% 정도로 당시의 신문에서도 농촌 교육은 '참담한 현황'이라고 보도하고 있다.[18]

표 2-2 부와 읍·면별 취학률

연도	전국			부(府)					읍·면(邑·面)				
	취학률			추정 학령아동	재학 아동	취학률			추정 학령아동	재학 아동	취학률		
	계	남	여			계	남	여			계	남	여
1915	2.9	5.2	0.6	46,779	8,321	17.7	27.0	8.0	2,098,002	55,533	2.6	4.7	0.4
1920	4.6	7.9	1.2	55,956	11,752	21.0	31.1	10.4	2,227,712	95,448	4.2	7.3	1.0
1926	17.6	28.9	5.6	80,543	44,960	55.8	76.4	33.7	2,432,486	394,030	16.2	27.3	4.6
1929	18.6	30.2	6.4	96,703	51,596	53.4	69.6	35.8	2,439,197	419,809	17.2	28.6	5.3
1930	18.5	30.0	6.5	112,030	54,490	48.6	64.3	32.1	2,544,722	436,444	17.1	28.4	5.4
1931	18.7	30.3	6.8	117,392	63,817	54.4	71.9	36.1	2,543,479	435,343	17.1	28.3	5.5
1932	18.9	30.3	7.3	125,011	66,282	53.0	70.3	35.9	2,580,021	446,322	17.3	28.3	5.9
1933	20.6	32.7	8.1	130,074	70,725	54.4	72.1	36.8	2,597,682	490,567	18.9	30.7	6.6
1934	23.0	36.3	9.2	135,777	76,655	56.5	74.2	38.9	2,633,587	559,679	21.3	34.4	7.7
1935	25.0	39.1	10.5	158,731	90,354	56.9	74.6	39.6	2,709,865	626,376	23.1	37.1	8.7
1936	27.7	42.7	12.2	204,721	104,792	51.2	65.7	36.8	2,680,711	693,432	25.9	41.0	10.3
1937	31.2	47.4	14.5	204,721	117,550	57.4	71.7	43.2	2,680,711	783,107	29.2	45.6	12.3

자료: 〈표2-1〉과 같음.

---

18 「全朝鮮兒童就學率 겨우 二割五分! 邑面의 女兒九分釐에 不過 寒心한 農村의 教育」『東亞日報』 1936. 1. 29.

산간지대가 많은 강원도의 경우 전국에서 가장 낮은 취학률을 나타내고 있고,(〈표2-3〉을 참조) 1면 1교 계획이 완성되는 1936년도가 되어도 학령아동의 16%밖에 수용하지 못하는 '한심한 상태'였다.[19] 그로 인해 〈표2-4〉의 '국어'(일본어)를 이해하는 조선인 수에서도 농촌과 산간벽지가 많은 강원도, 전라남도, 경상북도 등의 비율이 낮은 것을 볼 수 있다. 단, 조선반도의 최북단에 위치하고 있고 인구도 가장 적은 함경북도가 취학률과 '국어'를 이해하는 조선인의 비율에서 높은 수치를 보여주고 있는 것은 주목할 만하다. 일본어 보급정책이 본격화된 1937년 이후에도 함경북도의 '국어'보급률은 전국에서 가장 높다.[20] 1944년의 『매일신보』에서도 도시부에 비해 농촌지역의 낮은 '국어'보급률을 지적하면서 함경북도의 보급률이 교육기관이 많은 경기도를 넘어서 전국 1위를 차지한 것에 대해 다음과 같이 주목하고 있다.

> 국어해득자를 도시와 농촌별로 보면 도시 즉 부부(府部)는 四十五『퍼-센트』三인데 군부(郡部)지방은 十八『퍼-센트』九로 현격한 차이가 잇서 교육시설 특히 국민학교를 도회에만 집중식히지 말고 농촌에도 보편화식혀야 할 실정을 말하고 잇는 것이다. (중략) 함경북도 내의 국어보급률이 교육기관이 집중된 경기도보다도 조타는 것은 주목할 만한 일이다.[21]

그러나 함경북도의 취학률이나 '국어'보급률이 높은 요인에 대해서는 정확하지는 않지만, 당시의 신문 보도에 따르면 도 당국이 "보통교육의 확충과 문맹퇴치의 철저한 실현을 목표로 하여" 보통학교 및 간이학교의 증설에 적극적으로 임한 결과로 보인다.[22] 실제로 함경북도는 간이학교의 설

---

19 「一面一校는 遼遠 三十八校를 尙未設, 완성돼도 취학은 겨우 一할 六분, 江原道의 敎育狀態」 『東亞日報』 1934. 6. 18.

20 「國語解得하는 사람이 二百卅九萬七千名 인구천명에 대하야 백十一명 道別론 咸北이 最高, 全南이 最低」 『每日新報』 1938. 6. 13.

21 「咸北35%가 首位—地域別로 본 國語普及率」 『每日新報』 1944. 8. 20.

22 "함북도 당국에서는 소화四年(1929년-인용자) 이래 八개년 계획으로 一면一교제 실시안을 수립하고 적극적으로 그 실시에 노력한 결과 十一년도(1936년도-인용자)에 五개

치율에서도 1937년 5월 현재 59.5%로 전국에서 최상위를 차지하고 있다.[23]

| 표 2-3 | 도별 조선인 학령아동 취학상황(1934년) |

도명	추정학령아동			재학 아동 수			취학률		
	남	여	계	남	여	계	남	여	계
경기도	139,176	134,117	273,293	64,297	24,594	88,891	46.2	18.3	32.3
충청북도	59,928	57,082	117,010	19,967	4,116	24,083	33.3	7.2	20.6
충청남도	94,648	89,737	184,385	33,505	8,672	42,177	35.4	9.7	22.9
전라북도	98,323	92,821	191,133	33,241	6,981	40,222	33.8	7.5	21.0
전라남도	152,552	149,980	302,532	51,598	10,038	61,636	33.8	6.7	20.4
경상북도	157,456	152,932	310,088	50,199	11,927	62,126	31.9	7.8	20.0
경상남도	138,858	135,611	274,469	52,955	12,655	65,610	38.1	9.3	23.9
황해도	101,519	100,700	202,219	40,032	9,678	49,710	39.4	9.6	24.6
평안남도	88,279	88,048	176,327	36,957	9,426	46,383	41.9	10.7	26.3
평안북도	103,982	101,685	205,667	42,171	8,733	50,904	40.6	8.6	24.8
강원도	99,849	93,280	193,125	28,367	6,129	34,496	28.4	6.6	17.9
함경남도	103,512	98,990	202,502	34,956	7,689	42,645	33.8	7.8	21.1
함경북도	48,276	46,728	95,004	20,052	5,190	25,243	41.5	11.1	26.6
합계	1,386,354	1,341,402	2,727,756	508,298	125,828	634,126	36.7	9.4	23.2

자료: 朝鮮總督府學務局 「朝鮮人學齡兒童就學 ノ 狀況」(1910–1934년)을 바탕으로 작성함.

소를 설치하는 것으로 그 끝을 막는 바 도 당국에서는 보통교육의 확충과 문맹퇴치의 철저적 실현을 목표로 계속하야 금년도에 간이학교 十一교와 보통학교 二十학급을 증설한다는 바 이 학급증설은 가장 입학난이 심한 곳부터 그 완화를 도모한다고 하"는 기사에서 도 당국에 의한 보통교육의 확충책을 볼 수 있다. 「普校敎育擴充 簡易十一校增設, 咸北道文盲退治策」『東亞日報』 1936. 1. 31.

23 간이학교는 공립보통학교에 부설하는 형태로 설치되었는데 1937년 5월 현재 함경북도에는 보통학교 844개교에 대해 간이학교 50개교가 설치되었다. 간이학교의 설치율이 가장 낮았던 곳은 공립보통학교 267개교에 대해 간이학교 76개교로 28.5%의 설치율을 보인 경상남도였다. 朝鮮總督府學務局學務課『學事參考資料』 1937. pp.11-13.

| 표 2-4 | 「국어」를 이해하는 조선인 수(1936년 말) |

도별	약간 이해할 수 있는 사람			보통 회화에 지장이 없는 사람			합계(%)	인구
	남	여	계	남	여	계		
경기도	97,580	31,204	128,784	165,574	34,766	200,340	329,124(14.8)	2,225,379
충청북도	29,101	5,481	34,582	32,412	3,471	35,883	70,465(7.9)	897,736
충청남도	43,382	9,311	52,693	50,600	6,290	56,890	109,583(7.5)	1,454,830
전라북도	59,122	11,395	70,517	52,306	7,623	59,929	130,446(8.7)	1,502,380
전라남도	64,696	9,581	74,277	82,191	8,707	90,898	165,175(7.0)	2,370,853
경상북도	71,618	13,245	84,863	78,971	10,397	89,368	174,231(7.3)	2,402,970
경상남도	127,641	48,593	176,234	97,609	18,962	116,571	292,805(13.8)	2,115,553
황해도	63,034	12,618	75,652	49,359	8,323	57,682	133,334(8.6)	1,614,738
평안남도	45,291	12,971	58,262	70,452	13,139	83,591	141,853(10.2)	1,390,298
평안북도	70,795	11,468	82,263	61,233	7,884	69,117	151,380(9.6)	1,578,605
강원도	49,188	9,102	58,290	45,714	5,711	51,425	109,715(7.3)	1,513,276
함경남도	56,601	8,961	65,562	69,259	8,751	78,010	143,572(9.3)	1,544,883
함경북도	65,261	25,663	90,924	47,932	13,423	61,355	152,279(20.0)	762,071
합계	843,310	209,593	1,052,903	903,612	147,447	1,051,059	2,103,962(9.8)	21,373,572

자료: 朝鮮總督府學務局學務課 「學事參考資料」 1937. 11. p.227; 인구는 朝鮮總督府 「昭和
十一年朝鮮總督府統計年報」 1938. p.22를 바탕으로 작성함.

이상과 같이 조선 전체가 입학난에 힘들었는데 농촌지역과 여성은 한 층 열악한 교육환경에 놓여 있었다고 할 수 있다. 그중에서 학교에 가지 못하는 아동이나 비문해자의 교육을 담당한 것은 강습소나 야학, 서당 등 의 사립교육시설이었다. 그것은 상술한 동아일보사 주최의 입학난 문제 좌 담회에서 동 신문사 기자인 이여성(李如星)이 소개한 동 신문사에 의한 문 자해득자 조사 결과에서도 엿볼 수가 있다.

여러분의 말슴을 大體로 綜合하면 저는 이런 생각이 납니다. 오늘 날 朝鮮은 果然 敎育 非常時라고 하겟는데 當局의 私學機關에 對한 干 涉의 過酷이라든가 이런 것을 보면 오늘날 朝鮮의 敎育情勢는 敎育常 道主義에 偏重되어 잇는가 합니다. 우리로서는 이것보다 좀 더 敎育權 道主義를 取해 달라고 말하고 싶습니다.
現下 朝鮮의 對照比較를 本社에서 再昨年(1934년-인용자) 十月末 現在로 調査해 본 것이 잇는데 그 結果는 實로 現 朝鮮이 어떠케 비참

한 文盲地獄化하여 잇다는 것을 證言하고 잇습니다.

　總 調査人員 六萬五千人 中에 大學, 專門의 敎育을 받은 사람이 單 二%에 不過하고 中等程度의 被敎育者가 十%, 初等程度의 被敎育者 가 二十八%, 講習, 夜學, 書堂에서 敎育받은 사람이 十八%입니다.

　이것을 보면 講習所나, 夜學이나, 書堂들은 不完全한 設備나마 그 私學敎育이 敎育朝鮮에 있어서 얼마나 實效性을 띠고 잇는가를 알 수 잇엇습니다. 特別히 그 가운대도 女子側으로 본다고 하면 十八%가 初 等程度 敎育을 받은 사람이오 十五%가 講習, 夜學, 書堂의 被敎育者 인데 이것을 보면 女子에게 잇어서는 正規의 學校보다도 講習, 夜學, 書堂 같은 것이 얼마나 重大한 意義를 가지고 잇는가를 알 수 잇습니 다.(여러분의 말씀을 대략 종합하면 저는 이런 생각이 납니다. 오늘날 조선 은 과연 교육 비상시라고 하겠는데 당국의 사학기관에 대한 간섭이 너무 심 하다든가 이런 것을 보면 오늘날 조선의 교육정세는 교육상도주의에 편중 되어 있는 것 같습니다. 우리로서는 이것보다 좀 더 교육권도주의를 취해 달라고 말하고 싶습니다.

　현하 조선의 대조비교를 본사에서 재작년(1934년) 10월 말 현재 조사 해 본 것이 있는데 그 결과는 실로 현재 조선이 얼마나 비참한 문맹지옥이 되어 있는지를 증언하고 있습니다.

　총 조사인원 6만 5천 명 중에 대학, 전문 교육을 받은 사람이 단 2%에 지나지 않고 중등정도의 피교육자가 10%, 초등정도의 피교육자가 28%, 강 습, 야학, 서당에서 교육받은 사람이 18%입니다.

　이것을 보면 강습소나 야학이나 서당은 불완전한 설비지만 그 사학교육 이 조선 교육에 있어서 얼마나 실효성을 띠고 있는가를 알 수 있었습니다. 특히 그 가운데에서도 여자의 교육상황을 살펴보면 18%가 초등정도의 교 육을 받은 사람이오, 15%가 강습, 야학, 서당의 피교육자인데 이것을 보면 여자에게 있어서는 정규의 학교보다 강습, 야학, 서당과 같은 것이 얼마나 중대한 의의를 가지고 있는가를 알 수 있습니다.)[24]

이상의 결과를 통해 당시 중등 및 고등교육을 받은 사람이 10%를 약간 넘는 정도이고, 초등교육을 받은 사람은 30%를 넘지 않으며, 약 20%의 민중들이 강습소나 야학, 서당 등의 비정규 교육시설에서 교육욕구를 채워

---

24 「入學難問題座談會(二): 初等學校, 私學機關獎勵, 校舍二重利用—講習所, 夜學의 取締緩 和等—朝鮮敎育은 非常道로」『東亞日報』 1936. 2. 2.

갔음을 알 수 있다. 즉 조선에는 불취학자가 많이 존재했고, 그 불취학자
들의 교육을 주로 강습소와 야학, 서당[25] 등의 사설교육기관이 지탱했음을
알 수 있다.

---

25 서당은 주로 유학을 가르치는 곳으로 식민지기에도 한동안은 가장 큰 비중을 차지하는
    초등교육기관이었으나 학교교육의 보급에 따라 그 수는 감소해 갔다. 그리고 1918년에
    '서당규칙'이 제정됨에 따라 교육내용에서도 근대교육의 교과를 도입하지 않을 수 없게
    되었고, 소위 '개량 서당'으로 변용하면서 불취학 아동의 교육을 계속 담당했다. 특히 사
    립학교나 인가제의 '사설학술강습회'에 대한 단속을 피해 신고제의 개량 서당으로 설립
    하는 일도 적지 않았으나 1929년에 '서당규칙' 개정으로 서당도 '도지사 인가제'로 변경
    되어 그 수가 급속히 감소해 갔다.

불취학자의 배움터, 야학의 증가

식민지기에 학교에 가지 못하는 수많은 불취학 아동들이나 비문해자들에게 배울 기회를 제공한 대표적인 것으로서 야학이 있다. 야학에는 무산계급의 불취학 아동을 위한 보습야학을 비롯해 여성을 위한 여자야학·소녀야학·부인야학, 청년야학, 농민야학, 노동야학, 상업야학, 그리고 '국어'야학과 한글야학, 영어야학 등 매우 다양하며 그 대상과 목적에 따라 명칭도 다양했다.

야학은 구한말 개화파 지식인들이 국권옹호를 목적으로 민족교육과 식산흥업을 도모하기 위해 설립한 민중계몽을 위한 하나의 장이었는데, 식민지기 이후에도 계승·보급되어 갔다. 근대 학교교육이 아직 널리 보급되지 않았던 구한말에 야학이 학교교육을 보완하면서 그 학교교육의 경험을 보급하는 역할도 했듯이 식민지기 조선의 야학도 마찬가지였다.

야학 관련 통계는 관주도의 강습회나 허가를 얻은 '사설학술강습회'에 관한 통계가 지방당국에 의해 발표되는 일도 있긴 했으나 학교교육과 달리 전국 통계나 각 연도별 통계는 발표되지 않았다. 야학에 관한 기록은 많은 부분이 결여되어 있어 당시의 정확한 야학 수도 파악하기 어렵기 때문에 지금까지의 연구에서는 야학에 관한 기사가 비교적 많이 게재된『동아일보』를 주된 자료로 삼아 왔는데, 이 신문에 보고된 야학만 봐도 그 수는 헤아릴 수 없이 많다. 1920-28년의『동아일보』에 보고된 야학관련 기사를 바탕으로 각 연도별 야학설립의 전국 분포를 정리한 이시카와 다케토시(石川武敏)의 연구에 따르면, 1920년대의 야학 수만 보더라도 전국에 1,300개소 넘게 설치되었고, 그 이전과 비교하면 그 증가율은 매우 빨랐다.[26] 상기의 입학난문제 좌담회에서 볼 수 있듯이 1930년대 이후에도 야학이 불취학자의 교육을 크게 담당해 왔음을 알 수 있다.

야학은 설립주체를 비롯하여 설립목적, 교육대상, 운영규모나 운영체제, 교육내용이나 방법 등도 다양했다. 본 절에서는 불취학자의 배움터로서 기능한 야학의 유형, 설립주체 및 목적, 교육내용, 운영상황 등에 대해 검토하고자 한다.

---

26 石川武敏「1920年代朝鮮における民族教育の一斷面－夜學運動について－」北大史學會『北大史學』Vol.21, 1981, p.39.

1   야학의 유형: 야학과 학술강습소의 구분

야학에 관한 선행연구에서는 지금까지 야학과 사설학술강습회(강습소)[27]는 거의 동의어로 여겨져 왔다. 노영택은 "사설학술강습회는 대체로 야간에 강습이 실시되었기 때문에 일반적으로 '야학'(夜學)이라 일컬어졌"다고 말하면서 "야학강습회를 '야학'으로 통칭했기 때문에, 일반적으로는 야학을 '강습회'와 별도의 형태처럼 사용하고 있지만, 사실은 '야학'도 '강습회'의 한 형태에 속하는 것"이라고 설명하고 있다.[28] 이시카와(石川)도 "야간에 이루어진 사설학술강습회가 야학이다"라며 노영택의 정의를 계승하고 있고, "총독부는 일관되게 야학을 사설학술강습회의 한 형태로 파악했다"고 말하고 있다.[29] 이명실은 개인에 의한 강습회나 야학을 단속하기 위해 조선총독부가 1913년 1월에 '사설학술강습회에 관한 건'[30]을 제정한 것을 근거로 사설학술강습회를 행정적 용어로, 야학을 통념적 용어로 사용하고 있다.[31] 김형목도 "야학은 정규 교육기관이 아닌 사설강습회·강습소

---

27   1913년에 제정된 '사설학술강습에 관한 건'에서는 '강습회'라는 명칭이 사용되었으나 실제로는 '강습소'라는 명칭이 많이 사용되었다.

28   노영택 『일제하 민중교육운동사』 학이시습, 2010, pp.136-137.

29   石川武敏, 앞의 논문, p.44.

30   '사설학술강습회에 관한 건'(조선총독부령 제3호, 1913년 1월 제정).

       제1조 개인이 학술 연구를 위해 강습회를 개최하고자 할 시는 왼쪽의(다음-인용자) 각호의 사항을 구비해 도장관의 인가를 받아야 한다.

         1. 강습의 목적

         2. 강습의 기간 및 장소

         3. 강습 사항

         4. 강습원(講習員)의 자격 및 정수(定數)

         5. 강사의 주소, 성명 및 경력

         6. 경비 마련 방법

       제2조 도장관은 특히 강사의 선정 또는 파견에 대해 편의를 제공해야 한다.

       제3조 도장관은 강습회의 방법이 부적당 도는 유해하다고 인정될 때는 그 변경을 명하거나 또 는 제1조의 인가를 취소할 수 있다.

       제4조 제1조의 인가를 받지 않고 강습회를 개최한 자가 있을 시에는 도장관은 그 폐쇄를 명할 수 있다.

31   李明實「日本強占期社會敎育史の基礎的研究─朝鮮總督府による施策の展開を中心に─」

등에서 이루어진 여러 유형의 교육을 의미한다"[32]고 말한다.

　한편 정혜정은 위와 같은 선행연구에 대해 학술강습소는 일반강습소나 야학과는 구분될 필요가 있다고 다른 의견을 드러낸다. 즉 학술강습소는 1913년에 공포된 '사설학술강습회에 관한 건'에 따라 칭해지는 것으로서 인가를 받은 것이고, 야학과 같이 밤에만 이루어지는 것이 아니라 주야에 걸쳐 이루어졌다고 말한다. 또한 학술강습소는 지역주민과 개인 및 유지가 보통교육을 목적으로 또는 중등교육의 대체기관으로서 설립된 것도 많고, 청년회의 성격을 반영하는 민중문화운동, 기독교단체의 선교적 목적을 띠는 것, 관변단체의 황국신민화전략에 의한 일본어보급 교육기관 등 그 종류가 다양했다고 설명한다.[33]

　하지만 여기서 말하는 '학술강습소'가 인가를 받은 강습소만을 가르키는 것인지에 대해서는 논의의 여지가 있다. 왜냐하면 당시 인가를 받지 않은 강습소를 '학술강습소'라고 칭한 예가 있기 때문이다. 예를 들면 함경남도 영흥군에는 "다수한 학술강습소가 잇으되 그 정식인가를 얻은 것은 一部에 불과하므로 관계 당국에서는 그 당무자로 하여금 차제에 모다 정식인가를 얻도록 종용하고 잇다"는 『동아일보』의 보도[34]나 경상북도 예천군 풍양면 우망동에서 무산아동을 위한 유일한 교육기관으로 12년간 운영해 온 '풍양학술강습소'가 도의 인가를 얻지 않고 운영해 왔다는 이유로 폐쇄명령을 받았다는 『조선중앙일보』의 기사[35]에서 도의 인가와는 관계없이 '학술강습소'라는 명칭이 사용되어 왔음을 확인할 수 있다. 실제로 많은 강습소에서는 인가는 받지 못했지만 학생 수가 많기 때문에 복수의 학년 · 학급제로 운영되고 주간에 이루어지는 경우도 많았으며, 교사(校舍)가 있는 등 '사설학술강습회'의 인가조건과 비슷한 체제를 정비한 곳도 적지 않았다.

　　筑波大學大學院博士學位論文, 1999, p.55.

32　김형목 「야학운동의 의의와 연구동향」 한국사학회 『사학연구』 제66호, 2002, p.169.

33　정혜정 「일제하 『학술강습소』의 문화운동과 샘골학원」 『역사와 교육』 제29집, 2019, pp.40-44.

34　「文盲啓導의 先鋒隊 講習所認可 慫慂, 永興郡內만 五十個所의 多數」 『東亞日報』 1938. 6. 21.

35　「歷史 오랜— 豊壤講習所 閉鎖令, 無認可가 閉鎖의 理由」 『朝鮮中央日報』 1933. 4. 16.

그에 비해 '야학'이라고 불리는 것에는 학술강습소와 같은 대규모의 운영방식으로 운영되는 것[36]에서부터 개인이 자택 등에서 적은 인원을 대상으로 간단한 문해교육을 실시하는 야학까지 그 폭이 넓다. 또한 강습소의 경우는 'ㅇㅇ(지명)강습소', 'ㅇㅇ사설(학술)강습소', 'ㅇㅇ(학)원', 'ㅇㅇ(의)숙', 'ㅇㅇ노동(야학)강습소', 'ㅇㅇ여자(야학)강습소' 등과 같이 주로 지명 등이 들어간 명칭을 붙여 마을 전체에 홍보해서 학생들을 모집하는 경우가 많았지만, 야학에는 따로 명칭도 없고 마을의 유지청년이나 소년 등이 주로 농한기나 방과 후를 이용해 인근에 사는 친척이나 이웃 사람들에게 야간을 이용해 소규모로 가르치는 경우도 적지 않았다. 따라서 본서에서는 '야학'을 야간에 이루어진 것만이 아니라 주간에 이루어진 사설강습소나 강습회 등도 포함하는 넓은 의미로 사용한다.

2 야학의 설립주체 및 목적

김형목은 야학을 민족야학과 식민지야학으로 구분하고 민족야학은 또 계몽야학과 민중야학으로 크게 나뉜다고 설명한다. 그러나 계몽야학과 민중야학은 일반적으로 야학설립·운영주체 구분과 교육내용도 의식화를 위한 독서회를 제외하고 커다란 차별성을 파악할 수 없기 때문에 그 구분은 뚜렷하지 않을 뿐만 아니라 모호성을 지닌다고 주장한다.[37] 조정봉·김민남은 야학을 크게 다음의 세 가지로 나누고 있다. 첫째, 엘리트지식인들이 주도한 '계몽야학'으로 그 대표적인 것으로는 1920~30년대에 전개된 한글 보급과 농촌계몽을 위한 신문사 주최의 '브나로드운동'과 교회 중심의 '하기 아동성경학교'가 있고, 둘째로 1919년 이후 노동자나 농민 등의 민중들

---

36 필자가 인터뷰 조사한 충청남도 논산군 연산면 백석리의 '백석노동야학회'는 그 출신 자들에 의해 지금도 '야학회'로 불리고 있으며 기록도 '야학회'로 남아 있지만, 당시의 신문에서는 동 야학회를 '강습소'로 보도하고 있다. 「新興講習所設置」 『每日申報』 1928. 3. 7.

37 김형목, 앞의 논문, pp.171-172.

이 주도한 '노동야학', 셋째로 관주도로 주류문화를 전달한 '관제야학'이 있다고 정리한다.[38] 김형목과 조정봉·김민남의 연구에 의한 구분은 그 표현은 다소 다르지만 양자의 입장을 정리하면 야학은 그 설립주체와 목적에 따라 크게 사설야학과 관제야학으로 나눌 수 있고, 그중에서 사설야학은 또 계몽야학과 민중야학으로 나눌 수 있다고 하겠다.

이들 사설야학(강습회) 중에 도에서 인가를 받은 것이 '사설학술강습회'인 것이다. 예를 들면 평안남도 안주군에 있는 "思想團體 安州同友會에서는 昨年(1926년-인용자) 秋期부터 無産兒童의 文盲退治를 爲하야 勞動夜學을 경영하는 同時에 講習所 認可를 어드려고 郡當局에 交涉하여 오든바 지난 二十三日附로 同會 會員인 玄奎弘氏 名義로 認可가 되엇"(사상단체 안주동우회에서는 작년 가을부터 무산아동의 문맹퇴치를 위해 노동야학을 경영하는 동시에 강습소 인가를 얻으려고 군 당국에 교섭해 오던 바 지난 23일부로 동회 회원인 현규홍씨 명의로 인가가 되었)고,[39] 함경남도 함흥군의 "함흥 상업회 내 상우구락부(咸興商業會內 商友俱樂部)에서는 시민에게 상업상식을 보급키 위하야 상업야학을 개설하고 상업부기, 영어, 상법, 상업산술, 상사요항(商業簿記, 英語, 商法, 商業算術, 商事要項) 등을 가르치게 되며 강사는 김긔현, 박종한, 안호영(金基憲, 朴鍾漢, 安鎬英) 제씨라는데 얼마 전부터 강습소 허가원을 당국에 데출하고 기다리든 중 수일 전에 허가되어 오는 십일부터 개학"[40]하게 되었다. 초등교육 보급 확충계획이 실시되고 나서부터는 학교·학급증설만이 아니라 학술강습소도 증가해 갔다. 충청북도 각지에는 "문맹퇴치에 공헌하"기 위해 1935년 현재 총 516개소의 사설학술강습소가 설치되었고,[41] 함경남도에서는 1936년 1월부터 5월 말까지 5개월간 100여 개소의 학술강습소를 인가했다.[42] 와타나베 마나부(渡部學)가 사설학술강습회

38 조정봉·김민남 「일제하 영주지역 노동야학에 관한 연구」 『한국교육』 제31권 제4호, 2004, p.55.

39 「安州勞動夜學, 講習所로 認可」 『中外日報』 1927. 2. 25.

40 「商業夜學開設」 『東亞日報』 1929. 9. 4.

41 「忠北道內各地의 私設學術講習所 五百十六處開所」 『每日申報』 1936. 7. 24.

42 「咸南初等校擴充─學齡兒六割五分收容目標, 學術講習所도 百餘個新設, 巨額의 補助도 要望」 『每日新報』 1939. 6. 19.

에 대해 "당시의 실정법적 교육행정 전 체계하에서의 원심력 장치를 장착한 주변부차적 초등교육기관이었고, 오늘날에서 보면 그것은 확실히 훌륭한 '한국인 자신들의 학교'였다"[43]고 말하고 있듯이 야학이나 사설학술강습회는 조선민중 자신들의 학습에 대한 욕구를 충족시키는 사설교육기관이었던 것이다.

야학과 학술강습소는 보통학교와 중등학교 시험을 준비하기 위해서도 개설되었다. 예를 들면 함경남도 문천군 구산면 내장리에서는 지역유지인 이승연(李昇淵)이 동리의 아동들에게 보통학교 입학시험 준비를 시키기 위해 자택에 야학회를 설치해 조선어와 한문을 가르쳤다.[44] 함경북도 경성군 어랑면 지방동에서는 지역유지들의 발기로 중학교 입학준비자들을 위해 강습소를 설치해 영어, 일본어, 산술 등을 가르쳤다.[45] 다른 지역에서도 보통학교 졸업생들의 진학을 위해 야학이나 강습소를 개설하는 곳이 많았고,[46] 그중에는 공립보통학교가 설치하는 지역도 있었다.[47]

한편 관제야학은 행정(군·면) 당국이나 경찰, 지방관리, 공립보통학교 등의 관주도로 개설된 야학이다. 관제야학은 공립보통학교의 주최로 이루어지는 경우가 많았는데 그것은 3·1운동 이후 항일운동의 재발 방지와 함께 조선민중의 교육열을 해소하기 위해 조선총독부가 '학교를 중심으로 하는 사회교육'시책을 강화하게 되었던 것과도 관련이 있다. 이 시책의 내용을 보면 소학교 및 보통학교에 대해 사회교육으로 '교지교사(校地校舍) 및 설비 개방이용'이나 '간이도서관 및 문고 등의 개설' 이외에 '강화회(講話會), 강연회, 강습회 및 각종 회합'을 실시하도록 했다. 강습회로는 '국어'강습회나

---

43 渡部學「私設學術講習會の『露頭』―日政時代私學初等教育の一領域」『韓』34號, 1974, p.65.

44 「入學準備의 幼稚兒童夜學」『時代日報』1926. 1. 13.

45 「漁郎面講習所設立」『東亞日報』1920. 9. 24.

46 「金陵學院準備科 卒業式」『東亞日報』1931. 3. 12.;「上級入學準備의 補助所 設置」『東亞日報』1936. 4. 5.

47 「合一校夜學―中學試驗準備로」『時代日報』1925. 11. 28.;「卒業生指導夜學―金泉公普校 進學生 위해」『東亞日報』1929. 10. 12.

불취학 아동강습회, 부인강습회 등이 이루어졌다.[48]

그림 2-2 평안남도 강동군 만달면 승호리의 무산야학 졸업식
(『東亞日報』1934. 5. 16)

이렇게 강습회나 야학회가 보통학교에서 이루어지게 된 배경에는 3·1 운동 이후 급증하는 보통학교 입학경쟁과 함께 조선민중에 의한 학교설립에 대한 강한 요구가 있었고, 이러한 조선민중의 교육열을 조선총독부는 기존의 학교를 이용하는 사회교육시책을 통해 해결하려고 했던 것이다. 그 대표적인 예로 경상북도 경주공립보통학교에 관한 다음의 기록을 들 수 있다. "경주공립보통학교에서는 다이쇼10년(1921년-인용자) 4월에 입학생 65명을 모집했는데, 지원자는 253명에 달하여 그 대다수는 입학목적을 달성하지 못했다. 그중 약 40명은 경주면 소재인 사립 계남학교에 입학했지만 여전히 입학하지 못하는 자들이 다수 있어 어떤 방법이든 궁리해 이 **취학난을 완화하고 구제하는 일이 지방 교화에 필요한 사항임을 인정**하고, 다이쇼10년 4월 해당 학교의 부대사업으로서 '경주국어강습회'를 설치해 강습 기간을 1년으로 하고 교과목은 보통학교에 준하며 경주보통학교의 비품을 사

---

48   西村綠也『朝鮮教育大觀』朝鮮教育大觀社, 1931, pp.1-4.

용해 수업을 개시"[49]했다. 또한 함경남도의 고원공립보통학교에서는 1921
년 7월 4일까지 40일간 매일 3시간씩 '불취학 아동강습회'를 열어 '수신,
국어, 조선어 및 한문, 산술'(보통학교 제1학년 제1학기 교육과정을 기존으로 한
다)을 가르쳤고,[50] 함경북도의 청진공립보통학교에서도 '청진의 보습야학
회'를 1921년 3월에 설치해 "(보통학교 입학-인용자) 연령초과 아동을 수용
해 보통학교 사용 교과서로 주로 국어의 학습을 전개하고, 또한 수신, 산
술, 조선어, 한문, 이과, 창가, 체조"를 가르쳤다.[51]

　　1930년대에는 농촌진흥운동을 위해 각 지방에 조직된 농촌진흥회에
의해서도 대대적으로 강습회가 개설되었다. 조선총독부는 "오늘날 도회지
에서는 국어 회화를 못하는 사람은 이제 사회적 취직전선에 뛰어들 수 없
고 또한 농촌에서는 언문을 읽고 쓰지 못하는 사람은 농산어촌진흥운동은
물론 자가갱생(自家更生) 활동에서 매우 불리 불편함을 느끼기 때문에 민중
들 스스로도 사회의 대세를 바라보고 자신을 돌아보며 이러한 종류의 시설
을 상당히 환영하고 있다"고 하며, "부락진흥회 청년단과 같은 단체 또는
보통학교 등으로 하여금 농한기를 이용해 우선 주로 필요성과 도야성이 많
은 청년층의 남녀를 위해 간이한 강습회 및 강연회 등을 개최하게 하여 계
몽운동에 노력하도록 하고 있는데, 앞으로는 상당한 보조금을 주어 이들
시설의 보급강화를 도모할 계획이다"라고 내놓았다.[52] 다음의 〈표2-5〉와
〈표2-6〉는 총독부가 작성한 '청년층의 수학(修學) 상황'과 '계몽강습회
개최 상황'(1936년도)이다. 15~24세의 청년층 수학 상황(보통학교 4학년 이
상 수료 정도)은 남성이 35.1%, 여성이 7.6%로 매우 낮은 수준이다. 따라서
전국 각 지역에서 각종 강습회와 강연회를 개최하여 계몽활동을 실시했는
데, 강습회의 주최자를 보면 읍면부락의 농촌지역에서 압도적으로 개최횟
수가 많았다. 그 이유로는 농촌진흥과 자력갱생운동을 진행하기 위한 '문
맹퇴치'와 매년 심화되는 입학난이라는 문제가 있는 가운데 특히 농촌지역

49　朝鮮總督府學務局『學校を中心とする社會教育狀況』1922, pp.147-148.

50　위의 책, pp.227-228.

51　위의 책, p.240.

52　朝鮮總督府學務局社會敎育課『朝鮮社會敎化要覽』1937, p.87.

은 도회지에 비해 학교 보급률이 낮았기 때문에 강습회나 강연회 등의 개최로 농촌지역에서의 이러한 문제들을 해결하려고 했다고 할 수 있다.

표 2-5 **청년층의 수학(修學) 상황**

조사연령	성별	총인원 추정 수	보통학교 제4학년 이상 수료자 추정 수	비율
15~24세	남	2,128,301	747,960	35.1%
	여	2,046,163	154,642	7.6%
계		4,174,464	902,602	21.6%

자료: 朝鮮總督府學務局社會教育課『朝鮮社會教化要覽』1937, p.87.

표 2-6 **각 도의 계몽강습회 개최 상황(1936년도)**

도명	주최자별 개최횟수					개최 총일수	수강자 총인원			경비(원)
	부군도 (府郡島)	읍면 부락	학교	기타	계		남	여	계	
경기도	9	1,705	36	45	1,795	81,200	971,898	578,975	1,550,873	419,694
충청북도	-	700	34	475	1,209	106,495	1,352,907	447,867	1,800,774	12,164
충청남도	3	1573	59	1,193	2,828	222,933	5,053,006	2,302,000	7,355,006	26,593
전라북도	1	173	308	124	606	34,618	1,707,176	774,180	2,481,356	5,655
전라남도	5	360	144	212	721	40,483	295,332	99,363	394,695	11,072
경상북도	-	2	1	-	3	227	108	40	148	610
경상남도	-	294	32	48	374	66,403	62,346	24,836	87,184	25,534
황해도	14	335	33	1,071	1,453	110,634	3,511,558	1,666,037	5,177,595	201,001
평안남도	109	119	64	-	292	12,544	28,374	119,093	147,467	2,164
평안북도	12	1,519	325	162	2,018	145,120	1,196,660	983,387	2,180,047	24,964
강원도	-	278	48	32	358	75,710	285,809	84,228	370,037	33,859
함경남도	4	478	75	28	585	16,815	43,313	84,336	127,649	6,560
함경북도	4	530	17	-	551	42,161	10,491	7,037	17,528	4,688
합계	161	8,066	1,176	3,390	12,793	955,343	14,518,980	7,171,379	21,690,359	774,558

자료: 朝鮮總督府學務局社會教育課, 앞의 책, p.88.

그림 2-3 **농한기를 이용해서 이루어진 부락강습회**

자료: 朝鮮總督府學務局社會教育課, 앞의 책, p.89.

예를 들면 경기도 포천군 서면 어룡리의 간촌(間村)농촌진흥회는 동회 창설 직후부터 '문맹타파의 일책(一策)'으로 매년 농한기를 이용해 무산 남녀아동에 대해 야학회를 운영했고,[53] 강화군에서도 각처에 야학회를 개설해 일반민중에게 한글을 가르쳤다.[54] 그리고 경상북도 성주군 당국에서는 "약 三개월간 동안의 농한긔(農閑期)를 리용하야 전 성주인구의 八활을 점령한다는 문맹(文盲)을 퇴치함을 목적하고 군내의 각 면직원 급(및) 각 학교 교원을 총동원하야 위선 갱생농가(更生農家) 六十三개 부락에 三十二개소의 야학회를 설치키로 결정이 되어 오는 十二월 一일부터는 一제히 개학하리라"[55]는 기사가 당시의 신문에 게재되었다.

그리고 중일전쟁 발발 후 황국신민화정책에 따라 '국어'의 보급은 학교 밖에서도 요구되어 관공서 직원을 비롯해 학생·생도·아동은 물론 회

---

53 「抱川郡間村 進明夜學會 農村振興會經營」『每日申報』1934.1.10.

54 「江華郡管內의 夜學成績은 良好 文盲四千四百餘名을 退治 振興會의 功績」『每日申報』 1934. 1. 31.

55 「文盲退治 目標로 卅二夜學會 設置—星州郡當局에서」『朝鮮中央日報』1935. 11 .28.

사·공장·광산, '청년단, 부인회, 교회 그 밖의 집합' 등을 대상으로 하여 '일일일어(一日一語) 습득운동', '국어강습회', '국어'상용자에 대한 표창 등 모든 방책을 동원해 '국어'보급이 시도되었다.[56] 실제로 1941년에 경성부 당국에서는 "참된 내선일체(內鮮一體)는 먼저 국어해득으로…"라는 총력연맹의 지도 군호에 발맞춰 "백만 부민의 국어해득에 일대운동을 이르키기로 되엇다. 국어를 잘 이해하지 못하는 부민들을 위하여 종래 초등학교에서 약간 강습회 등을 열어왓는데 이번 부의 계획으로 부내 一百三十一개정에 각 정을 단위로 각 정연맹(町聯盟)이 주최하야 정민국어강습회(町民國語講習會)를 일제히 열도록 하려는 것이다. 강습기간은 三개월 동안으로 하고 부내 국민학교 교실을 빌려 쓰기로 하고 강사는 가급적 국민학교 교원들을 청탁하여 하루 두 시간 정도로 일상생활에 필요한 간이한 국어부터 교습시켜 이 비상시국에 처한 총동원체제에 부민의 한 사람도 쌔짐이 업도록 하려는 것이다. 준비만 끗나면 七월 중순부터라도 일제히 강습을 개시하려는 터이다"[57]고 보도하고 있다. 경기도 오산면과 황해도 연백군 및 연안읍 등에서도 각 부락에서 국어강습회를 열어 "국어전해(國語全解)에 박차"[58]를 가하는 등 관제강습회가 늘어갔다.

3 교육내용 및 교재

야학의 교육내용은 주로 조선어, 일본어, 산술, 한자인데, 야학에 따라서는 수신, 역사, 지리, 창가 등을 가르치는 경우도 있었다. 또한 농민이나 노동자 대상의 야학에서는 농업, 상업, 주산, 상식 등의 일상생활에 유용한 과목을 가르쳤다.

교재는 보통학교의 교과서를 사용하는 곳도 있었는데 지역에 따라서는

---

56 三ツ井崇『朝鮮植民地支配と言語』明石書店, 2010, p.52.
57 「國民學校를 開放, 町마다 國語講習會-百萬府民에게 國語解得運動」『每日新報』1941. 6. 21.
58 「國語全解에 拍車(各地)」『每日新報』1942. 8. 17.

독자적인 교과서를 편찬하는 곳도 있었다. 예를 들면 경상북도는 농촌진흥과 자력갱생운동을 추진하기 위해서는 '문맹퇴치'가 중요하다고 인식하고 농한기를 이용해서 각 지역에 야학교를 개설하고 그 야학에서 사용하는 교과서를 만들기 위해 도지사 및 내부부장을 고문, 산업부장을 위원장으로 하여 각 과 및 시학관 등으로 구성되는 교과서편찬위원회를 조직해 농민교본을 편찬해서 각 동리에 배포하게 한 것[59]이 그 대표적인 예이다. 한편 조선민중에 의한 농민야학에서도 조선농민사의 『농민독본』을 사용하고 노동야학에서도 『노동독본』, 『노동산술』 등의 교재를 사용하는 곳도 있었다.[60] 야학의 교육내용을 살펴보면 보통학교에서 기본과목으로 가르친 일본어와 조선어, 산술 등의 기초 문해교육과 농업이나 주산 등과 같은 실생활에 도움이 되는 과목을 많이 가르쳤던 것을 알 수 있다.[61]

그 밖에도 많은 야학(강습회, 강습소)에서는 교과교육 이외에 학예회나 운동회, 소풍 등의 행사를 열었다. 예를 들면 "慶南 昌原郡 昌原面 召界夜學會 第三回春季大運動會는 去四月二十一日 同里東便白沙場에서 盛大히 開催되얏더라"(경남 창원군 창원면 소계야학회 제3회 춘계 대운동회는 지난 4월 21일 동리 동쪽 백사장에서 성대히 개최되었더라)[62]라는 신문 보도를 보면 동 야학회에서는 운동회가 매년 개최되었음을 추측할 수 있다. 운동회는 복수의 야학이 합동으로 개최하는 연합운동회도 열렸었다.[63] 소풍은 주간에 이루어지는 아동 대상의 강습소뿐만 아니라 청년회 등의 개최로 야간에 이루어지는 노동야학과 여자야학에서도 이루어졌다.[64] 학예회도 대부분의 야

---

59 「儒林鄕의 慶北도 現狀은 文盲天地 更生運動도 敎育업시 振興不能 農閑期에 夜學開設」 및 「洞里마다 夜學 一個所新設—敎科書編纂委員會 設置하고 農民敎本을 編纂配布」『每日申報』1933. 10. 1.

60 노영택, 앞의 책, p.167.

61 李明實, 앞의 논문, p.105를 참조.

62 「召界運動會」『東亞日報』1923. 5. 4.

63 「論山郡內夜學生 聯合大運動會—主催江景起新夜學院」『中外日報』1930. 5. 31.;「江景市外 龍安面勞動夜學會 聯合運動會」『東亞日報』1930. 10. 21.;「馬山昌原夜學校 聯合運動會」『東亞日報』1931. 5. 15. 등.

64 「咸興女子會夜學生遠足」『東亞日報』1922. 3. 31.;「密陽勞動夜學生遠足」『東亞日報』1923. 5. 18.;「安邊郡三德面講習所의 遠足」『東亞日報』1925. 5. 29. 등.

학 · 강습소에서 개최되었고,[65] 그중에는 학예회를 보러온 관객들의 모금이
재정난으로 힘든 야학에 큰 도움이 되는 경우도 있었다.[66]

그림 2-4 **진천 명신강습회 운동회**

(『東亞日報』 1933. 10. 19)

---

4 재정 및 운영상황

야학에서 학생들에게 수업료를 부과하는 곳은 많지 않았다. 특히 무산
계급이나 불취학 아동을 대상으로 하는 야학은 기본적으로 무료가 대부분
이었고, 따라서 교사도 무보수로 가르치는 경우가 많았으며 또는 급여가
있어도 그것으로 학용품 등을 구입해서 학생들에게 배포하는 경우도 있었
다.[67] 야학설립 주체로서 가장 많았던 것은 지방유지인데, 유지 개인이 자

---

65 「全南寶城에 在한 勞動夜學學藝會」『東亞日報』 1923. 2. 25.;「石城農民主催 夜學生學
    藝會」『中外日報』 1928. 1. 13;「昌原勞動夜學學藝會 盛況」『中外日報』 1930. 3. 28.;
    「禮山郡樂山里講習盛況 學藝會도 開催」『每日申報』 1931. 4. 16.;「農民夜學生學藝會
    盛況」『東亞日報』 1933. 2. 9.;「龍湖講習會 學藝會開催」『朝鮮中央日報』 1936. 2. 22.;
    「興上學術講習會 學藝會盛況」『東亞日報』 1939. 11. 19. 등.

66 「海州天英講習所救濟演劇會」『東亞日報』 1924. 2. 16.;「松都講習素人劇 大盛況, 同情
    金이 踏至」『東亞日報』 1924. 12. 30.;「培英講習所 建築期成劇會」『東亞日報』 1925. 4.
    20.;「豊基白洞夜學學藝會大盛況」『東亞日報』 1940. 1. 14.

67 「文盲打破의 炬火 各地에 夜學簇出: 昌洲普校에서 夜學部를 新設 야학비용은 동민들이
    부담 無産兒童 爲한 機關(平安北道昌洲郡)／學用品도 無料供給 中立夜學盛況 지방문맹
    을 타파코저 노력 開豊郡 張慶化氏 篤志」『東亞日報』 1930. 1. 7.;「農村夜學開設 학용품
    공급」『東亞日報』 1930. 4. 2.;「銀尺普校에서 夜學部를 設置 극빈아동에게는 학용품제

택이나 마을 시설을 이용해 운영하는 경우도 있고, 복수의 유지 집단과 공동으로 설립하는 경우도 많았다. 지방유지 중에는 어느 정도의 재력과 지식을 갖고 있고, 식견 있는 지역의 리더적인 존재가 많았던 것으로 보인다. 그들에 의해 설립된 대부분의 야학은 노동자나 농민 등의 무산계급과 그 자녀들을 주요 대상으로 무상으로 교육하는 경우도 많았고, 설립자가 가르치는 경우도 많았다. 예를 들면 충청남도 홍성군의 홍동면과 구항면의 경우 뜻 있는 면민들이 무산아동을 대상으로 '한글강습회'와 'ㄱㄴ야학회'를 무상으로 각각 교수·운영했고,[68] 함경남도 서천군 복귀면 용연리에서도 여러 지역유지들의 노력으로 '소녀야학'이 열려 30여 명의 학생들이 배웠는데, 그 "제반 비용 급(및) 학용품 일체는 유지 최사순(崔士淳), 김용국(金勇國), 김영찬(金榮贊), 김용인(金勇仁) 제씨가 부담하얏다더라."[69] 이상을 감안하면 지방유지는 재정조달 능력이 있고, 교수능력이 있는 지식인들이었다고 볼 수 있다.

공 無産兒童 爲하야」『東亞日報』 1930. 12. 21.; 「駐在官吏가 敎師되어 山村兒童을 敎育
　─學用品도 兒童에 寄與─全洞民感激不己」(咸鏡南道長津郡) 『每日申報』 1934. 1. 19.;
　「學用品 提供코 夜學을 開催 보교 교원의 절대 노력으로 異域鐵嶺의 喜消息」『東亞日報』
　1935. 12. 5. 등.

68　「洪東講習所 新築과 李崔兩氏의 特志─무산아동의 도움이 만타─」『中央日報』 1933. 1.
　6.; 「夜學開設로 文盲兒童全無─洪城五鳳喜消息─」『東亞日報』 1935. 9. 15.

69　「少女夜學設立」『東亞日報』 1929. 8. 18.

그림 2-5 **충남 예산군 예산면 궁평리 강습소 신축교사 낙성식**
(『東亞日報』1934. 6. 12)

하지만 계속 증가하는 학생들을 수용하기 위해서는 교사의 신축비용과 운영비 등의 지속적인 재원 확보가 문제였는데 많은 야학에서는 지역주민들에게 교사신축을 위한 기부금을 모으거나 재원 모금을 위한 음악회와 강연회 등의 행사를 개최하거나 학생들이 일해서 야학경비를 마련하기도 했다. 예를 들면 "本社(매일신보사-인용자) 原州支局 後援으로 原州邑 距二町 許에 잇는 日新學院 夜學經費에 充用키 爲하야 延禧專門音樂部員을 招聘하야 本月卄三日午後八時부터 營地公會堂에서 音樂會를 開催하얏는바 入場人員은 滿員으로 大盛況을 이루웟다"(본사 원주지국 후원으로 원주읍 거이정에 있는 일신학원 야학경비에 사용하기 위해 연희전문음악부원을 초청해 이달 23일 오후 8시부터 영지 공회당에서 음악회를 개최하였는데 입장 인원은 만원으로 대성황을 이루었다)[70]나 "오는 이십팔일 밤 일곱시부터 종로청년회관에셔 동회 로동야학과를 위하야 죠션음악회를 열 터이라는되 당일은 경성 안에 잇는 외국인과 됴션인 음악가가 다수히 출연홀 터이라 하며 또 특별히 됴션

---

70 「原州에 音樂會 日新夜學 後援코저」『每日申報』1934. 11. 26.

정악전습소의 됴션음악과 리화학당 학싱일동의 합창이 잇슬 터이라",[71] 또
한 "開城市內 堂橋에 잇는 松岳學院은 數年前부터 創設되야 家庭이 貧寒하
야 所規의 普通學校에서 修學치 못하는 學童에게 배호는 機會를 주는 講習
機關으로 社會에 禪益이 적지 안어왓는대 近日에는 그 維持가 크게 困難
하야 院舍의 修理가 困難한 處地에 이르게 되여 敎員들은 그 解決策의 一
方便으로 本月十一日부터 十三日까지의 三日間을 中外, 東亞 兩支局의 後
援으로 活動寫眞大會를 開城座에서 開催하기로"(개성시내 당교에 있는 송악
학원은 수년 전에 창설되어 가정이 가난해 소규의 보통학교에서 배우지 못하는 학
동에게 배울 기회를 주는 강습기관으로 사회에 기여하는 바가 적지 않았는데 최근
에는 그 유지가 크게 곤란하여 원사의 수리가 힘든 처지에 이르게 되어 교원들은
그 해결책의 한 방편으로 이달 11일부터 13일까지 3일간을 중외, 동아일보 양 지국
의 후원으로 활동사진대회를 개성 극장에서 개최하기로)[72] 되었다는 기사들에서
볼 수 있듯이 당시 음악회나 강연회, 연극, 활동사진의 영사 등을 개최하
여 자금을 확보하는 야학회도 적지 않았다.[73](〈그림2-6〉) 경상남도 산청군
강루리 야학생들은 나무를 베어 내다판 돈으로 학용품을 구입하였고,[74] 충
남 홍성군 홍주면 고암리에 있는 고암강습소 학생들은 강습소 재정난으로
한 푼이라도 도움이 되고자 탈곡하거나 솔방울을 주워 내다판 돈을 기부하
기도 했듯이[75](〈그림2-7〉), 교사와 학생들이 협력해 야학을 유지하면서 공
부했던 모습도 볼 수 있다.

---

71 「靑年會音樂會, 이십팔일 밤 일곱시에 로동야학과를 위하야」 『每日申報』 1919. 10. 27.
72 「松岳學院困境一同情을 求하고저 活動寫眞 映寫」 『東亞日報』 1927. 3. 13.
73 「講演及音樂會開催」 『東亞日報』 1922. 3. 23.;「活動寫眞大會一夜學部 維持費를 엇고자」
『時代日報』 1924. 10. 5.;「야학긔성음악회 성황」 『東亞日報』 1927. 3. 2.;「夜學經費 爲
해 演劇을 興行」 『東亞日報』 1929. 2. 11.;「三夜學經費 얻고저 音樂會 開催 오는 八일 보
통학교에서 公州夜學協會 主催」 『東亞日報』 1934. 12. 5.;「原州女子夜學 音樂會 開催 經
費捻出 爲하야」 『每日申報』 1935. 10. 3 등.
74 「나무해 팔아 학용품 사 써 江樓里 夜學生이」 『東亞日報』 1931. 3. 27.
75 「洪城古岩講習所兒童打租」 『東亞日報』 1934. 12. 4.

그림 2-6 **대동학원 강연음악무도대회**

(『東亞日報』1926. 11. 7)

그림 2-7 **고암강습소 학생들의 탈곡 광경**

(『東亞日報』1934. 12. 4)

또한 야학에 따라서는 빈곤과 수해피해 등으로 어려움을 겪고 있는 사
람들을 돕기 위해 음악회를 열어 그 수익금을 구제회 등에 기부하는 등 구
제사업에 협력하는 곳도 있었다. 논산노동야학회에서는 기근 구제의 목적

으로 자선음악회를 예배당에서 개최해 청중 200여 명이 모이는 성황을 보이고 그 수입전액을 구제회에 기부하였고,[76] 경성 "시내 다옥정(茶屋町) 서울야학교에서는 자긔들이 밥을 굶고 잇는 로동학생임인도 불구하고 지난 이십이일밤에 선생 급(及) 학생 십여 명이 구루마를 끌고 왕십리로 가서 자긔들의 손으로 밥을 지어 굶줄이고 잇는 이백명의 피난민에게 저녁밥을 지어주고 지난 이십일일에 음악무도회(音樂舞蹈會)를 열랴든 것은 수재로 인하야 연긔하얏든 바 오는 이십오일 오후 여덟시에 종로청년회관(鐘路靑年會館)에서 여는데 그 수입은 수해 구제에 제공할 터이라고 한다"[77]라는 기사에서 그 사례를 엿볼 수 있다.

이상과 같이 야학은 무상으로 제공되는 곳이 많았고 교사들도 무급으로 가르치는 경우가 많았다. 또한 지역유지에 의해 운영되는 경우가 많았기 때문에 재원도 유지의 기부로 마련되는 곳이 많았는데 야학에 따라서는 재정난과 지속적인 재원확보를 위해 음악회와 강연회, 활동사진의 영사회 등을 열어 모금하거나 교사나 학생들이 함께 농작업 등으로 자금마련을 하거나 수업료를 부과하면서 야학을 유지해 갔다.

---

76 「救飢音樂會 收入全部는 救濟會에 論山勞働夜學의 美擧」『東亞日報』1925. 1. 12.
77 「救濟音樂會—굶는 서울야학교의 학생 밥 먹이고 또 구제하려고」『時代日報』1925. 7. 24.

제 3 절

민중교육운동과 야학

1 청년 및 노농단체, 종교단체의 민중교육운동

1920년대 조선의 야학운동을 연구한 이시카와(石川)의 연구에 따르면 야학은 지방유지에 의해 가장 많이 설치되었고, 그 다음은 청년단체, 종교단체, 노농단체, 교육관계자, 경찰 및 지방관리의 순이었다. 1920년대 전반기와 후반기를 비교하면 대부분이 후반기에 감소해 가는데, 청년·부인단체와 노농단체에 의한 야학 설립은 증가하는 경향을 보인다.[78] 이것은 3·1운동 실패 이후 민족해방운동 세력들이 그 실패를 반성하며 경성을 비롯해 각지에 대중운동을 조직화한 다양한 단체를 만들어 갔기 때문으로 보인다.[79]

조선 최초의 노동단체는 1920년 4월에 결정된 '조선노동공제회'이다. 이 단체는 기관지인 『공제』(共濟)를 발행하고 노동강습소를 설립하는 등 계몽단체의 성격이 강했다. 또한 농민단체에는 1925년에 조직된 천도교계 조선농민사가 있는데, 이 단체는 '농민의 교양과 훈련'에 중점을 두고 활동하는 계몽단체로서 기관지인 『조선농민』(이후 『농민』)을 간행하였고, 그 곳에서는 야학의 중요성도 많이 논의되었다. 또한 이런 노동자·농민단체와 함께 가장 큰 조직력을 갖고 있었던 것이 1924년 4월에 창립된 조선청년총동맹이었고, 거기에서 중심적인 역할을 한 것이 사회주의적 사상단체인 경성청년회였다.[80] 이러한 청년단체도 민중계몽 및 문해 향상을 도모하기 위해 야학(강습회)을 설립해 민중교육사업을 전개했다.[81]

민중교육기관의 설립에서 하나 더 주목할 만한 설립주체는 종교단체인데, 특히 기독교계의 교육사업은 조선 근대교육의 발전에서 큰 역할을 했다. 1880년대부터 외국인 선교사들에 의해 사립학교의 설립과 선교활동이 이루어졌는데 민족운동지도자 중에는 기독교신자들도 많았고, 한국의 초기 기독교는 민족운동의 일익을 담당하기도 했다. 그리고 그것은 식민지기

---

78 石川武敏, 앞의 논문, p.41.
79 이정연 『한국 '사회교육'의 기원과 전개』 학이시습, 2010, p.257.
80 姜在彦 『朝鮮近代史』 平凡社, 1998, pp.275-277.
81 노영택, 앞의 책, p.156.

에도 계승·발전되어 갔다. 선교회에서는 중요한 선교방법으로 의료사업과 함께 교육사업에도 중점을 두었고, 당시 미션계 사립학교가 많이 설치되었는데 항일운동의 온상에 되기 쉽다는 이유로 끊임없이 조선총독부의 감시와 통제를 받았다. 한편 기독교청년회나 각지의 교회에서는 야학과 개량서당을 설치해 무산아동과 노동자, 여성 등 보다 많은 사람들에 대한 민중교육과 계몽활동을 펼쳤다. 그리고 선교회에서는 농촌개선과 농민계몽을 위한 농민교육운동에도 주력했다.[82]

2 농민계몽 및 문자보급운동

1920년대 후반에는 '신간회'(新幹會)[83]라는 전국적인 항일단체가 결성되고 학생동맹휴교운동이 늘어나는 등 민족운동 기운이 고조된 시기이다. 그러나 이러한 민족운동은 총독부의 탄압에 의해 좌절되어 버린다. 그리고 세계대공황(1929년)과 만주사변(1931년)이 일어나는 가운데 총독부는 민족운동에 대한 억압을 한층 강화하고 농촌진흥운동과 같은 정책을 통해 농촌피폐로 격앙된 민중들의 불만을 억누르면서 농촌사회에 대한 통치도 강화해 갔다.

이러한 식민통치의 강화와 민족항일운동의 정체가 진행되는 가운데 민족주의자들은 그 이전과는 다른 운동으로의 전환을 생각하게 되었다. 즉 대공황에 의해 생활이 궁핍해짐에 따라 민중들은 자신들의 생활과 안전을 한층 더 중요한 가치로 여기게 되었고, 민족주의자들 사이에서는 종래의 급진적·혁명적인 운동이 아니라 실질적인 이익을 얻을 수 있는 운동을 전

---

82 위와 같음, pp.48-53.
83 신간회는 1927년 2월에 민족주의자들과 사회주의자들이 하나가 되어 조직된 항일운동 단체이다. 전국에 140개소 이상의 지회가 있고 회원 수가 3만 명을 넘은 식민지기의 최대 규모의 단체였지만 설립된 지 4년 만에 해산된다. 이은우 「신간회운동에 관하여」 『성신사학』 제12·13합집, 1995, pp.253-280.

개할 필요가 있다는 주장이 제기되기도 했다.[84] 여기서 시작된 것이 농민
계몽과 문자보급운동이었다. 대표적인 예가 러시아의 브나로드운동을 모
델로 한 동아일보사에 의한 '브나로드운동(민중 속으로)'이다. 동아일보사가
브나로드운동에 관심을 갖기 시작한 것은 1920년대부터로 그 운동이 실현
되는 것은 1930년대 이후이다. 문자보급을 통해 민중의 문해 능력과 교양
을 향상시킨다는 목표 아래 1930~34년에 총 4회에 걸쳐 전개되었다(〈그
림2-8〉).

그림 2-8 **학생 하기(夏期) 브나로드운동**
(『東亞日報』1932. 8. 12)

---

84 정준희 「1930년대 브나로드운동의 사회적 기반과 전개과정」 연세대학교 대학원 석사학
위논문, 2018, p.18.

브나로드운동은 학생, 종교계, 지역유지가 자발적으로 참가해 그들의
지원과 협력으로 전개되었다. 우선 학생들에 의한 브나로드운동에 대해서
살펴보면 동아일보는 브나로드운동의 첫해에 대원으로 참가할 학생모집
기사를 다음과 같이 크게 게재하였다.

學生 여러분. 여러분은 夏休의 一部−가령 一週日間을 베어 故鄕의
同胞를 爲하야 貢獻하심이 엇으려 하지 아니합니까. 가령(학생 여러분,
여러분은 여름방학의 일부−가령 일주일간 시간을 내어 고향 동포를 위해
공헌하심이 어떠하십니까? 가령)

1. 글을 모르는 이에게 글을 주고
2. 衛生知識이 없는 이에게 衛生知識을 주고(위생지식이 없는 이에
　게 위생지식을 주고)

이러한 일을 아니하시랍니까. 당신의 一週日 努力이면 당신 故里의
文盲이 消滅될 것이오 당신 一週日의 努力이면 당신의 故里에 衛生思
想이 普及될 것입니다.(이러한 일을 아니하시렵니까? 당신의 일주일 노력
이면 당신 고향의 문맹이 소멸될 것이오, 당신의 일주일 노력이면 당신 고
향에 위생사상이 보급될 것입니다.)

學生 여러분 이것이 적은 일이 아닙니다. 文字의 普及과 民族保健
運動의 徹底−이것은 朝鮮의 다 重大事인 同時에 學生 여러분의 貢獻
을 熱望하는 바입니다. 毋論 이 두 가지 일 밖에도 가령(학생 여러분 이
것이 작은 일이 아닙니다. 문자의 보급과 민족보건운동의 철저−이것은 조
선에 모두 중대한 일인 동시에 학생 여러분의 공헌을 열망하는 바입니다.
물론 이 두 가지 일 이외에도 가령)

1. 音樂演劇 等 娛樂(음악 연극 등 오락)
2. 協同組合 等의 宣傳訓練(협동조합 등의 선전훈련)

其他 여러 가지로 學生 브나로드運動이 할 일이 잇을 것입니다마는
今年에는 第一回로 우에 말슴한 1. 文字와 數字普及, 2. 衛生講演의 두
가지를 學生 여러분께 請하기로 하엿습니다.(기타 여러 가지로 학생 브
나로드운동이 할 일이 있을 것입니다만 올해는 제1회로 위에서 말씀드린 1.
문자와 숫자 보급, 2. 위생 강연 이 두 가지를 학생 여러분께 부탁하기로 하
엿습니다.) (중략)

《隊員募集規程》(대원모집규정)

一. 隊員되기를 希望하는 분은 往復葉書에 左記 各項을 記載하야
　　東亞日報社『夏期學生係』로 보낼 일(대원이 되기를 희망하는 분
　　은 왕복엽서에 다음의 각 항목을 기재하여 동아일보사『하기학생계』
　　로 보낼 것)

　　　　A. 在籍校名, 學年, 姓名, 生年月日(재적 중인 학교명, 학년,
　　　　　 성명, 생년월일)

　　　　B. 本籍地, 現住所, 目的地(본적지, 현주소, 목적지)

　　　　C. 志望하는 隊別 及 그 隊의 種目別(지망하는 부대별 및 그
　　　　　 부대의 종목별)

二. 應募期限은 七月二十五日까지로 함(응모기한은 7월 25일까지로 함)

三. 採擇者에겐 個別로 注意事項을 通知함(채택된 자에겐 개별적으
　　로 주의사항을 통지함)

四. 一人이 數隊나 數種目을 兼하야 無妨함(한 사람이 여러 부대나
　　여러 종목을 겸해도 무방함)[85]

　　모집하는 대원은 3종류로 나뉜다. 첫째는 학생계몽대(學生啓蒙隊)(중학
교 4, 5학년생에 한함)로 (1)조선문 강습, (2)숫자 강습 2종목이고, 둘째는 학
생강연대(學生講演隊)(전문학교 학생에 한함)로 (1)위생강연(민족보건, 공중위생
에 중점을 둔다), (2)학술강연(자연과학 및 실과에 중점을 둔다) 2종목, 셋째는
학생기자대(學生記者隊)(전문 및 중학교 상급생에 한함)로 (1)기행, 일기, (2)척
서풍경(滌暑風景), (3)고향통신, (4)생활체험 총 4종목이었다. 계몽대와 강
연대의 실시장소는 "各自의 鄕里나 隣近에 限定"(각자의 고향이나 인근에 한
정)했고, 강습 교재나 대본 등은 동아일보사가 인쇄해서 제공했으며 강습
회 소식은 수시로 동 신문에 게재했다.[86]

　　〈그림2-9〉는 제3회 학생계몽 운동의 각지 대원 소식을 소개하는『동아일
보』[87]에 실린 평안남도 대동군 대동강면 신리강습회의 계몽 대원과 강습생들의

85　「第一回學生夏期브나로드運動―男女學生總動員·休暇는 奉仕的으로」『東亞日報』
　　1931.7.18.

86　위와 같음.

87　「千五百啓蒙隊員活動 三千里村村에 글소리 琅琅: 第三回學生啓蒙運動! 各地隊員消息

사진이다. 대원은 남녀 1명씩이고 학생은 39명, 7월 3일부터 15일까지 실시되었
다고 보고되었다. 또한 〈그림2-10〉은 같은 해 7월 15일부터 8월 10일까지 실시
된 경기도 안성군 미양면 용두리의 강습회에서 강습생이 쓴 글씨이다.

그림 2-9 **계몽대원 활동화보(대동군 신리강습생)**
(『東亞日報』1933. 7. 27)

그림 2-10 **안성군 용두리 학생의 글씨**
(『東亞日報』1933. 7. 27)

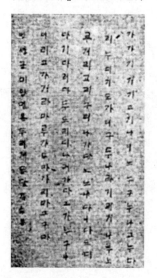

【其一】『東亞日報』1933. 7. 27.

다음으로 종교계, 특히 기독교계는 문자보급에 힘쓴다는 점에서 브나
로드운동과 공통적이고 긴밀히 연계했다. 브나로드운동에 필요한 경비와
장소를 제공하거나 매년 실시하는 하기 아동성경학교를 브나로드운동과
함께 실시하기도 했다. 그리고 학생 YMCA나 YWCA 등의 기독교계 단체
도 브나로드운동에 참가했다.[88]

마지막으로 동아일보사는 지역유지를 브나로드운동의 큰 조력자로 상
정했으며, 지역유지들도 자신들의 정치적, 사회적 지위를 확립하기 위해
브나로드운동에 적극적으로 참가했다.[89] 지역유지들 스스로 대원이 되어
강습을 담당하거나 행정당국과의 교섭과 장소의 주선, 회원모집, 학용품
등을 제공하는 등 다양한 역할을 담당했다.[90]

그림 2-11 브나로드운동대원 위안회 광경
(『東亞日報』1932. 10. 17)

이상과 같이 조선민중에 의한 교육활동으로서 야학에 대해 검토해 보
았다. 식민지가 된 지 약 9년 후에 가장 큰 규모로 일어난 항일운동(3·1운

88 정준희, 앞의 논문, pp.26-27.
89 위와 같음.
90 「社說: 브나로드隊員의 活動—隊員及有志에 感謝함—」『東亞日報』1932. 8. 11.

동)이 실패로 끝나고 서구열강의 지원도 기대할 수 없게 되면서 조선민중들은 "타력(他力)주의를 버리고 자력으로 독립을 이뤄야 한다는 것을 알게 되"[91]어 실력양성의 필요성을 실감하게 되었다. 그것은 높은 교육열로 나타났고 1920년대 이후 식민지 조선은 줄곧 입학난 문제를 안게 되었다. 즉 조선민중들의 높은 교육욕구를 충족시켜줄 수 있는 교육정책은 이루어지지 않았고, 그로 인해 조선민중들은 늘 배움에 굶주려 있었다. 그러나 조선민중들은 그 이해되지 않는 상황에 포기하지 않고 스스로 학교증설운동과 농촌계몽운동 등을 전개하면서 자신들의 교육욕구를 스스로 채워갔다. 당시 많은 조선민중들, 특히 불취학자들의 배움터로서 기능한 것이 야학이었던 것이다.

91　朝鮮總督府警務局, 앞의 책, p.4.

제 3 장

불취학자들의 배움의 실태

-1930~40년대 야학경험자의
구술사를 바탕으로-

1930~40년대의
교육상황과 불취학 문제

오오노 겐이치(大野謙一)는 조선총독부 학무과장 재임 중(1933~36년)에 『조선교육문제관견』(朝鮮教育問題管見, 1936)을 출판하는데, 이 책에서 각 시대의 교육 특색을 〈표3-1〉과 같이 정리하고 있다. 제1기인 1910년대는 '창업기(創業期)'로 명명하고 '단년한경비(短年限經費) 실용주의'에 입각한 기반을 마련한 시기로 표현한다. 제2기인 1920년대는 혁신수성기(革新守成期)로 전기는 '내지준거주의(內地準據主義)', 후기는 '일부 수정주의'에 기초해 교육혁신을 한 시기로 특징짓고 있다. 실제로 이 시기는 1919년의 3·1운동 후 '문화정치'로 전환하여 교육정책에도 큰 수정을 가한 시기이다. 1922년에 '조선교육령'을 개정해 '내지'의 학제에 맞춰 보통학교 및 중등학교의 수업연한을 연장하고, 사범학교 신설 등의 개혁을 단행했다. 이를 통해 보통학교 취학을 희망하는 사람은 급증하였으나 학교 수가 너무 적었던 탓에 각지에서 민중에 의한 보통학교 설립 운동도 일어났다.[1] 이에 총독부는 1919년에 '공립보통학교 3면 1교 계획'을, 1929년에는 '공립보통학교 1면 1교 계획'을 책정해 학교증설을 추진하긴 했지만 1920년대의 취학률은 20%를 넘기지 못하고 고조되는 취학희망자들의 요구를 채워주지 못했다. 그 후 1930년대의 '약진정비기(躍進整備期)'에 들어서 2년제 간이학교제도 (1934년)을 새롭게 도입하고 사범교육기관의 확충계획도 세우지만 입학경쟁 완화에는 성공하지 못했다.

---

1   예를 들면 「普通學校設立運動」『東亞日報』 1922. 2. 9.; 「土地를 抵當하야 學校建築計劃─龜城郡芦洞面有志들이─」『東亞日報』 1926. 1. 17.; 「學校增設을 要求, 日校長高給으로 達城學校平議員會」『東亞日報』 1927. 3. 18.; 「芙蓉面公普期成會組織」『東亞日報』 1923. 1. 21.; 「普校增築을 道當局에 陳情─金泉公普期成會서」『東亞日報』 1925. 12. 6.; 「社倉公普校學生 延長運動, 期成會까지 組織」『東亞日報』 1926. 2. 5.; 「公普昇格增設, 三水自西面서 計劃」 「公普設置運動, 昌寧高巖面에서」『東亞日報』 1926. 2. 15.; 「通川郡鶴三面公普校期成會, 基本財産이 一萬八千餘圓」『東亞日報』 1926. 2. 21.; 「道評議員居住地라고 普校設立을 許可? 期成會組織하고 八年間 運動 이제는 水泡에 돌아가, 軍威郡 友保面 普校問題」『東亞日報』 1928. 3. 26. 등.

표 3-1 | **각 시대의 교육 특색**

시기			연도	주요 교육정책	특색		취학률*
제1기 데라우치 (寺内) 총독시대 (하세가와 (長谷川) 총독시대를 포함)		창업기	1910		기초공작	단년한경 비 실용 주의	1.1
			1911	조선교육령 발포 교육칙어의 하부 (下附)			1.0
			1912				2.2
			1913				2.5
			1914				2.8
			1915				2.9
			1916				3.3
			1917				3.7
			1918				4.0
			1919				3.9
제2기 사이토(齋藤) 총독시대 (야마나시 (山梨) 총독시대를 포함)	전기	혁신 수성기	1920	공립보통학교 3면1교 계획 수립 교육제도 일부개정	외부구축	내지 준거 주의	4.6
			1921				6.8
			1922	신교육령 발포			10.1
			1923				13.2
			1924	대학교육 개시			15.7
			1925				16.2
	후기		1926			일부 수정 주의	17.6
			1927				17.9
			1928	교육제도 일부개정			18.3
			1929	공립보통학교 1면 1교 계획 수립			18.6
			1930				18.5
			1931				18.7

제3기 우가키(宇垣) 총독시대	약진 정비기	1932		내용충실	교육 즉(卽) 생 활 즉(卽) 근로주의	18.9
		1933				20.6
		1934	농촌간이학교제도 창설			23.0
		1935	사범교육기관 확충 계획 의 수립 제2차 조선인 초등교육 보급 확충 계획의 수립			25.0
		1936				27.8

자료: 大野謙一『朝鮮敎育問題管見』朝鮮總督府學務課內朝鮮敎育會, 1936, p.317을 바탕으로
    작성함.
주: *의 원문표기는 '학령아동의 보통학교 취학비율'이다.

　제1장에서 밝혔듯이 보통학교 및 중등학교 입학경쟁률은 1930년대 이
후 한층 높아져 갔다. 1910~20년대에는 공립보통학교 입학률이 80%를
넘었는데 1930년 중반 이후는 50% 정도까지 내려갔다. 그 이유는 학교 증
설이 입학희망자의 증가를 따라가지 못했기 때문이다(제1장의 〈그림1-4〉
와 〈그림1-5〉를 참조). 제1장에서도 언급했듯이 입학지원에는 호적대조 인
증서 제출이 필요했는데, 원서접수 시기가 되면 그 인증을 받기 위해 부
와 면의 호적과(계)에 학부형이 쇄도하는 광경을 볼 수 있었다. 그런 광경
은 1930~40년대에 들어서도 변함없이 계속되었다.[2] 예를 들면 1940년 2
월 개성부의 소학교 입학원서 접수개시 첫날에 수용예정 아동수를 훨씬 넘
는 응모가 있었다는 다음의 신문기사에서 이전보다 한층 입학난이 심각해
졌음을 짐작할 수 있다.[3]

　　향학열은 갈사록 치열하여지나 교육시설이 이에 따르지 못하야 개
　　성의 금춘 초등학교 아동수용은 학령아동의 六할五부밖에 수용할 수
　　없는 한심상인바 지난 二十일 부내 四개소의 공립소학교에서는 一제히
　　금춘 입학아동의 원서접수를 개시하엇든바 정각이 오후 三시이나 아홉

2 「入學難의 前哨戰! 今日부터 戶籍對照開始, 十八公普 願書受理는 來廿日부터, 戶籍係에
　學父兄殺到」『東亞日報』1935. 2. 16.
3 「願書接受初日에 收容定員 벌서 超過, 開城初等校 入學難의 憂鬱相」『東亞日報』1940. 2.
　22.

시부터 각교에는 입학아동이 쇄도하야 접수개시 초일로 수용아동을 훨
신 초과하는 치열한 입학경쟁의 우울한 현상을 보혀주엇다는바 입학원
서의 오기 혹은 기타 정비되지 못한 탓으로 퇴각한 것을 제외하고 당일
오후 五시 정각까지의 각교에서 접수한 입학원서만이 남자 六百十七명
여자 四百五十四명 도합 一千七十一명으로 당일로서 총수용아동 예정
수 九百十명을 초과하야 一百六十一명이라는 반갑지 아니한 수자를 보
히고 잇는바 각교별로 그 상세를 보히면 다음과 같다.

학교명	수용 아동		응모 아동	
원정(元町)소학교	남	140	남	163
	여	70	여	140
만월(滿月)소학교	남	140	남	167
	여	140	여	121
궁정(宮町)소학교	남	140	남	181
	여	70	여	143
고려(高麗)소학교	남	140	남	100
	여	70	여	60

더욱이 입학시험을 앞둔 수험생들의 도서관 이용이 급증해 "(경성-인용
자) 시내 각 도서관은 련일 만원 이상의 성항을 일을 뿐 아니라 정각 전에
자리를 다투는 장사진은 완연히 시험지옥의 전초전을 이루어잇다!"[4](〈그림
3-1〉을 참조)

---

4 「試驗地獄의 前哨」『東亞日報』1932. 3. 8.

<table>
<tr><td>그림 3-1</td><td>**열람자로 붐비는 경성부도서관 본관**</td></tr>
</table>

(『東亞日報』1931. 2. 2)

　입학경쟁은 중등교육 이상에서는 더욱 심했다. 1939년 2월 경성부 경기중학교와 경복중학교의 1940년도 신입생 모집에서는 6배 이상의 경쟁률을 보였고, 조선에 있는 7개교의 관립사범학교 중 평양사범학교는 10배 이상으로 가장 높은 경쟁률을 기록했다. 전문학교 중 경성제국대학 예과에는 모집정원의 6배 이상의 지원이 있었는데, 각 과별로 보면 문과에서는 장래 법학을 전공하려는 갑류는 대략 9배 정도인 것에 반해 문학전공부문의 을류는 약 4배 정도였다. 이과에서는 이공학부 지망의 갑류가 약 10배 정도, 의학부 지망의 을류는 5배 이상으로 기술자를 지망하는 당시의 경향이 전공 선택에서도 나타났다.(〈표3-2〉를 참조)[5]

---

5 「學園에 季節風! 師範, 中學, 大豫等 諸校에 十對一의 入學競爭」 『東亞日報』 1939.2.16.

| 표 3-2 | 경성제국대학 예과 지원자 수와 경쟁률(1940년도) | | |

경성제대 예과	모집정원	지원자 수	경쟁률
문과 갑류(法)	40	350	9배 정도
문과 을류(文)	40	148	4배 정도
이과 갑류(理工)	40	398	10배 정도
이과 을류(醫)	80	440	5배 이상
합계	200	1,336	6배 이상

자료: 『東亞日報』 1939. 2. 16.

〈표3-3〉은 1944년 조선민중의 학력을 성별·연령별로 나타낸 것이다. 남성의 경우 불취학이 평균 67.33%이고, 초등교육(간이학교, 서당이나 학술강습회도 포함)을 받거나 또는 받고 있는 사람들은 약 30%에 지나지 않는다. 연령별로 보면 가장 많이 교육을 받고 있는 12~19세에서도 불취학이 40%를 넘고 40세 이상은 80% 이상이 불취학이다. 여성의 경우는 보다 심각한데 불취학이 평균 88.98%로 12~19세에서도 75%가 불취학이다. 제1장에서 검토했듯이 조선총독부는 1930년대 후반부터 일본어 보급을 위해 보통학교(국민학교)를 중심으로 '국어강습회'를 전국적으로 전개했는데, '국어를 이해하는 조선인'도 1939년 현재 약 14%에 그쳤다.[6] 한편 사립학교나 서당, 학술강습회 등의 사설교육기관에 관한 통제는 더욱 강해져 갔다. 즉 식민지 말기에도 조선민중에 대한 교육보급은 충분하지 않았다.

---

6 朝鮮總督府學務局社會教育課 『朝鮮社會教育要覽』 1941, pp.61~62.

표 3-3 조선인 성별·연령별 학력(1944년)

성별	연령(滿)	인구	대학졸업	전문학교졸업	중학교졸업	국민학교초등과졸업	국민학교초등과중퇴	간이학교·서당졸업	초등교육기관재학중	불취학
남성	11세 이하	4,627,404	0	0	0	2,394	4,040	13,721	1,130,204	3,477,045
	구성비(%)	100.00	0.00	0.00	0.00	0.05	0.08	0.29	24.42	75.14
	12-19세	2,067,575	9	136	26,824	608,989	60,182	119,735	394,584	843,701
	구성비(%)	100.00	0.00	0.00	1.29	29.45	2.91	5.79	19.08	40.80
	20-29세	1,702,253	2,813	8,239	71,908	397,840	68,726	64,902	755	971,244
	구성비(%)	100.00	0.16	0.48	4.22	23.37	4.03	9.68	0.04	57.05
	30-39세	1,443,382	2,755	5,858	39,911	199,686	41,697	177,003	1	968,082
	구성비(%)	100.00	0.19	0.40	2.76	13.83	2.88	12.26	0.00	67.07
	40세 이상	2,680,559	1,695	4,322	23,468	72,581	15,585	388,967	1	2,170,868
	구성비(%)	100.00	0.06	0.16	0.87	2.70	0.58	14.51	0.00	80.98
	합계	12,521,173	7,272	18,555	162,111	1,281,490	190,230	864,328	1,525,545	8,430,940
	구성비(%)	100.00	0.05	0.14	1.29	10.23	1.51	6.90	12.18	67.33
여성	11세 이하	4,494,397	0	0	0	1,281	2,151	6,780	623,565	3,860,620
	구성비(%)	100.00	0.00	0.00	0.00	0.02	0.04	0.15	13.87	85.89
	12-19세	2,010,945	1	447	11,399	221,390	29,052	58,618	177,067	1,508,377
	구성비(%)	100.00	0.00	0.02	0.56	11.00	1.44	2.91	8.80	75.00
	20-29세	1,838,649	42	2,071	17,598	97,922	22,433	27,736	230	1,667,523
	구성비(%)	100.00	0.00	0.11	0.95	5.32	1.22	1.50	0.01	90.69
	30-39세	1,480,841	35	804	6,751	28,381	8,285	12,076	1	1,423,401
	구성비(%)	100.00	0.00	0.05	0.45	1.91	0.55	0.81	0.00	96.12
	40세 이상	2,774,169	24	187	1,783	6,578	2,634	10,604	0	2,751,914
	구성비(%)	100.00	0.00	0.00	0.06	0.23	0.09	0.38	0.00	99.19
	합계	12,599,001	102	3,509	37,531	355,552	64,555	115,814	800,863	11,211,835
	구성비(%)	100.00	0.00	0.02	0.29	2.82	0.51	0.91	6.35	88.98

자료: 오성철 『식민지 초등 교육의 형성』 교육과학사, 2000, p.411에서 재인용(초출: 朝鮮總督府 『人口調査結果報告』, 1945).

주: 1) 초등교육기관 재학 중은 국민학교 초등과 및 동등의 사립학교, 학술강습회에 취학 중인 자, 간이학교 및 서당에 재학 중인 자를 가리킨다.

2) 국민학교 졸업은 국민학교 초등과 및 동등한 사립학교, 학술강습회 졸업을 가리킨다.(간이학교 및 서당 수료자는 제외함)

구술사로 본 야학 실태

제1절에서 검토했듯이 식민지기 조선에는 제도교육에 들어가지 못하는 불취학 아동이 매우 많았다. 그 이유는 크게 두 가지이다. 하나는 당시의 조선민중들 삶에 깊이 뿌리내린 남존여비 사상이다. 당시의 조선민중들은 식민지 지배에 의한 경제적 곤란에 더해 남존여비라는 봉건적 사상에 따라 여자를 학교에 보내지 않는 부모가 많았다. 그러나 그래도 여전히 취학열은 점점 상승 추세를 보였기 때문에 최대 요인은 다른 곳에서 찾아야 한다. 제1장에서 상세히 검토했듯이 그 요인은 바로 식민지 지배기관인 조선총독부의 정책인 것이다.

3·1운동 이후 보통학교 취학희망자가 급증하면서 입학경쟁률이 높아지고 동시에 학교증설 요구운동이 전개되었음에도 불구하고 조선총독부는 학교증설에 소극적이었다. 이에 더해 조선총독부는 민중들이 자율적으로 자신들의 교육욕구를 채우려고 설립한 사립학교에는 통제를 가했다.

그 결과 학교교육을 받을 수 없는 아동들이 많이 생겨난 반면 입학난은 보통학교만이 아니라 중등교육에서도 심각했다. 공립보통학교 3면 1교 계획이나 1면 1교 계획을 세워 조금씩 학교 수를 늘려가기는 했으나 해마다 증가하는 입학희망자를 받아들일 정도의 현저한 학교증설은 이루어지지 않았다. 당시 조선의 의무교육제도 도입에 대한 논의가 없었던 것은 아니지만 해방 전까지 실시되지는 못했다.[7]

그로 인해 불취학 아동들만이 아니라 학령기가 지난 청년이나 농민, 노동자 등과 같은 일반 민중들에게 교육을 제공하는 야학과 강습소, 사숙(私塾) 등이 대폭 늘어나 조선민중의 교육열을 흡수해 갔다. 이들 교육시설과 활동은 관(官)에 의한 것도 일부 있지만 그 대부분은 조선민중들의 손에 의한 것이었다. 이러한 교육활동은 야간만이 아니라 주간에 열리는 것도 없지는 않았으나 대체로 야간에 열리는 경우가 많았기 때문에 본서에서는 편의상 '야학'이라는 명칭을 쓰고자 한다. 단 주로 주간에 대규모로 이

---

7 징병제 실시에 따라 1942년 12월 조선총독부 교육심의위원회에서 1946년도부터 의무교육제도를 실시하겠다는 결정이 내려졌으나 1945년 8월에 조선이 일본제국의 식민지에서 독립하게 되면서 식민지기 조선의 의무교육제도 실시는 실현되지 못했다. 佐野通夫 『日本植民地教育の展開と朝鮮民衆の對應』 社會評論社, 2006, pp.271-312.

루어진 학술강습소에 관해 언급할 때에는 '강습소'로 표기한다.

서장에서 이미 설명했듯이 야학에 관한 선행연구에는 조선민중들에 의한 교육실천을 소위 '억압–저항'이라는 이항대립으로 이해하고 조선민중들에 의해 실시된 야학을 민족교육과 항일교육의 산실로 파악하는 연구가 많다. 이러한 관점이 초래하는 사각지대에 더해 종래의 야학연구는 주로 당시의 행정문서를 비롯해 신문과 잡지 등의 문헌자료에 기초한 연구였기 때문에 자료의 제한이라는 문제점도 안고 있다. 그 가장 큰 원인으로는 야학은 제도교육기관과 달리 학적부나 출석부, 교무일지, 커리큘럼, 성적부 등과 같은 교육관련 문서가 거의 남아 있지 않다는 점과, 그로 인해 야학을 경험한 사람들(이하 '야학경험자')을 찾아내는 일도 쉽지 않다는 점을 들 수 있다. 또한 그 야학경험자들의 대부분이 상당히 고령이기 때문에 발굴해내는 것 자체가 매우 어려운 상황도 큰 장애물이다. 이상과 같이 소위 불가피한 악조건들이 존재함은 인정하지만 그래도 역시 지금까지의 선행연구는 실증성에 있어서 큰 한계를 안고 있었다고 하지 않을 수 없다.

이에 필자는 이러한 실증성을 조금이나마 확보하기 위해 야학경험자를 찾아내 그들의 구술사 수집을 시도했다. 문헌자료를 중심으로 한 연구를 통해 야학의 설립주체나 교사, 교육내용, 재정상황 등에 대해서는 어느 정도 정보를 얻을 수는 있지만, 야학은 학교교육과는 달리 전체 통계는 물론 어떤 교육방법(예를 들면 교육할 때의 사용언어나 교재, 교수법 등)이 사용되었고, 교사와 아동들 간에 어떤 상호관계가 이루어졌는지, 또한 아동들은 왜 그리고 어떤 계기로 야학에 다니게 되었으며 야학에서 무엇을 배우고 무엇을 느꼈는지 나아가 가족과 주변 사람들의 반응은 어땠는지 등과 같은 상세한 부분까지 그 실태를 파악하기는 힘들다.

따라서 본서에서는 식민지기 야학경험자를 발굴해 인터뷰를 통해 얻은 그들의 구술사를 바탕으로 식민지기 조선의 야학 실태를 살펴보고자 한다.

1 조사대상 및 내용 · 방법

(1) 조사대상

2013년 4월 29일부터 2018년 10월 12일에 걸쳐 한국에 거주하는 식민지기 조선의 야학경험자에 대해 인터뷰조사를 실시했다. 식민지기 주로 1930년경부터 조선이 독립할 때까지 당시의 야학에서 배우거나 가르친 경험이 있는 사람이 조사대상이다. 야학이 급증한 1920년대의 야학경험자는 조사를 개시한 2013년 당시 그 대부분이 100세가 넘는 관계로 생존자가 극히 드물고 해당자를 찾는 것 또한 힘들었기 때문에 차선책으로 주로 1930~40년대에 야학에서 배운 적이 있거나 가르친 적이 있는 야학경험자를 이번 조사대상자로 삼았다.

그러나 상술한 바와 같이 야학은 학교와 달리 학적부나 교지(校誌) 등과 같은 관련 문서가 거의 전무하며, 또한 해방 후에는 대부분의 야학이 사라지는 경우가 많았기 때문에 그 기록을 찾는 일은 매우 어려운 일이다. 참고로 주간에 비교적 큰 규모로 이루어졌고, 그 운영도 거의 학교와 비슷한 형태로 운영된 학술강습소의 경우도 비슷한 상황이라고 할 수 있다. 학술강습소에서 배운 출신자들이 해방 후 성인이 되어 자신들이 공부했던 강습소의 설립자나 교사의 공적을 기리기 위해 기념비를 세우거나 출신자들의 증언을 토대로 기록을 남기는 경우가 있긴 하나 당시의 관련 자료를 입수하는 것은 매우 어려운 일이다. 또한 개인의 자택 등에서 소규모로 이루어진 야학은 기록 그 자체가 없는 경우가 많다. 게다가 야학경험자를 찾기 시작한 시점에 이미 야학경험자들은 80세 이상의 고령이었고, 건강상의 문제 등도 있어 발굴해내도 순조로운 인터뷰가 가능하지 않은 경우도 있을 수 있기 때문에 결코 쉬운 조사가 아니었다.

따라서 처음에는 친족이나 지인들에게 소개를 받는 형태로 야학경험자를 발굴하기 시작했다. 그 후로는 스노우볼 샘플링과 함께 TV나 신문, 블로그 등의 보도와 기사에 소개된 식민지기의 야학과 강습소 관련 내용을 검색해서 새로운 야학경험자를 발굴하는 방법, 그리고 전국 각 지역에 설치되어 있는 경로당이나 노인복지관 등의 복지시설을 방문해 야학경험자를 가능한 범위 내에서 찾아내는 방법도 사용해 서서히 조사대상자를 늘려 갔다.

약 6년간에 걸쳐 조사한 대상자 수는 총 86명이지만 조사대상자를 찾을 때 "정규 학교가 아닌 곳, 예를 들면 야학과 강습소 등과 같은 곳에서 배웠거나 또는 가르친 경험이 있는 사람"이라고 다소 폭넓게 설정했고, 또한 고령의 조사대상자와 소개자 간에 의사소통이 원활히 이루어지지 않았던 적도 있어 실제로 인터뷰조사를 했을 때 보통학교(국민학교)(4명)와 사립학교(2명) 및 간이학교(8명) 출신자, 야학 무경험자(2명)[8], 고령과 건강상의 문제 등으로 충분한 조사가 불가능한 사람(6명)도 있었다. 이러한 사람들을 제외하면 야학에 관해 유의미한 인터뷰가 가능했던 야학경험자는 총 64명이다.

그 내역을 보면 남성 33명, 여성 31명이고, 학생경험자는 60명(그중 여성은 30명), 교사경험자는 4명(그중 여성은 1명)이다. 조사시점 기준으로 최고령은 1917년생의 97세(2013년 조사시점, 세는나이)이고, 최연소는 1935년생의 79세(2013년 조사시점, 세는나이)였다. 생년으로 보면 1910년대 출생이 1명, 1920~29년 출생은 34명, 1930~35년 출생은 29명이다. 또한 1930년대에 야학을 경험한 사람들이 약 절반이고, 나머지 절반은 1940년대에 경험한 사람들이다. 야학에 다니기 시작한 연령(세는나이)은 당시 6세부터

---

8 두 명 중 한 명은 본인이 아니라 언니가 야학에 다녔었고 언니한테서 조금 들은 이야기를 기억하고 있는 사람이었다. 나머지 한명은 당시 강원도 평창군의 산간벽지에 살고 있었는데 가끔 단추가 많은 옷(제복)을 입은 일본인 1~2명이 마을에 찾아와 마을 사람들(성인)을 전원 집합시켜 연설과 함께 간단한 일본어를 가르쳤다고 한다. 그곳에 당연히 어머니도 출석했었는데 그때 어머니를 따라 갔을 때 들었던 일본어 표현(인사나 신체 명칭)을 몇 개 기억하고 있었다. 당시 8세(1941년)로 암기력이 좋았기 때문에 집에 돌아와 그곳에서 들은 일본어 표현을 사용하면 모두에게 "대단하다, 머리 좋다"라는 말을 듣는 것이 기뻐서 계속 일본어 표현을 말하고 다녔다고 한다. 그리고 당시 "고우코쿠신민노~"(皇國臣民の~, 황국신민의~)로 시작하는 일본어 문장을 반복해서 가르쳤는데 식량배급 때 이 "황국신민의~"로 시작하는 문장을 암기해서 말하지 않으면 배급을 받지 못했다고 한다. 이 증언을 통해 위의 일본어교육은 산간벽지지역을 순회하면서 이루어진 '국어강습소'가 아니었을까 생각된다.

18세까지로 폭넓으며, 수학기간은 일주일부터 수개월, 1~4년, 장기인 경우는 6년 또는 8년간 배운 사람도 있다. 학술강습소의 경우는 대체로 학교와 마찬가지로 주간에 아동들을 대상으로 1년 내내 이루어졌지만 주로 야간에 아동 및 성인에게 가르쳤던 야학은 매년 농한기 3~4개월간만 운영되는 곳이 많았다.

조사대상자의 출신지역(야학을 경험한 지역)은 함경남도 및 함경북도를 제외하고는 전국 각 도에 분포되어 있다. 상세히는 평안남도 1명, 평안북도 1명, 강원도 2명, 경기도 19명, 충청남도 8명, 충청북도 3명, 전라남도 15명(제주도 8명을 포함), 전라북도 5명, 경상남도 4명, 경상북도 5명이다.

그림 3-2 **식민지기 조선의 행정구획**

가계 형편은 대부분이 농업으로 생계를 유지하고 있었고, 전체적으로 빈곤한 생활을 했다. 단 부유했다고 확실하게 말한 사람은 '부농', '부유층'으로 기입했고, 매우 가난했다고 명확히 말한 사람들은 '빈농', '빈곤'으로 표현했다.

조사대상자에 대한 기본 정보 및 야학관련정보는 〈표3-4〉와 〈표3-5〉와 같다. 〈표3-4〉는 야학에서 교육을 받은 적이 있는 학생경험자의 정보이고, 〈표3-5〉는 야학에서 가르친 적이 있는 교사경험자의 정보이다. 〈표3-4〉의 조사대상자(학생경험자)에는 번호를 붙여 본문에서 그 조사대상자를 거론하며 설명할 때에는 '성명(No. ○)' 또는 설명하는 문장 끝에 그 내용에 해당하는 조사대상자의 번호를 '(No. ○, ○, ○…)'와 같이 기입했다.

또한 본서에서는 조사대상자들에게 허락을 받은 후 대상자의 실명을 사용하고 동시에 식민지기에 창씨개명(1940년)한 일본식 성명도 명기한다. 그리고 인터뷰에서 언급되는 조사대상자 및 관련자들의 연령은 한국에서 통용되는 세는나이를 사용한다.

표 3-4 **조사대상자(학생경험자)의 기본정보 및 야학관련정보**

No.	성명	일본식 성명 (창씨개명)	성별	출생년도	출신지 (당시의 지명)	당시의 가족구성 (본인)	가정형편/직업	수학기간 (시기)	야학유형 / 명칭 (실시 장소)	설립자/교사	조사일 및 장소
1	김영성 (金榮星)	하지 않음	남	1925	경북 봉화군 법전면 척곡리	조부, 부모, 2남2녀 (장남)	부유층 (조부가 척곡교회·명동서숙 설립자)	2년 (1931~32)	명동서숙 (명동학술강습소) (단독건물)	설립자:김종숙 교사: 장사현	2017. 9. 8. (경북 봉화군)
2	이덕선 (李德善)	松本德善	남	1924	경기도 수원군 반월면 사리	부모, 1남5녀 (장남)	농업	2년 정도 (1931~33)	천곡강습소 (단독건물)	설립자 : 장명덕&밀러선교사 교사 : 최용신 외 1명	2013. 8. 13. (경기도 남양주시)
3	이우형 (李愚享)	完山愚享	남	1925	경기도 여주군 산북면 상품리	부모, 2남1녀 (장남)	농업	3년 정도 (1933~35)	강습소 (단독건물)	설립자&교사: 마을청년2명 (이재호 외 1명)	2017.4.8. (경기도 여주시)

번호	이름	창씨명	성별	출생	주소	가족	계층	기간	강습소 (학교건물)	설립자&교사	일시
4	장옥산 (張玉山)	미상	여	1927	경기도 진위군 현덕면 덕목리	조부모, 부모, 3남3녀 (장녀)	부유층 (조부는 한의사, 조부는 구장)	수개월 (1935)	강습소 (학교건물)	설립자&교사: 마을청년 2-3명	2016. 2. 21 (경기도 평택시)
5	이재현 (李載玄)	宮本載玄	남	1930	경기도 진위군 오성면 량교리	부모, 3남3녀 (장남)	농업	1년 (1936)	양교리강습소 (단독건물)	설립자: 황욱재(동경유학 경험 있는 청년) 교사: 3-4명	2016.2.21. (경기도 평택시)
6	강현구 (姜鉉九)	미상	남	1931	경기도 진위군 포승면	부모, 5남1녀(4남)	농업	1년 (미상)	강습소	설립자: 박승호 교사: 이노만 (마을청년)	2016.2.20. (경기도 평택시)
7	이태수 (李泰洙)	靑木泰洙	남	1930	경기도 진위군 현덕면 신왕리	조모, 부모, 6남2녀 (장남)	농업	1년 (1936)	신왕리 강습소 (단독건물)	설립자&교사 : 안상봉	2016.2.21. (경기도 평택시)
8	서찬석 (徐讚錫)	大峰讚錫	남	1930	위와 같음	부모, 4남3녀 (막내)	부친이 서당 훈장	4년 (1939~42)	대안리 강습소 (단독건물)	설립자: 정재승(부유층) 교사: 마을청년 2명	위와 같음
9	공은택 (孔股澤)	昌原股澤	남	1931	경기도 진위군 현덕면 덕목리	조모, 부친, 3형제(막내)		6년 (1940~45: 대안리강습소 2년, 덕목리강습소 4년)	대안리강습소→덕목리강습소(단독건물), 야학	덕목리강습소 (설립자: 마을 사람들, 교사: 마을청년 2명)	위와 같음
10	공재환 (孔在環)	昌原在環	남	1928	위와 같음	부모, 4남3녀 (4남)	농업	4년 (1941~44: 황산리강습소 1년, 덕목리강습소 3년)	황산리강습소→덕목리 강습소 (단독건물)	황산리강습소 (교사:박봉환), 덕목리강습소 (설립자: 마을 사람들, 교사: 마을청년 2명)	위와 같음
11	김다남	金城ダナム	여	1932	전남 순천군 별량면 봉림리	모친, 3자매 (막내), 11세 때 부친 사망	부농이 었지만, 부친의 도박으로 파산	1~2년 정도 (1940~41, 간헐적)	강습소 (회관)	설립자: 미상 교사: 학교 교사와 반장 (청년)	2014.12.27. (서울시)
12	윤금동 (尹金同)	伊原金同	남	1927	전남 보성군 노동면 광곡리	부모, 6남 1녀 (5남)	부농	2년 (1940~41)	양정원 (단독건물)	설립자: 윤윤기(전 훈도(訓導)) 교사: 윤윤기 외	2013.10.10. (광주시)
13	임태선 (任泰善)	石川泰善	남	1931	전남 보성군 회천면 봉강리	부모, 2형제 (차남)	농업	3년 (1940~42)	위와 같음	위와 같음	2013.10.10. (전남 장흥군)
14	김순임 (金純任)	金光純任	여	1929	전남 보성군 노동면 광곡리	부모, 1남5녀 (차녀)	농업	3년 (1940~42)	양정원, 야학	위와 같음	위와 같음

15	오연숙	미상	여	1932	전남 보성군 회천면 전일리	조부모, 부모, 숙부3명, 3자매(3녀)	농업	약 4년 (1940-43)	위와 같음	위와 같음	2013.10.10. (광주시)
16	이용수 (李容洙)	安原容洙	여	1928	경북 성주군(출생), 대구부(유년기)	조모, 부모, 5남1녀(장녀)	농업	1년 정도 (1941, 간헐적)	강습소 (단독건물)	설립자: 미상 교사: 일본인 1명과 조선인 여러 명	2015.3.13. (대구시)
17	오정숙	豊山ヨシ子	여	1929	전남 제주군 한림면 명월리	조모, 부친, 1남2녀(차녀)	빈농(부친은 도일)	2년 (1942-43)	명월숙 (향사)	설립자: 오용범, 오경후 교사: 오용범, 오승구	2013.6.20. (제주시)
18	오계아	豊山明子	여	1931	위와 같음	부모, 3남3녀(막내)	농업	약 1년 반 (1942-43)	위와 같음	위와 같음	위와 같음
19	오상춘 (吳相春)	豊山花子	여	1931	위와 같음	부모, 5남1녀(장녀)	농업	2년 정도 (1942-43, 간헐적)	위와 같음	위와 같음	위와 같음
20	오용수 (吳鏞守)	豊山英樹	남	1934	위와 같음	부모, 5남1녀(4남)	농업	2년 (1942-43)	위와 같음	위와 같음	2013.8.14. (서울시)
21	양영일 (梁榮一)	吉川榮一	남	1933	위와 같음	독자, 부친은 도일(渡日)	농업	위와 같음	위와 같음	위와 같음	위와 같음
22	문순욱 (文淳昱)	文村淳昱	남	1935	위와 같음	미상	농업	위와 같음	위와 같음	위와 같음	위와 같음
23	조정상 (趙廷相)	平田廷相	남	1934	충남 서산군 팔봉면 덕송리	조부, 부모, 3남3녀(장남)	농업	1년(1943)	덕송리강습소(단독건물)	설립자: 팔봉면 교사: 마을청년(야스히라(安原)라는 조선인)	2016.4.30. (서울시)
24	전동목 (全東穆)	星山東穆	남	1931	경기도 강화군 양도면 인산리	부모, 4남3녀(3남)	미상	2년 (1943-44)	흥천사설강습소(단독건물)	설립자:흥천교회(소장: 전성남) 교사: 한중섭, 유정자	2015.1.31. (인천시 강화군)
25	계기성 (桂起成)	桂本起成	남	1931	위와 같음	부모, 4형제(차남)	미상	1년(1944)	위와 같음	위와 같음	위와 같음
26	이민금 (李敏金)	咸豊敏金	여	1934	경기도 진위군 오성면 금곡리	부모, 3자매(차녀)	농업	1년 (1944-45)	금곡리강습소, 대반리강습소(단독건물)	설립자&교사: 마을청년(김씨)	2016.2.21. (경기도 평택시)
27	주임로	미상	남	1921	충남 홍성군 홍동면 운월리	모친, 독자	빈농	수개월 (1944-45)	팔괘리강습소(개인자택)	설립자&교사: 최병한(마을청년)	2013.5.1. (충남 홍성군)
28	김옥배 (金玉培)	미상	여	1930	충남 예산군 예산면	부모, 6남매(차녀)	부유층(고무신, 옷 장사)	수개월 (1944-45)	강습소 (단독건물)	설립자&교사: 젊은 남녀 여러 명	2017.6.6. (충남 서산시)

번호	이름	창씨명	성별	출생	출신지	가족관계	직업	야학기간	야학형태	설립자·교사	조사일시
29	박광업 (朴光業)	하지 않음	남	1931	경기도 여주군 금사면 소유리	부모, 3남3녀 (차남)	부농	야학: 약 3년 (1938~40) 강습소: 약 2년 (1942~44)	야학, 강습소 (공회당)	【야학】설립자&교사: 정응전(이천양정여학교출신) 【강습소】설립자&교사: 윤태복(이웃마을청년)	2013.10.11. (서울시)
30	이복우 (李福雨)	하지 않음	여	1925	충북 진천군 만승면 죽현리	조모, 부모, 3남5녀(차녀), 올케	부농	야학: 1년 반 정도 (1939~40)	야학 (공회당)	설립자: 만승면 교사: 일본인 남녀 각1명	2016.2.20. (경기도 이천시)
31	이태길 (李泰吉)	하지 않음	남	1920	경남 함안군 함안면 대산리	부모, 1남5녀 (장남)	농업	3년 (1930~32)	야학 (제실)	설립자&교사: 마을청년 3~4명	2013.8.9. (부산시)
32	최성하 (崔聖夏)	松田正美	남	1923	충남 논산군 연산면 백석리	부모, 4남매	농업	1년 정도 (1931)	백석노동야학회(교사의 자택→공회당)	설립자: 최경하 교사: 최경하 외 3명 정도	2013.8.15. (충남 논산시)
33	김옥실 (金玉實)	金沢玉實	여	1925	평남 평양부	부모, 1남3녀 (막내)	탄광 노동자	3년 (1931~33)	야학(교회)	설립자: 교회 교사: 숭실학교 학생들	2013. 10.11. (서울시)
34	강갑수 (姜甲秀)	姜炳南→ 江本甲秀	남	1926	강원도 춘천군 신남면	조부모, 부모, 5남매	부농 (조부가 향교직원)	3년 (1931~33)	금병의숙 (단독건물)	설립자: 김유정(소설가) 교사: 김유정, 민병동 외 1명	2013. 8. 8. (강원도 춘천시)
35	김종식 (金鐘植)	金村鐘植	남	1925	경기도 광주군 구천면	미상	미상	1년 반 (1932~33)	야학 (교회)	설립자 : 교회 교사: 낮에는 이선생이 한글과 산수를, 밤에는 승려가 와서 한문을 가르침	2013.12.14. (서울시)
36	조을출 (曺乙出)	昌山乙出	남	1924	경남 합천군 가야면	3형제	빈농	8년(농한기) (1932~39)	야학 (지역유지의 자택)	설립자&교사: 3명(과목별)	2013.12.14. (서울시)
37	이기월 (李基月)	미상	여	1921	충북 보은군	부모, 7남매 (차녀)	부농 (부친이 이장)	야학: 3~4년 정도 (1933~36) 국어강습회: 결혼(1940) 후	야학 (교사 자택) 국어강습회 (미상)	【야학】설립&교사: 보통학교재학 중인 친척(충북 보은군) 【국어강습회】경성부	2013.4.30. (서울시)
38	안광흡 (安光洽)	安田光洽	남	1930	평북 의주군 고성면 용산동	부모, 2남 (장남)	농업	1년 정도 (1935)	야학 (공회당)	설립자&교사: 마을청년	2016. 2. 2. (경기도 평택시)
39	정을순	미상	여	1927	충북 충주군 앙성면 중전리	부친 3남1녀 (막내), 올케	빈농	수개월 (1935)	야학 (교사 자택)	설립자&교사: 마을청년	2014.3.29. (경기도 여주시)

40	한지순(韓智順)	미상	여	1928	전북 임실군 오수면	부모, 1남4녀 (3녀)	농업	1년(농한기) (1935)	야학 (회관)	설립자&교사: 마을청년	2016.11.24. (전북 임실군)
41	황옥순(黃玉順)	미상	여	1930	전남 영암군	조부, 부모, 2남2녀 (장녀)	농업	수개월 (1937, 간헐적)	야학 (교사 자택)	설립자&교사: 마을청년	2013.10.11. (서울시)
42	최순단(崔順丹)	미상	여	1930	경북 구미시 선산군 고아면	부모, 3남6녀 (차녀)	농장	6년 (1937–42)	야학 (지역유지 자택)	설립자: 마을청년(일본유학경험자) 교사: 마을청년 여러 명	2017. 4. 6. (강원도 속초시)
43	김정례(金正禮)	하지 않음	여	1926	전남 강진군 성전면 월평리	부모, 4자매 (3녀)	일용직 노동자	2년(농한기) (1937–38)	야학 (공회당)	설립자&교사: 마을청년 4–5명	2018.10.12. (서울시)
44	최세태(崔世泰)	松村世泰	남	1927	전북 장수군 산서면 백운리	모친. 2남 (장남)	농업	1년(농한기) (1938)	야학 (회관)	설립자: 마을사람들 교사: 마을청년1명	2016.11.24. (전북 임실군)
45	김분례	미상	여	1927	전북 익산군 익산면 동산리	조모, 부모, 6남3녀 (장녀)	부유층	1년 정도 (1938–39)	야학 (회관)	설립자&교사: 이웃마을청년	2014.3.29. (경기도 여주시)
46	이계숙(李渓淑)	미상	여	1927	경기도 여주군 대신면 가산리	부모, 6남4녀 (4녀)	부농	2년(농한기) (1938–39)	야학 (서당)	설립자&교사: 친구의 조부 (서당 훈장)	2017. 4. 8. (여주시)
47	김소영(金小英)	미상	여	1932	경남 경주(출생). 사천군 곤명면 (유년기)	부모, 3남6녀 (4녀)	부유층	1년 반 정도 (1938–39)	광명학원 (단독건물)	설립자: 최범술(다솔사 승려) 교사: 김동리, 이상권, 김월계	2013. 8. 9. (부산시)
48	이옥순(李玉順)	宮本玉順	여	1925	전남 제주군 구좌면 송당리	부모, 독녀	농업	1년 (1940)	야학 (교사 자택)	설립자&교사: 사립중앙심상소학교 학생	2013.6.20. (제주시)
49	권혁수(權赫洙)	미상	남	1933	경기도 안성군 일죽면 화곡리	부모, 2남2녀 (차남)	빈농	1년 (1940)	야학 (움막)	설립자&교사: 정유현, 신덕선(일본명:古城徳善) (마을청년)	2016.1.29. (경기도 안성시)
50	최금옥	미상	여	1929	황해도 연백군 청룡면	부모, 3남2녀 (막내)	농업	2년(농한기) (1940–41)	야학 (지역유지 자택)	설립자&교사: 마을청년	2013.8.10. (인천시)
51	전개분	미상	여	1925	경북 문경군 문경면 마원리	부모, 2남4녀 (막내)	부농이었으나 오빠의 빚으로 빈곤해짐	3년(농한기) (1940–42)	여자야학회 (보통학교)	설립자: 문경 공립보통학교 교사: 여러 명	2016.1.29. (경기도 이천시)
52	김구선	미상	여	1930	경북 성주군 수륜면 계정리	조부모, 부모, 숙부·숙모, 3남3녀 (장녀)	부농	1년(농한기) (1941)	야학 (학교)	설립자: 미상 교사: 마을청년	2015. 3.13. (경북 고령군)

53	박창례	アライ セイシャク	여	1928	충남 홍성군 결성면 형산리	부모, 3자매 (장녀)	부농 (조부가 대지주)	1년 (1942)	야학 (공회당)	설립자&교사: 청년2명	2013. 5. 3. (서울시)
54	이계식	미상	남	1928	강원도 춘천시 남면 발산리	2세에 부친, 13세에 모친 사망	빈농	2년(농한기) (1942-43)	야학 (공회당)	설립자&교사: 마을청년1명	2017. 9. 7. (경기도 양평군)
55	고이순	미상	여	1930	경남 산청군 생비량면	부모, 4남2녀 (차녀)	부농	기간은 미상 (보통학교와 병행)	야학 (지역유지 자택)	설립자&교사: 신재연(마을 청년)	2013.10.12. (서울시)
56	송정섭 (宋貞燮)	宮本ジンネ	여	1931	충남 홍성군 홍동면 홍원리	부모, 5남3녀 (차녀), 올케, 조카	수공업 및 판매	야학: 3년 (농한기) (1942-44) 국어강습회: 여름 방학기간 (1944)	야학 (지역유지 자택), 국어 강습회 (학교)	【야학】설립자 &교사: 이억수(마을청년) 【강습회】설립 자&교사: 홍동국민학교	2013. 5. 2. (경기도 평택시)
57	송호섭 (宋鎬燮)	宮本鎬燮	남	1934	위와 같음	부모, 5남3녀 (4남), 형수, 조카	수공업 및 판매	1년 (農閑期) (1942)	야학 (지역유지 자택)	설립자&교사: 이억수 (마을청년)	2017. 9. 9. (경기도 구리시)
58	김홍분	미상	여	1931	충남 서산군 부석면 간월도리	부모, 5남매 (장녀)	빈곤 (부친이 서당 훈장)	1년 정도 (1944-45)	야학 (서당)	설립자&교사: 부친 (서당훈장)	2017.6.6. (충남 서산시)
59	김순홍	金山ジュン子	여	1927	전남 제주군 구좌면 송당리	부모, 1남4녀 (막내)	농업	합숙 1주일 (1942)	야학 (작업장)	설립자:구좌면 교사 : 고태진 (마을청년)	2013.6.20. (제주시)
60	유재섭 (劉載燮)	文川重男	남	1917	전북 부안군 백산면 오곡리	부모, 7남매 (5남)	부농이었 으나 부친의 도박으로 파산	일요강습회: 수개월 (1932, 부안군 백산면) 외국어야학: 기간은 미상(1934경, 경성부)	일요강습회 (학교), 외국어야학 (단독건물)	【일요강습회】설립자&교사: 백산보통학교 【외국어야학】설립자&교사: 조선인 2-3명	2013.10.12. (서울시)

표 3-5   조사대상자(교사경험자)의 기본정보 및 야학관련정보

성명	일본식 성명 (창씨 개명)	성별	출생 연도	출신지역 (당시의 지명)	당시의 가족 구성 (본인)	교수기간 (시기)	야학명·유형	설립자	조사일 및 장소
강태분 (姜泰分)	미상	여	1922	경기도 평택군 포승면	부모, 1남 3녀 (장녀)	3년 (1939-41년)	신명강습소	팽성 교회	2016. 2. 21 (경기도 평택시)
박규선 (朴珪琁)	蔚山珪琁	남	1924	경기도 강화군 화도면	부모, 1남 3녀 (장남)	2년 (1941-42년)	니산학술강습소	윤재근	2015. 1. 31 (인천시 강화군)
조용기 (趙龍沂)	香川龍沂	남	1926	전라북도 곡성 군 옥과면	부모, 5남매 (차남)	2년 (1942-43년)	농민야학	조용기	2017. 4. 7 (광주시)
이완훈 (李完薰)	山本完薰	남	1926	경기도 양평군 단월면	부모, 4형제 (막내)	2년 (1939-40년)	부인야학	이완훈	2017. 9. 7 (경기도 양평군)

(2) 조사내용 및 방법

인터뷰 조사내용은 다음과 같다.

- 성명(창씨개명 여부), 연령(생년), 성별, 출신지(출생지), 가족관계, 가정환경(부모의 직업)
- 학교에 다닌 경험 유무(이유)
- 야학에 다니게 된 동기(목적) 및 수학시기(연령)과 기간, 장소
- 야학에서 배우고 경험한 내용(교과내용 및 운동회, 소풍, 연극 등의 행사)
- 교수방법(사용언어) 및 교과서나 교재
- 설립자 및 교사(조선인/일본인, 인원 수, 연령, 성별, 직업, 수업료의 유무 등)
- 야학의 학생(인원 수, 연령, 성별, 가정환경 등)
- 만족도(가장 좋았던 점 등)
- 당시의 장래희망이나 야학수료 후의 진로(학교진학이나 취업 등)
- 일본인과의 관계나 인상, 일본인 친구의 유무 등
- (본인 및 주변의 성인들의) 독립에 대한 인식이나 분위기 등

상기의 항목을 토대로 반구조화 인터뷰를 실시했다. 인터뷰 시에는 사전에 조사대상자에게 허락을 받은 후 비디오카메라 및 디지털 보이스레코더로 촬영 및 녹음을 하면서 진행했다. 대상자에 따라서는 가족이 동석하는 경우도 있었다. 인터뷰 소요시간은 짧은 경우는 30분 정도, 긴 경우는 2시간 이상 소요된 사람도 있었지만 대체로 1시간 정도였다.

또한 조사대상자 중에는 자서전과 에세이 등을 출판한 사람도 있었고, 교사경험자의 경우는 그 가족이나 제자들, 연구자, 지자체 등이 그 공적을 기리는 자료집이나 서적을 출판하거나 블로그 등을 통해 정보를 공개하는 경우도 있었다. 이러한 서적과 자료에는 식민지기 야학에 관련한 내용과 사진 등도 게재되어 있어 조사대상자와 가족의 허락을 얻은 후에 참고자료로 활용하였다.

2 야학경험자의 구술사로 본 불취학 아동의 배움

(1) 야학의 종류와 형태

본서에서는 식민지기 정규교육기관이 아닌 교육시설로서 야학과 학술강습소, 강습회 등을 고찰하는데 이것들의 총칭으로 '야학'이라는 용어를 사용한다. 단, 주로 야간에 운영된 야학과 달리 주간에 학교교육과 유사한 형태로 대규모로 운영되었던 학술강습소를 검토할 때에는 '학술강습소'로 표현한다. 식민지기 조선에는 불취학 아동과 취학연령을 초과한 청년 및 부인 등에게 주로 야간에 문해교육과 생활에 유용한 지식 및 정보를 제공하는 야학과, 학교와 비슷한 형태로 운영된 학술강습소, 1940년대 이후는 '국어'(일본어)의 보급을 위한 '국어강습회'가 많이 존재했다.

이번 조사대상자들 중에는 야간에 개인의 집이나 공회당 등에서 이루어진 야학에서 배운 사람도 있는가 하면(〈표3-4〉의 No.30~58), 학교교육과 비슷한 형태로 학년이나 학급제도까지 도입하고, 교사(校舍)도 지

어 주간에 비교적 큰 규모로 운영한 학술강습소에 다닌 사람도 있으며
(No.1~28), 그리고 이 두 곳에 모두 다닌 경험을 지닌 사람도 있다(No.9,
14, 15, 29). 또한 주로 농한기에 이루어진 야학과 함께 국민학교에서 여름
방학 기간 중에 열린 국어강습회에 다닌 대상자도 있다(No.56). 게다가 어
렸을 때는 친척이 개설한 소규모 야학에서 배웠고, 결혼한 후에는 국어강습
회에서 일본어를 배웠다고 말한 사람도 있다(No.37). 다소 특수한 사례로 면
이 주최하는 약 3개월간의 군사훈련 중에 1주일간의 합숙기간이 있었는데,
그 기간 중에 이루어진 야학에서 배운 사람이 있다(No.59). 또한 상경 전에
보통학교에서 이루어진 일어강습회에서 배운 뒤 상경 후에는 이직을 위해
영리 목적의 야학에서 일본어를 배웠다는 사람도 있다(No.60). 학술강습소에
대해서는 다음 절에서 자세히 검토하기로 하고 여기에서는 주로 야간에 운
영된 야학에 한정해서 그 종류와 운영형태에 대해 살펴보고자 한다.

　야학의 운영형태별로 보면 ①마을 사람이 혼자서 이웃이나 친척 중의
불취학 아동과 학령기를 넘긴 사람들 소수를 모아서 간단한 문해교육을 실
시한 야학(No.37, 41, 46, 48, 50, 58), ②혼자서 가르쳤으나 교사나 지역유
지의 자택 또는 공회당과 같은 마을의 공동시설에서 비교적 많은 인원을
대상으로 교육한 야학(No.29, 38~40, 44~45, 54~57), ③여러 명의 교사
가 지역유지의 자택, 공회당이나 제실 등과 같은 마을의 공동시설 혹은 별
도로 교사를 지어서 많은 인원을 대상으로 가르친 야학(No.31~32, 34, 36,
42~43, 49), ④교회나 사찰 등이 운영하는 야학으로 종교시설에서 가르치
거나 별도로 교사를 지어서 가르친 야학(No.33, 35, 47), ⑤공립보통학교나
면(행정)이 주최한 야학(No.30, 51~53), ⑥영리를 목적으로 한 민간업자에
의한 야학(No.60) 등 다양한 형태로 이루어졌다.

　① 마을 사람이 혼자서 이웃이나 친척들 소수를 대상으로 가르친 야학
의 예로서 충청북도 보은군의 이기월(No.37)은 자신과 동갑으로 당시 보통
학교에 다니고 있었던 친척(남성)이 학교에 다니지 못하는 친척이나 이웃
아이들 10명 정도에게 방과 후에 학교에서 배운 내용을 바탕으로 한글과
일본어, 산수, 노래 등을 가르쳐 주었다고 한다. 또한 제주군 구좌면 송당
리의 이옥순(No.48)도 간이학교에 입학하기 전에 이웃에 사는 당시 사립중

양심상소학교의 학생이었던 강창수(남성)에게 부탁을 해서 같은 마을의 5명 정도의 불취학 아동과 함께 한글과 산수를 배웠다고 한다. 그리고 경기도 여주군 대신면의 이계숙(No.46)은 친구의 조부(당시 서당 훈장)가 손녀와 그 친구들 10명 정도를 모아 농한기 밤에 한글을 가르치는 야학에 다녔으며, 황해도 연백군 청룡면의 최금옥(No.50)은 마을 청년이 마을의 방 하나를 빌려 매일 밤 호롱불 밑에서 농한기를 이용해 불취학자 10명 정도에게 한글과 일본어, 산수 등을 가르치는 야학에서 배웠다.

② 한 명의 교사가 마을유지의 집이나 공회당에서 비교적 많은 사람들을 교육한 예로서 김순임(No.14)과 오연숙(No.15)이 다닌 야학을 들 수 있다. 둘은 주간에는 '양정원'(養正院)이라는 강습소에 다녔는데, 밤에는 마을 회관에서 마을 청년이 한글을 가르치는 야학에 다녔다. 경기도 여주군 금사면의 박광업(No.29)은 1938~40년에 약 3년간 야학에 다녔는데 마을에 이사를 온 정음전이라는 양정여학교 출신[9]의 여성이 공회당에서 마을 남녀 십여 명에게 주로 한글을 가르쳤다고 한다. 또한 전라북도 장수군 산서면의 최세태(No.44)가 다닌 야학에서는 마을 청년(최세태의 사촌형)이 농한기를 이용해 마을의 공정(公亭, 회관)에서 일본어와 산수를 마을 주민들에게 가르쳤고, 거기에는 아동들만이 아니라 성인도 일본어를 배우기 위해 다녔다고 한다. 최세태(일본식 성명: 松村世泰)는 야학에서 배운 후에 간이학교(2년제)에 입학하였고, 간이학교 졸업 후에는 국민학교 4학년에 편입하여 1944년에 졸업했다(〈그림3-3〉과 〈그림3-4〉를 참조).[10] 충청남도 홍성군 홍

---

9   증언자인 박광업은 "이천에 있는 고등학교"라고 말했으나 당시 이천군에 있었던 여학교는 감리교회가 설립한 이천양정여학교(利川養貞女學校)가 있었는데 아마도 이 학교인 것으로 보인다. 그러나 이 학교는 1937년 10월에 경영난을 이유로 경기도 학무과에 폐교 인가원을 제출했던 것을 고려하면 정음전은 폐교 후부터 야학교사로 활동했을 가능성이 높다. 실제로 박광업이 야학에서 배우기 시작한 것은 1938년부터이다. 「悲運의 利川養正校 經營難으로 廢校認可願 提出 學生救濟는 道에 依賴」『東亞日報』1938. 10. 3. 신문기사 제목에는 '養正'으로 되어 있으나 '養貞'의 오타로 보인다.

10 간이학교 제도는 "종결교육기관으로서 설치된 보통학교와는 전혀 다른 체계의 학교로 보통학교로의 편입은 제도상 인정하지 않는 정책"이었으나 실제로는 간이학교 졸업 후 보통학교에 편입하는 일이 상당히 있었던 것으로 보인다. 즉 제도상으로는 인정되지 않는 편입이 실제 현실에서는 인정되는 등 제도와 현실 사이에 괴리가 존재했던 것이다. 古川宣子「植民地期朝鮮の簡易學校―制度導入とその普及を中心に―」『大東文化大學紀

동면에 살았던 송정섭(No.56)과 송호섭(No.57) 남매는 마을 청년이 농한기를 이용해서 마을 사람들에게 가르쳤던 야학에 함께 다녔다.

그림 3-3 　봉천(鳳泉)간이학교 졸업증서

자료: 최세태 님 제공

그림 3-4 　둔남(屯南)공립국민학교 졸업증서

자료: 최세태 님 제공

③ 여러 명의 교사들(주로 마을 청년들)이 마을의 공동시설이나 별도의 교사에서 가르친 야학의 예로서는 우선 1920년 경상남도 함안군 함안면 대산리에서 태어난 이태길(No.31)[11]을 들 수 있다. 이태길은 낮에는 한문을 배우는 서당에 다녔고, 밤에는 마을 제실(祭室)에서 이루어진 야학에 3년 정도 다닌 후 입학시험을 보고 함안공립보통학교 4학년에 편입했다. 야학에서는 3~4명의 마을 청년들이 한글, 일본어, 산수 등을 가르쳤고 학생은 20~30명으로 인근 마을에서도 아이들이 다녔다. 또한 충청남도 논산군 연산면 백석리의 최성하(No.32)는 같은 마을에 사는 친척이 공립보통학교 졸업 직후에 설립한 백석노동야학회에 다녔으며, 그곳에서 한글, 산수, 노래 등을 배웠다. 이 마을에는 보통학교가 없었기 때문에 마을의 많은 사람들이 이 야학에서 배웠다고 한다. 처음에는 설립자 겸 교사의 자택에서 가르쳤는데 학생 수(아동부터 성인까지)가 50명 이상까지 늘어나 이후 공회당에서 가르치게 되었다. 경상남도 협천군 가야면의 조을출(No.36)은 큰 방이 있는 인근의 어느 집에서 매년 농한기(10~2월)에 열린 야학에 9세경부터 약 8년간 다녔다. 야학교사는 3명으로 각각 일본어, 한문, 산수를 나누어 담당해서 가르쳤다고 한다. 또한 경상북도 선산군 고아면의 최순단(No.42)이 다닌 야학은 농한기가 되면 마을에서 커다란 방이 있는 2~3가구에서 방을 제공받아 남녀별로 나뉘어 열리는 야학이었다. 여러 명의 교사가 각 방을 담당해서 가르쳤다고 한다. 한편 경기도 안성군 일죽면 화곡리의 권혁수(No.49)는 옆 마을 청년 2명이 작은 초가움막을 지어서 10명 정도의 아동과 청년들에게 한글을 가르쳤던 야학에서 조금 배운 후 간이학교에 입학했다.

---

11 이태길은 야학에 3년 정도 다녔을 때 친척의 권유로 함안보통학교 입학시험을 보고 1933년에 4학년으로 입학하였다. 그리고 1936년 봄 담임교사인 구도(工藤)선생님의 권유로 대구사범학교 심상과 입학시험 지원하여 합격하였고, 졸업 후인 1941년에 강원도 영월국민학교의 훈도(1학년과 4학년의 2부제 담임)로 근무하게 되었다. 그러나 대구사범학교 재학 중에 동급생들과 항일비밀결사를 조직해 활동했었던 과거 사실이 발각되어 국민학교 훈도로 부임한지 얼마 되지 않은 1941년 8월에 체포되어 해방될 때까지 수감되었다. 독립 후에는 중학교 및 고등학교 교원으로 정년까지 일했다. 이태길『긴 삶 숱한 고비』태화출판사, 1999, pp.30-52.

④ 교회나 사찰 등의 종교시설에서 운영한 야학으로는 우선 평안남도 평양부의 김옥실(No.33)과 경기도 광주군 구천면의 김종식(No.35)을 들 수 있다. 김옥실은 교회가 운영하는 야학에서 2년 6개월 정도 한글, 한자, 일본어, 산수 등을 배웠고, 교사는 숭실학교[12] 학생들이었다. 김종식도 교회에서 개최한 야학에 다녔는데 주간에는 이(李)선생님이라는 사람이 한글과 산수를 가르쳤고, 밤에는 절에서 승려가 내려와 한문을 가르쳤다고 한다. 또한 종교단체가 별도로 건물을 지어서 운영하는 경우도 있었다. 경상북도 봉화군 법전면 척곡리에 자리한 척곡교회는 1909년 교회설립에 맞춰 지역 아동들을 위한 교육을 위해 '명동서숙'(明洞書塾)(이후 '명동학술강습소')도 교회건물 바로 옆에 설립했다. 경상남도 사천군 곤명면의 김소영(No.47)은 다솔사(多率寺) 승려가 설립한 '광명학원'(光明學院)(1937년 설립)에서 보통학교 입학 전까지 한글과 산수, 노래 등을 배웠다.

⑤ 공립보통학교와 면(행정)이 주최한 야학도 있었다. 예를 들면 충청북도 진천군 만승면 죽현리의 이복우(No.30)은 보통학교 2부제에 다니면서[13] 밤에는 면이 공회당에서 운영했던 야학에도 다녔다. 야학에서는 일본인 교사(남녀 1명씩)들이 가르쳤다고 한다. 경상북도 문경군 문경면 마원리의 전개분(No.51)은 보통학교에서 겨울방학 기간 중에 열린 여자야학회에 다녔다. 일본어와 산수 등의 문해교육 이외에 군인들이 나오는 영상을 상영할 때도 있었는데 영상에서 나오는 노래를 모두 함께 불렀다고 한다. 경상북도 성주군 수륜면 계정리의 김구선(No.52)도 학교에서 농한기 밤에 열

---

12 1897년에 미국북부 장로파 교회의 선교사인 윌리엄 베어드(William M. Baird: 배위량[裵偉良])가 평양부에 설립한 미션계 교육기관이다.

13 이복우는 학교에서 운영하는 강습소에 다녔다고 했는데 "입학허가서가 나와서 어쩔 수 없이 갔다", "오전반 학생들이 하교한 후 오후에 강습소가 시작된다", "점심을 먹고 난 후에 갔다", "우리 마을에서 여자애는 나만 학교에 다녔다"고 말한 것에서 강습소가 아니라 만승공립보통학교의 2부제에 다녔던 것으로 보인다. 실제로 1936년에 1면 1교제가 완성되긴 했지만 입학난이 해소되지 않아 1930년대 후반에 보통학교의 2부제를 요구하는 목소리나 2부제를 도입하는 학교가 늘어났다. 「社說: 普校入學難의 緩和策, 二部制度 實施를 爲하야」『朝鮮中央日報』1936. 4. 3.;「富川郡內 普校에도 二部制 實施」『每日申報』1938. 2. 5.;「安州에 五學級 增價 入學難 緩和? 安州 普校선 二部制 實施」『東亞日報』1938. 2. 11. 등.

린 야학에서 일본어와 산수를 배웠다. 그곳에서는 마을 청년이 가르쳤으며 30명 정도의 사람들이 다녔다. 충청남도 홍성군 결성면 형산리의 박창례(No.53)는 1942년 마을 공회당에서 다른 지역에서 온 청년 2명이 일본어, 산수, 노래, 체조, 제식훈련 등을 가르치는 야학에 1년 정도 다녔다. 교사였던 청년들은 낮에는 청년대 훈련을 지도했었다는 점에서 면이 설치한 관제야학이었을 가능성이 높아 보인다.

⑥ 이익을 목적으로 하는 민간업자에 의한 야학은 이번 조사대상자 중 최고령자인 유재섭(No.60)만이 경험한 야학으로 매우 보기 드문 사례이다. 유재섭에 따르면, 1930년대 중반 경성부에는 취직 또는 이직을 하려는 청년과 성인들을 대상으로 일본어(특히 회화중심의 일본어)와 산수, 그리고 일본어에 의한 면접시험 요령(연습) 등을 가르쳐 주는 유료 야학이 있었다고 한다.

그 밖에 1940년대에 들어서면 전국 각지에 일본어 보급을 위한 '국어강습회'가 전개되는데 이번 조사에서도 '국어강습회'로 보이는 사례가 몇 개 있었다. 예를 들면 위의 ①에서 언급한 이기월은 20세(1940년)에 결혼한 후에도 일본어를 배운 경험을 다음과 같이 말했다. "시집가서 하니까는.. 거 그때는 왜정 때니까는 소화 몇 년인가 대정 몇 년 그땐 일본사람이 우리 한국사람을 일본사람 만들려고 한국말을 못하게 하거든. 그러니까 데려다가 자꾸 (일본어를-인용자) 가르켜. 암만 외워도 안 들어와"라는 증언내용과 시기를 고려하면 이기월을 "데려" 간 곳은 '국어강습회'였을 가능성이 높다. 또한 상기의 ②에서 소개한 송정섭(No.56)은 1942년부터 매년 농한기에는 마을 청년이 가르치는 야학에 다녔는데, 1944년 여름에는 국민학교에서 여름방학 기간 중에 이루어진 불취학자 대상의 강습회에도 가서 일본어와 산수를 배웠고, 그 강습회에서는 매일 학교 뒷산에 있는 신사에 가서 참배도 했다고 한다. 이상과 같은 내용에서 이 강습회 또한 1940년대에 국민학교에서 개최된 '국어강습회'가 아니었나 사료된다.

조선총독부 학무국 사회교육과는 '국어 보급'을 위해 1938년도부터 국민학교를 중심으로 '국어강습회'를 개최했으며, 1941년도부터는 청년단까

지 총동원해서 일본어를 보급했다. 예를 들면 1941년 경성부 당국에서는
"참된 내선일체(內鮮一體)는 먼저 국어해득으로…"라는 총력연맹의 슬로건
(지도군호)에 맞춰 경성부내 131정(町)에서 각 정연맹(町聯盟)이 주최하는
'정민국어강습회'(町民國語講習會)를 7월 중순부터 일제히 개최할 계획을 발
표했다. "강습기간은 三개월 동안으로 하고 부내 국민학교 교실을 빌려 쓰
기로 하고 강사는 가급적 국민학교 교원들을 청탁하여 하루 두 시간 정도
로 일상생활에 필요한 간이한 국어부터 교습시켜 이 비상시국에 처한 총동
원체제에 부민의 한 사람도 빠짐이 업도록 하려는" 것이었다.[14] 구마타니
아키야스(熊谷明泰)의 연구에 따르면 이듬해 5월에는 조선총독부와 국민총
력조선연맹 합동에 의한 '제1회 국어보급 타합회'(國語普及打合會)에서 지방
의 여러 상황에 맞는 국어보급의 목표와 방책이 협의되었다. 그리고 각종
지방 관공서와 시설단체에서 '국어상용'(國語常用)을 추진함과 함께 조선 전
체 3,100개교의 국민학교 내에 '국어강습회'를 설치해 이것을 토대로 '국어
상용'운동을 일으키는 것을 협의했다.[15]

마지막으로 제주도의 김순홍(No.59)은 1942년에 약 3개월간 '작업장'
이라는 곳에서 군사훈련을 받은 적이 있는데 그 기간 중 1주일간은 합숙하
면서 낮에는 군사훈련을 받고 밤에는 일본어와 산수(주산)를 배웠다고 한
다. 김순홍이 말하는 '작업장'이란 "마을 사무소 같은 곳", "공출할 때 물건
을 제출하는 곳" 등과 같은 발언에서 면사무소를 가리키는 말이 아닌가 싶
다. 또한 당시 마을의 15~16세 남녀 대상으로 약 3개월간 군사훈련을 실
시했는데 합숙기간 중에는 함께 밥을 지어 먹은 후 밤이 되면 남성들은 간
이학교로 가서 숙박하고, 여성들(약 20명)은 '작업장'에 머물면서 밤에 문자
와 숫자 등을 배웠다고 한다. 실시시기로 봐서 이것도 '국어강습'의 일환이
었을 가능성이 높아 보인다.

이상과 같이 야학은 설립 및 운영주체와 규모, 장소, 교육대상, 교육

---

14 「國民學校를 開放 町마다 國語講習會―百萬府民에게 國語解得運動」『每日新報』1941. 6.
21.

15 熊谷明泰「賞罰表象を用いた朝鮮總督府の「國語常用」運動: 「罰札」、「國語常用家庭」、「國
語常用章」」『關西大學視聽覺教育』29, 2006, pp.59-60.

내용 등에서 다양한 형태를 볼 수 있다. 조사대상자들 중에는 다른 형태의
두 가지 야학에서 학습한 경험을 지닌 사람도 있다. 즉 주간의 학술강습소
와 야간의 야학, 또는 농한기에는 야학에, 여름방학기간 중에는 국어강습
회에 다닌 사람도 있다. 그리고 야학에서 배운 후에 공립보통학교와 간이
학교로 편입학하는 사람도 남성들이 대부분이지만 어느 정도 있었다.

(2) 야학에 다니게 된 동기와 목적

야학(강습소와 강습회도 포함)에 다니게 된 계기는 야학교사와 가족·친
척, 구장(이장)들의 권유, 주위의 영향 등이 많았다. 마을에 학교가 없거나
가난해서 학교에 갈 수 없었던 아동들을 위해 야학을 개설한 설립자와 교
사 자신들이 마을의 집들을 일일이 찾아다니며 야학에 다니도록 권유했던
곳이 많았다. 예를 들면 제주도의 '명월숙'(明月塾)(1942년 설립, 상세한 것은
제3절을 참조)에 다녔던 오정숙, 오계아, 오상춘, 오용수, 양영일, 문순욱
(No.17~22)은 설립자 겸 교사였던 오용범이 학생 모집을 위해 몸소 마을의
각 집들을 방문해 부모를 설득했다고 말한다. 오용범의 남동생이자 명월숙
에도 2년 정도 다녔던 오용수(No.20)는 설립 당시의 학생모집에 대해 다음
과 같이 기억하고 있다.

> (명월숙-인용자) 설립이 8살 때 그 설립을 한 거 같애요. 8살 때 내
> 손을 잡고 저 그 동네랑 할 것 없이 막 그 옆 동네를 돌아다닌 기억이 지
> 금도 나요.

명월숙과 같이 다른 곳도 처음에는 설립자나 교사의 권유로 시작해 그
말이 마을로 퍼져 서서히 학생들이 늘어나는 경우가 많았다. 야학과 강습
소에 '마을 사람들이 모두 다니니까 나도 다녔다'라고 말하는 사람들이 다
수였다. 명월숙 출신자들은 불취학 아동을 위해 강습소를 세워 헌신적으로
가르쳤다고 오용범 선생의 공적을 입을 모아 칭찬하는데 1940년대의 강습
소는 도(道)로부터 인가를 받지 않으면 설립·운영을 할 수 없었기 때문에
명월숙도 사설학술강습소로서 인가를 받은 곳으로 보인다.

야학과 강습소에서 교육이 어떻게 실시되었는지에 대해서는 후술하겠지만 식민지 말기에 사학에 대한 통제가 한층 심해진 것은 주지의 사실이다. 야학의 설립취지와 목적이 무엇이었는지에 대해서는 보다 면밀한 고찰이 필요하지만 1930~40년대 야학은 당시의 시대상황을 감안하면서 파악할 필요가 있다. 전라남도 순천군 별량면 봉림리에서 1940~41년에 야학에 다닌 김다남(No.11)은 "한국 글을 못 쓰게 했어요, 일본 글 배우라고. 일본사람들이 가라고 막 허고 오라고 막 허고 헌께 갔지"라고 하면서도 야학에 가면 글도 배울 수 있고, 친구들과도 놀 수 있어서 즐거웠다고 말한다. 1942년에 홍성군 구항면에 위치한 야학에 다녔던 박창례(No.53)는 15세 때 저녁에 놀러 나갔다가 야학교사가 직접 야학 홍보를 하고 있던 것을 보고, 친구와 구경하러 다녀온 후 부모님께 허락을 받고 다니게 되었다고 한다. 그때의 야학교사(조선인)가 주간에는 청년대의 군사훈련을 지도하고, 저녁에는 야학에서 마을 사람들에게 일본어와 산수, 노래, 제식훈련 등을 가르쳤던 점으로 보아 관제야학이었을 가능성이 높아 보인다.

둘째, 가족과 친척의 권유, 또는 마을 사람들과 친구들이 모두 다니니까 자신도 다니게 되었다고 말하는 사람도 많았다. 이덕선(No.2)이나 오정숙(No.17), 박광업(No.29), 강갑수(No.34), 정을순(No.39), 최순단(No.42)은 교사들의 권유도 있었지만 부모도 권유를 해서 야학에 다니게 되었다고 한다. 그중에서도 강원도 춘천군의 강갑수는 두 번에 걸쳐 야학에 다녔는데, 처음은 취학 전인 6~7세(1931~32년)에 농촌계몽운동을 하던 청년들이 운영하는 야학에 다녔고, 그 후 8세에 보통학교에 입학한 후 방과 후에 다시 야학에 다녔다. 강갑수는 보통학교에 입학하고 난 후에도 다시 야학에 다니게 된 이유에 대해 다음과 같이 말하고 있다.

초등학교(보통학교-인용자) 들어가니깐 조선어 책을 주는데 일주일에 한 시간밖에 없어, 조선어시간이. 그때 교장이 야마구치(山口)라는 일본사람이고, 우리 담임선생은 김종각 씨였어요. 그 양반(김종각-인용자)이 사범학교가 아니라 춘천고등보통학교 4년을 나와 가지고 선생님으로 나오셨어요. 그 양반이 조선어시간에 들어와서 조선어를 가

르치는데 그 양반 말이 "이 말을 지금 열심히 배워놔야지 앞으로 이 책
이 없다진다" 이거야. 그니까 "열심히 배워야 우리 백의민족을 찾지, 안
그러면 못 찾는다" 이거야. 아주 어렸을 때부터 소학교에서 그런 말을
7~8살짜리 애들한테 하니까 그렇게 가르치시니까 머릿속에 밴 게 그거
야. 또 집에 오면 저녁에 아버지가 "야, 너 야학에 가. 김유정 선생님 야
학에" 그러는 거야. 지금 뭐야 과외 수업으로. 그래서 남보다 진도가
좀 빨랐어요. 학교 들어가니까 할아버지도 "야학에 가서 한글을 배워
라. 앞으로 이게 없어질 거 같다"라고 하시는 거예요.

즉 보통학교에 다니면서 야학에도 계속 다닌 이유는 장래 학교에서 조
선어교육이 폐지될 것을 우려했던 조부와 부친의 권유로 한글을 배우기 위
해서였던 것이다. 실제로 공립보통학교는 1938년의 조선교육령 개정에 따
라 소학교로 개칭되었고, 조선어는 수의(선택)과목이 되었다. 그 후 '국어
상용'정책이 강화되면서 조선어교육은 폐지라는 국면을 맞게 되었다.

그러나 야학에 다닌 모든 사람들이 조선어를 배울 목적으로 다닌 것은
아니다. 이번 조사에서 언어의 종류와는 상관없이 우선 문해 능력(문자나
산수 등)을 익히고 싶어서 다녔다는 사람이 압도적으로 많았다. 그리고 특
별한 목적이나 꿈이 있었기 때문이 아니라 주변 사람들이 모두 야학에 다
니기 때문에 혹은 권유를 받았기 때문에 다녔다고 말하는 사람이 대부분이
었고, 문자나 숫자를 배우는 것도 좋았지만 야학에 다니는 사람들과 함께
노는 것이 좋았다고 말하는 사람도 많았다.

셋째로 가족이나 친척이 야학의 설립자나 교사여서 야학에 다니게 된
사람도 적지 않았다. 이기월(No.37)은 당시(1933년) 보통학교에 다녔던 자
신과 동갑인 친척(남성)이 학교에서 배운 내용(조선어와 일본어, 산수, 노래
등)을 방과 후에 친척이나 인근 불취학 아동 10명 정도에게 가르쳤다고 한
다. 김소영(No.47)은 한학자이자 철학자이고 독립운동도 했던 부친 김범부[16]를

---

16 김범부(金凡父, 본명은 정설(鼎卨))는 1897년에 경상북도 경주에서 태어나 4세부터 한
    학을 배웠고 16세에는 경주의 남문에 일본제국에 항거하는 격문을 붙였다고 전해진다.
    1915년에 백산상회 기미(己未)육영장학회 제1회 장학생으로 선발되어 일본 동양대학
    에서 동양철학을 전공했고, 귀국 후 불교중앙학림(현재 동국대학교)에서 강의를 했다.

따라 1934년에 경상남도 경주군에서 사천군 곤명면으로 이사를 하게 되었는데, 부친의 독립운동 동지였던 다솔사 승려인 최범술이 운영했던 '광명학원'에서 소학교에 들어가기 전(1938~39년)까지 배웠다고 한다. 광명학원에서는 김소영의 숙부인 소설가 김동리(제5장을 참조)도 교사로서 수업을 담당했다. 1942~43년에 제주도의 '명월숙'에 다녔던 오상춘(No.19)과 오용수(No.20) 남매는 명월숙의 설립자 겸 교사였던 오용범의 동생들이다. 충청남도 논산군 연산면 백석리의 백석노동야학회(白石勞動夜學會)에서 배웠던 최성하(No.32)는 야학회의 설립자 겸 교사(최경하)의 친척이다. 경기도 진위군 현덕면 덕목리에 살았던 공은택(No.9)과 공재환(No.10)은 당시 마을에 강습소가 없어서 각각 인근 마을의 황산리강습소와 대안리강습소에 다녔다. 그런 이유로 같은 마을에 사는 친척들을 비롯한 어른들이 기금을 마련해 마을 아이들을 위해 1942년 덕목리강습소를 설치하게 되어 두 사람은 이때부터는 덕목리강습소에 다니게 되었다. 경상북도 봉화군 법전면 척곡리의 김영성(No.1)은 조부인 김종숙이 1909년에 척곡교회를 설립할 때 교회 옆에 함께 만든 교육시설 '명동서숙'(이후 '명동학술강습소'로 인가를 받는다)에서 약 2년간(1931~32년) 교육을 받은 후 1933년에 춘양보통학교 2학년으로 편입학했다. 김홍분(No.58)은 부친이 서당 훈장이었는데 학교에는 보내주지 않아 밤에 마을의 불취학 아동들에게 한문을 가르칠 때 같이 배웠다고 한다.

넷째로 입학시험에 실패했거나 시험 준비를 위해서 야학(강습소)에 다닌 사람도 있었다. 예를 들면 경기도 진위군 오성면 양교리의 이재현(No.5)은 당시 공립보통학교에 취학하기 위해서는 일본어로 면접시험을 봤어야 했기 때문에 그 준비를 위해 마을에 있었던 강습소에 1년간 다녔고,

---

1934년 최범술의 소개로 경상남도 사천군 곤명면에 있는 다솔사에서 승려와 학자들에게 현리사상을 가르쳤다. 그 후 불교철학연구에 전념하였고 독립 후에는 건국이념에 관한 연구 및 교육활동을 했다. 1950년에는 제2대 국회의원에 당선되었고 1955년에는 계림대학교 학장을 역임했다. 주요 저서로는 『화랑외사』(花郎外史, 1954), 『풍류정신』(風流精神, 1987)이 있다. 정다운 「범부 김정설의 '화랑외사'에서 본 '화랑관'」『동북아문화연구』 제23집, 2010, pp.129-143.

8세(1937년)에 안중공립보통학교에 입학했다. 한편 이 인근지역의 현덕면 덕목리의 공은택(No.9)은 보통학교에 입학하고 싶어 3번이나 시험을 보았으나 전부 낙방해서 강습소에 다니게 되었고, 충청남도 예산군 예산면의 김옥배(No.28)도 국민학교 입학시험에 떨어져 이웃 마을의 오가면에 있는 강습소에 다녔다. 그리고 전라남도 보성군 노동면 광곡리의 윤금동(No.12)은 보성북공립심상소학교를 졸업한 후 '양정원'(자세한 것은 다음 절을 참조)이라는 강습소의 중급반에 1년간(1940년) 다니고 나서 광주농업학교 입학시험을 봤으나 실패해 1년 더 양정원 중급반에서 진학시험을 준비했다. 양정원에는 초급반과 중급반이 있었는데 수업은 소학교과정을 배우는 초급반에서만 이루어졌고, 중급반은 각자 자습을 주로 하고 모르는 것이 있을 때에 교사들에게 질문해서 지도받는 형식이었다. 윤금동은 양정원 중급반에서 2년간 수험공부를 한 후 목포에 있는 사립문태중학교에 진학했다.

다섯째로 향학심이 높거나 혹은 이직을 위해 스스로 적극적으로 야학에 다닌 사람들이다. 제주도의 이옥순(No.48)은 부모가 여자에게 공부는 필요없다며 학교에도 보내주지 않았는데, 부모의 반대를 무릅쓰고 당시 사립중앙심상소학교의 학생이었던 같은 마을의 남학생에게 부탁해 1940년에 야학을 열어 한글과 산수 등을 배웠다. 그 후는 간이학교에 입학했을 정도로 향학심이 높았다. 또한 송정섭(No.56)은 농한기(1942~44년)에는 야학에 다니고 여름(1944년)에는 홍동국민학교에서 열린 강습회에 다녔다. 인터뷰 내내 당시 사이좋게 지냈던 친구들은 모두 학교에 다녔는데 자신만 학교에 다니지 못했다고 몇 번이나 한탄했다. 그리고 야학에서는 자신보다 나이 많은 사람들에 비해 일본어나 산수 시험점수도 높아 선생님에게 "미야모토 진네(宮本ジンネ, 송정섭의 일본 이름), 햐쿠텐(百点, 백점)!"이라는 말을 들었다며 여러 번 자랑했다. 배움에 대한 욕구가 강해 야학에 그치지 않고 학교에서 열린 강습회에도 다녔다고 한다.

한편 불취학 아동을 위한 야학이 아니라 취업이나 보다 높은 급여를 받기 위해 이직을 하려는 청년이나 성인을 대상으로 이루어진 영리목적의 야학에 다닌 사람도 있었다. 전라북도 부안군 백산면 오곡리 출신의 유재섭(No.6)은 16세(1932년)에 상경해서 일본인이 경영하는 음식점에서 일하게 되는데 월급을 더 많이 받을 수 있는 곳으로 이직하기 위해서는 보다 나은 일본어 실력과 계산 능력이 필요했다. 그래서 일본어를 더 배우고 싶었다고 한다. 즉 일본인이 경영하는 점포 등은 비교적 월급이 많았는데 그런 곳의 채용에서는 일본어로 하는 면접이 관건이었기 때문에 일본어 능력을 향상시킬 필요가 있었다고 말하며, 상경한 후 야학에 다니게 된 경위에 대해 다음과 같이 설명했다.

> 내가 밥 먹고 살아야 되니까 취직할라구 사방을 돌아다니구 여기저기 간다치면은 구두시험 보는 그 거시기덜 주로 배고 전부 그러는 거야. 배우다 말았으니까 배야 것는디 전차 타고 대니고 보면서 허니까 간판이 있어, 외국어야학이라고. 그래서 들어가서 물어본 거야. 물어보니까는 2시간에 50전이다 그거야. 그러면 시간은 몇 시부터 몇 시까정 자기가 편리한 시간 정해야지, 작업이 끝나야지. 쉬는 시간에 그리고 밤에 보통 9시 이후에 일요일날 토요일날은 또 조금 빠른 시간에 하고.

여기서 말하는 '외국어야학'은 경성시내의 화신백화점(현재 종로타워가 있는 자리)의 뒤편에 있었고, 조선인 교사 2~3명이 일본어와 산수(구구단 등)를 가르쳤다고 한다. "그르니까 요즈마니 여기 우리나라 학원같이 그렇게 되어 있어요"라는 유재섭의 증언에서 볼 수 있듯이 이 야학은 "대개 지금 그러니깐 돈 없어서 이게 고용살이하면서 당장은 내가 생활에 필요한데 말도 필요하고 계산 같은 것도 필요하고 허는데 이걸 당장 거시기하니깐 급하니깐 밤에 다니면서 배우"려는 사람들을 대상으로 영리목적으로 경영되었던 것이다. 유재섭에 따르면 당시 경성시내의 많은 점포에는 문 앞에 구인광고문이 붙어있었고, 사진을 첨부한 이력서를 가져가면 그것을 보면서 면접시험을 봤으며 면접에서는 고향이나 그동안의 생활, 경력, 이직이유 등에 대해 일본어로 질의응답을 했다고 한다. 따라서 면접시험에 합격하기 위해서는 일본어능력이 중요했기 때문에 이 야학에서는 회화중심의 일본어교육과 함께 일본어로 면접시험 연습과 일본의 역사나 풍기 등에 대해서도 가르쳤다고 한다. 이러한 영리목적의 야학은 기존의 야학연구에서 는 언급된 적이 없었던 매우 귀중한 증언이다.

한편 야학에 다녔을 때의 연령은 취학 전인 6~7세부터 입학난이나 지리적 환경, 경제적 빈곤, 젠더 등의 다양한 이유로 학교에 다니지 못하는 8~14세의 불취학 아동, 취학연령을 넘긴 15~18세, 그리고 성인까지 전 연령에 걸쳐 있었다. 학교교육과 비슷한 형태로 운영된 학술강습소의 경우 는 주로 18세 이하의 아동들이 다녔으며, 성인의 경우는 농한기인 겨울에 이루어진 야학에서 배운 경우가 많았다. 그리고 남성은 야학을 끝내고 나서 학교에 입학 또는 편입, 진학하는 경우가 어느 정도 있었는데, 여성의 경우는 야학에서 배우는 것에 그치는 경우가 많았다. 또한 부유한 가정환 경이었음에도 불구하고 여성이라는 이유로 학교에 보내주지 않아 못 갔던 사람도 적지 않았다. 여성의 배움(교육)에 대해서는 제4장에서 상세히 고찰 하고자 한다.

이상과 같이 야학교사나 부모의 권유, 주변사람들의 영향 등 주로 다른 사람들의 권유로 야학에 다니게 된 사람들이 많았지만, 이후 계속 다니게 된 이유로는 '그냥 배우고 싶어서, 공부하고 싶어서, 새로운 것을 배우고 싶어서'(No.2, 18, 34, 53, 56)와 '즐거워서, 재밌어서'(No.17, 33, 47, 51, 53), '친구들과 놀 수 있어서'(No.3, 23, 37, 45, 46, 52), '학교에 다니는 친구들이 부러워서'(No.10, 26, 37, 56), '수험준비 혹은 수험에 실패해서'(No.5, 12, 24, 28, 57), '좀 더 보수가 좋은 직장으로 이직하고 싶어서'(No.60) 등으로 학습이나 놀이(유희)에 대한 욕구 등 학생(학습자)들 자신의 필요에 따른 경우가 많았다.

(3) 설립자 및 교사

선행연구에서도 지적되어 왔듯이 청년단체나 종교계, 학교 등에서도 야학과 강습소 등을 설립·운영했지만 야학의 설립자 중에는 지역유지가 가장 많았고, 이번 인터뷰조사에서도 같은 결과가 나왔다. 지역유지가 설립한 야학에 다닌 조사대상자(학생경험자)는 60명 중 45명으로 가장 많았고, 교회나 사찰 등의 종교계가 운영하는 야학에 다닌 것은 7명, 공립보통학교(국민학교)나 면 등 관주도의 운영으로 보이는 곳이 7명(2개소에 다닌 3명을 포함), 영리목적의 야학이 1명, 설립자 미상의 야학이 3명이다.

우선 설립주체가 지역유지인 것을 보면 그 대부분은 보통학교 이상의 교육을 받은 마을 청년들이었다. 다수의 조사대상자가 자신들 마을에는 학교가 없었다고 말하고 있듯이 당시 보통학교에 다니기 위해서는 상당히 먼 거리를 걸어서 통학해야 했다. 예를 들면 경기도 진위군 현덕면 신왕리에서 옆 마을의 대안리강습소에 다녔던 서찬석(No.8)은 "학교는 여기서 한 6키로 걸어 댕겼어요"라고 말했으며, 경기도 여주군 산북면 상품리에 있었던 강습소에 다닌 이우형(No.3)도 "우리 마을은 너무 산속이라 읍내로 가는 길도 막히고, 길이 없어요. 학교도 없어 (배울 곳은-인용자) 이 강습소밖에 없었지"라고 말한다.

실제로 식민지 조선에서는 1936년이 되어 겨우 보통학교 1면 1교제가 완성되었고, 그 후에도 소극적인 학교증설정책이 유지되었기 때문에 식민지 말기에도 보통학교가 없는 마을이 매우 많았다. 더욱이 보통학교에 들어가기 위해서는 입학시험을 봐야 할 정도로 만성적인 입학난과 수업료라고 하는 재정적 조건도 있었기 때문에 많은 아동들이 보통학교에 접근하기란 쉽지 않은 일이었다. 따라서 마을에서 학교교육을 조금이라도 받은 적이 있는 사람이 자발적으로 혹은 마을사람들에게 부탁을 받아 야학을 개설하는 경우가 많았다. 그중에는 보통학교에 다니는 현역 학생이 친척이나 이웃 아이들에게 방과 후에 소규모로 가르치는 곳(No.37, 48)도 있었다.

한편 학교와 같이 비교적 많은 인원을 대상으로 학년제나 학급제를 도입해 주간에 운영한 소위 '학술강습소'의 경우는 설립자가 교사를 겸하는 곳도 있었지만, 규모가 큰 곳은 처음부터 여러 사람들이 함께 설립하는 곳도 있었고, 학생이 늘어남에 따라 서서히 교사를 늘려가는 곳도 있었다. 서찬석(No.8)이 다녔던 대안리강습소는 정재승이라는 그 마을의 대부호가 학교에 다니지 못하는 아동들을 위해 사비로 설립한 것으로 인근의 5~6개

마을의 아이들이 다녔다. 정재승이 소장을 맡고 교사는 2명 있었다. 서찬석은 당시의 교사들에 대해 "선생들은 그 뭐야 훈련소가 있어서 거기서 강습을 받구 나온 사람들이고 근디 뭐 지식이 높은 선상은 아니구 그냥 겨우 니혼고 스꼬시(일본어 조금—인용자)하는 그런 사람"이었다고 말한다.

둘째로 교회나 사찰 등의 종교계가 운영하는 야학에 다녔던 사람은 다음의 7명이다.

성명	소재지	야학/강습소	설립주체
① 김영성 (No.1)	경상북도 봉화군 법전면 척곡리	명동서숙 (이후 명동학술강습소)	척곡교회 1909년 설립
② 이덕선 (No.3)	경기도 수원군 반월면 사리	천곡학술강습소	천곡교회 1929년 설립
③ 전동목 (No.24)	경기도 강화군 양도면 인산리	흥천사설강습소	흥천교회 1943년 설립
④ 계기성 (No.25)	위와 같음	위와 같음	위와 같음
⑤ 김옥실 (No.33)	평안남도 평양부	야학	교회
⑥ 김종식 (No.35)	경기도 광주군 구천면	야학	교회
⑦ 김소영 (No.47)	경상남도 사천군 곤명면	광명학원	다솔사 1937년 설립

①, ②, ⑦의 설립자와 교사에 대해서는 제5장에서 자세히 검토하기로 하고, 여기에서는 ③~⑥에 대해 소개하고자 한다.

우선 전동목과 계기성은 1943년에 흥천교회(興天敎會)가 설립한 흥천사설강습소에 다녔다. 흥천교회는 1906년 11월 경기도 강화군 양도면에 김용하와 전병규가 설립한 교회이다. 신도를 늘리기 위해 교육이 중요했기 때문에 처음은 부녀자를 위한 야학을 열어 한글을 가르쳤다. 그 후에는 사립보창학교(1908년 설립, 이후 '흥천학교'로 개칭, 1929년 공립학교로 지정됨)와 흥천여학교(1920년 설립)를 설립하여 교육사업을 전개해 갔다. 그러나 1940년대가 되어도 불취학 아동문제가 여전히 해결되지 않아 흥천교회에서는 사설강습소를 설치해 인근 마을의 아동들(8~16세)을 모아 일본어, 산수 등을 가르쳤다.[17] 전동목은 "국민학교 시험 보러 우리 아버지가 데리

---

17 「興天學校曙光」『東亞日報』 1923. 6. 11.;「興天學校 昇格—公立으로 指定」『每日申報』 1929.

구 갔는디 내가 어떻게 해서 떨어졌어. 그래서 야중에 그 저 강습소 생겼다구 오라구 그래서 갔어. 그 거기 가서 그냥 거기서 밴 거죠"라고 강습소에 다니게 된 경위를 설명한다. 계기성은 간이학교 2년을 졸업하고 나서 다음과 같은 경위로 강습소에 다니게 되었다고 말한다. "강습소에서 그 문맹퇴치 사업을 또 하면서 그 어려운 사람들은 큰 핵교(국민학교-인용자)를 못 가는 사람들은 공부를 더 할 수만 있으면 (강습소에-인용자) 오너라 그래서 거기를 간 거예요"라고 말하면서 교사들의 헌신적인 모습에 대해 몇 번이나 언급을 했다. 홍천강습소에서 가르쳤던 사람들은 교회의 조선인 전도사 부부와 마을 청년이었다. 그리고 평안남도 평양부의 김옥실(No.33)도 교회가 운영하는 야학에서 숭실학교 학생들에게 한글, 한자, 일본어, 산수를 배웠다. 경기도 광주군 구천면의 김종식(No.35)도 교회에서 열린 야학에 다녔는데 주간에는 이선생님이라는 사람에게 한글과 산수를, 야간에는 승려에게 한문을 배웠다.

셋째로 공립보통학교(1941년부터 '국민학교')와 면 등에서 운영하는 관주도의 강습회나 야학도 있었다. 이번 조사대상자들 중에는 학교의 여름방학과 일요일 등을 이용해 불취학 아동과 청년들을 학교로 오게 해서 일본어와 산수를 가르치는 학교 주최의 강습회나 야학에 다닌 사람이 있다. 전개분(No.51)은 1940~42년에 농한기인 밤이 되면 학교에서 여성만을 모아일본어와 산수 등을 가르쳐 줬다고 하고, 송정섭(No.56)은 1944년에 국민학교에서 여름방학 기간 중에 이루어진 강습회에 다녔다고 한다. 이 두 사람은 자발적으로 참가했다고 하는데 학교에 따라서는 마을 사람들에게 배우러 오도록 강하게 독려하는 곳도 있었다. 예를 들면 1932년 봄부터 같은 해 가을에 상경하기 전까지 전라북도 부안군 백산공립보통학교에서 개최한 일요강습회에 다녔다는 유재섭(No.60)은 자신은 좀 더 일본어를 잘하고싶어서 자발적으로 참가했지만, "선생들이 부락마다 핵교(일요강습회-인용자) 나오라고 잡으러두 댕겨. 안 시키면 잡으러 나와, 입학시키라구"라고

---

5. 10.; 황원준 장로 블로그 「홍천교회 백년사」 (https://blog.daum.net/hwj2129/〔최종열람: 2021. 8. 31.〕).

증언한다.

총독부는 1930년대 후반부터 보통학교(국민학교)를 중심으로 '국어강습회'를 개최하였고, 1940년대가 되면 마을(부락)단위의 강습회도 늘어 많은 부인국어강습회나 청년국어강습회 등이 운영되었다.[18] 위의 '야학의 종류와 형태'에서 이미 언급했듯이 이기월(No.37)이 결혼(1940년)하고 경성부로 온 후에 강요받았다던 일본어교육은 다름 아니라 관주도의 '국어강습회'였을 것으로 보인다. 조정상(No.23), 이복우(No.30), 김순홍(No.59)도 면(관)이 설치한 강습회나 야학에서 배웠다고 한다. 충청남도 서산군 팔봉면 덕송리 출신의 조정상은 팔봉국민학교에 입학하기 전 1년간 덕송리강습소에 다녔다. 교사는 야스하라(安原)선생님이라는 마을 청년(조선인)이었는데 교사 이름을 창씨개명 후의 이름으로 기억하고 있었다. 김순홍은 면(작업장)에서 실시하는 훈련기간 중 매일 밤 일본어를 가르쳐준 선생님은 일본에서 생활한 경험이 있는 고태진이라는 마을 청년이었다고 기억하고 있다. 이복우는 면에서 파견된 일본인 남녀 1명씩이 마을 공회당에서 열린 야학에 와서 가르쳐 줬다고 한다.

그 밖에 관제야학으로 보이기는 하지만 정확하지 않은 곳이 있다. 김다남(No.11)이 1940~41년에 다녔다는 야학에서는 학교 교사와 함께 반장이라고 불리는 마을 청년이 가르쳤다는 말에서 관제야학의 가능성이 높지만, 학교 교사와 마을 청년이 개인적으로 봉사한 일이었을 수도 있다. 또한 이용수(No.16)는 1941년에 대구의 한 강습소에 다녔는데 여기는 낮에도 밤에도 열려 있었고, 일본어와 산수(주산), 창가(군가), 라디오체조 등을 배웠다는 점에서 관제야학으로 생각할 수도 있으나 정확하지는 않다. 교사는 여러 명으로 그중에는 일본인 교사도 한 명 있었는데 얼굴색이 검어

---

18 「平澤婦人國語講習會」『每日新報』1941. 5. 21.;「貞陵里國語講習會」『每日新報』1941. 5. 30.;「女子 國語講習會, 桃花町第一區町會서」『每日新報』1941. 9. 23.;「國語常用에 烽火 平北 二千七百個所서 講習會」『每日新報』1942. 6. 15.;「一割餘가 未解得者 靑年 隊員 爲해 國語講習會 開催」『每日新報』1942. 6. 25.;「國語講習會 常設 兼二浦邑서 九個所」『每日新報』1943. 6. 3.;「國語의 普及 徹底 爲해, 來月 一日부터 各町 國語講習」『每日新報』1944. 10. 15. 등.

서 모두가 '구롬보센세이'(黑ん坊先生, 검둥이선생님)라고 불렀다고 한다. 그 선생님은 매우 친절하고 자신을 많이 귀여워해 줬다고 회상했다. 김구선(No.52)도 농한기에 학교에서 매년 개최된 야학에 다녔는데 교사는 마을 청년이었다고 하는 점에서 관제야학이지 않았을까 추측되지만 이것도 명확하지는 않다.

마지막으로 위에서 말한 유재섭(No.60)이 경성에 상경해서 다녔다는 영리목적의 야학에서는 30~40대 남성 2~3명(모두 조선인)이 가르쳤고 학생도 전원 남성으로 20대 정도의 청년들이 많았다고 한다. 당시 먹고 자면서 일하던 곳의 급료가 1원 50전이었는데 그 3분의 1에 해당되는 50전을 수업료로 매월 지불했다고 한다. 이 야학에서 배우고 난 후 미나카이(三中井)백화점(현재 밀리오레 명동)으로 이직해서 월 5원 50전을 받았다고 한다. 당시 일본어 능력을 익힌 조선인이 직업을 구하거나 혹은 새롭게 장사를 시작하기 위해 경성, 평양, 부산 등의 도시로 많이 이주했다. 그들은 진출한 일본기업의 사원으로, 큰 공장의 종업원으로 채용되었으며 그 수는 20만 명에 가까웠던[19] 점을 고려하면 마치 오늘날의 어학원이나 보습학원처럼 영리목적의 야학이 당시 도시부에는 존재했을 가능성도 배제할 수 없으며, 이번 조사에서 실제로 해당 사례를 확인할 수 있었다. 이것은 구술사를 사용한 이번 조사연구의 큰 성과라고 할 수 있다.

식민지기 대부분의 야학에서는 수업료를 징수하지 않았다. 설립자나 교사는 지방유지로 부유층이거나 농업 등 생업이 따로 있는 경우가 많았기 때문에 야학교사들은 무료로 봉사하는 경우가 많았다. 그러나 야학에 따라서는 쌀과 같은 곡물이나 생선 등을 감사한 마음을 담아 교사에게 건넸다는 사람도 있었다(No.1, 42, 43). 예를 들면 조을출(No.36)은 월사금은 없었지만 연말이 되면 감사의 마음을 표하기 위해 산에서 나무를 베어다 시장에서 판매한 돈으로 청어나 도래미를 2~30마리 사다가 선생님께 드렸다고 한다. 물론 금전으로 지불한 사람들도 있다. 서당 훈장이 열었던 야

---

19 林廣茂『幻の三中井百貨店—朝鮮を席卷した近江商人・百貨店主の興亡』晩聲社, 2004, p.170.

학에서 배운 이계숙(No.46)은 월사금을 냈다고 말했고, 부친이 서당 훈장이었던 김홍분(No.58)도 야학에 오는 아이들은 월사금을 냈다고 한다. 서당 훈장은 서당의 월사금이 주된 수입원이기 때문에 야학에서도 월사금을 징수했었던 것으로 보인다. 김홍분은 서당 훈장인 부친의 수입이 적어 꽤 가난했었다고 한다. 김정례(No.43)는 호롱불 석유값으로 월 15전을 냈고, 장옥산(No.4)과 정을순(No.39), 김분례(No.45) 등도 정확한 금액은 기억하지 못하지만 수업료를 낸 기억이 있다고 말한다. 그리고 평양의 한 교회에서 운영하는 야학에 다녔던 김옥실(No.33)은 숭실학교 학생들이 와서 무료로 가르쳐 줬는데, 수업료가 아니라 회비로 월 10전을 지불했다고 한다. 마찬가지로 교회가 운영한 주간과 야간(1년 내내) 야학에 모두 다닌 김종식(No.35)은 월 60전을 6개월 정도 냈는데 그 이후는 돈이 없어서 내지 못했다고 한다. 단 다른 곳에 비교하면 수업료가 꽤 높은 편인데—당시 공립보통학교의 수업료가 '한 달에 1원 이내'[20]였던 것에 비해도 높은 편으로 증언의 신빙성에 다소 의문은 남지만—이 야학의 교사는 야학교사를 생업으로 삼았던 것으로 보인다. 또한 야학에 다닌 후 학술강습소에도 다녔던 박광업(No.29)은 야학은 무료였고, 낮에 다닌 강습소는 금액은 기억나지 않지만 수업료를 냈다고 말한다.

　이번 조사에 따르면 농한기의 야간에 이루어진 야학이냐, 아니면 1년 내내 학교와 유사한 형태로 주간에 이루어진 학술강습소냐에 상관없이 각 설립자나 교사의 설립취지와 재정상황 등에 따라 유료 또는 무료가 결정되었던 것으로 보인다. 이번 조사에서 가장 큰 규모로 운영되었던 양정원의 경우 전원 무상으로 교육했고, 그로 인해 다른 지역에서도 아이들이 많이 다녔다. 한편 밤에 교사의 자택(사랑방)에서 15명 정도의 적은 인원을 모아 소규모로 가르쳤던 야학에서 월사금을 징수했던 곳도 있었다(No.39).

---

20 '보통학교규정'(1922년)의 제81조에 따르면 "공립보통학교에서는 도지사의 인가를 받아 1월 1원 이내의 수업료를 징수할 수 있다"고 되어 있다.

(4) 야학의 장소

야학이 이루어진 장소도 다양했다. 마을에서 비교적 부유하고 넓은 방이 있는 집이나 교사의 자택 등 개인의 주택에서 이루어진 곳(No.32, 36~37, 39, 41~42, 48, 50, 55~57)도 있는가 하면 공회당(회관)(No.11, 29~30, 32, 38, 40, 43~45, 53~54)이나 향사(제실)(No.17~22, 31), 서당(No.46, 58), 교회(No.33, 35) 등 기존의 공동시설을 이용하는 경우도 있었고, 새롭게 교사를 건축해서 교육한 경우(No.1~10, 12~16, 23~28, 34, 47, 49)도 적지 않았다. 비교적 적은 인원으로 운영되는 야학은 교사와 지역유지의 자택을 이용하는 경우가 많았고, 학교처럼 학년제와 학급제 등을 도입해 다소 큰 규모로 운영된 학술강습소는 별도로 교사를 준비하거나 새롭게 짓는 경우도 있었다.

개인의 주택에서 운영하는 경우는 주로 사랑방을 사용했다. 학생 수가 많은 곳은 마을에서 경제적으로 부유하고 방이 많은 집이 공간을 무상으로 제공하는 경우가 대부분이었다. 단 그중에는 비료로 쓸 소변을 모을 목적으로 무상으로 야학에 사용할 방을 제공해 준 곳(No.36)도 있었다. 최순단(No.42)이 다녔던 야학은 농한기가 되면 마을에서 커다란 방이 있는 집 2~3곳에서 방을 제공받아 남녀로 나뉘어서 야학이 열렸고, 여러 명의 교사(마을 청년)들이 각 방을 담당해 가르쳤다. 최성하(No.32)가 다닌 백석노동야학회는 처음에는 교사의 자택에 있는 사랑방과 대청마루를 사용해 가르쳤는데, 점차 학생이 늘어나서 공회당으로 옮겨 가르치게 되었다.

이처럼 학생 수가 많은 야학과 강습소는 마을의 공동시설인 공회당(회관)이나 제실을 이용해서 가르치는 곳이 많았지만 따로 교사를 짓는 곳도 적지 않았다. 경기도 진위군 현덕면의 경우 마을에 따라 강습소가 없는 곳도 있어 옆 마을의 강습소에 다닌 사람도 있었다. 현덕면 신왕리에 살았던 이태수(No.7)는 일곱 살 때 마을에 있었던 신왕리강습소(작은 초가집)에 1년 정도 다녔다. 그 후 보통학교에 입학했는데 그 강습소는 머지않아 폐소되어 남동생은 옆 마을에 새로 설치된 대안리강습소에 다녔다고 한다. 같은 신왕리에 살고 있었던 서찬석(No.8)도 대안리강습소에 다녔으며 당시 학교

와 강습소가 없는 인근의 5~6마을에서 아이들이 다녔다고 한다. 옆 마을
인 덕목리에 살았던 공은택(No.9)과 공재환(No.10)도 같은 마을에 강습소
가 없었기 때문에 각자 옆 마을인 대안리강습소와 황산리강습소에 다녔었
는데, 1942년에 드디어 자신들의 마을인 덕목리에도 강습소가 생겨서 그
곳으로 옮겼다고 말한다. 덕목리강습소는 마을 전체에서 자금을 모아서 지
어졌다.[21] 또한 현덕면에 인접한 오성면 금곡리의 이민금(No.26)도 금곡리
강습소에 다니기 시작해 반년 정도 지났을 즈음 이유는 모르지만 강습소가
없어져서 옆 마을의 대반리강습소에 다녔다고 한다.

그림 3-5 **명동서숙(중앙)과 척곡교회(우측)**

자료: 김영성 님 제공
주: 설립 당시의 명동서숙은 초가집이었다.

---

21 1933년 11월 29일자 『동아일보』에 따르면 같은 해 "진위군 현덕면 덕목리(振威郡 玄德
面 德睦里) 박성훈(朴成勳)씨는 올봄부터 근동에서 돈이 없어 학교에 가지 못하고 가로
에서 방황하는 남녀 四十여 명을 모아 자기 사촌 되는 서면 도두리 박성훈(西面 棹頭里
朴性勳)을 불러다가 자기 집 사랑채서 경비자담으로 가르쳐 오든바 자기 집 앞에다가 넉
넉지 못한 가새임에도 불구하고 금 八十여 원이나 드려 강습소를 설치하고 방금 교수중
이라 한다." 이 기사에서 적어도 1930년대 중반까지는 덕목리에도 강습소가 있었던 것
으로 보인다. 「無産兒講習所 사재를 들이어」 『東亞日報』 1933. 11. 29.

강습소의 설립주체로는 기독교나 불교 등의 종교계도 많았는데, 그 경우에는 별도로 교사를 지어서 가르치는 경우가 많았던 것으로 보인다. 예를 들면 경상북도 봉화군 법전면 척곡리의 김영성(No.1)은 조부가 1909년에 척곡(尺谷)교회를 설립할 때 교회 옆에 함께 지었던 '명동서숙'(《그림3-5》)에 2년간(1931~32년) 다녔다. 명동서숙은 기독교 신도 육성기관이 아니라 위치적으로 산간지역이라서 학교에 가지 못하는 아이들을 위한 교육기관으로서 건립되었다. 서숙에는 숙박할 수 있는 방(기숙사)도 마련되어 있어 먼 마을에서 다니는 여학생들이 주로 이용했다고 한다. 또한 이덕선(No.2)이 다닌 천곡(泉谷)강습소는 처음에는 천곡교회의 예배당을 사용했으나 1932년 5월에 강습소로 정식으로 인가를 받고 같은 해 8월에는 천곡학원 건축발기회를 조직해 지역유지와 조선여자기독교청년회연합회로부터 보조금을 받아 1933년 1월에 새로운 교사를 건립했다. 김소영(No.47)이 다닌 광명학원도 다솔사라는 사찰의 자금으로 새로운 교사를 지어 야학을 열었다.

(5) 교육내용 및 방법

일본어나 조선어, 산수, 한자와 같은 과목이 야학에서 가장 많이 가르친 과목인 것은 이미 선행연구에서도 밝혀진 바인데 이번 인터뷰조사에서도 같은 결과를 얻을 수 있었다. 기본적인 문해교육 이외에 노래나 그림그리기, 체조(제식훈련), 연극, 소풍, 운동회 등을 개최하는 곳도 있었다. 지역유지가 밤에 자택 등에서 열었던 야학에서는 일본어나 조선어, 산수 등의 문해교육만을 가르치는 경우가 많았으나 비교적 많은 인원을 대상으로 주간에 가르쳤던 학술강습소의 경우는 연극이나 소풍, 운동회 등의 연중행사도 열었으며, 연극을 하는 학예회가 있는 날이나 운동회를 개최하는 날에는 마을사람들이나 옆 마을에서도 보러 올 정도로 마을 전체의 행사처럼 여겨지기도 했다. 예를 들면 김소영(No.47)은 독립운동가이기도 한 승려가 설립한 광명학원에 다녔는데, 그곳에서는 일본어는 일체 가르치지 않았고 조선어와 산수, 서예 등을 가르쳤다고 한다. 광명학원에서는 기본적으로 조선어만을 사용했으며 노래도 조선 노래를 가르쳤다고 한다. 또한 마을사람들을 초대해 학예회를 열어 '자장가'라는 연극공연도 했는데, 이 연극 대본은 소설가인 교사 김동리(金東里, 김소영의 숙부)가 쓴 것으로서 어렸을 때 엄마를 잃은 소녀의 슬픈 이야기였다. 김소영은 인터뷰에서 당시 주인공을 맡았던 것을 몇 번이나 반복해서 자랑을 하며 야학에 다녀 가장 좋았던 점으로 연극을 뽑았다.

반면, 마찬가지로 가족의 슬픈 이야기를 그린 연극공연을 한 명월숙에서는 기본적으로 조선어 사용은 금지했고, 수업도 연극도 일본어로 이루어졌다. 오정숙(No.17)은 당시 연극에서 자신이 연기한 엄마역할의 대사 일부—"アンタ, 勉強よくやったから, いいもの買ってあげるよ(너 공부 잘했으니까 좋은 거 사줄게)"—를 지금도 정확하게 기억하고 있었다. 명월숙에서는 "조선말만 썼다하면 청소하고 유리 닦는 벌을 받"거나(No.17) "벌금으로 1전을 내야 했"다고(No.18) 한다. 그러나 오계아(No.18)는 "선생님은 그 벌금을 모아 학용품을 사다가 주니까 극빈자들도 다 학용품을 갖추게 되고 좋았다"고도 말하며 오용범 교사에 대한 두터운 신뢰와 존경을 표했다.

학술강습소의 경우는 학교와 같이 오전부터 오후에 걸쳐 수업이 있었으며, 1년 내내 이루어지는 곳이 많았다. 주로 농한기 야간에 열렸던 야학은 매일 밤 2~3시간 정도 수업을 하는 곳이 대부분이었다.

일본어보급정책이 본격화된 후부터는 학교만이 아니라 허가를 받아 운영해야 하는 학술강습소의 경우도 수업 중에 조선어 사용이 금지되었다. 이번 조사에서 경기도 진위군에 있었던 강습소(No.8, 10, 26)에서는 학생 한 명당 5장 혹은 10장의 작은 종이, 소위 '국어상용'(國語常用)카드가 배부되어 학생들끼리 조선어를 말하면 그 종이를 한 장씩 빼앗아 종이가 다 없어진 사람은 선생님한테 뺨을 맞거나 혼나거나 하는 방식으로 조선어 사용 금지가 강제되었다고 한다. 서찬석(No.8)과 공재환(No.10)은 그 종이를 일본어로 '밧킹'(罰金, 벌금)이라고 했는데, 이민금(No.26)이 다녔던 강습소에서는 처음에는 그 종이를 돈으로 구입했다고 한다. 그 때문인지 이민금은 조선어를 사용하는 친구를 발견하면 "いま朝鮮語使った？"(지금 조선말 했

지?)라고 하면서 친구한테서 그 종이를 빼앗아 필통에 꽉 찰 때까지 모았다고 말한다. 금전에 의한 구입은 길게 가지는 않았는데, 처음에는 조선어 금지를 의식하게 만들기 위해 돈까지 지불시켜 실시했던 것으로도 보인다. 구마타니(熊谷)도 1940년대에 들어오면 '국어전해 · 국어상용'(國語全解 · 國語常用)운동 강화에 따라 학교와 가정 등에서 조선어를 사용할 경우에 "'벌찰'(罰札), '국어상용정책'의 문패, '국어상용장'(國語常用章) 등 상벌 표상물 등을 이용한 조선총독부의 시책"[22]을 규명하고 있다(〈그림3-6〉을 참조).

그림 3-6 학교에서 학생들끼리 '국어상용' 카드를 서로 빼앗는 모습

자료: 서울교육박물관

그러나 허가를 받을 필요가 없는 야학에서는 일본어를 잘 모르는 학생들이 많아 일본어와 조선어를 섞어가면서 가르친 곳이 적지 않았다. 김다남(No.11)에 따르면 일본어를 몰라서 당시 선생님이 글씨를 쓰게 하면 문어나 조개 그림을 그리는 사람도 있었다는 소리를 듣고 많이 웃었던 일화도 소개했다. 이 일화에서 당시의 야학의 모습이 조금은 상상이 된다.

조선어 사용의 규제가 아직 너무 심하지는 않았던 1930년대 전반까지

---

22 熊谷明泰, 앞의 논문, pp.60-61.

는 조선어(한글)를 중심으로 가르치고 일본어는 가르치지 않았던 야학도 비교적 많았다(No.32, 34~35, 38~40). 그 이후에도 설립자(예를 들면 독립운동가)의 방침으로 일본어를 가르치지 않았던 곳도 있었지만 당시 그 취지가 학생들에게 강하게 영향을 미쳤다고는 볼 수 없는 사례도 있다. 보통학교 취학 전인 1938~39년에 광명학원에 다녔다는 김소영(No.47)은 부친이 독립운동가였고 광명학원을 설립한 승려인 최범술은 부친의 동지이기도 했기 때문에 이 학원에서는 일본어를 가르치지 않았다고 한다. 그러나 김소영은 일본어가 배우고 싶어서 학교에 다니는 오빠들한테 배우거나 오빠들의 교과서로 공부했다고 한다. 그녀는 왜 일본어를 배우고 싶었냐는 질문에 대해 다음과 같이 답한다.

> 광명학원에 다닐 때 일본어를 안 가르쳐 줬거든요. 저는 일본어에 호기심이 많으니까 또 주위에 일본 친구들이 일본말 하면 더 친구가 되니까 공부했어요. 그때 일본 친구들하고 있으니까 일본 친구들은 과자도 맛있는 거 많이 가지고 있으니까 이러니까 일본어를 배워가지고 쟤하고 친구해 가지고 가서 과자도 많이 얻어먹어야겠다. 부모님이 가게를 했던 도시코짱(年子ちゃん)이라는 일본인 친구하고 친해져 그 집에 가 가지고 과자도 많이 얻어먹었어요.

이렇게 말하면서도 한편으로는 독립운동을 했던 부친을 체포하러 경찰이 집에 오기도 해서 조선인에 대한 탄압도 느끼기는 했다고 말한다. 즉 설립자가 항일운동의 일환으로 의도적으로 가르치지 않았을지 모르는 일본어였지만, 7살이라는 어린아이에게 일본어는 그저 일본인 친구를 만들고 싶다는(혹은 과자를 먹고 싶은) 목적을 달성하기 위한 수단에 불과했던 것이다. 실제로 이번 조사대상자 중 많은 사람들에게 야학에서 글자를 배울 수 있다는 그 자체가 기쁘고 즐거운 일로서 그 배우는 글자가 일본어냐 조선어냐에 큰 의미를 두는 사람은 적었다. 언어 그 자체에 대한 반감보다는 위에서 언급했듯이 일본어 사용을 벌칙까지 부여하면서 강요했던 강압적인 교육방법에 반감을 가졌었다고 할 수 있겠다.

앞서 살펴보았듯이 중일전쟁 발발 이후 식민지에서도 황민화정책의 일
환으로 조선인에게 '국어전해·국어상용'을 강요하게 되면서 학교나 관공
서에서 조선어 사용금지가 시작되었다. 학교에서 조선어 사용이 발견되면
벌을 주던[23] 상황이 학술강습소나 야학에까지 영향을 미쳤고, 당시 강습소
에서 엄격한 조선어 사용금지를 경험한 사람들은 그 삼엄함에 대해서도 말
해 주었다. 경기도 강화군에 있었던 흥천학술강습소(1943년 설립)에 다닌
전동목(No.24)과 계기성(No.25)은 수업은 일본어로 가르쳤고, 쉬는 시간에
도 조선어로 말하면 선생님한테 맞았다고 한다. 특히 인터뷰 때 전동목이
"비참한 건 말이지 내 친구가 저 놈 저 조선말 했다고 이르는 거야"라고 탄
식하며 쓴 웃음을 짓던 얼굴이 지금도 생생하다.

조선어 사용금지가 전면적으로 실시된 1940년 이후에 설립된 양정원
(1940년 설립)과 명월숙(1942년 설립)은 모두 사설학술강습소로 인가를 받은
곳이기 때문에 강습소 내에서는 철저하게 일본어를 사용해 가르쳤고 황민
화교육을 실시했다. 그러나 두 강습소 출신자들의 증언에 따르면 겉으로는
일본어 중심의 교육을 했지만 감시의 눈을 피해 몰래 조선어교육이나 민족
교육도 했다고 한다(No.13~15, 17~22).

---

23 李炳喆「植民地支配下の朝鮮語」『長崎縣立大學國際社會學部研究紀要』第1號, 2016,
p.11.

그림 3-7 양정원 전경

자료: 윤윤기 교사의 가족 제공

우선 양정원은 교사를 건축할 때도 설립자인 윤윤기(尹允基)가 직접 설계도를 고안했는데 관의 감시를 빠르게 눈치 채서 곧바로 대처할 수 있는 구조로 교사를 건립했다. 〈그림3-7〉은 화가 이준배가 당시를 회상하면서 그린 양정원의 전경인데, 양정원 출신자들은 당시의 풍경과 거의 흡사하다고 말한다.[24] 100여 명이 마룻바닥에 함께 앉을 수 있는 큰 방을 세 개 만들어 그중 가운데 방은 원장과 직원들을 위한 교무실로 사용하고 남은 두 개는 교실로 사용했다.[25]

양정원은 교사가 교단에 서서 수업을 할 때 좌측에 나있는 창문을 내다보면 그 시선이 들판을 가로질러 멀리까지 내다볼 수 있도록 설계되었다. 보성읍에서 양정원으로 올 수 있는 유일한 흙길에 순사 차량이나 기마대가 나타나면 먼지가 일어 그것이 양정원에서도 잘 보이기 때문에 순사가 온 것을 재빠르게 알 수 있었다. 순사가 온 걸 발견한 사람은 양정원 건물에 설치되어 있었던 종을 울려 순사가 왔음을 강습소 전체에 알리도록 해

---

24 선경식 『민족의 참 교육자 학산 윤윤기』 한길사, 2007, p.139.
25 위의 책, p.134.

두었다. 수업 중에 순사가 나타나면 몰래 가르치고 있던 조선어와 조선에 관한 서적을 급히 자루에 넣어 천정에 감췄다. 그리고 양정원에서는 규정 외의 중등교육과정을 설치했었기 때문에 감찰관(시학관, 순사)이 오면 중등 교육과정의 학생들은 조용히 건물 뒷문을 통해 뒷산에 만들어 놓은 피난용 동굴로 숨었다. 또한 일본어를 가르치는 시간에는 한자의 독음을 일본어가 아니라 한글로 표기해서 간접적으로 조선어교육도 했다(No.14~15).[26]

양정원까지는 아니지만 명월숙 학생들도 교사가 딱 한번 민족교육을 한 일화를 소개했다. 오계아(No.18)는 인터뷰에서 "명월숙에서는 독립이 나 민족에 대해 가르친 적은 없었나요?"라고 묻자 "딱 한 번 있었다"고 대 답하면서 그때의 이야기를 자세히 들려주었다. 그 일화는 오계아의 자서전 에도 상세히 소개되어 있다. 어느 날 고달휴라는 학생이 "선생님의 책에는 역사(교과서-인용자)가 있는데 어째서 안 가르쳐 주십니까?"라고 질문하니 까 선생님이 다음과 같이 답했다고 한다. "거 참 좋은 질문이다. 그렇지 않 아도 내가 하고 싶은 이야기다. 이 책의 역사는 일본 놈의 역사이기 때문 에 애당초 그 시간도 넣지 않았다. 우리에게도 옛날에 조선이라는 나라가 있었고 왕도 있었다. 머릿속의 이 글씨(한글-인용자)를 이 나라를 왜놈한테 빼앗기면서 우리는 왜놈의 종이 되어버렸다"고 하면서 조선의 역사에 대해 이야기해 주었다고 한다. 오계아는 선생님의 이 말에 대해 당시 자신이 느 꼈던 생각을 자서전에 이렇게 적고 있다. "평상시 일본말을 열심히 가르치 며 '목숨을 바쳐 나라(일본-인용자)에 충성해야 한다'고 하시던 선생님의 갑 작스런 변화가 도저히 믿을 수 없었다"고 하며, 또한 선생님은 "이 말이 새 나가면 그날이 제삿날이 되니까 이 말 일절 하지 말라. 너네 마음으로 알 았다가 지금두 독립군들이 어디서 싸우고 있으니까 해방되면 그때는 우리 나라를 위해서 충성하라"고 말한 뒤 이후 선생님은 두 번 다시 이런 이야 기는 하지 않았다고 기술했다. 이 일화에서 식민지 통치하 유식자였던 오 용범 교사의 복잡하고 힘든 심경을 느낄 수 있다.

상술한 바와 같이 조선어 사용금지가 엄격해진 1930년대 말 이후 강

---

26 위의 책, pp.134-135, 148-149, 158-159.

습소에서는 일본어 중심의 교육이 이루어졌는데 지역에 따라서는 이 시기에도 야간에 사택이나 서당, 공회당 등에 야학을 열어 한글을 가르친 곳도 있었다.(No.9, 14~15, 29, 46, 49) 이런 점에서 야간에는 감시가 느슨했던 것으로 보인다.

일본어와 조선어, 산수 등과 같은 문해교육과 앞에서 말한 연극 외에 노래를 배운 곳도 많았다. 1930년대 초의 야학에서는 아직 조선어교육도 왕성했고 노래도 조선어 노래를 가르쳤다. 1931~33년에 소설가 김유정이 운영했던 금병의숙에 다녔던 강갑수(No.34)는 김유정 선생님이 "우리말이 없어질지 모르니까 배워야 한다"고 하며 조선어로 작사한 '산보가'와 '청년가' 등과 같은 노래를 가르쳐 줬다고 한다. 강갑수는 인터뷰 중에 선생님에게 배운 청년가를 불러주며 지금도 이 노래를 부르면 눈물이 난다고 말했다. 청년가 가사는 다음과 같다.

청년가(김유정 작사)

태평양을 주야로 흐르네

청년들아 청년들아

하나씩 둘씩 적수 상대하는

빈손 들고 상대할 사람은

너희밖에 없다

조선여자기독교청년회연합회에서 농촌계몽운동을 위해 파견된 최용신이 운영했던 천곡강습소에서도 최용신이 작사한 '강습소가'(講習所歌)를 가르쳤다. 그것은 다음의 가사에서 볼 수 있듯이 조선의 광복과 발전을 바라는 노래였다고 제자 이덕선(No.2)은 말한다.[27]

---

27 이덕선 「기억으로 그린 최용신 정물화」 최용신탄생기념 100주년기념 국제학술회의 논문집 『최용신 기억 속에서 아시아로 걸어나오다』 안산시, 2009, p.264.

반월성 황무지 골짜기로

따뜻한 햇볕은 찾아오네

우리의 강습소는 조선의 빛

우리의 강습소는 조선의 빛

오늘은 이 땅에 씨 뿌리고

내일은 이 땅에 향내 뻗쳐

우리의 강습소는 조선의 싹

우리의 강습소는 조선의 싹

황해의 깊은 물 다 마르고

백두산 철봉이 무너져도

우리의 강습소는 영원무궁

우리의 강습소는 영원무궁

그러나 1930년대 후반 이후의 야학과 학술강습소에서는 일본어를 중심으로 가르쳤고, 노래도 일본의 창가와 군가를 가르쳤다. 즉 중일전쟁의 장기화에 따라 전시체제가 계속되는 가운데 황민화교육을 위해 사립학교는 물론 서당과 강습소 등에 대한 통제도 강화되면서 이때부터 야학과 강습소에서도 일본어를 가르치는 곳이 늘어났다. 실제로 이번 조사에서도 1930년대 후반 이후의 야학과 강습소에서는 거의 일본어교육이 중점적으로 이루어졌다.

당시 배운 일본의 창가나 군가를 지금도 기억하는 사람도 적지 않았다. 예를 들면 명월숙의 오정숙(No.17)과 오계아(No.18)는 '구쯔가 나루'(靴が鳴る, 신발이 울린다)라는 동요를 율동과 함께 완벽하게 불렀다. 이용수

(No.16)는 '모모타로'(桃太郎)와 '사쿠라사쿠라'(さくらさくら)를 배웠고, 군가도 몇 개 배웠는데 당시는 그것이 군가인지도 몰랐고 그냥 노래니까 불렀다고 한다. 한 곡 부탁했더니 일본어로 다음과 같이 불러주었다. "何にも言えず靖國の宮の階 ひれ伏せば熱い涙がこみ上げる そうだ感謝のその氣持ち揃う揃う氣持ちが國護る"(아무 말도 못 하고 야스쿠니 신사의 섬돌 위에 엎드리면 뜨거운 눈물이 솟아오른다 그렇다 감사하는 마음 모이고 모인 그 마음이 나라를 지킨다)라는 노래였는데 나중에 찾아보니 이 노래는 1941년에 발표된 'そうだその意氣'(그렇다 그 기개)(작사: 西條八十, 작곡: 古賀政男)라는 군가였다. 또한 제주도의 작업장에서 받은 약 3개월간 군사훈련기간 중에 1주일 정도 이루어진 야학에서 일본어와 산수를 배운 김순홍(No.59)도 그때 잠깐 배웠던 노래를 놀라울 정도로 완벽하게 기억하고 있었다. "榮光輝く皇國の 我ら靑年名譽だ 內鮮一つの大空に 日本晴れの朝が來た"(영광 빛나는 황국의 우리 청년들 명예다 내선 하나의 큰 하늘에 청명한 아침이 왔다)라는 가사로 곡명과 발표연도는 명확하지 않지만 가사를 보면 황국신민화를 위한 노래로 보인다. 그 밖의 사람들도 노래는 배웠지만 가사를 잊어버린 경우가 많았는데, 하지만 대부분의 사람들이 '기미가요'(君が代, 일본국가)는 기억하고 있었다. 가사와 멜로디를 정확히 외우고 있는 사람도 적지 않았다. 이는 1930년대 후반 이후의 황민화교육이 야학이나 강습소에까지 깊숙이 침투해 철저하게 이루어졌음을 볼 수 있는 증거라고 할 수 있다.

황민화교육은 노래만이 아니라 군사교련을 통해서도 이루어졌다. 특히 1940년대에는 대부분의 학술강습소에서 군사교련이 이루어졌으며, 학교나 면 등이 운영하던 관제야학이나 강습소에서도 이루어졌다. 예를 들면, 여름방학 기간 중에 국민학교의 하기강습회에 다녔던 송정섭(No.56)은 "마에에 스스메"(前へ進め, 앞으로 가)라고 하면 모두 열을 맞춰 행진하는 훈련을 받았던 적이 있고, 수업이 시작되기 전에는 교사들과 함께 학교 뒷산에 있는 신사에 가서 참배도 했다고 한다. 박창례(No.53)도 야학이 이루어진 공회당의 앞마당에서 체조나 군사교련을 받았고, "텐노헤이카반자이"(天皇陛下萬歲, 천황폐하만세)라는 구호 제창도 많이 했다고 한다. 이 구호는

많은 조사대상자들이 기억하고 있었다.

그 밖에 비교적 큰 규모로 이루어진 야학과 강습소에서는 운동회와 소풍을 간 곳도 많았다. 운동회가 있는 날은 마을 사람들이 많이 보러 올 정도로 큰 행사였던 것으로 보인다. 이재현(No.5)이 다녔던 강습소는 몇 개의 인근 강습소와 함께 연합운동회를 열었는데 당시 그런 연합운동회를 개최하는 강습소가 꽤 있었던 것으로 보인다.[28] 그리고 경기도 진위군 현덕면의 대안리강습소에 다녔던 서찬석(No.8)과 공은택(No.9)에 따르면 이 강습회의 운동회는 현덕국민학교 운동회에 참가하는 형태로, 즉 합동운동회로 개최되어 경주와 줄다리기, 씨름 등의 시합을 하였고, 승리를 위해 평소 강습소에서 릴레이경주 연습도 했다고 한다. 김분례(No.45)는 야간에 이루어진 야학에 다녔지만 소풍은 별도로 날짜를 정해 도시락까지 준비해서 낮에 갔었다고 한다. 실제로 당시의 신문을 보면 강습소와 야학의 운동회와 소풍에 관한 기사가 많이 게재되어 있다.[29]

이번 조사에서는 이미 사용한 보통학교 교과서 등을 사용해서 교사가 칠판에 판서하면 학생들이 그것을 노트에 받아쓰면서 배우는 형태가 대부분이었다. 강습소의 경우는 책상과 의자가 없고 〈그림3-8〉과 같이 모두 바닥에 앉아 수업을 받는 경우가 많았다. 그리고 출석을 체크하는 곳도 있긴 했지만 많은 곳이 무상으로 가르쳤던 점도 있고 해서 학교와 같이 엄격하게 관리하지는 않았고, 결석해도 특별히 제약이 없는 곳도 많았다.

---

28 「京城市內各講習所聯合運動會」『東亞日報』1922. 10. 14.;「東萊郡龜浦面 金城, 普成兩 講習所聯合運動會」『東亞日報』1930. 11. 13.;「進明·東明講習所 聯合運動會」『東亞日報』1922. 11. 22.;「私設學術講習所聯合大運動會五日の端午節」『釜山日報』1935. 6. 4.;「咸州講 習所聯合運動會盛況」『東亞日報』1937. 7. 14.;「第1回全仁川學院 聯合運動會 盛況 2萬 의 觀衆이 殺到」『每日新報』1939. 10. 10.;「松岳, 培養, 龍興 세 講習所 聯合運動會」 『每日新報』1941. 10. 10. 등.

29 「海亭講習所 秋季運動會盛況」『東亞日報』1937. 10. 8.;「金泉金陵學院 秋期運動會盛況」 『東亞日報』1939. 10. 25.;「成川普成講習所生遠足」『東亞日報』1923. 5. 21.;「安岳夜 學生遠足」『中外日報』1928. 10. 26.;「昌成學院學生 遠足, 黃州 正方山으로」『東亞日報』 1933. 4. 26.;「永安女子夜學創立記念野遊會」『東亞日報』1937. 7. 28. 등.

그림 3-8 강습회에서 무산아동들이 '숫자'를 배우는 광경
(『東亞日報』 1933. 7. 27)

　많은 조사대상자들은 위와 같은 일본어 중심의 교육과 황민화교육에 대해 당시 특별히 강한 반감을 갖지는 않았고, 오히려 불취학자로서 학교교육과 새로운 문화를 야학이나 강습소에서 조금이나마 경험할 수 있다는 것 자체에 만족했던 것으로 보인다. 야학에서 학습한 내용이나 기억에 남는 것을 묻는 질문에 80년 전으로 돌아간 듯 즐겁고 천진난만한 표정으로 당시에 배웠던 일본어와 일본노래를 들려주는 사람들이 많았다. 즉 기존의 한문 중심의 전통적인 서당교육과는 다른 근대적인 교육내용과 다양한 문화행사(운동회와 학예회, 연극, 소풍 등)를 제공했던 야학은 여러 이유로 학교에 가지 못해 학교교육이나 새로운 문화를 동경하던 이들에게 오아시스와 같은 존재였다. 야학을 경험했던 많은 사람들에게 있어 야학이란 그 설립목적 및 교육내용이 갖는 어떤 사상적·정치적 의도보다는 우선은 각자의 생활에 필요한 글자나 산수 등을 배울 수 있고, 친구나 마을사람들과 함께 새로운 문화를 즐길 수 있는 곳이었다.

(6) 만족도와 효과

이번 조사에서는 '야학에 다녀서 무엇이 제일 좋았는가'라는 질문을 했었는데 글자나 숫자를 배우고 새로운 것을 익힐 수 있었다는 점에 만족한 사람이 많았다. '글자를 배울 수 있어서, 매번 새로운 것을 배울 수 있어서'(No.18, 36, 42~43, 49, 56), '서당과 달리 다양한 과목을 배울 수 있어서'(No.2, 31) 등으로 답했다. 학교에 다닐 수 없는 상황에서 문자와 숫자 등을 배울 기회를 얻을 수 있었던 것 자체가 기뻤던 것 같다. 예를 들면 위의 수학동기에서도 말했지만 송정섭(No.56)은 인터뷰 중에 "마을에 나랑 동갑인 여자애가 둘이 있었는데 그 둘은 학교에 다녔는데 나만 학교에 못 갔어"라는 말을 한탄스럽다는 듯이 몇 번이나 되풀이했다. 이것은 당시 친한 또래 중에 자신만 학교에 다니지 못했다는 속상함을 드러낸 것이고, 친구들이 학교에서 배운 일본어나 산수 등을 야학에서 조금이나마 배울 수 있었던 것이 기쁘고 만족할 만한 점이었다고 평가한다. 즉 시대적 상황은 인정하면서도 학교에 보내주지 않아 속상했고, 학교에 다니는 친구들에 대한 부러움이 컸던 감정이 인터뷰 중에 묻어나온 것이다. 특히 여성들의 경우는 가정형편이 좋았음에도 여성이라는 이유로 학교에 보내주지 않아 다니지 못했던 사람이 많았기 때문에 그러한 감정이 남성보다 훨씬 많이 드러났다.

그리고 보통학교와 중학교에 들어가기 전에(No.1, 2, 5, 12~13, 20~23, 31, 44, 47, 57), 또는 학교에 다니면서(No.30, 34) 야학에서 배운 것이 학교 공부에 도움이 됐을 뿐 아니라 야학의 교수법이 학교의 교수법보다 더 재밌고 좋았다고도 말한다(No.20~22).

한편 '친구와 놀 수 있어서, 즐거운 놀이를 할 수 있어서'(No.3, 23, 34, 37, 39, 45~46, 51~53), '연극에서 주인공을 맡아 큰 박수를 받아서'(No.2, 17, 47) 등이 좋았다고 답한 사람도 많았고, 교과교육, 즉 '공부'보다는 '놀이' 등의 '주변문화'적인 면을 좋았던 점으로 꼽는 사람이 많았다. 이기월(No.37)은 "애들 적이니까 거기(야학-인용자) 다 모여서 노는 재미로 매일 더 가지. 저 동네 앞에 숲이 있어. 거기 나가서 노래 막 부르고 했어"라고 하고, 강갑수(No.34)도 야학에 다녔을 때에 "놀러 나가는 게 젤 재미있지. 개울에서 목욕도 하고 가재도 많고 고기도 많고"라고 말한다. 이재현(No.5)과 공재환(No.10)도 소풍날은 조금 특별한 도시락을 만들어 주니까 가장 기억에 남는다고 말한다.

연극에서 주인공을 연기한 것을 가장 즐거운 기억으로 든 김소영 이외에도 제주도 명월숙의 오정숙(No.17), 오계아(No.18), 오용수(No.20) 3명도 연극에 참여한 것을 모두 즐겁게 이야기했다. 이덕선(No.2)도 서당에서 배우는 한문과는 달리 산수나 노래, 체조, 동화 등의 신교육을 받는 즐거움만이 아니라 크리스마스 때 연극에서 박수갈채를 받고 과자도 받아 감격했던 일과 운동회에서 상품을 받았던 일, 새로운 교사를 지을 때 다 함께 나무를 날랐던 것 등을 야학에서의 좋은 추억으로 들고 있다.[30]

야학은 주로 밤에 이루어지기 때문에 쉬는 시간에는 주로 담소를 나누는 정도지만, 주간에 운영되는 학술강습소의 경우는 남자아이들은 자치기나 재기차기, 씨름, 나무타기 등을, 여자아이들은 고무줄놀이나 공기놀이 등을 하며 놀기도 했다. 조정상(No.23)은 강습소에서 가장 좋았던 기억으로는 "공부보다는 친구들과 씨름이나 나무타고 올라가기, 자치기 같은 거 하면서 놀던 거밖에 기억 안 나요"라고 말한다.

또한 많은 조사대상자들이 야학에서 배운 노래를 지금까지 기억하고 있고 즐겁게 불러준 일도 주목할 만한 점이다. 상술한 바와 같이 '구쯔가 나루'나 '모모타로', '사쿠라사쿠라' 등의 일본 창가만이 아니라 군가를 배운 사람도 많았고, '기미가요'를 배운 것은 대부분의 사람들이 기억하고 있었다. 전개분(No.51)은 농한기 매일 밤 보통학교에서 열린 여자야학회에 다니는 재미 중 하나로 수업이 끝난 후에 보여주는 영화를 들었다. "가츠도 샤신(活動寫眞, 활동사진-인용자)이라고 카지 왜, 저 시방 영화 나오는 거. 저 벼름빡 뒤에서 포장이라 해 놓으면 뭐 거기서 다 나오잖아. 말 타구 군인 나가구 이런 거. 그거 보러 가지 뭐. 가츠도 샤신에서 나오는 노래(군가-인용자)를 다 같이 부르고 막 떠들고 그런 기 좋아서 가지"라고 야학회

---

30 이덕선, 앞의 책, p.265.

에 다닌 이유를 회상한다. 이복우(No.30)도 야학에서 배운 것 중에 가장 기억에 남는 것은 군가라고 말한다.

이상과 같이 야학은 불취학자들에게 글자나 숫자 등의 생활에 필요한 새로운 지식을 얻는 장임과 동시에 다양한 놀이와 소풍, 운동회, 노래와 연극 등과 같은 표현활동이나 체험활동 등을 통해 친구나 선생님들과 교류하고 새로운 문화체험을 하는 장이기도 했다.

이소다 가즈오(磯田一雄)는 일본통치기 대만에 설치되었던 공학교(公學校, 조선의 보통학교)가 당시의 아이들에게는 마치 "해리 포터의 마법학교와 같이" "그야말로 마술로 꽉 찬 공간이었다"고 분석한 쉬페이셴(許佩賢)의 연구[31]를 소개하면서 근대 학교는 전통적인 교육기관인 서방(書房, 한국의 서당)과 달리 넓은 운동장과 체육관, 밝은 교실과 복도, 거기에 놀이기구 등을 겸비한 '밝고 개방적인 공간'으로 이루어져 있고, 체조나 창가, 회화, 신기한 이과실험, 환등기나 영화, 그리고 학예회와 운동회, 소풍 등의 다양한 행사활동도 이루어지는 곳이었다. "아이들 입장에서 보면 놀이와 하나가 된 것으로 보이"는 공간이었다고 말한다. 즉 학교의 근대적인 교육설비와 교육내용, 다양한 행사활동 등이 아이들을 학교에 오게 하는 요소로 작용했다는 것이다. 바꿔 말하면 전통적인 교육을 실시하는 "서방은 놀 수 없지만 학교는 공부만이 아니라 놀게 해주는 곳이었다"는 것이다. 그리고 이것을 '(학교화된) 주변문화'라고 하며 "이 주변문화는 아동에게 자주 '공부=학습'과 상반되는 '활동=놀이'로 받아들여졌다"고 분석한다. 단 "그 낙원(학교—인용자)은 입구는 아름답지만 그 안에는 이중 삼중의 미로를 마련해 놨다. 향학심에 불타오르는 대만인은 이 미로 속에서 때로는 좌절감을 맛보고, 또 자주 아이덴티티의 위기를 체험하게 되었다"[32]는 쉬페이셴의 지적에도 주목할 필요가 있다면서 식민지기 대만의 중등학교의 주변문화로서 단가(短歌) 습득을 사례로 들어 그 단가가 대만 아이들에게 어떻게 받아들

---

31 許佩賢「植民地臺灣の近代學校―その實像と虛像―」『アジア遊學』No.48, 2003, pp.39-45.

32 위의 책, p.45.

여겼는지를 검토하고 있다.[33] 이소다가 지적하는 소위 '(학교화된) 주변문화'
는 식민지기 조선에서 수많은 불취학자들을 위해 관 또는 민에 의해 운영
된 야학과 강습소 등과 같은 사회교육에도 적용될 수 있는 것으로 상술한
많은 불취학자들이 야학과 강습소에 매력을 느껴 꾸준히 다니게 된 것에는
학교와 마찬가지로 '공부'만이 아니라 '주변문화'도 중요한 요소로서 작용
했을 것으로 보인다.

　마지막으로 당시 갖고 있던 장래 꿈이나 야학 졸업 후의 진로에 대해
묻자 영문학자, 열차 기관사, 가수 등이라고 답한 소수의 남성(No.2, 8, 10)
이외의 대부분의 사람들은 "그 시대에 꿈 같은 거 알기나 하나", "그런 거
생각해 본 적도 없어"라고 답했다. 학교에 갈 수 없는 것은 물론이고 생활
그 자체가 어려웠던 시대였기 때문에 장래 일까지 생각할 여유조차 없었다
고 이구동성으로 말했다. 일부 학교에 진학한 사람이 있는 정도로 대부분
은 야학에 다니기 전과 별로 달라지지 않은 생활을 그 이후에도 보냈다.

(7) 가족과 주변의 반응

　제주도에서 나고 자란 오계아(No.18)는 자서전에서 식민지기 부모들의
교육에 대한 태도를 다음과 같이 기술하고 있다.

> 1930년대 나의 고향(명월)엔 학교 가는 아이가 드물었다. 잘 산다는
> 집에서도 학교를 보내지 않았다. 학교에 보내면 왜놈의 글을 배운다고
> 옹고집을 부렸다. (중략) 계집애들은 길삼과 바느질, 뜨개질을 배웠고
> 부모가 하는 일을 돕는 것이 그 시대 그 지역의 풍습이었다.[34]

　이런 부모들에 대해 "유지 및 청년들은 문맹퇴치 운동으로 남녀 아동
평등교육의 장을 여"는 노력을 거듭했고, 그 중심에는 명월숙 교사인 오용

33　磯田一雄「日本統治期臺灣中等學校における周邊文化としての短歌」『日本統治下臺灣・
　　朝鮮の學校教育と周邊文化の研究』(平成23年度～平成25年度科學研究費補助金・基盤研
　　究(B) 研究成果報告書(研究代表者: 佐藤由美)), 2014, pp.107-108.

34　오계아『명월리 팽나무처럼』도서출판 세림, 2006, p.161.

범이 있었다고 한다. 오용범 교사는 가가호호 방문하면서 부모들을 설득했고 열심히 아이들을 가르친 결과 교육성과가 나오게 되자 "처음에 (명월숙—인용자) 못 들어간 아이들은 부러워서 부모를 원망하고, 어느새 부모들도 스스로 뉘우치면서 새 학기를 기다렸다"고 적고 있다.[35]

또한 광명학원의 김소영(No.47)에 따르면 야학에서 학예회를 열어 연극을 해도 처음에는 야학 아이들 이외에는 누구도 오지 않았는데, 재미있다는 소문이 퍼지자 마을 주민들만이 아니라 이웃 마을에서도 보러 오고 또 이웃 마을로 공연을 하러 가기도 했다고 한다.

이번 조사는 1930~40년대의 야학을 경험한 사람들이 조사대상이기 때문에 근대 학교교육에 대한 거부감은 그 이전보다는 약화되었다고 할 수 있다. 따라서 남자가 학교나 야학에 다니는 것을 반대하는 일은 거의 없었고, 오히려 적극적으로 보내려고 했다. 반면 여자가 교육을 받는 것에 대해서는 여전히 반대하는 가족도 많았고, 가정형편이 부유해도 딸은 학교에 보내지 않는 경우가 많았다. 그러나 야학에 관해서는 학교만큼은 아니지만 반대한 가족이 없지는 않았으나 전체적으로 가족과 주변의 강한 반대는 적은 편이었다.

(8) 일본이나 일본에 대한 인상과 생각

식민지기 조선의 도시지역 이외의 지역에는 경찰 지서장이나 주재소의 순사, 학교장 및 교원으로 근무하는 일본인과 그 가족들이 살고 있는 정도로 일본인이 별로 없었고, 평소 일본인과의 접촉이 거의 없었다고 한다. 이번 조사에서도 대부분의 사람들이 일상생활에서 일본인과 접촉하는 일은 적었을 뿐만 아니라 아직 어렸을 때라서 일본인에 대해 딱히 특별한 인상이나 생각을 갖고 있던 사람은 적었다. 부모나 주변 어른들이 각자 생계를 꾸려가기 위해 고생하는 가운데 식량이나 노동력 등의 공출을 강요받은 것에 대해 공통적으로 불만을 표하기는 했지만 평상시에 독립이나 반일운동 등의 이야기는 거의 들은 적이 없었다고 말한다.

---

35 위의 책, pp.161-162.

한편 물자공출(物資供出)[36]과 정기적인 청결검사,[37] 자가조주(自家造酒) 금지에 대한 단속 등으로 집집마다 방문하는 관공서 사람들(대체로 조선인) 은 무서웠다고 입을 모은다.[38] 식량을 감추지는 않았는지 집안 구석구석까 지 조사를 당하고 집이 청결하지 못하다고 화를 내거나 혼난 일도 공통으 로 나온 증언이었다. 또한 조사대상자들의 대부분은 당시 아이였기 때문에 직접 무언가 피해를 입은 것은 아니지만 조선인들의 복장(한복)이나 두발 과는 크게 다른 모습, 즉 양복(제복)을 입고 모자를 쓰고 칼을 찬 순사의 모 습이 아이들의 눈에는 보는 것만으로도 무서운 존재로 비친 것 같다.[39] 특

---

36 식민지 말기 전쟁 체제하에서 증산과 절약, 물자공출, 노동력의 징발 등이 대대적으로 이루어졌다. 1941년부터 1944년까지 다양한 문학작품을 게재한 『춘추』(春秋)라는 월간 종합잡지에 소개된 생산소설에 주목하여 강요받은 국책과 그로 인해 피폐해져 가는 농 민의 생활을 분석한 서영인의 논문에도 식량과 가마니 등을 공출한 소설들이 등장한다. 서영인 「일제말기 생산소설 연구—강요된 국책과 생활현장의 리얼리티」 『비평문학』 제41 호, 2001, pp.145-176.

37 조선총독부는 식민통치 초기부터 위생경찰제도를 도입해 그 업무의 하나로 매년 봄과 가을에 각 가정을 순회하면서 청결검사를 했다. 각 가구별 청결검사는 1940년대까지 계 속되었으며, 당시의 신문과 이번 인터뷰조사에서도 많은 증언이 나왔다. 정근식 「식민지 위생경찰의 형성과 변화, 그리고 유산: 식민지통치성의 시각에서」 한국사회사학회 『사회 와 역사』 제90집, 2011, pp.221-270.

38 히구치(樋口)의 연구에 따르면 식민지 말기 양곡 공출은 다음과 같은 방법으로 이루어졌 다. "정신대라는 군 조직과 비슷한 공출조직을 만들어 공출을 시켰는데 각 가정을 돌면 서 공출하게 한 것은 면의 임원이나 공출 독려원이었고, 특히 경찰관이 입회해서 실시되 었다. 농민들도 가능한 식량 확보 차원에서 쌀을 숨겨 놓았으나 대부분은 발견되어 처벌 되었다. 이러한 방법으로 매년 이루어졌고 한층 엄격한 강제공출이 실시되어 많은 문제 를 일으켰다." 樋口雄一 「戰時末期朝鮮邑面の機能と朝鮮人民衆との乖離について」 松田利 彦・陳姃湲編 『地域社會から見る帝國日本と植民地―朝鮮・臺灣・滿洲―』 思文閣出版, 2013, p.813.

39 식민지 초기 소위 '무단정치기'에는 학교교원들에게까지 제복과 대검(帶劍, 칼 착용)을 의무화했는데, 3·1운동 이후의 '문화정치'에 따라 폐지되었다. 같은 시기에 일본(내지) 의 『시사신보』(時事新報)에도 이러한 무단정치기의 조선교육의 폐해에 대해 비판하는 다 음과 같은 기사가 게재되어 있다.

교육령의 오용(教育令의 誤用)
조선정치의 또 다른 결점은 '교육에 관한 칙어의 취지에 입각해 충량한 국민을 육성' 한다는 조선교육령의 실제 운용을 잘못하고 있는 일로서 한 조선 명사의 이야기에 따 르면 조선과 내지의 보통학교(소학교) 교원은 대체로 군인출신으로 그들은 모두 긴 군

히 긴 칼(軍刀)이 가장 위압적인 것으로 당시의 일본인에 대한 인상이나 생각을 물으면 대부분의 조사대상자들이 순사의 '긴 칼'을 언급하면서 무서웠다고 말한다. 예를 들면 이복우(No.30)는 "일본 순사를 보고 너무 무서워서 두 번이나 오줌을 싸서 엄마한테 혼난 적이 있지"라고 말하고, 양정원의 김순임(No.14)과 오연숙(No.15)도 "부모님한테 혼날 때 '순사부장 온다'고 하면 무서웠어", "순사가 온다구 하면 다 놀래여", "복장 자체가 칼 차고 막 그렇께 무서웠어" 등으로 당시의 일을 회상했다.

반면 친구나 이웃 등 개인적인 차원에서 일본인과의 교류가 있는 경우 그 관계는 좋았고 나쁜 인상을 갖고 있던 사람도 적었다. 상술한 바와 같이 일본어를 가르치지 않았던 광명학원에 다녔던 김소영(No.47)에게는 동네에서 친하게 지냈던 토시짱이라는 일본인 친구가 있었고, 독립운동가였던 부친도 일본인 친구와 노는 것에 대해서는 전혀 상관하지 않았다고 한다.

제주도의 오계아(No.18)도 병상의 부친 대신에 노동력 공출로 군부 일에 나갔는데 당시 "명월숙에서 조금 배웠는데도 일본말을 아니까 일본 군인들이 어린이선생이라구 하면서 막 좋아허여. 나슨디(나한테-인용자) 말 배울려구. 어리니까 일본말까지 안다고 해서 막 사랑해 줬지"라고 했다. 김다남(No.11)은 자택이 주재소 바로 뒤편에 있었기 때문에 주재소의 일본인 자녀들과도 친하게 지냈고, 그 집에서 같이 목욕도 했다고 한다. 전개분(No.51)도 시내에서 장사를 하던 일본인들은 친절하고 착했다고 말한다.

도(軍刀)를 허리에 차고 교육현장에 임한다는 것이다. 칼을 차는 것은 교원의 위엄을 유지하는 수단일지 모르겠으나 이것은 어쩌면 세계교육 어느 곳에서도 볼 수 없는 현상일 것이다. 현재 조선에 사는 외국인들은 이러한 현상을 보고 심히 씁쓸하게 생각하거나 또는 당국의 정책이 천박하다고 비웃고 있다고 한다. 그리고 교원들은 학생들을 향해 입버릇처럼 '너희들은 폐하께 충량하고 폐하의 은혜를 잊지 말라, 그렇지 않으면 이 칼로 베겠다'고 위협할 뿐만 아니라 만약 그때 조금이라도 곁눈질을 하는 자가 있거나 또는 잡담을 하는 자가 있으면 곧바로 칼로 심하게 후려치는 일도 자주 일어나고 있다고 한다. 동시에 너무나 끈질기게 충군이 될 것을 설파하기 때문에 학생들 귀에 딱지가 생길 정도라서 오히려 싫증을 불러일으키는 결과를 낳고 있다고 말하는 사람도 있다. 이렇게 해서는 모처럼 충군론을 설파하는 데 그 방법을 사용하지 않을 수 없기 때문에 역으로 불충한 사람을 기르는 폐해에 빠지지 않을 수 없다. (「朝鮮統治の現狀―(三) サーベル敎育の弊 排日思想を養成す―」『時事新報』1919. 6. 12.)

이상과 같이 심한 공출요구와 관리 · 감독도 있어 일반적으로는 일본과 일본인에 대해 무서움을 느낀 사람이 많았고 또한 일본인들에게 무시 혹은 차별당한 면은 있었지만 개인적인 차원의 교류에서는 일본인에 대한 반감이나 적대심 없이 원만한 관계를 형성했던 것을 알 수 있다. 그리고 이번 조사대상자들이 살았던 대부분의 지역에는 당시 일본인이 거의 없었고, 보통학교 교장이나 주재소의 순사로 부임한 극소수의 일본인이 있는 정도였기 때문에 일본인과 직접적으로 접촉하거나 교류한 사람은 매우 적었다.

사설학술강습소에서의
불취학 아동의 배움

1   입학난 문제로 인한 사설학술강습소에 대한 기대와 우려

앞 절에서는 주로 야간에 개인의 자택이나 공회당 등에서 열린 야학 (No.30~58)의 종류와 형태를 중심으로 검토했는데 본 절에서는 학년 및 학급제도를 도입하고 별도의 교사가 마련되어 비교적 학교교육과 비슷한 형태로 이루어진 학술강습소(No.1~28)에 대해 검토하겠다.

야학과 강습소 구분에 대해서는 이미 제2장에서 언급했듯이 기존의 선행연구에서는 야학과 강습소는 거의 동의어로 이해되어 그 총칭으로 '야학' 이 사용되어 왔다. 1913년에 공포된 '사설학술강습회에 관한 건'을 근거로 '도 장관의 인가'를 받은 학술강습소는 야학과 구분되어야 한다고 주장하는 연구도 있으나 실제로 당시의 사료를 보면 인가의 유무에 관계없이 학술강습소라는 명칭을 사용했음을 알 수 있다. 이번에 1930~40년대의 야학경험자에게 실시한 인터뷰조사에서도 주간에 이루어진 강습소에서 배웠음에도 불구하고 야학과 강습소의 용어를 구별하지 않고 혼용해서 사용하는 사람도 적지 않았다. 그 이유로는 강습소가 주간에는 불취학 아동을 대상으로 교육을 하고 야간에는 부인과 농민 등의 성인대상으로도 교육을 실시하기도 했기 때문이라고 생각된다. 예를 들면 이용수(No.16)는 "강습소는 낮에도 가고 밤에도 가고, 가고 싶은 대로 갔어요"라고 했고, 이덕선(No.2)이 다닌 천곡학술강습소는 주간에는 아이들을 가르치고, 야간에는 부인야학 등을 열었다. 공은택(No.9)이 다닌 강습소도 주간 수업에서는 금지된 조선어(한글)를 야간에 가르쳤고, 조정상(No.23)이 다닌 강습소도 "밤에는 나이 많은 사람들 가르치는 야학을 열었다." 당시의 신문에도 밤낮 모두 열린 강습소[40]가 소개되었고, 야간에 이루어진 '야학강습소'[41]도 있었던 것을 확

---

40 「普新學院에서 農民夜學開始」『東亞日報』1935. 12. 4.;「兼二浦昌成學院, 婦人夜學好績」『東亞日報』1936. 4. 5.;「大成講習所 晝夜學兼行 文盲退治에 努力」『每日申報』1937. 11. 2.;「光島學院에 婦人夜學開設」『東亞日報』1940. 5. 22. 등.

41 「江界夜學講習所 幼稚園舍 빌어 開校, 지난 二日부터 始業」『東亞日報』1932. 7. 6.;「無産兒童 爲하야 夜學講習所設立, 江景堤內里 尹貞默氏 篤志」『每日申報』1933. 2. 11.;「金學胤氏의 特志, 사랑방을 夜學講習所로 提供」『東亞日報』1934. 1. 28.;「靈山夜講習會

인할 수 있다.

　이번 조사에서 학술강습소에 다닌 사람들은 당시(1931~45년) 그 대부분이 취학 전 또는 학령기였기 때문에 주간에 열리는 강습소에 다녔다. 강습소는 전국적으로 주로 마을이나 가까운 곳에 학교가 없어 불취학 아동이 많은 마을에 지역의 유지들에 의해 설치·운영되었고, 간단한 일본어와 조선어, 산술 등의 문해교육과 함께 소풍이나 운동회, 학예회(연극) 등의 행사도 실시하는 등 학교와 유사한 형태를 취했다.

　제1장과 제2장에서 언급했듯이 3·1운동 이후 시작된 조선의 입학난은 총독부의 소극적인 학교증설정책으로 인해 큰 개선은 이루어지지 않았고 점점 악화되어 갔다. 오히려 총독부는 1934년에 간이학교[42]라는 2년제 초등교육기관을 도입해 입학난에 대응하고자 했으며, 한편으로는 서당과 사설학술강습소와 같은 사설교육기관을 '불온한 온상'으로 여겨[43] 단속을 강화해 갔다. 즉 오랜 역사를 지닌 강습소가 인가가 없다는 이유로 폐쇄당하거나[44] 입학난 해결의 한 방법으로 여긴 조선민중들에 의한 인가신청이 늘어남에도 불구하고 좀처럼 인가를 내주지 않는 경우도 있었다.[45] 그로 인

の再建を希ふ―過去の歴史を活かせ」『釜山日報』 1938. 4. 13. 등.

42　이번 조사에 응한 사람 중에는 간이학교 출신자가 8명이나 되는데, 야학과 강습소 경험자가 아니라서 검토대상에서는 제외했다. 조사대상자를 발굴할 때 정규 학교가 아닌 곳에서 학습경험이 있는 사람을 찾았는데, 이 8명은 간이학교를 정식 학교로 생각하지 않았기 때문에 조사에 응했던 것이다.

43　「不穩思想 彈壓策으로 農組와 講習所 團束, 不穩指導者와 敎員을 淘汰, 경찰부장회에서」『東亞日報』 1933. 4. 23.；「夜學講習所 襲擊 先生, 生徒 等 檢擧, 原因은 某種 不穩唱歌 嫌疑인 듯 事件은 더욱 擴大」『朝鮮中央日報』 1936. 3. 30.；「不穩한 溫床「取扱」받는 書堂, 講習所에 喜報―規則改正 當局이 徹底히 援助」『每日新報』 1939. 11. 8.

44　「十年 歷史 갖인 均興學院 閉鎖, 認可가 없다는 것을 구실로 六十生徒 路彷徨」『東亞日報』 1934. 4. 24.；「十六年歷史 가진 啓明講習所 悲運, 經營難에 認可問題로 또 困難, 認可 업스면 斷然閉鎖」『朝鮮中央日報』 1935. 9. 16. 등.

45　「認可問題로 講習所閉鎖」『朝鮮中央日報』 1936. 2. 10.；「初等敎育의 助役, 許可 없는 書堂 講習所 嚴重取締方 方針 設備 잇스면 存續認可 얻도록 不穩 덴 閉鎖命令―全朝鮮 四~五百個所 不適한 건 斷然廢門 警務當局의 談」『東亞日報』 1937. 12. 11.；「講習所 不認可로 今年에도 大難關」『東亞日報』 1938. 3. 23.；「文盲啓導의 先鋒隊 講習所 認可 慫慂 永興郡內만 五十個所의 多數」『東亞日報』 1938. 6. 21. 등.

해 1930년대 중반부터는 학교의 대체시설로서 학술강습소 인가와 학교 2
부제 설치를 요구하는 목소리도 높아졌다.[46]

다음의 〈표3-6〉은 이번 조사대상자가 다녔던 강습소 중 명칭과 설립
년도, 설립자, 교육내용 및 교육방법 등이 비교적 명확한 강습소를 정리한
것이다. 설립자와 교사에 대한 상세한 내용에 대해서는 제5장에서 검토하
기로 하고 여기에서는 설립경위와 운영실태에 대해 고찰하고자 한다.

표 3-6 조사대상자가 다닌 사설학술강습소 일람

강습소	설립년도	설립자	교사 수	학생 수	조사대상자
명동서숙 (명동학술강 습소)	1909	김종숙	1명(장사연)	약 40명	김영성(No.1)
천곡강습소	1929	장명덕과 밀러선교사	최용신 외 1명	100여 명	이덕선(No.2)
양교리강습소	1935년 이전	황욱재 (지역유지)	3-4명	100여 명	이재현(No.5)
대안리강습소	1937-38	정재승 (지역유지)	2명(마을 청년)	약 100명	서찬석(No.8)
양정원	1940	윤윤기	윤윤기 외 10여 명	300여 명	윤금동(No.12) 임태선(No.13) 김순임(No.14) 오연숙(No.15)
명월숙	1942	오용범	오용범 외 1명 (마을 청년)	약 100명	오정숙(No.17) 오계아(No.18) 오상춘(No.19) 오용수(No.20) 양영일(No.21) 문순욱(No.22)

---

46 「本社平壤支局主催 入學難對策座談會」『東亞日報』1936. 3. 29.;「地方論壇: 私設學術講
   習會認可問題(永興一記者)」『東亞日報』1936. 7. 11.;「永登浦公普가 率先 二部制를 實
   施 學父兄들의 活動으로」『東亞日報』1938. 1. 28.;「蔚山 第二公普「二部制」實施 一萬
   餘 邑民의 宿望達成」『東亞日報』1938. 2. 5.;「二部制 實施로 百七十名收容」『東亞日報』
   1938. 2. 23. 등.

| 덕목리강습소 | 1942 | 마을 사람들 | 2명
(마을 청년) | 약 100명 | 공은택(No.9)
공재환(No.10) |
| 흥천강습소 | 1943 | 전성남 권사
(흥천교회) | 3명
(전도사부부, 마을 청년) | 약 80명 | 전동목(No.24)
계기성(No.25) |

우선 설립년도를 보면 명동서숙과 천곡강습소 이외는 학술강습소에 대한 단속이 심했던 1940년 전후에 설립되었고 모두 인가를 받은 강습소이다. 단 1909년에 경상북도 봉화군 법전면 척곡리에 설립된 명동서숙은 정확한 연도는 알 수 없지만 강습소에 대한 단속이 심해지고 나서 학술강습소 인가를 신청해 '명동학술강습소'로 운영되었다. 김영성(No.1)이 다녔던 1931~32년에는 이미 인가를 받은 '명동학술강습소'였다. 그리고 천곡강습소는 1929년에 장명덕과 밀러선교사에 의해 설립되었고, 그 후에는 조선여자기독교청년회연합회(YWCA)에 의한 농촌계몽운동의 일환으로 천곡마을에 파견된 최용신에 의해 운영되었다. 그러나 1935년 1월에 최용신이 병으로 사망한 후 인가를 위한 설립자 문제로 오오야마 고이치(大山江一)라는 일본인의 명의로 운영되어 왔다.[47] 그러나 1940년에 "반월면 사리(半月面四里)에다가 간이학교(簡易學校)가 설립됨을 따라 당국으로부터 전기(천곡-인용자) 강습소는 돌연 폐쇄명령을 받고 즉시 폐교하엿다."[48]

양교리강습소는 그 설립년도가 정확하지는 않으나 이 강습소 출신인 이재현(No.5)이 1936년(7세)에 다녔고, 설립자인 황욱재(이재현보다 14~15세 정도 연상)가 일본유학에서 돌아와 20세경에 설립한 강습소라는 점을 감안하면 설립 시기는 1935년 이전일 가능성이 높다. 그리고 대안리강습소도 설립년도가 정확하지 않은데 조사대상자들의 증언을 토대로 계산해 보면 1937년이나 1938년으로 추측된다. 서찬석(No.8)은 경기도 현덕면에 있는 대안리강습소에 1939년부터 다녔는데, 자신이 다니기 전부터 강습소는

---

47 「漁村惟一의 教育機關 泉谷講習所 閉鎖? 設立者引退로 經營難에 빠져 故崔女史 十年 獻誠地」『東亞日報』1939. 4. 6.

48 「泉谷講習所로 告訴를 提起」『東亞日報』1940. 7. 3.

있었다고 말하면서 형은 자신들의 마을에 있었던 신왕리강습소에 다녔다고 말하고 있는 점, 또한 이 신왕리강습소에 다녔던 이태수(No.7)는 1936년에 1년만 다녔는데, 이 강습소가 폐소되어 남동생은 이웃마을에 새롭게 생긴 대안리강습소에 다녔다고 증언하고 있는 점을 감안하면 대안리강습소는 1937~38년 사이에 설립되었다고 볼 수 있다. 그리고 자신들이 살던 덕목리에는 강습소가 없어서 이웃마을의 대안리강습소와 황산리강습소에 각각 다녔던 공은택(No.9)과 공재환(No.10)은 덕목리 사람들이 기금을 모아 1942년에 덕목리강습소를 설립함으로써 1942년부터는 덕목리강습소에 다니게 되었다.

양정원은 과거 훈도였던 윤윤기(尹允基)가 1940년 4월 12일에 전라남도 보성군 회천면 봉강리에 설립한 사립강습소이다.[49] '문맹퇴치 · 빈곤타파 · 부랑아수용 · 황국신민화'라는 기치를 내걸었지만 '황국신민화'는 당시 당국에 의한 감시가 심했기 때문에 인가를 받기 위해서는 넣을 수밖에 없었던 것으로 전해진다.[50]

1942년 제주도의 한림면 명월리에 설립된 명월숙은 이 마을의 청년인 오용범(吳鏞範)에 의해 설립된 사설강습소이다. 1934년 명월리에 있었던 구우공립보통학교가 한림리로 이전되면서 명월리 아이들의 취학률이 급격히 떨어졌다. 또한 당시는 보통학교에도 입학시험이 있어서 취학 자체가 쉬운 일이 아니었기 때문에 명월리에 불취학 아동이 많이 발생하면서 이서장(里署長)인 오경후의 행정적 지원을 얻어 명월리의 향사(鄕祠)에 명월숙을 설립하게 되었다.[51]

---

49 한규무는 양정원의 설립 · 운영, 후원에 관련된 주요인물인 윤윤기와 정해룡 중 누가 설립자인지에 대해서는 아직 논쟁 중인데, 지금까지의 자료를 바탕으로 해서 윤윤기가 설립 및 운영자이고 정해룡은 후원자였다고 보고 있다. 한규무 「일제강점기 학산 윤윤기의 항일민족교육」 학술심포지움자료집 『전남사범의 설립과 학산의 민족교육운동』 광주교육대학교 역사문화교육연구소, 2013, pp.17~18.

50 선경식, 앞의 책, p.134.

51 한림읍 명월리 『명월향토지』 2003, p.283, 614.

그림 3-9 **명월숙 1주년 기념사진(1943년)**
(앞줄 중앙 좌측의 성인남성이 오용범 교사)

자료: 오용범 교사의 가족 제공

경기도 강화군 양도면 인산리에 설치된 흥천강습소는 앞 절의 '설립자 및 교사'에서 이미 언급했듯이 1906년에 설립된 흥천교회가 불취학 아동을 위해 1943년에 설립한 사설학술강습소이다. 흥천교회는 설립 직후부터 사립학교를 설립해 교육사업에 힘써 왔는데 1940년대 이후에도 불취학 아동이 여전히 많아 인근지역의 아이들에게 일본어와 산수 등을 가르치게 되었다. 전성남이라는 권사가 소장을 맡고, 교사는 전도사 부부인 한중섭ㆍ유정자와 마을 청년 1명(임선생님)이 담당했다. 전동목(No.24)과 계기성(No.25)은 인터뷰에서 교사들의 이름을 한국이름과 창씨개명한 일본식 이름을 섞어가며 사용했다. 유정자 교사는 '마에다(前田)선생님', 임선생님이라는 교사는 '하야시(林)선생님'으로 불렀다.

강습소의 학생 수는 보통 100명 정도인 곳이 많았고 시간이 갈수록 증가했다. 그 이유는 인근 지역에서도 다니는 학생이 많았기 때문이다. 예를 들면 양정원은 설립 당초 양정원이 위치한 봉강리를 중심으로 회천면에서 약 300명의 학생들이 올 것이라고 예상했는데, 실제는 제1기생 모집에

500명 이상이 왔다. 10km 이상 떨어진 인근 마을에서 다니는 사람도 많았고, 꽤 먼 곳에서 오는 학생들에게는 숙박이 가능하도록 식사와 잠자리도 제공했다.

그리고 많은 강습소에서는 학년제를 도입했다. 흥천강습소는 2년제, 명월숙은 3년제, 명동학술강습소 및 대안리강습소, 그리고 덕목리강습소는 4년제, 양정원은 6년제로 운영했다. 단 양정원의 5~6학년은 소위 중학교 진학준비반으로 수업보다는 자습이 주였고, 모르는 것이 있을 때마다 교사에게 지도받는 형식이었다.

2 학교 대체시설 및 입시학원으로서의 기능

사설학술강습소는 야간에 개인의 자택이나 공회당에서 주로 농한기에만 이루어진 야학과는 달리 주간에 별도로 교사를 지어서 학년제를 도입하고 1년 단위로 운영되었다. 방학도 있었고 일본어나 산수 등과 같은 문해교육 이외에 소풍이나 운동회, 학예회 등의 연중행사도 개최하는 등 보통학교와 거의 비슷한 형식으로 운영되었다. 총독부가 공립보통학교 1면 1교제를 내걸었기 때문에 하나의 면에 있는 여러 마을(里)의 취학희망 아동을 전부 수용할 수 없거나 아이들 중에는 설령 경제적으로 여유가 있어도 학교까지의 거리가 너무 멀어서 취학할 수 없는 사람도 있었다. 그로 인해 보통학교가 없는 지역에서는 지역유지나 주민에 의해 학술강습소가 설립되어 불취학 아동이나 학령기를 넘긴 청년들에게 교육을 제공했다. 즉 불취학자에게 학술강습소는 학교교육처럼 교과교육과 다양한 행사나 학교문화를 체험할 수 있는 학교 대체시설처럼 여겨졌다.

예를 들면 이우형(No.3)이 태어나 자란 경기도 여주군 산북면 상품리라는 지역은 시내 중심지에서 상당히 많이 떨어진 산속에 위치한 마을로 당시 도로 정비도 제대로 되어 있지 않아서 통학은커녕 마을에서 나가는 것 자체가 매우 어려운 지역이었다. 외부에서 접근하기 어려울 정도로 험한 지리적 환경이어서 일본인 경찰도 거의 찾아오지 않았다. 따라서 마을 주민들이 아이들의 교육을 위해 강습소를 설립했다고 한다. 교사에 대해 물으니 "두 명 모두 40~50대 남성이고 한 명은 마을 사람, 나머지 한명은 우리 친척인데 서울(당시는 경성-인용자)에서 이 마을로 내려와 저 강습소에 있던 사택에 살면서 가르쳤어요. 선생님의 이름은 이재호입니다"라고 답한다. 월사금은 없었는데 마을에서 교사들에게 급료를 지급했는지는 기억나지 않는다고 말한다. 즉 이 사례와 같이 학교가 없는 마을의 강습소는 학교와 같은 역할을 했다.

　또한 전라남도 보성군 회천면 봉강리에 있었던 양정원도 벽지에 위치해 있었고 인근 마을에서도 많은 사람들이 다녔다. 당시 시내에서 양정원에 가기 위해서는 99개의 고개를 넘어야 다다를 수 있었다고 할 정도의 벽지였다.[52] 양정원에서는 당시의 초등교육기관에서 가르쳤던 교과를 대부분 가르쳤다고 한다. 예를 들면 일본어와 작문, 산술, 한자와 서예, 음악, 미술, 체육 등을 가르쳤었던 사실은 출신자들의 증언에서 확인할 수 있다. 수업은 매일 이루어졌고, 수업시간은 1~2학년 과정은 오전9시~오후1시, 3~4학년 과정은 오전9시~오후2시, 5~6학년 과정은 소위 중학교 진학준비반으로 오후2시부터 운영되었다. 당시 중학교 진학경쟁이 매우 심했기 때문에 시험에 실패한 학생들을 모아 중학진학준비반도 설치했던 것이다. 이번 조사대상자인 윤금동(No.12)은 중학교 시험에 실패해 2년간 양정원의 중학진학준비반에 다녔다고 한다. 또한 상급반으로서 사범학교와 판임관 시험을 준비하는 사람도 별도로 모아 지도했다고 한다.[53]

　그리고 명동서숙의 김영성(No.1)을 비롯해 천곡강습소의 이덕선(No.2), 양교리강습소의 이재현(No.5), 명월숙의 오용수, 양영일, 문순욱(No.20~22)과 덕송리강습소의 조정상(No.23)은 보통학교 취학 전에 강습소에 다녔다. 대안리강습소의 서찬석(No.8)과 공은택(No.9), 홍천강습소의 전동목(No.24)은 보통학교 입학시험에 실패해 강습소에 다닌 사람들이다. 예를 들면 명

52　선경식, 앞의 책, pp.129-130.
53　위와 같음, pp.146-147.

월숙의 오용수는 "(한림국민학교의 수준이-인용자) 한 단계 높아가지고 구두
시험이 있었단 말야. 일본어로 묻는단 말야. 나는 한번 빠꾸됐어"라고 하
면서 그 후 명월숙에서 공부하고 난 다음에 국민학교에 들어갔다고 한다.
"그 한림국민학교에서는 명월사람들이 판을 쳤었어요. 뭐 가서 실력이 좋
으니까. 각 반마다 1등에서 5, 6등까지 전부 차지해 가지고 명월, 야~ 명
월이 대단하다고 그러지"라고 명월숙에서의 교육이 학교에서도 도움이 됐
다고 양영일과 문순욱도 입을 모았다.

강습소에서 보통학교로 편입하는 사람도 있었다. 김영성(No.1)은 명동
학술강습소(명동서숙)에 2년간 다닌 후 그 다음해(1933년)에 춘양공립보통
학교 2학년으로 편입학했다고 한다. 전동목(No.24)은 홍천강습소에 2년
반(1942~45년) 다니고 해방 후 국민학교 4학년으로 편입학했으며, 이태길
(No.31)은 야학에 3년간 다니고 나서 보통학교 입학시험에 합격해 함안공
립보통학교 4학년으로 편입학했다고 증언한다.

정혜정은 학술강습소에 관한 연구에서 "각 지역에 공립보통학교가 설
립될 때에는 경우에 따라서는 학술강습소의 생도들이 보통학교에 편입되
거나 (강습소가-인용자) 보통학교로 승격된 사례가 적지 않다"라며 공립보
통학교와 학술강습소의 호환적 기능을 지적한다.[54] 실제로 당시의 신문에
는 재정문제나 인가문제 등으로 강습소가 보통학교에 편입된다는 기사가
실렸다.[55] 1944년에 황해도 당국에서는 1946년의 의무교육 실시를 위해
학령초과 아동문제가 여전히 계속되고 있는 점을 지적하며 "당면한 문제로
징병에 나갈 장정으로 일즉이 국민학교 교육을 못 바든 자들 위하야 부족
하나마 국어교육과 규율 잇는 일본적 예절을 아르키기 위하야 일년에 육백
시간을 한도로 청년특별연성을 식히는 것도 이 때문이다. 따라서 이 특별
연성은 소화 이십일년(1946년-인용자)에 일학년에 입학하는 아동이 징병에

---

54 정혜정 「일제하 '학술강습소'의 문화운동과 샘골학원」『역사와 교육』 제29집, 2019,
pp.49-50.

55 「學院側은 私普運動 當局은 公普編入方針, 前途暗澹한 洪原育英學院」『東亞日報』 1933.
10. 13.;「敷地問題도 解決이 可能, 학습강습소도 편입되어, 羅津私立校 難關突破」『東亞
日報』 1936. 2. 28.

나가는 그 전해까지는 계속되여야 할 게산이 된다"고 하고 "징병의 훌륭한 성과를 위"한 해결방법으로 국민학교 입학률 향상과 함께 국민학교에 학술강습소 부설 및 국민학교 편입이라는 다음과 같은 두 가지 방침을 내놓고 있다.[56]

> 1. 국민학교 초등과 제일학년 입학지원자는 전면적으로 수용하되 취학연령은 만 륙세로부터 만 십세 미만으로 하고 남자는 입학지원자의 전부 여자는 그 절반을 수용할 것
> 2. 설령 초과아동, 즉 만 십세 이상으로부터 아직 학교에 못 드러간 아동을 위해서는 당장 일학년에 입학식히기는 곤난한 점이 잇슬 터이므로 국민학교에 학술강습소를 부설하야 이들을 수용하고 중점적으로 교육 방도를 강구하야 그 성적에 따라 국민학교의 상당한 학년에 편입케 할 것

또한 김형목도 야학의 기능 중 하나로 "상급학교 진학을 위한 입시준비기관"을 들고 있고 강습소에 오는 아동들 중에는 공립보통학교 편입을 목적으로 하는 경우가 상당수 있었다고 한다.[57] 이번 조사대상자 중에도 강습소나 야학에서 배우고 난 뒤 보통학교(국민학교)에 편입한 경험을 지닌 사람들이 있었고, 간단한 구술시험을 보고 편입학할 수 있었다고 말한다.

이상과 같이 학술강습소가 보통학교나 중등학교 시험을 준비하는 기관으로서 역할을 한 사례는 당시의 신문기사에도 많이 보도되었다. 예를 들면 함경남도 문천군 구산면 내양리에서는 지역유지인 이승연씨가 동리의 아동들에게 보통학교 입학을 준비시키기 위해 자택에 야학회를 설치해 조선어, 한문을 가르쳤다.[58] 함경북도 경성군 어랑면 지방동에서는 유지 제씨의 발기로 중학교 입학준비자를 위해 강습소를 설립하여 영어, 일본어, 산

---

56 「書堂講習所吸收, 四萬名을 編入에 成功」『每日新報』1944. 7. 28.

57 김형목 「1920년대 전반기 경기도 야학운동의 실태와 기능」『한국독립운동사연구』제13집, 1999, p.131.

58 「入學準備의 幼稚兒童夜學」『時代日報』1926. 1. 13.

술 등을 가르쳤으며,[59] 다른 지역에서도 보통학교 졸업생의 진학을 위해 야학이나 강습소를 개설하는 경우가 많았고,[60] 그중에는 공립보통학교가 야학이나 강습소를 설치하는 지역도 있었다.[61] 즉 사립학술강습소는 불취학 아동을 위한 보통학교 대체시설로서 기능했고, 또한 보통학교나 중학교 입학시험을 준비하는 사람들에게는 입시학원으로서의 역할도 한 것이다.

3 지역의 거점시설로서의 역할

김형목은 야학의 기능 중 하나로 '민중문화의 창출'을 들고 있다. 즉 야학 특히 주간에 운영된 학술강습소의 경우 그 설립이나 운영과정에서 주민이나 여러 단체와 교류가 있어 교과교육 이외의 활동-운동회, 학예회, 음악회, 강연회, 영사회 등-은 강습소의 재정난을 해결하는 수단임과 동시에 지역주민의 결속력을 높이는 요소이기도 하다고 말한다.[62] 특히 1920~30년대에는 강습소를 유지하거나 교사신축 기금 마련을 위한 연극 공연이나 음악회, 영사회 등을 개최하는 야학과 강습소가 많았다.[63]

그러나 재정난과는 별도로 많은 야학과 강습소에서는 학생들이 준비한 학예회나 연극회 등을 개최해 학부형과 지역주민들을 초대해 선보이기도

---

59 「漁郞面講習所設立」『東亞日報』1920. 9. 24.

60 「金陵學院 準備科 卒業式」『東亞日報』1931. 3. 12.;「上級入學準備의 補助所 設置」『東亞日報』1936. 4. 5.

61 「合一校夜學—中學試驗準備로」『時代日報』1925. 11. 28.;「卒業生指導夜學—金泉公普校 進學生 위해」『東亞日報』1929. 10. 12.

62 김형목, 앞의 책, 1999, pp.131-133.

63 「海州天英講習所 救濟演劇會」『東亞日報』1924. 2. 16.;「培英講習所 建築期成劇會, 금 이십일부터 공개」『東亞日報』1925. 4. 20.;「同情金品 募集, 素人劇 開催로」『東亞日報』1928. 6. 2.;「創立記念에 音樂演奏」『東亞日報』1925. 9. 30.;「生徒가 製叭, 夜學講習所를 維持, 音樂會도 열어 經費補充, 江華 造山青年 美擧」『東亞日報』1930. 12. 9.;「出斗學術講習所 위해 同情音樂會開催」『東亞日報』1931. 8. 26.;「樂壇의 名星을 모와 大音樂會를 開催, 正則講習所를 援助코자 조선문예협회에서 주최」『每日申報』1926. 7. 16. 등.

했다. 〈그림3-10〉과 〈그림3-11〉은 경기도 안성읍내의 유일한 무산아동 교육기관인 안청학원(安靑學院)이 학예회를 열었을 때 2년 연속 4백여 명의 관중이 모여 대성황을 이루었다는 기사에 함께 실린 사진이다. 또한 함경남도 함주군 흥상리에서도 유일한 무산아동 교육기관인 흥상학술강습회가 처음 학예회를 열어 대성황을 이룬 일을 신문에서 다음과 같이 전하고 있다.

> 함남 흥상에 유일한 무산아동 교육기관인 흥상사설학술강습회(興上私設學術講習會)는 거금 六년전에 흥상소교 부속 야학으로 내려오다가 三년전부터 흥상, 계동, 풍서(興上, 溪東, 豊西)시내 三개리에서 인게 경영하여 온다함은 본보에 수차 보도하여왓거니와 그 후 동 강습회가 금년 五월로 정식인가를 얻어 야학이 주학으로 약진하야 현재는 연령 초과한 남녀아동 一百三十여 명으로써 흥상에 청년독지가 도달섭(都達涉)씨의 헌신적 노력과 여자강사 二인으로 성적이 자못 양호하게 진행되어 일반에 칭송을 받고 잇던 중에 금번 동 강습회에서 처음인 학예회(學藝會)를 十四일 밤에 개최하엿는데 정각 전부터 四방으로 운집하는 관중은 무려 천여 명으로 넓은 창고안도 입추의 여지가 없이 초만원을 일우웟다는데 모든 준비와 나와서 유히하는 모든 점을 볼 때에 어떠케 잘하는지 一천여 명 청중은 천사같은 아동들의 유히에 도취하게 되여 강습회 학예회로서는 도모지 보지 못하던 대성황으로 종막하엿다.[64]

---

64 「興上學術講習會 學藝會盛況」『東亞日報』1939. 11. 19.

그림 3-10 **안청학원 학예회(안성읍)**
(『東亞日報』 1934. 2. 23)

그림 3-11 **안청학원 학예회(가극 「十三도 자랑」의 광경)**
(『東亞日報』 1935. 2. 17)

실제로 이번 조사에서는 연극과 학예회를 개최한 야학과 강습소가 여러 곳 있었다(No.2, 8, 17~22, 42, 47). 이미 몇 번이나 언급했듯이 광명학원의 김소영(No.47)은 연극에서 주인공을 맡았고 그것이 가장 인상에 남는다고 말했는데 그때의 연극은 김소영의 숙부이며 소설가인 김동리가 창작한 것이라고 한다. 김동리는 경성에서 형이 사는 경상남도 사천군 곤명면에 한동안 체재하며 광명학원에서 교사로 활동하기도 했는데, 일본에서 1934년에 발표된 쇼지 타로(東海林太郎)라는 가수의 '아카기의 자장가'(赤

城の子守唄)라는 노래를 모티브로 해서 희곡을 썼다고 한다. 내용이 어렸을 때 엄마를 잃은 부모 자식 간의 슬픈 스토리여서 연극을 보고 운 어른들도 많았고, 재연 요청도 있어 수차례 공연을 했으며 옆 마을에서도 보러왔다고 한다. 또한 경기도 대안리강습소에 다녔던 서찬석(No.8)은 "연극은 했는데 연극지도는 강습소 선생이 아니라 동네 사람이 했고, 소핵교 나온 안병찬이라는 사람이 했구 이칸마루 빌려가지구 연극이라구 하긴 했어"라고 당시를 회상했다.

명월숙에서는 연극공연을 열어 마을 사람들에게 볼거리를 제공했고, 또 마을의 노래를 만들어 지역에 대한 애착을 키웠다. 즉 명월숙은 1942년에 설립되어 1948년 제주 4·3사건 때 폐쇄될 때까지 명월리의 주요한 교육·문화시설로서 기능했다. 마을의 많은 불취학자들을 수용해 교육하고 농한기에는 연극을 개최해 옆 동네에서도 보러 올 정도로 마을의 큰 행사를 개최했다. 또한 설립자 겸 교사인 오용범은 명월리의 아름다운 풍경과 주민의 화합을 도모하기 위해 다음과 같은 '명월의 노래'를 작사하고 그것에 김창하가 곡을 더해 명월숙에서 아이들에게 가르쳤을 뿐만 아니라 마을의 노래로 정착시켜 갔다.[65]

명월의 노래

작사: 오용범/작곡: 김창하

1. 우리 명월 좋은데라 녹수청산 깊은 곳

들에는 어미소가 아이 부르는 노래

2. 동편에 우뚝 솟은 메뿌리는 한라산

서편을 바라보니 바다 위에 비양도

3. 북에 높은 백두 정기 남에 뻗어 내린 곳

무궁화 화려한 우리 명월대

---

65 한림읍 명월리, 앞의 책.

4. 산에 오른 기러기는 좋은 곳을 모르고

팽나무 녹음 속에 우리 명월대

(후렴구)오라고 부르는 건 푸른 나무 맑은 물

모여라 동무들아 우리 명월대로

마을 사람들의 교류와 단결이라는 점에서 보면 강습소가 개최한 운동
회도 빠뜨릴 수 없는 큰 행사였다. 지역에 따라서는 강습소의 운동회를 보
통학교와 합동으로 개최하는 곳도 있었고, 마을 대항 운동회로 개최하기도
했기 때문에 우승을 위해 평소 연습도 열심히 했다고 한다(No.5, 8, 9).

한편 양정원에서는 설립자 겸 교사인 윤윤기가 양정원의 한 편에 지은
사택의 큰 방 하나를 의무실로 만들어 각종 약과 주사제, 간단한 의료기구
등을 구비해 두어 학생만이 아니라 동네 사람들의 병까지 무료로 치료해
주는 등 지역의 '병원'으로서도 역할을 했다(No.14, 15). 이러한 무상교육·
무상의료가 가능했던 이유는 윤윤기가 자신의 사재를 투입했을 뿐만 아니
라 철광산과 고령토광산산업에서 얻은 이익을 교육자금으로 충당했고, 한
편으로는 양정원의 학생들에게 양잠과 기왓장을 만들게 하기도 했으며, 양
정원 설립 당시 정해룡이라는 지역유지가 무상으로 대여한 밭 600평도 학
생들이 경작해서 수입을 얻어 재원마련을 했기 때문이다.[66]

양정원에서는 정오가 되면 크게 사이렌을 울려 평소 시간에 신경을 안
쓰고 밭일을 하던 주민들에게 시간을 알려 적당히 휴식을 취하도록 했으
며, 마을에 화재가 났을 때도 이 사이렌을 울려 마을 사람들에게 알렸다고
한다(No.14, 15). 양정원은 학교가 없는 지역에 설립되어 아이들의 교육만
이 아니라 마을 사람들의 건강과 안전, 화합 등을 도모하는 교육 및 문화
창출의 장이자 지역의 거점시설로서도 기능했다.

이상 본장에서는 친척이나 지인 등과 같이 매우 좁은 네트워크에서 적
은 인원을 모아 운영한 야학을 비롯해 비교적 조직적이고 규모도 컸으며

---

66 선경식, 앞의 책, pp.155-185.

수업이 주로 주간에 이루어진 사설학술강습소에 이르기까지 그 출신자들
에 대한 인터뷰조사를 통해 얻은 구술사를 토대로 당시의 야학 및 사설강
습소의 실상과 그 특질을 살펴보았다.

야학은 설립주체를 비롯해 교육대상, 교육내용 및 방법, 교육시기와
기간, 교육장소, 운영체제 등 다양한 면에서 조금씩 달랐는데, 크게 나누
면 야학과 학술강습소로 구분할 수 있다. 야학이 주로 농한기의 야간에 개
인의 사랑방, 혹은 공회당이나 제실과 같은 마을의 공동시설에서 이루어지
는 경우가 많았던 것에 반해 학술강습소는 별도로 교사(校舍)가 있는 경우
가 많았고, 보통학교(국민학교)와 유사한 운영체제로 주로 주간에 학년제나
학급제를 도입해 운영되는 곳이 많았다. 그리고 야학과 학술강습소 중에는
사설만이 아니라 보통학교나 면이 운영하는 관제야학과 강습소도 있었다.

1930년대 중반까지는 야학과 강습소에서 조선어를 가르쳤으나 1930
년대 말부터 시작된 '국어전해·국어상용'정책으로 인해 야학과 강습소에
서도 조선어 사용금지가 적용되어 일본어만 가르치게 되었다. 특히 강습소
에서는 학교에서도 그러했듯이 소위 '국어상용'카드를 나누어준 뒤 학생들
끼리 조선어를 사용하면 서로의 카드를 빼앗게 했던 것을 이번 조사에서도
여러 곳 발견할 수 있었다.

또한 주간의 학술강습소의 경우는 불취학 아동들의 교육을 담당하는
역할만이 아니라 정규학교 입학경쟁의 심화로 인해 발생한 수험실패 아동
들의 교육을 담당하는 기능도 했다. 실제 이번 조사대상자들 중에도 보통
학교 입학 및 편입, 혹은 중학교 입학시험 준비기관으로 강습소를 이용한
사람이 여러 명 있었다. 그리고 강습소에서는 교과교육 이외에도 학예회나
연극, 운동회, 소풍 등의 연중행사도 열어 마을 사람들도 참여할 수 있는
지역의 거점시설로서의 기능도 했다.

요컨대 식민지기 특히 1930~40년대의 야학과 학술강습소는 학교에
가지 못하는 불취학 아동들을 비롯해 취학연령을 초과한 청년, 부인 등 수
많은 조선민중들의 교육욕구를 충족시켜주는 장이었고, 그중 많은 곳이 조
선민중들의 손에 의해 설립되어 교육활동이 이루어졌다. 그리고 그곳은 단

지 교육의 장에 그치지 않고 운동회나 학예회 등의 행사를 통해 지역주민이 모여서 새로운 문화를 접하며 교류할 수 있는 장이기도 했다. 이러한 특질은 기존의 선행연구에서도 어느 정도 지적되어 온 점으로 실제 증언을 통해서도 확인할 수 있었다.

이번 조사에서 야학경험자들에게 들은 이야기 중 가장 인상에 남는 것은 아직 많이 어렸던 당시를 회상하면서 "우리는 일본이 전분지 알았지. 조선이 이래는 건 (일본의 식민지인 건―인용자) 알지도 못했단 말야. 해방되니까는 아, 이게 이랬구나 생각이 되지. 일본이 전분 줄만 알았지"라고 한 오용수(No.20)의 말이다. 이와 비슷한 발언은 전동목(No.24)이나 이기월(No.3)의 인터뷰에서도 들을 수 있었다. 태어났을 때의 조선은 이미 일본의 식민지였고 그 이외의 세상을 접할 일도 거의 없었던 상황에서 당시의 어린아이들 입장에서 보면 당시의 생활이 어쩌면 "당연한" 일이었고, 줄곧 계속될 거라고 생각했을지도 모른다. 일상생활에서는 물자공출이나 청결검사 때 칼을 찬 제복 입은 일본인 순사를 보면 무섭다는 생각이 들긴 했으나 그 이외에는 일본인과 만날 일도 거의 없었던 탓인지 당시 항일운동이나 독립이라는 것은 거의 의식한 적이 없었고, 부모나 주변 어른들에게서도 그런 이야기는 들은 적이 없다고 말한 사람이 대부분이었다.

이번 조사대상자들이 야학에 다니게 된 이유로는 '권유 받아서', '모두가 가니까', '글자를 배우고 싶어서', '친구와 놀 수 있어서', '서당과는 달리 다양한 과목이 있어서', '마을에 학교가 없어서', '입학시험에 유리해서', '이직하려고' 등 실용·실리적인 이유가 대부분이었다. 즉 조선민중들의 민족교육의 장으로서 야학을 바라보던 종래의 많은 연구들, 즉 '억압―저항'이라는 이항대립의 관점에서 고찰한 선행연구가 간과해 온 야학의 실태가 이번 조사를 통해 어느 정도는 밝혀졌다고 할 수 있겠다. 조사대상자들 중에는 '공부가 싫어져서', '가사나 아기(동생) 돌보기가 바빠서', '아픈 모친을 보살펴야 해서' 등의 이유로 도중에 야학에 가지 않거나 못 가게 된 사람도 있었는데, 교사가 출석을 관리하는 등의 제재나 감독을 하는 곳은 많지 않았으며 출결석에 관해서는 기본적으로 학생의 판단에 맡겨져 있었다. 물론 이번 조사에서도 관의 감시를 틈타 몰래 민족교육을 한 곳도 있긴 했으나 대부분의 야학에서는 단순히 생활에 도움이 될 만한 문자나 숫자를 중심으로 가르쳤다.

1920년대 이후 학교증설을 끊임없이 요구해 온 조선민중들의 오랜 외침에도 불구하고 식민지 말기까지 입학난이 해소되지 않는 가운데 조선민중들은 좌절하지 않고 자신들의 보다 나은 삶과 교육욕구를 충족시키기 위해 스스로 교육의 장을 만들거나 또는 그 교육에 적극적으로 참여하는 교육의 '주체'들이었다.

여성의 배움과 야학

식민지기 조선인 여성의 교육상황

1 조선인 여성의 불취학 문제와 요인

앞서 검토했듯이 3·1운동 이후 조선민중들의 공립보통학교 취학희
망자는 급증해 가는데 조선총독부는 학교증설에 적극적으로 대응하지 않
았고 오히려 사립학교를 3·1운동의 주도세력으로 간주해 사립학교에 대
한 통제를 보다 강화해 갔다. 그 결과 입학난은 점점 심각해졌다. 〈표4-1〉
은 조선인 추정 학령아동의 취학상황(보통학교 및 간이학교)을 나타낸 것이
다. 관공사립(官公私立) 보통학교 취학률을 보면 식민지 말기인 1940년대
에도 여전히 학령아동의 관공사립 보통학교 취학률이 48.4%로 50%를 넘
지 않는다. 남녀별로 보면 남자 76.6%, 여자 29.2%이며, 여자의 취학률은
1942년이 되어도 30%를 넘지 못하고 남자의 절반에도 미치지 않을 정도
로 매우 심각한 수준을 유지했다. 즉 식민지 말기에도 학령아동의 반수 이
상이 불취학 상태였고, 여자의 경우는 70% 이상이 불취학 아동이었다.

교육에서의 남녀격차는 농촌지역의 아동을 단기간에 교육해 농업에 종
사시킬 목적으로 1934년에 설치되기 시작한 2년제 간이학교에서도 나타났
다. 간이학교는 점점 심각해지는 입학난의 타개책이라는 처음의 설립 취지
와는 다른 형태로 농촌만이 아니라 도시부로까지 설치가 확대되었다.[1] 발
족 당시 공립보통학교에 부설하는 형태로 설치된 간이학교제도는 종결교
육기관으로서 보통학교와는 전혀 다른 체계의 학교였고, 보통학교로의 편
입도 제도상 인정되지 않는 것이었음에도 불구하고 간이학교의 설치는 매
년 증가했다. 이렇게 억누를 수 없는 입학난의 미봉책으로서 설치되었다고
할 수 있는 간이학교 취학에서도 여자의 취학은 가장 많은 경우에도 남자
의 절반 정도에 머물렀다.(〈표4-1〉을 참조)

---

1 송숙정 「일제강점기 간이학교제도에 관한 고찰」 『일본문화학보』 No.87, 2020, pp.241-
262.

| 표 4-1 | 관공사립보통학교 및 간이학교 취학자 및 취학률(1934-1942년) |

연도	조선인 총 인구		추정학령인구		관공사립 보통학교		취학률		간이학교	
	남	여	남	여	남	여	남	여	남	여
1934	10,146,040	10,097,764	1,499,910	1,454,078	513,106	127,037	34.2	8.7	16,393	1,276
1935	10,769,916	10,478,948	1,550,868	1,508,969	571,595	149,162	36.9	9.9	31,980	3,716
1936	10,842,097	10,531,475	1,561,262	1,516,532	628,153	174,823	40.2	11.5	41,502	6,702
1937	10,997,432	10,685,423	1,583,630	1,538,701	694,311	206,871	43.8	13.4	49,472	10,605
1938	11,128,074	10,822,542	1,602,443	1,558,446	797,712	252,659	49.8	16.2	59,692	16,500
1939	11,170,910	10,927,400	1,608,611	1,573,546	909,283	306,057	56.5	19.5	66,582	20,397
1940	11,572,035	11,382,528	1,666,373	1,639,084	1,018,692	367,252	61.1	22.4	70,625	28,483
1941	12,033,728	11,879,335	1,732,857	1,710,624	1,117,674	454,316	64.5	26.6	75,800	35,069
1942	12,805,543	12,719,866	1,843,998	1,831,661	1,245,675	533,986	67.6	29.2	77,607	39,604

자료: 朝鮮總督府 『朝鮮總督府統計年報』 1934-1942.

주: 추정학령인구(남녀)는 총인구(남녀)×0.144로 산출했다. 학령인구를 14.4%로 계산한 것은 오성철 『식민지 초등 교육의 형성』 교육과학사, 2000, p.132를 참조했다.

불취학 아동을 양산시킨 요인으로는 조선총독부의 상기와 같은 교육 방침, 즉 재조선 일본인 아동과는 다른 교육제도와 정책을 전개한 것이 큰 요인이라고 할 수 있지만 한편으로 경제적인 어려움이나 남존여비사상 등 과 같은 조선사회 내부의 문제도 한 요인으로 들 수 있다. 이러한 '불취학' 의 요인은 김부자(金富子)가 조선인의 '취학'규정요인으로 든 '민족ㆍ계급ㆍ 젠더요인'과 상통한다.[2] 이 세 가지의 요인에 대해 좀 더 자세히 살펴보고 자 한다.

첫째, 조선총독부는 통치 초기부터 일본인 아동과 조선인 아동의 학교 교육을 제도상 다른 체계로 운영해 왔다. 일본인 아동은 6년제 소학교, 조 선인 아동은 4년제ㆍ6년제 보통학교에 취학하도록 했고, 학교의 설치나 수업료도 민족에 따라 다른 정책을 설정함으로써 취학률에도 민족격차가 생겨나게 되었다고 김부자는 분석한다.[3] 이것이 '민족'요인이다.

재조선 일본인 아동의 소학교 취학은 1920년대 초반 단계에서 이

2 金富子 『植民地期朝鮮の教育とジェンダー──就學ㆍ不就學をめぐる權力關係』 世織書房, 2005, pp.75-113.

3 위의 책, pp.75-77.

미 '개학'(皆學)에 가까운 취학률을 보였다. 그에 반해 조선인 아동의 경우
는 '3면 1교 계획'(1919~22년), '1면 1교 계획'(1929~36년)을 실시해 공립보
통학교의 증설을 꾀했고, 1면 1교 계획이 완성된 1936년 시점에서 2,325
개면에 2,417개교의 공립보통학교가 설치되기까지 늘어났지만 조선인에
게 있어 기초 생활단위인 28,490개의 정·동·리(町·洞·里)에 대입해 보
면 8.5개 정동리당 보통학교 1개교가 설치된 것에 불과한 것이다.[4] 당시
도시부 이외의 주요한 교통수단이 도보에 의한 이동이었음을 감안하면 어
린 아이들에게 몇 ㎞나 멀리 떨어져 있는 학교에 다니는 것은 결코 쉬운 일
이 아니다.

취학률에서 민족격차를 생기게 한 또 하나의 요인으로는 민족에 따라
다른 수업료를 설정했던 점을 들 수 있다. 제2차 조선교육령기(1922~37년)
의 '소학교규정'(제83조)과 '보통학교규정'(제81조)을 보면 수업료 징수의 상
한액이 일본인은 '한 달에 50전 이내', 조선인은 '한 달에 1원 이내'로 정해
져 있다. 수업료의 과다는 조선인 아동의 취학 가능여부를 크게 좌우하는
요인이었음에도 일본인 가정보다 경제적 기반이 취약한 조선인에게 더 많
은 수업료를 부담시켰던 것이다.[5]

둘째, 상기의 수업료 부담은 당연히 조선인의 취학저해요인으로서 작
용했다. 조선총독부가 추진한 '토지조사사업'(1910~18년)과 '일본으로의 쌀
유출계획'이라고 할 수 있는 '산미증식계획'(1920~34년)을 중심으로 한 농
업정책의 전개로 인해 1920년대 후반에는 조선인 농민층의 붕괴가 심해져
많은 이들이 힘든 생활을 하게 되었다. 이러한 경제적 어려움을 안고 있던
많은 조선인 가정에게 수업료 부담은 아이들의 취학 가능여부를 규정하는 큰
기준이 될 뿐만 아니라 취학상태를 유지하는 데에도 큰 영향을 미쳤다.[6]

오성철의 연구에 따르면 치열한 경쟁을 뚫고 입학했다고 해도 졸업 때
까지 계속 다닐 수 없어 중도퇴학하는 사람도 적지 않았다. 남자의 경우

---

4 朝鮮總督府『朝鮮總督府統計年報』1936.

5 金富子, 앞의 책, pp.77-78.

6 위의 책, pp.80-82.

1919년까지의 중퇴율이 20%를 넘어설 정도로 높았고, 이후 점차 감소해 1920년대에는 10%대를 유지한다. 1932년 이후는 10% 미만으로 떨어지고 1942년에는 4.2%까지 감소한다. 이에 반해 여자의 중퇴율은 남자보다 높았으며, 1910년대에는 거의 30%대를 기록하고 1920년대 전반에는 20%대를 유지하지만 1935년 이후 10%미만으로 떨어진다. 1942년에는 사망자를 포함해 여자 중도 퇴학률은 5%였다. 이렇게 여자 중퇴율은 늘 남자보다 높았다. 오성철은 중도퇴학의 요인이 1910년대와 1920년대 이후가 다르다고 말한다. 1910년대는 조선인의 공립보통학교 입학기피현상이 있었고, 수업료를 면제해 주면서까지 취학독려를 했기 때문에 중도퇴학의 주된 요인이 경제적인 어려움이 아니었다고 할 수 있다. 그러나 1920년대 이후는 조선인들의 공립보통학교에 대한 태도가 완전히 바뀌어 입학희망자가 급증하게 되면서 총독부도 수업료 면제에서 수업료 징수로 방침을 바꾸게 된다. 이러한 점에서 오성철은 1920년대의 입학경쟁이 심했던 시기의 중도퇴학은 대체로 경제적인 어려움으로 인한 경우가 많았다고 분석한다.[7]

실제로 1920년대 이후 당시의 신문에는 생활난으로 인한 중도퇴학에 관한 기사가 소개되기 시작했고,[8] 그 주된 원인인 수업료 부담에 관한 기사도 늘어갔다.[9] 1930년대가 되면 '수업료를 인하하라'라는 사설[10]이 등장

7   오성철 『식민지 초등 교육의 형성』 교육과학사, 2000, pp.156-160.
8   「生活難 教育難」『東亞日報』 1924. 6. 6.;「慶北에는 旱災로 中途退學生 續出」『中外日報』 1928.9.18.;「義城郡八個普校 中途退學生日增」『中外日報』 1928. 9. 25.;「月謝金大過로 中途退學者 續出, 이를 減下치 안는가 全北道評議會의 第五日」『東亞日報』1929. 3. 16.; 「農村의 極度疲弊로 中途退學者 續出 近日慶北道內狀況」『每日申報』 1929. 12. 23. 등.
9   「貧家子弟에 限하야 授業料를 倍額增收, 전주공립보통학교의 무리한 수업료징수업」 『東亞日報』 1923. 7. 17.;「災害의 餘毒─普校兒童의 退學激增, 救濟方針은 安在?／授業料納付成績不良, 생활난에 쫏겨 수업료도 잘 못내／修學旅行을 中止─普高中東 培花女高／悲慘而已 부담 덜려고」, 「普成校長 鄭大鉉氏談」『東亞日報』 1924.10.3.; 「奇特한 教員, 學生授業料 負擔」『每日申報』 1926. 5. 19.;「授業料滯納에 物品差押斷行, 郡當局의 苛酷한 處置」『東亞日報』 1926. 6. 12.;「授業料도 낼 수 업는 地方兒童의 修學難」 『時代日報』 1926.7.12.;「無産兒童은 絶對入學 絶拒 授業料不納을 念慮하야」『中外日報』 1926.12.16.;「多數學生의 授業料負擔, 梧川獎學會에서」『東亞日報』 1927. 8. 5. 등.
10 「授業料를 引下하라」『中外日報』 1930.7.3.

하는 등 수업료 부담을 둘러싼 비판과 인하요구 기사가 급증한다.[11] 그 중에서도 수업료의 인하를 둘러싸고 학무국과 내무국 간의 다른 의견과 대립에 관한 기사가 눈길을 끈다. 각지에서 수업료의 폐지와 인하 요구를 받은 학무국이 보통학교 수업료의 절반 감소를 위해 국고에서 보조를 받아 지원하는 계획을 제안하지만, 내무국의 강한 반대에 부딪쳐 한동안 강한 모습을 보이기도 했으나[12] 결국 실현되지 못했다.[13] 점점 궁핍해지는 생활 속에서 특히 수입이 적은 소작농이나 노동계급에게 있어 수업료는 큰 부담이었고 불취학 혹은 중도퇴학을 선택할 수밖에 없게 된다. 즉 '계급'요인에 의해 취학에도 격차가 생긴다는 것이다. 특히 장남 등 아들은 적극적으로 취학을 시켰지만 딸의 경우는 언젠가 시집을 갈 존재로 여겨 가사나 육아보조 역할만이 강조되었고, 학교에 보낼 필요는 없다고 생각하는 부모가 많았기 때문에 여자의 취학은 힘든 상황이었다.

셋째, 상술한 바와 같이 종래의 관습에 따라 여성에게 주어진 전통적

---

11 「普校教科書 高價問題, 學校評議員會集 減價運動의 第一聲, 授業料未納에 差押斷行의 問題와 一面 一校 實行促進도 아울러 討議, 具體的案件을 討議／公職者大會에도 減價案을 提出」『東亞日報』1928. 6. 9.；「義務敎育 實施 授業料 撤廢等 李學務局長에 陳情」『東亞日報』1928. 9. 28.；「普通教育의 普及을 爲해 授業料를 輕減하라」『每日申報』1929. 3. 14.；「旱害退學兒童의 救濟會는 如何, 授業料減價도 熱烈히 要求, 北道義 第一議會終了」『東亞日報』1930. 2. 28.；「授業料等 減價運動 明六日에 發起總會 全朝鮮大會招集 各校의 委員은 二人以上 各項重要問題 討議, 全朝鮮公立學校後援會」『東亞日報』1931. 1. 6.；「公州普校學父兄 授業料 減下運動 當局에 交涉은 任員에 一任」『每日申報』1931. 6. 10.；「農村經濟를 考慮하야 授業料를 減下하라」『每日申報』1932. 3. 24.；「公普授業料 引下를 再提出, 학생 수는 점점 줄어드는 현상, 高斂 十餘年間 宿題」,「全北道內 公普 入學兒童 減少 작년에 비하야 四百九十名 부족, 授業料 못 낼 形便」『東亞日報』1932. 5. 28.；「普通學校의 授業料 半減 實現性 濃厚 재무당국의 의견도 찬성인 듯 農村救濟로도 一策」『每日申報』1932. 10. 12.；石南「普通學校 授業料引下에 對한 一意見」『第一線』1932. 10. 15.；「東萊沙上面 學父兄 授業料除免 陳情 水害로 生途가 杜絶되여」『每日申報』1934. 9. 16. 등

12 「內務局 負擔問題로 授業料 半減案에 暗影, 財源問題에 兩局 見解相異 學務局은 貫徹로 邁進『自信잇는 計劃』긔어히 실현하고야 만다는 林茂樹學務局長의 決心」『東亞日報』1932. 8. 29.

13 「過重한 普校 授業料 今年度 減下는 無望, 學校勞動을 獎勵 硏究해서 兒童收入으로 幾部分 充當할 學務局案 明年度에나 再考慮」『東亞日報』1933. 1. 27.

인 역할, 즉 젠더규범에 따라 여성은 늘 교육에서 소외되어 왔다. 조선왕조시대부터 이어진 유교문화는 식민지 조선사회에도 뿌리 깊게 자리하고 있어 '어려서는 아버지를 따르고, 시집을 가면 남편을 따르며, 남편이 죽으면 자식을 따르라'는 것이 여성의 부덕(婦德)이라는 소위 '삼종지도'(三從之道)가 요구되었다. 즉 여성은 완전한 주체가 아니라 남성(아버지, 남편, 자식)의 부수적인 존재로서밖에 인정받지 못한다는 인습이 여전히 남아 있었다. 그로 인해 근대 교육에서도 남성우선주의가 반영되었고, 그것이 〈표 4-1〉의 취학률로 나타난 것이다. 이러한 '남존여비'사상은 조선민중 사회만이 아니라 교육정책을 관할하는 통치자 측에도 남아 있었고, 그 영향이 여성교육정책에도 나타났다.

즉 식민지기 조선 여성들의 심한 불취학 실태는 민족 및 계급요인에 젠더규범에 의한 요인이 더해져 생겨난 것이다.

2 조선총독부의 여자교육정책과 조선인 여성상

김부자는 성별에 따라 조선인 '취학'의 양적 · 질적인 시기 구분이 다르다고 하며 남자의 경우는 제1기(1912~19년)의 저취학 · 고퇴학기(低就學 · 高退學期), 제2기(1920~23년)의 취학급증 · 퇴학급감기(就學急增 · 退學急減期), 제3기(1924~32년)의 취학보합 · 퇴학점감기(就學保合 · 退學漸減期), 제4기(1933년 이후)의 취학격증 · 퇴학저위안정기(就學激增 · 退學低位安定期)의 4시기로 구분하였다. 여자의 경우는 제Ⅰ기(1912~32년)의 저취학 · 퇴학점감기, 제Ⅱ기(1933년 이후)의 취학격증 · 퇴학저위안정기의 2시기로 구분하고 있다. 이렇게 성별에 따라 다르게 시기 구분을 한 이유로는 "식민지사회(식민지 권력과 조선인사회)가 남자 · 여자에 대해 교육을 통해 얻고자 한 것이나 취학 동기, 교육의 효능이 각각 다르다는 점에 기인하"기 때문이라고 말한다.[14] 또한 여자의 제Ⅰ기는 남자의 취학이 급증하고 여자의 취학은

---

14 金富子, 앞의 책, pp.64-67.

저조한 남자 중심의 '교육의 학교화'가 진행된 시기라고 하고, 제Ⅱ기는 남
자의 모든 계층만이 아니라 여자입학자도 급증하고 중퇴율도 안정된 시기
로서 '취학의 제도화'라고 명명했다. 제Ⅱ기에 남녀 모두 입학자가 격증한
요인은 조선민중들의 교육요구와 농촌진흥운동과 연동된 조선총독부의 교
육정책의 상호작용에 의한 것이라고 하면서 남자와는 다른 조선인 여자의
보통학교 취학의 요인과 취학 동기에 대해서는 젠더의 시점을 감안하여 고
찰할 필요가 있다고 말한다.[15] 즉 제Ⅱ기 이후에 여자의 보통학교 취학을
가능하게 한 요인은 (1) 출신 계급, 즉 주로 중·상층 엘리트여자가 많이
취학했고, 그것은 (2) 조선 사회의 학교교육을 둘러싼 젠더규범이 변용되
었기 때문이라고 한다. 즉 차세대 민족양성을 위해 '교육받은 어머니', 즉
'현모'(賢母)가 될 필요가 있고 그러기 위해서는 여자교육이 필요하다는 주
장이나 의견이 많아졌기 때문이다. 또한 (3) 일부의 상위층에 속한 조선인
여성들의 결혼에 의한 계층 내 이동과, 한편으로는 (4) 농촌진흥운동의 성
공을 위해 총독부가 여자교육확충정책도 추진했기 때문이라고 분석한다.
그러나 그럼에도 불구하고 여전히 여자의 '불취학' '비문해'가 훨씬 많았다
는 점에도 주목할 필요가 있다고 덧붙였다.[16]

조선총독부의 여자교육정책을 보면 우선 제1차 조선교육령(1911년)에서
보통학교(4년)를 마친 후에 진학하는 중등학교를 성별에 따라 고등보통학교
와 여자고등보통학교로 나누어 수업연한을 각각 4년과 3년으로 하여 고등보
통학교보다 여자고등보통학교를 1년 짧게 했다. 또한 교육목표 및 교과목에
서도 고등보통학교에는 없는 여자에게만 요구되는 덕목으로서 '부덕'(婦德)의
함양과 '가사, 재봉 및 수예' 교과목이 추가되었다. 그리고 여자고등보통학교
에는 '재봉 및 수예를 전수(專修)시키는' '기예과'(技藝科)도 설치할 수 있도록
했다. 이렇게 남녀별로 다른 총독부의 교육방침은 이후에도 유지되었다.

그 후 초등교육에서 전문교육에 이르기까지 입학자격과 수업연한, 학
과 등을 조선인과 일본인 모두에게 똑같이 적용한다고 표명하고 새롭게 내

---

15 위의 책, pp.115-116.

16 위의 책, pp.163-225.

놓은 제2차 조선교육령(1922년)에 따라 보통학교의 수업연한은 4년에서 6년으로, 고등보통학교는 4년에서 5년으로, 여자고등보통학교는 3년에서 5년으로 정해졌다. 그러나 보통학교와 여자고등보통학교의 수업연한에 대해서는 각각 연한을 단축할 수 있다는 다음과 같은 단서가 추가되어 있다. "보통학교의 수업연한은 6년으로 한다. 단 토지의 상황에 따라 5년 또는 4년으로 할 수 있다"(제5조), "여자고등보통학교의 수업연한은 5년 또는 4년으로 한다. 단, 토지의 상황에 따라 3년으로 할 수 있다"(제9조)에서 볼 수 있듯이 여자고등보통학교의 경우는 종래의 3년이라는 수업연한도 가능하다고 되어 있다. 실제로 1936년 5월말 당시 조선에는 여자고등보통학교가 공립과 사립 각각 10개교, 총 20개교 있었는데 모두 4년제였다.[17]

그리고 여자고등보통학교의 교육목표에는 여전히 '부덕의 함양'이 명기되어 있고, 교과목에서도 고등보통학교와 상이점을 발견할 수 있다. 다음은 고등보통학교규정(조선총독부령 제16호, 1922년 2월 20일) 및 여자고등보통학교규정(조선총독부령 제14호, 1922년 2월 17일)의 제7조에 규정되어 있는 학과목이다.

고등보통학교의 학과목(고등보통학교규정 제7조)
「수신, 국어 및 <u>한문</u>, 조선어 및 <u>한문</u>, 외국어, 역사, 지리, 수학, <u>박물(博物)</u>, <u>물리 및 화학</u>, <u>법제 및 경제</u>, <u>실업</u>, 도화(圖畵), <u>창가</u>, 체조로 한다. 외국어는 영어, <u>독어</u> 또는 불어로 한다(이하 생략)」 (밑줄은 인용자)

여자고등보통학교의 학과목(여자고등보통학교규정 제7조)
「수신, 국어, 조선어, 외국어, 역사, 지리, 수학, <u>이과(理科)</u>, 도화(圖畵), <u>가사, 재봉, 음악</u>, 체조로 한다. 외국어는 영어 또는 불어로 한다. <u>외국어는 이것을 제외하고 또는 수의(隨意)과목으로 할 수 있다</u>(이하 생략)」 (밑줄은 인용자)

위에서 볼 수 있듯이 고등보통학교의 학과목에 있는 '한문', '법제 및 경제', '실업'이 여자고등보통학교에서는 사라졌고, '박물'과 '물리 및 화학'은 '이과'로 통합되었다. 그리고 '외국어'에서도 고등보통학교의 '영어, 독

---

17 朝鮮總督府學務局『朝鮮諸學校一覽』1936, pp.121-123.

어 또는 불어로 한다'에서 '독어'가 빠졌고, 또한 여자고등보통학교에서는 외국어를 가르치지 않거나 또는 수의과목으로 하는 것도 가능하게 하고 있다. '역사'와 '수학' 교과도 여자고등보통학교의 교과 내용이 고등보통학교의 교과내용에 비해 초보적으로 간이한 내용을 가르치게 되어 있다.(양 규정의 제13조 제2항 및 제15조 제2항)

반면 여자고등보통학교에는 '가사', '재봉'이 신설되었다. 즉 "남성은 사회생활을 담당할 수 있는 일반지식을 습득하고 여성은 가정생활을 담당할 수 있는 일반지식을 습득해야 한다는 역할분업교육론이 제시되고 있는 것이다."[18] 이러한 성별 역할 구분은 고등보통학교 및 여자고등보통학교에서 교수할 때 주의해야 할 점을 정한 두 규정 제8조 제2항(〈표4-2〉를 참조)에도 나타나 있다. 남자에게는 '사회에 봉사하는 마음을 두텁게' 하는 것이, 여자에게는 '정숙하고도 동정(同情)이 풍부하며 근검을 중히 여기는 지조를 두텁게' 하는 것이 요구되고 있다.

표 4-2 **고등보통학교 및 여자고등보통학교의 교수방침**

고등보통학교규정 (조선총독부령 제16호, 1922년 2월 20일)	여자고등보통학교규정 (조선총독부령 제14호, 1922년 2월 17일)
제8조 고등보통학교에서는 교수함에 있어 특히 왼쪽(아래-인용자)의 사항에 주의해야 한다.	제8조 여자고등보통학교에서는 교수함에 있어 특히 왼쪽(아래-인용자)의 사항에 주의해야 한다.
1. 국민으로서의 성격을 함양하고 국어에 숙달되게 하는 것은 모든 학과목에서 항상 깊이 이것에 유의할 것을 요한다.	1. 국민으로서의 성격을 함양하고 국어에 숙달되게 하는 것은 모든 학과목에서 항상 깊이 이것에 유의할 것을 요한다.
2. 선량한 풍속을 존중하고 생도의 덕성을 함양하여 순량한 인격을 도야하고 <u>기꺼이 사회에 봉사하는 마음을 두텁게 하고</u> 동포화목의 미풍을 기르는 것을 기하여 모든 학과목에서 항상 깊게 이것에 유의할 것을 요한다. (이하 생략) (밑줄은 인용자)	2. 선량한 풍속을 존중하고 생도의 덕성을 함양하여 순량한 인격을 도야하고 <u>특히 정숙하고도 동정에 풍부하며 근검을 중히 여기는 지조를 두텁게 하여</u> 기꺼이 동포화목의 미풍을 기르는 것을 기하여 모든 학과목에서 항상 게 이것에 유의할 것을 요한다. (이하 생략) (밑줄은 인용자)

---

18 이희경 「1920-30년대 식민지 조선 여성교육의 성격—2차 교육령과 여자고등보통학교 규정을 중심으로—」『한국교육사학』 제28권 제1호, 2006, p.173.

게다가 사범학교의 수업연한에서도 '사범학교의 수업연한은 6년으로 하고 보통과 5년, 연습과 1년으로 한다. 단 **여자에 있어서는 수업연한을 5년으로 하고 보통과에 있어 1년을 단축한다**'(조선교육령 제15조)고 규정해 남녀 간에 차이를 두고 있다. 또한 사범학교규정(조선총독부령 제17호, 1922년 2월 23일)에도 '여생도에 있어서는 특히 정숙하고도 동정에 풍부하며 근검을 중히 여기는 지조를 두텁게 할 것을 요한다'(제5조 제2항)고 규정하고 있다.

이러한 방침은 1938년 3월에 개정된 제3차 조선교육령에도 계승되었는데 개정된 '사범학교규정'(조선총독부령 제27호, 1938년 3월 15일)에는 여학생의 교육에 있어 주의해야 하는 점이 더욱 상세히 규정되어 있다. 그것은 1930년대에 들어서서 농촌진흥운동(1932~40년)의 성공을 위해 총독부가 여자교육의 필요성을 제창하게 되었고, 그를 위해 여성 교원의 증원도 꾀하게 되었기 때문이다. 다음은 1934년에 개최된 각 도 학무국장 및 도 시학관 회의에서 여자교육의 필요성이 강하게 주장되었고, 그를 위해 여교원의 양성에 보다 힘쓰게 되었다는 것을 전하는 기사이다.

昨日부터 開幕된 各道 學務局長及道視學官會議는 今廿一日 第二日의 日程에 入하야 午前 午後를 通하야 各道 學務局長의 聽取事項 答申이 잇섯는데 答申 中 特히 注目되는 것은 女子初等教育의 普及策에 對하야 各道가 모다 熱烈한 意見을 吐한 것이다. 卽 每年 女子初等學校의 入學志願者는 收容力의 約倍에 相當하야 每年 志願者의 殆半數가 就學하려도 就學을 拒絕케 되는 狀態로 將來 國民의 教育上 또는 文盲退治 自力更生運動 等 見地로 보아 女子教育의 必要는 贅言을 不許하는 바인즉 女子公普의 增設을 要望한다는 것이 大部分 意見이 잇는데 此는 結局 豫算이 伴하는 問題로 急速 實現을 困難하므로 現在 女子公普의 學級數를 增置하기로 하고 其準備로 女子學校의 教員養成에 着手하기로 當局에서 考慮하게 되엇다는데 此를 爲하야 現在 京城師範에만 附設된 女子教育養成科를 大邱, 平壤의 兩師範에도 附設하게 되리라한다.(어제부터 개막된 각도 학무국장 및 도 시학관회의는 오늘 21일 2일차 일정에 들어가 오전 오후를 통해 각도 학무국장의 청취 사항 답신이 있었는데 답신 중 특히 주목되는 것은 여자초등교육의 보급책에 대해 각도가 모두 열렬한 의견을 내놓은 것이다. 즉 매년 여자초등학교의 입

학지원자는 수용력의 약 배에 상당하여 매년 지원자의 거의 반수가 취학하
려 해도 취학을 거절당하게 되는 상태로 장래 국민의 교육상 또는 문맹퇴
치 자력갱생운동 등의 견지에서 보아 여자교육의 필요는 더 말하면 잔소리
이므로 여자공립보통학교 증설을 요망한다는 것이 대부분의 의견이었는데,
이는 결국 예산이 수반되는 문제로 빠른 실현은 어려우므로 현재 여자공보
의 학급수를 늘리기로 하고 그 준비로 여자학교의 교원양성에 착수하기로
당국에서 고려하기로 되었다는데 이를 위해 현재 경성사범에만 부설된 여
자교육양성과를 대구, 평양의 양 사범학교에도 부설하게 되리라 한다.)[19]

즉 1934년부터 설립되기 시작한 간이학교에도 많은 교원이 필요해졌
기 때문에 대구와 평양의 사범학교에 여교원양성과를 부설하게 되었고,[20]
1935년에는 식민지기 최초의 독립된 여성교원양성기관으로 경성여자사범
학교가 설립되게 되었다.

1930년대 이후 여자교육확충정책이 시작되어 실제로 여성의 보통학
교 취학률도 향상되었지만 그 목표는 어디까지나 차세대 '국민'양성을 위
한 '현모양처'다운 여성을 양성하는 것이었다.[21] 그것을 엿볼 수 있는 것으
로 1930년에 경기도 여주군 가남면의 김종성(金鐘聲) 서기가 당시 총독부
가 발행했던 『조선』이라는 잡지에 투고한 다음의 문장은 주목할 만하다.
즉 그는 "婦女의 問題는 實로 經濟的 問題에 지지 안이할 重大한 問題라
할 것이다. 이것이 果然 그럿타하면 무엇보다도 女子의 教育이 急先務가
안이면 안이 될 것이다. 男尊女卑라는 頭腦를 가진 朝鮮의 男性은 如何하
냐? '男女七歲不同席'이란 時代에 錯誤된 思想을 가지고 婦女는 오즉 子女
를 生産하고 家庭에 숨어 잇는 것 以外에는 職務가 無한 것으로 생각하니
그를 爲하야 寒心할 뿐만 안이라 實노 社會에 對한 罪人이다"(부녀(여성)의
문제는 실로 경제적인 문제에 지지 않을 중대한 문제라 할 것이다. 이것이 과연 그

---

19 「女子初等教育의 普及策을 熱望, 女教員의 養成科를 大擴大乎, 學務課長會議에서」『每日
    申報』1934. 6. 22.
20 「女子教育에 主力等 朝鮮教育革新! 中等學校制度 一部를 變革코―學務課 안에 學生思想
    係를 新設置―二百萬 文盲打破計劃」『東亞日報』1934.7.17.
21 金富子, 앞의 책, pp.209-210.

렇다고 하면 무엇보다도 여자의 교육이 급선무가 안 되면 안 될 것이다. 남존여비라는 두뇌를 가진 조선의 남성은 어떠하냐? '남녀칠세부동석'이라는 시대에 착오된 사상을 가지고, 부녀는 오직 자녀를 생산하고 가정에 숨어있는 것 이외에는 직무가 없는 것으로 생각하니 그를 위해 한심할 뿐만 아니라 실로 사회에 대한 죄인이다) 라고 여자교육의 필요성을 말하면서도 "卽 家庭敎育의 責任者는 卽 이 主婦이다. 如斯한 重大한 責任이 잇는 한 婦女가 萬若 敎養이 無하다하면 將來가 萬里갓튼 其子女는 如何히 될 것이냐?"(즉 가정교육의 책임자는 즉 주부이다. 이러한 중대한 책임이 있는 한 부녀가 만약 교양이 없다고 하면 장래가 만리 같은 그 자녀는 어떻게 될 것이냐?)라며 그 목표는 '현모'(賢母)가 되는 것이라고 말하고 있다.[22] 그 후의 여자중등교육확충정책도 "가정적 실천교육에 치중하야 훌륭한 가정부인을 양성함으로써 학무국에서 방금 제창하고 잇는 생활개선운동의 전면적 전개를 가정으로부터 실행케 한다"[23]라는 방침으로 전개해 갔다.

그러나 이러한 보통교육과 중등교육을 받을 수 있는 것은 중·상위층의 일부 여성들이고 대부분의 여성은 가난하거나 여자라는 이유로 학교 문턱을 넘어본 적도 없었다. 위의 〈표4-1〉에서 확인했듯이 1942년에도 여성의 약 30%밖에 취학할 수 없을 정도로 제도교육 안으로 들어가지 못하는 불취학 아동에는 여자가 압도적으로 많았다.

---

22 金鐘聲「(讀者論壇)女子敎育에 對하야」『朝鮮』1930. 3, p.85.
23 「女子敎育 擴充重點은 家政的 實踐敎育에 生活改善運動에 呼應하야 學務局 時宜의 方針」 『每日申報』1937. 1. 30.

여성교육에서의 야학의 역할과 의미

1 3 · 1운동 이후 여성교육의 새로운 움직임

여성교육의 필요성을 주장하는 목소리는 1910년대부터 종종 등장한다. 1915년 2월의 『매일신보』에는 여성교육의 필요성에 관한 기사가 5회에 걸쳐 연재되는데,[24] '여자에게 교육을 베풀라, 여자아이에게 학교공부를 시켜라'라는 제목을 내걸고 매회 여성교육의 필요성을 주장하는 논자들의 기사를 게재했다. 그 논자들은 총독부의 아키야마(秋山)시학관, 경성여자고등보통학교의 오오타(太田)교장, 죄 없이 소박맞은 불쌍한 여자, 딸 오형제 있는 어떤 부인, 어느 여자고등보통학교 교사이다. 그러나 그들의 논지는 어디까지나 남성교육이 우선이고 여성교육은 그것보다는 덜한 것이었다. 좋은 결혼 상대를 만나 좋은 가정을 꾸려가기 위해서는 여성교육도 필요하다는 내용이다. 즉 여성교육의 근본적인 목적은 여기에서도 소위 '현모양처'가 되는 것이다. 이러한 여성교육의 필요성과 함께 여성교육으로 인한 부작용, 예를 들면 집안일에 무관심하거나 허영에 가득 찬 외모와 행동, 일부종사하지 않고 정조를 지키지 않는 것 등에도 주의해야 한다고 강하게 말하고 있다. 이 기사가 발표된 1910년대는 아직 공립보통학교 취학률이 낮고 취학독려를 하던 시기였기 때문에 이 기사는 아직 근대 학교교육에 대해 반감을 갖고 있던 조선민중에 대한 취학독려를 위한 것이었던 것으로 보인다.

---

24 「女子에게 敎育을 施ᄒ라, 계집ᄋ히의게 학교공부를 식혀라—女子를 不得不 敎育홀 必要, 녀ᄌ도 역시 사롬, 부득불 교육(總督府秋山視學官談)」『每日申報』 1915.2.5.; 「女子에게 敎育을 施ᄒ라, 계집ᄋ히의게 학교공부를 식혀라—女子敎育이 無ᄒ면 社會는 半身不遂, 녀ᄌ가 학문이 업스면 쟝리 소박덕이(太田京城女子高等普通學校長談)」『每日申報』 1915.2.6.; 「女子에게 敎育을 施ᄒ라, 계집ᄋ히의게 학교공부를 식혀라—學問이 無ᄒ 탓으로 妾은 如斯히 悲嘆ᄒ옵니다, 학문이 업셔 셜음 밧는 이 소룸의 신세(죄 업시 쇼박마진 불쌍ᄒ 녀ᄌ의 말숨)」『每日申報』 1915.2.7.; 「女子에게 敎育을 施ᄒ라, 계집ᄋ히의게 학교공부를 식혀라—今日 不幸이면 쟝래 막대ᄒ 후회, 쟝리에 만히 싱길 공부 못ᄒ 로처녀(똘 오형뎨 잇는 엇더ᄒ 부인의 말숨)」『每日申報』 1915.2.18.; 「女子에게 敎育을 施ᄒ라, 계집ᄋ히의게 학교공부를 식혀라—女學校에 對ᄒ 世人의 誤解, 녀학교는 과연 엇더ᄒ 곳인가(모녀ᄌ고등보통학교 교샤의 말숨)」『每日申報』 1915.2.19.

그러나 3 · 1운동 이후 민중계몽이 전개되기 시작해 학교교육의 수요가
증가함과 동시에 그때까지 전통적으로 차별을 받아왔던 부인들의 해방문
제나 여성교육에 대한 관심도 높아져 갔다. 1920년대에 들어선 후에는 위
와 같은 1910년대 여성교육론에 대한 다음과 같은 비판도 나타나게 된다.

> 近年 우리나라에 行하는 女子教育은 婦人解放의 根本的解決과는
> 아모 關係가 업는 것 갓다. 女子를 教育하는 것은 男子의 利益을 위하
> 야 하는 것이오, 女子教育에서 女子가 엇는 것은, 結婚條件에 滿足을
> 줄만한 屈從的美德이 아니면 家庭에서 시어머니 시죵드는 데나 使用될
> 二三의 家事의 知識에 不過한다. 女子教育의 意義가 이에서 지나지 못
> 한다 하면, 興行에 부려먹기 위하야 猿馬에게 재조를 배화주는 것이나
> 다름이 무엇이다.
>
> 이 教育方針은 中國에나 日本에나 다름업시 施行되는 것이다. 그리
> 하고 이러한 教育制度에 가장 滿足하는 者가 男子는 勿論이어니와 婦
> 人中에도(其中에도 教育家, 思想家로 自處하는 者中에)만흔 數爻에 達함
> 은 痛嘆치 아니치 못할 일이다.
>
> 그러나 時代는 推移한다. 그들이 驚動의 눈을 둥글게 쓰고 茫然自
> 失할 동안의 婦人解放의 大潮流는 지금 吾人의 足下에섯지 汎濫하야
> 온다.(최근 우리나라에서 이루어지는 여자교육은 부인해방의 근본적 해결
> 과는 아무 관계가 없는 것 같다. 여자를 교육하는 것은 남자의 이익을 위해
> 하는 것이오, 여자교육에서 여자가 얻는 것은 결혼조건에 만족을 줄만한 굴
> 종적 미덕이 아니면 가정에서 시어머니 시중을 드는 데에 사용될 2-3개의
> 가사지식에 불과하다. 여자교육의 의의가 여기에서 벗어나지 못한다면 흥행
> 에 부려먹기 위해 원숭이나 말에게 재주를 가르쳐주는 것과 무엇이 다르랴.
>
> 이 교육방침은 중국이나 일본에서도 똑같이 시행되는 것이다. 그리고
> 이러한 교육제도에 가장 만족하는 자가 남자는 물론이거니와 부인 중에도
> (그중에도 교육가, 사상가로 자처하는 자 중에) 많은 수효에 달하는 것은 통
> 탄하지 않을 수 없는 일이다.
>
> 그러나 시대는 움직인다. 그들이 놀란 눈을 둥글게 뜨고 망연자실할 부
> 인해방의 큰 흐름은 지금 우리의 발밑까지 범람해 온다.)[25]

---

25   송아지 「婦人解放問題에 關하야」『獨立新聞』1920. 3. 23.

이러한 선각자들에 의한 여자교육의 필요성 제기만이 아니라 여성들 자신도 교육열이 서서히 높아져 갔는데, 그 교육요구를 수용할 학교시설 이 부족해 여자교육의 대부분은 야학이 담당하게 되었다. 여성교육에서 야 학의 역할과 필요성을 주장하는 의견도 당시의 신문이나 잡지에 많이 실렸 고,[26] 실제로 1920년대에 들어와서는 여성만을 대상으로 하는 '여자야학' 이나 '부인야학'이 급증하게 된다. 그 설립 및 운영주체는 주로 근대교육을 받은 기독교나 천도교 신자들, 즉 '신여성'이나 각종 청년 단체였다.[27]

1920년대는 여성 자신들이 여성관련 단체를 조직하고 여성운동이나 계몽운동에 본격적으로 참여하기 시작한 시기이기도 하다. 이 시기에 조 직된 대표적인 여성단체로는 조선여자교육회(1920년), 태화여자관(1921년), 조선여자청년회(1921년), 조선여자기독교청년회(1922년), 여자고학생 상조 회(1922년), 근우회(1927년) 등이 있다.[28]

1920~30년대는 오랫동안 역사의 주변에 놓여 종속적인 지위에 있었 던 여성들이 가정이라는 울타리를 넘어 공적인 영역으로 데뷔하여 '사회적 존재'로서 본격적으로 활동하기 시작한 시기이다. 그 중심에는 신교육을 받은 '신여성'이라고 불리는 여성들이 있었다.[29]

신여성 중에는 학교교원과 기자, 작가, 의사 등의 직업을 가진 사람도 있어 본업에 종사하면서 동시에 여성관련 단체에도 참여하며 여성계몽을 위한 강연이나 집필활동을 비롯해 야학·강습소, 부인강좌의 개설, 여성운 동가 양성, 나아가 학교 설립 등과 같은 여성교육운동에도 참여했다. 예를

---

26 「婦人時評: 冬期와 女子夜學―女子啓蒙運動의 必要―」『東亞日報』1927. 10. 15.; 白頭 山人「社會現象槪觀―나의 생각은 이러합니다―」『開闢』第10號, 1921. 4, p.51; 俞珏卿 「우리의 企待하는 新女性」『靑年』第6卷 10號, 1926, pp.3-4 등.

27 김형목「1920-1924년 여자야학의 현황과 성격」『한국여성교양학회지』제12집, 2003, pp.51-54.

28 都築繼雄「朝鮮女子敎育會의 社會敎育活動」『東アジア社會敎育硏究』No.6, 2001, pp.185-186.

29 이명선「근대의 '신여성' 담론과 여성의 성애화」『한국여성학』제19권 제2호, 2003, pp.10-11.

들면 여성의 교육기회와 계몽운동을 위해 김미리사(1880~1955년)[30]를 중심
으로 1920년에 설립된 조선여자교육회에서는 여자야학회와 강습소의 운
영, 잡지 『여자시론』의 발간, 그리고 전국 순회강연 활동을 했다. 설립자인
김미리사는 동회의 설립에 앞서 1919년부터 부인야학강습소를 설립하여
운영했다. 1921년에는 전국여자순회강연회를 조직해 84일간에 걸쳐 전국
67개소에서 강연회를 열어 여성해방과 생활개량, 가정개량 등의 강연내용
으로 계몽활동을 펼쳤다.

〈그림4-1〉은 1925년 1월 29일 밤 7시반경부터 천도교 내수단이 주최
한 부인 대강연회에서 조선여자교육회 회원이 강연하는 모습이다. 이 날은
김미리사가 '완전한 인격', 유각경(잡지 『신가정』 주필)이 '혁신의 급선봉', 주
옥경(천도교 내수단)이 '부인문제'라는 주제로 강연했다. 조선여자교육회는
1922년에 조선여자교육협회로 인가를 받아 1923년에는 '근화학원'이라는
여성교육기관을 설립했다. 그 후 근화학원은 1925년에 근화여학교, 1934
년에 근화여자실업학교, 1938년에 덕성여자실업학교로 발전해 갔다.[31]

---

30 김미리사의 옛 성(姓)은 '차'인데 16세에 결혼한 후 서양식으로 남편의 성(김)을 따라 차
미리사에서 김미리사가 되었다. '미리사'(美理士)라는 이름은 세례명이다. 남편이 젊어서
병으로 사망한 후 김미리사는 기독교에 한층 심취하게 된다. 김미리사는 1900년에 교회
에서 지원을 받아 중국에 있는 신학교에 유학해 4년간 신학을 공부한 후 미국으로 건너
가 칸자스(Kansas)시의 스캐리트 신학교(Scarritt College)에서도 2년간 수학했다. 미
국에 있을 때 대동교육회(1905년)와 대동보국회(1907년)를 설립해 교육구국운동도 했
다. 귀국 후 1910년 12월부터 1920년 3월까지 약 10년간 배화학당의 사감과 교사로서
근무했고, 그 후 1920년에 조선여자교육회를 설립하여 여성교육 및 여성계몽운동을 본
격적으로 추진해갔다. 1937년부터는 옛 성(姓)으로 다시 돌아가 '차미라사'로 활동하게
된다. 한상권 「일제강점기 차미리사의 민족교육운동」 『한국독립운동사연구』 제16집, 2001,
pp.339~346.
31 李正連 「植民地期朝鮮における女教師の社會教育活動」 『生涯學習・キャリア教育研究』 第
16集, 2020, p.31.

그림 4-1 | 천도교 내수단 주최의 부인 대강연회
(『東亞日報』 1925. 1. 31)

또한 1927년에는 여성의 단결과 지위향상을 내건 전국적인 여성단체
로서 '근우회'가 설립되었다. 근우회(1927~31년)은 기독교계와 사회주의계
의 여성운동가들이 함께 설립했는데 약 1년 후에 기독교계 여성운동가들
은 조선여자기독교청년회(YWCA)를 중심으로 농촌계몽운동을 전개한다는
이유로 탈퇴했다. 김정인은 여성교육계몽론에서의 기독교계 여성운동가와
사회주의계 여성운동가의 차이점을 다음과 같이 분석한다. 기독교계 여성
운동가들은 실력양성의 입장에서 농촌여성을 계몽의 대상으로 삼고, 신여
성을 계몽의 주체로 설정해 농촌여성들에게 주목했지만, 여성노동자에게
는 그다지 관심이 없었다. 그에 반해 사회주의계 여성운동가들은 계급론적
관점에서 계급해방운동을 추구하면서도 그 앞 단계로서 여성계몽에 주목
하고 여성노동자 및 농민을 계몽과 해방의 주체로 설정했다고 말한다. 기
독교계 여성운동가와 사회주의계 여성운동가는 실력양성과 계급해방이라
는 각각 다른 노선이긴 했지만 양자 모두 여성의 문해교육을 위한 교육계
몽론을 실천했다는 점에 있어서는 공통적이라고 분석한다.[32]

근우회의 각 지회에서는 야학과 강연회를 열어 여성의 문해교육과 계
몽활동을 전개하고 동시에 여성의 경제적 자립 및 생활개선을 위해 재봉이

32 김정인 「근우회 여성운동가들의 교육계몽론」 『교육철학연구』 제41권 제4호, 2019,
    pp.67-86.

나 서양자수, 편물강습회도 개최했다.(〈그림4-2〉를 참조) 그리고 1929년 7
월에 조혼폐지와 결혼의 자유 등 여성에 대한 차별을 모두 철폐한다는 내
용을 담은 구체적인 행동강령을 채택하고,[33] 같은 해 12월에는 여성운동가
양성을 위해 전조선 부인강좌를 1주일간 개최하는 등[34] 봉건적 인습으로부
터의 여성해방과 여성의 경제적·사회적 이익을 보장하기 위한 다양한 활
동을 조직적으로 전개해 갔다.

그림 4-2　근우회 하기(夏期) 부인강연회

(『東亞日報』1927. 7. 30)

33　근우회의 《행동강령》은 다음과 같다.
　　1. 女性에 對한 社會的 法律的 一切 差別撤廢(여성에 대한 사회적 법률적 모든 차별철폐)
　　2. 一切 封建的 因習과 迷信打破(모든 봉건적 인습과 미신 타파)
　　3. 早婚廢止及結婚의 自由(조혼폐지 및 결혼의 자유)
　　4. 人身賣買及公娼廢止(인신매매 및 공창폐지)
　　5. 農民婦人의 經濟的 利益擁護(농민부인의 경제적 이익옹호)
　　6. 婦人勞動의 賃金差別撤廢 及 産前産後賃支拂(부인노동의 임금차별철폐 및 산전산후
　　　임금 지불)
　　7. 婦人及少年工의 危險勞動及夜業廢止(부인 및 소년공의 위험노동 및 잔업폐지)
　　「女性에 對한 一切差別撤廢, 早婚廢止와 結婚의 自由, 槿友會行動綱領」『東亞日報』
　　1929. 7. 25.
34　「全朝鮮婦人講座 槿友會에서 開催, 각 방면 학자를 망라하야 來月二日부터 一週間」『東
　　亞日報』1929. 11. 11.

이렇게 1920년대 이후 소위 '신여성'의 등장과 그 활동으로 남녀평등 과 여성의 권익보장 등에 대한 논의가 본격적으로 이루어지게 되었고, 그 것을 위한 여성계몽과 여성교육의 필요성도 강하게 요구되었다. 이러한 흐 름 속에서 신여성들 스스로가 여성을 위한 야학이나 강습소 등을 설립해 많은 불취학 아동과 부인 등에 대한 문해교육 및 계몽활동을 담당했다.

2   신여성의 사회적 활동과 야학

위에서 언급한 조선여자교육회(1920년)에서도 활동한 유각경 (1891~1966년)은 대표적인 신여성 중 한 명이다. 유각경은 1910년에 정신 여학교를 졸업한 후 중국에서 유학하고 귀국 후 모교인 정신여학교에서 1920년까지 교편을 잡았다. 그 후 잡지 『신가정』의 주필로 활동했고 1922 년에는 조선여자기독교청년회를 김필례, 김활란 등과 함께 설립하여 회장 으로 취임했다. 그리고 1927년에는 근우회의 발족에도 참여해 동회의 부 회장도 역임했고, 그 후에도 활발한 활동을 계속 이어간 인물이다.[35] 유각 경은 1926년에 『청년』이라는 잡지에 게재한 글에서 신여성들에게 기대하 는 역할 중 하나로서 '여성교육 보급문제'의 해결을 다음과 같이 쓰고 있다.

나의 말하고자 하는 女子敎育問題는 現在 各處에서 하는 方法과 갓 치 普通學校科目을 模倣하야 朝鮮語, 算術, 日語 等을 가라치는 것만 意味함이 아니고 그보다 幼穉하다면 幼穉하고 高尙하다면 高尙하게 知 識方面으로-情神方面으로-職業方面으로 가라치자는 말이올시다. 먼 저 半島안에 잇는 一千萬女子中에 一百萬은 學校出身이오 九百萬은 조선글도 모른다. 假定하면 저 無識한 九百萬女性을 敎育식힐 義務는 小數 된 一百萬女子의게 잇다고 생각합니다. 이러한 多數를 半數가 못되는 小 數人으로 敎育하려면 모든 것이 具備하게 해 가지고할 餘暇도 업고 財 政도 업스니 圓滿한 敎室과 敎材를 要할 것 업시 機會 닷는대로 어나

---

35   한국민족문화대백과사전 HP(http://encykorea.aks.ac.kr〔최종열람: 2021. 9.24.〕)

집 一間草屋에서라도 몃사람이던지 우리에 所能대로 먼저는 우리 先
祖 世宗大王씌서 지으신 우리글을 普及식혀서 新聞과 雜誌라도 다 보
도록 가라쳐노와야 하겟습니다. (중략) 우리나라 女子들은 下女는 고사
하고 上流階級에 處한 貴婦人들도 新聞雜誌를 보지 아니할 뿐만 아니
라 無用의 閒談으로 일을 삼어 貴重한 時間을 虛送하는 者가 만흔 것을
한탄하엿드니 오날쌔지도 그 習慣을 바리지 못하고 無意識으로 無價値
한 生活을 繼續하고 잇난 女子가 오히려 만슴니다. **저의들을 引導하야 暗
黑에서 光明한 天地로 나오게 하며** 또 **自己들의 生活은 奴隷的 生活이며
人形의 生活이엇슴을 깁히 覺醒하고 其墮落된 境涯로부터 一刻이라도 쌀
니 나오게 할 것이올시다.**(내가 말하고자 하는 여자교육문제는 현재 각처에
서 하는 방법과 같이 보통학교 과목을 모방해 조선어, 산술, 일어 등을 가르
치는 것만 의미하는 것이 아니고 그보다 유치하다면 유치하고 고상하다면
고상하게 지식방면으로─정신방면으로─직업방면으로 가르치자는 말이올
시다. 먼저 조선반도 안에 있는 일천만 여자 중에 일백만은 학교출신이오,
구백만은 조선글도 모른다. 가정하면 저 무식한 구백만 여성을 교육시킬 의
무는 소수의 일백만 여자에게 있다고 생각합니다. 이러한 다수를 반수도 못
되는 소수의 사람들이 교육하려면 모든 것을 구비해서 할 여유도 없고 재정
도 없으니 원만한 교실과 교재를 필요로 할 것 없이 기회가 닿는 대로 어느
집 초가 방 한 칸이라도 몇 사람이던지 우리 능력대로 먼저는 우리 선조 세
종대왕께서 지으신 우리글을 보급시켜서 신문과 잡지라도 다 보도록 가르
쳐놓아야 하겠습니다. (중략) 우리나라 여자들은 하녀는 고사하고 상류계급
에 있는 귀부인들도 신문 잡지를 보지 않을 뿐만 아니라 쓸모없는 이야기를
일삼아 귀중한 시간을 허송하는 자가 많은 것을 한탄하였더니 오늘까지도
그 습관을 버리지 못하고 무의식적으로 무가치한 생활을 계속하고 있는 여
자가 오히려 많습니다. 저들을 인도해 암흑에서 광명한 천지로 나오게 하고
또 자기들의 생활은 노예적 생활이며 인형과 같은 생활이었음을 깊이 각성
하고 그 타락한 상황에서 한시라도 빨리 나오게 할 것이올시다.)[36]

즉 '노예적 생활', '인형과 같은 생활'을 하고 있는 90%의 조선인 여성
들에게 10%의 신여성들이 시간과 장소를 가리지 말고 기회가 닿는 대로
한글을 가르침으로써 신문과 잡지라도 읽을 수 있게 해 '암흑에서 광명의

---

36 俞珏卿, 앞의 논문, pp.3-4.

천지로' 인도하자는 내용이다. 1920~30년대에는 이러한 신여성을 중심으로 한 단체들의 교육과 계몽 활동이 매우 활발했다. 여자야학도 이 시기에 양적 · 질적으로 모두 성장했다.[37] 특히 농촌 여성의 계몽에 주력한 기독교계 여성단체들에 의한 부인야학과 여자야학이 큰 비중을 차지했다.[38]

제2장 제3절에서도 살펴보았듯이 1920~1930년대에는 청년 · 부인단체와 노농단체가 많이 조직되었고, 그 단체들에 의한 계몽운동이나 문자보급운동 등이 왕성했던 시기이다. 그중에서도 여성야학의 개설은 당시 민족주의계 계몽주의 여성단체에서 여성계몽을 위한 필수사업 중 하나로 강조된 사업이었다.[39] 이들 단체에는 여학교 졸업생이나 재학생, 여교사 등이 많이 참여해 야학교사로 활동했다. 예를 들면 호수돈여학교를 졸업한 오연희는 평양군 야소교회 주최의 부인야학회에서 조선어, 일본어, 산술, 한자 등을 가르쳤고,[40] 수원의 삼일학교의 여교사 3명도 그 지역의 기독교의 여성보호회 사업으로 경영되던 부인야학회에서 가르쳤다.[41] 또한 전라남도 함평청년회가 주최한 부인야학에서는 공립보통학교의 여자부 촉탁 여교원과 군속 직원의 부인이 수신, 산술, 습자 등을 가르쳤고,[42] 평안북도 정주군에서는 각지에서 유학하는 정주유학생회의 여학생 주최로 여름방학 기간에 부인야학을 개최해 보통학교 3학년 이하 정도의 과목을 가르쳤다.[43]

37 천성호 『한국야학운동사-자유를 향한 여정 110년』 학이시습, 2009, pp.122-123.
38 「木浦基督女子靑年修養會 主催 木浦女子夜學會 組織」『東亞日報』1921. 3. 11.; 「順天耶蘇敎內婦人傳道會, 婦人夜學會設立」『東亞日報』1921. 8. 15.; 「新興里監理敎會 經營의 鎭南浦婦人夜學講習所 繼續」『東亞日報』1922. 9. 26.; 「春川面許文里禮拜堂 婦人夜學會 好績」『東亞日報』1922. 12. 13.; 「城津基督女子靑年會에서 婦人夜學會 組織」『東亞日報』1924. 5. 12.; 「錦山基督勉勵靑年會 婦人夜學 盛況」『東亞日報』1925. 2.18.; 「女子夜學 開始 基督女主催」『每日申報』1929. 8. 13. 등.
39 이송희 「일제하 부산지역의 여성운동(1)—1920년대를 중심으로—」『부산사학』 제34집, 1998, p.56.
40 「婦人夜學會」『時代日報』1925. 7. 9.
41 「三氏의 敎育熱」『東亞日報』1924. 4. 27.
42 「咸平婦人夜學」『每日申報』1921. 6. 11.
43 「명주부인야학 유학생회에서」『東亞日報』1926. 8. 9.

그림 4-3 신막덕성학원(新幕德盛學院) 여자야학부 1주년 기념사진
(『東亞日報』1932. 6. 20)

　　학교교육을 받은 소위 '신여성'에 의한 활발한 사회활동은 당시의 여
학생들에게도 큰 영향을 미쳤던 것으로 보인다. 1925년 8월『신여성』이라
는 잡지에는 여름방학이 시작되는 여학생들에 대해 고향에 돌아가 부인이
나 아이들에게 문해교육과 계몽운동에 노력하도록 독려하는 권두논문[44]과
함께 하기휴가에 귀향하는 일곱 개 여학교 학생들의 포부가 게재되었다.[45]
그중에 여자고등보통학교에 다니는 윤인숙이라는 여학생이 여름방학 기간
중에 부인야학의 개설을 생각하고 있다고 쓴 다음의 문장에서는 학교교육
을 받은 신여성으로서 자신도 무언가 사회를 위해 공헌해야 하지 않을까
하는 사명감을 느끼고 있는 것처럼 비춰진다.

44　許貞琡「鄕村에 도라가는 女學生諸君에게―啓蒙運動으로부터 社會的 敎養과 訓練에」
　　『新女性』1925.8, pp.2-5.
45　「夏期休暇에 歸鄕하는 京城女學校學生의 抱負―아름다운 理想과 實現될 새 事業」(『新女
　　性』1925.8, pp.12-16)에 실린 7명의 포부 일람은 다음과 같다.
　　金敬和(梨花女子專門學校)「농촌의 부인과 어린이들깨 언문 한가지라도 깨우처 주겟슴니다」
　　金必壽(同德女學校)「處女들에게 國文을 가르켜 주겟슴니다」
　　林貞姬(培花女子高等普通學校)「하긔방학은 수양에 시긔!」
　　韓信極(貞信女學校)「아동성경학원을 설시하기로」
　　朴敬順(淑明女子高等普通學校)「래년 상급학교 갈 준비로」
　　尹仁淑(女子高等普通學校)「夏期婦人夜學을 할가함니다」
　　閔壽男(進明女子高等普通學校)「학과를 성실히 자습하겠슴니다」

저는 무엇 아는 것이 업기 째문에 별로 생각하여 둔 것이 업슴니다. 每日 開城서 通學하기 째문에 이럭저럭 밧버서 별로 하는 것 업시 지나게 됨니다.

언제던지 녀름放學이 오면 무엇 별로 하는 일 업시 흐지부지하야 歲月을 보내고 말엇슴니다. 昨年에도 좀 무얼 해보려하엿스나 家庭에 不祥事가 이러나기 째문에 아무것도 못하엿슴니다. 그런데 今年 여름에는 家庭婦人들을 爲하야 夜學가튼 것을 하려고 함니다.

開城에 高麗女子館의 夜學部가 잇섯슴니다. 그러나 이달 十日에는 放學게 됨니다. 그동안을 利用하야 舊家庭婦人에게 諺文이라도 가르켜서 그들의 無識을 좀 깨처줄가 함니다. 그러나 아직까지 具體的 考案은 업고 오직 혼자 생각하고 잇슬 뿐임니다. 如何間 될 수 잇는 데까지 努力해 보려고 함니다.

여하간 금년 여름동안에는 전로젹을 다하야 부인과 어린 아동을 위하여 일하여 보려고 함니다.(저는 무엇 하나 아는 것이 없기 때문에 별로 생각해 둔 것이 없습니다. 매일 개성에서 통학하기 때문에 이래저래 바빠서 별로 하는 일 없이 지내게 됩니다.

언제나 여름방학이 찾아오면 별로 하는 일도 없이 흐지부지 세월을 보내고 말았습니다. 작년에도 무얼 좀 해보려 했으나 가정에 불상사가 생겨서 아무것도 못했습니다. 그런데 올해 여름에는 가정부인들을 위해 야학 같은 것을 하려 합니다.

개성에 고려여자관 야학부가 있었습니다. 그러나 이달 10일에는 방학을 하게 됩니다. 그동안을 이용해 오래된 가정부인들에게 언문이라도 가르쳐서 그들의 무식을 좀 깨우쳐줄가 합니다. 그러나 아직 구체적 고안은 없고 오직 혼자 생각하고 있을 뿐입니다. 여하간 될 수 있는 데까지 노력해 보려고 합니다.

여하간 금년 여름동안에는 모든 노력을 다해 부인과 어린 아동을 위해 일해 보려고 합니다.)[46]

그러나 3·1운동 이후 위와 같은 종교계나 여성계 등의 여러 단체 및 지방유지 등에 의해 전국적으로 전개된 다양한 민중야학은 1925년을 정점으로 감소해 간다. 그 이유는 총독부의 단속이 엄격해졌기 때문이다. 총독부는 민중야학에 대한 통제와 동시에 한편으로는 1930년대부터는 야학을 보통학교의 하위에 위치하는 학교 보완적 기관으로 활용했다. 즉 민족교육을 하는 야학을 통제하면서도 한편으로는 점점 높아지는 보통학교 취학률을 힘든 재정난 속에서 해결해야 했기 때문에 야학과 서당을 식민지교육의 보조시설로 개량해서 이용하려고 했다.[47] 야학에 대한 통제는 1920년대 후반부터 무인가나 기한만료, 교사의 불온한 사상 등을 이유로 여자야학에 대해서도 예외 없이 폐쇄를 명하는 일이 늘어났다.[48] 예를 들면 "곡산읍내 천도교 소녀야학회(谷山邑內 天道敎 少女夜學會)에서는 학교에 못가는 무산아동을 위하야 수년 동안 문맹퇴치에 힘써 오든바 지난 二十九일 돌연히 군당국으로브터 인가없다는 것을 리유로 폐지시켯다는데 배움에 굼주린 六十여명 소녀는 긔막힌 사정을 호소할 곳 업서 눈물짓고 잇다한다"[49]라는 기사에서 당시의 엄격한 통제가 느껴진다(〈그림4-4〉를 참조).

---

47 金富子, 앞의 책, pp.213-214. 1934년에 보통학교 미설치 벽지농촌에 설치된 2년제 간이학교제도가 만들어졌는데, 기존의 야학과 서당을 간이학교로 전환한 지역도 많이 볼 수 있다. 「優秀한 書堂을 簡易學校로 昇格―第3種免狀 가진 敎員을 採用, 平南道 臨時費로 補助」『每日申報』1934. 1. 27.; 「書堂の統制充實―內容を簡易學校程度に改め, 大いに助長の方針」『京城日報』1935. 4. 25.; 「府內 八十公立普通學校에 附屬簡易學校新設, 現在 講習所의 組織을 變更, 격심한 入學難 救濟」『朝鮮中央日報』1936.6.7.; 「十八處 講習所를 簡易學校로 擴充」『朝鮮中央日報』1936. 7. 24. 등.

48 「金海女子夜學會 閉鎖를 命令―여러 가지 口實로 認可遷延, 學父兄會 道에 陳情」『東亞日報』1928. 11. 3.; 「惠山鎭天道敎 經營 女子夜學도 閉鎖―五十餘名 生徒들은 校門을 못이저 徘徊」『東亞日報』1931. 12. 2.; 「進永女子夜學 突然閉鎖令―期限滿了와 講師 不穩理由」『東亞日報』1934. 10. 16.; 「無許可夜學等의 嚴重團束을 通牒―咸南道서 各郡府에」『每日申報』1937. 5. 12. 등.

49 「谷山少女夜學 郡當局에서 閉鎖令, 六十여명 소녀는 길에서 彷徨, 理由는 許可 업다고」『朝鮮中央日報』1934. 2. 7.

그림 4-4 / 폐쇄된 곡산소녀야학교 학생들

(『朝鮮中央日報』1934. 2. 7)

한편 1933년 이후의 서당과 야학에서 학생, 특히 여학생 수가 늘어났고,[50] 공립보통학교 등에서는 여자야학을 개설하는 곳도 늘었다.[51] 그 결과 1933년부터 1942년까지는 보통학교 취학률이 비약적으로 상승했고 여성의 취학률 향상도 강조된 시기이긴 하다.[52] 그러나 취학률의 남녀격차는 여전히 컸다.[53] 1930년대 이후의 야학 통계는 매우 단편적인데 김부자의 연구에 따르면 1930년대 전반보다 후반이 기관 수, 학생 수 모두 높았으며, 여학생 수, 여자비율 모두 상승했다.[54] 예를 들면 경기도의 경우 1934년 133개소였던 야학이 1940년에는 318개소로 2배 이상 증가했고, 야학에

50　金富子, 앞의 책, pp.315-223.

51　「新興普校 女子夜學開設 義務로 順次教授」『每日申報』1931. 6. 14.;「槐山普校에서 女子夜學開催」『中央日報』1933. 1. 29.;「羅南普校內 女子夜學會 三十日開校」『每日申報』1933. 6. 17.;「玄風에 女子夜學, 普校에서 設置」『東亞日報』1934. 2. 10.;「清津公普校女子夜學 好績」『每日申報』1934. 12. 4.;「育英普校女子夜學」『朝鮮中央日報』1935. 4. 29.;「女子夜學開催 南浦兩普校서」『東亞日報』1935. 11. 9. 등.

52　「男子와 同一水準으로 女子就學率도 向上, 今日부터 열린 學務課長會議, 初等教育問題도 討議」『東亞日報』1935. 10. 25.

53　오성철, 앞의 책, pp.131-135.

54　金富子, 앞의 책, p.219.

다니는 사람이 공립보통학교에 다니는 사람보다 높게 나타나는 등[55] 당시의 여성교육에서 야학의 역할은 매우 컸다고 할 수 있다.

---

55 1935년의 경기도 및 충청북도의 각 초등교육기관의 여자비율을 보면 공립보통학교의 여자비율이 각각 24.5%와 18.3%였고, 서당의 여자비율은 각각 12.2%와 24.8%인 것에 반해 야학의 여자비율은 각각 31.0%와 32.9%이다. 위의 책, pp.217-222.

야학에서의 여성의 배움 실태와 특징

- 1930~40년대 야학경험자의
구술사를 토대로 -

1 야학에서 여성의 배움에 주목하는 이유

조선인의 '취학'규정요인이 '민족·계급·젠더'의 세 요인이었다고 하는 김부자의 연구에 기초해 말하자면 조선인 여성은 취학에 대해 남성보다 몇 배나 불리한 입장에 놓여 있었다고 할 수 있다. 특히 경제적인 문제와도 직결되는 계급요인과 뿌리 깊은 '남존여비'사상에서 오는 젠더요인이 여성의 불취학을 양산시킨 요인이기도 하며, 그중에서도 특히 여성의 불취학에 크게 영향을 준 요인은 젠더요인이었다고 볼 수 있다. 그 이유는 경제적으로 어려운 가정에서는 여성(딸)보다 남성(아들)의 취학을 우선시했을 뿐만 아니라 경제적으로 여유가 있는 가정에서도 '여자는 어차피 시집갈 거니까 교육은 필요 없다'고 딸에게는 교육을 시키지 않는 가정이 많았기 때문이다. 그 근저에는 조선 사회에 깊이 뿌리내린 남존여비라는 유교문화가 자리하고 있음은 주지의 사실이다.

그럼 당시의 조선인 여성들은 이러한 상황에 대해 어떻게 생각하고 있었을까? 그리고 교육을 받을 수 없는 혹은 학교에 가지 못하는 여성들은 자신들의 교육욕구를 어떻게 채우고 자신들의 삶을 개선해 갔을까?

3·1운동 이후의 취학률 급상승 및 그 원인을 분석하거나 야학과 서당 등이 취학기회가 없었던 많은 불취학 아동이나 여성들의 배움을 담당해 갔음을 규명한 연구는 이미 식민지 조선의 교육연구에서 많이 찾아볼 수 있다. 그러나 실제로 당시의 학생(학습자)들이 어떤 생각으로 학교나 야학 등에 다녔고 거기서 무엇을 배웠으며 무엇을 느꼈는지 등에 대해서는 별로 다루어지지 않았다. 특히 여성교육의 많은 부분을 담당한 야학에 관한 연구는 더욱 적은 것이 현 실정이다. 그러나 야학은 여성들이 많이 다녔던 곳으로 여성학습자(여학생)들의 이야기에 주목함으로써 문헌자료로는 단편적으로밖에 알 수 없었던 야학의 실태, 특히 남성학습자(남학생)와는 다른 여성학습자들에서만 나타나는 특질도 밝혀낼 수 있다.

따라서 본 절에서는 제3장에서 검토한 야학경험자들의 구술사 중에서 여성들의 이야기를 조명함으로써 기존의 연구에서는 다뤄지지 않았던 여

학생의 관점에서 야학의 실태를 살펴보고 거기에서 드러난 당시 여성들의
생활과 배움의 특질을 규명하고자 한다. 당시 야학에는 불취학 아동을 위
한 야학만이 아니라 부인야학과 농민야학, 노동자야학 등 다양한 야학이
있었는데, 이번 조사대상자는 1930~40년대에 야학에 다닌 경험을 가진
사람들로 당시 주로 불취학 아동과 취학연령을 넘긴 여성들이었다.

2 구술사로 본 여성의 배움과 야학

〈표4-3〉은 제3장의 〈표3-4〉에서 여성 야학경험자 30명을 추려낸 것
이다. 각 조사대상자에게 붙인 번호는 〈표3-4〉에서 붙인 번호를 그대로
사용한다.

조사대상자(여성 야학경험자)는 1921년부터 1934년 사이에 태어난 여성
들이고, 1920년대생이 17명, 1930년대생이 13명이다. 이들은 1930년대부
터 해방될 때까지의 기간 중에 야학에 다닌 경험이 있다. 조사대상자인 여
성 30명의 출신지역은 평안남도를 비롯해 황해도, 경기도, 충청남도, 충
청북도, 전라남도(제주도를 포함), 전라북도, 경상남도, 경상북도 등 총 9개
지역이다. 당시 도시부에 살았던 사람은 2명뿐이고 나머지 28명은 모두
농촌지역에 살았다.

야학에 다니기 시작한 연령(세는나이)은 당시 7세부터 16세까지로 폭넓
고 야학에 다닌 기간은 짧은 사람은 일주일부터 수개월, 1년, 2년, 긴 경우
는 3~4년, 6년간 다닌 사람도 있는데 야학은 대체로 매년 농한기에만 개
최되는 경우가 많았기 때문에 1년이나 수년간 다녔다고 해도 실제 수학기
간은 매년 3~4개월 정도이며 전부 합해도 그다지 긴 기간이라고는 할 수
없다.

가계상황은 약 3분의 1인 10명이 부유층이었고, 4명이 가난했다고 말
했다. 원래는 부유층이었지만 부친의 도박이나 오빠의 빚으로 도중에 집안
이 어려워졌다고 말한 사람도 2명 있었다. 나머지 14명은 '그 시대는 여유

가 있었다고는 할 수 없지. 모두 힘든 시대였으니까'라는 식의 표현으로 대략적으로 말한 사람들로 부유했는지 가난했는지에 대해서는 명확하게 말하지 않은 사람들이다. 부모가 장사를 하거나 노동자였던 사람도 있었으나 대부분은 농업으로 생계를 꾸려나간 집안이었다.

조사대상자들이 다닌 야학의 종류를 보면 학교처럼 1년 내내 주간에 운영되는 학술강습소에 다닌 사람이 10명이었고, 밤에 열린 야학에 다닌 사람은 3분의 2(20명)였는데 그중 농한기에만 개설된 야학은 7군데였다.

그럼 이번 조사에서 얻은 1930~40년대 야학경험자의 구술사 중 여성(학생)들의 이야기를 토대로 당시 조선민중들의 여성교육에 대한 이해를 비롯해 여성들에게 야학은 어떤 장소였는지, 또한 여성들은 야학에서 무엇을 배우고 느꼈는지, 나아가 무엇을 얻었는지 등에 대해 살펴보고자 한다.

표 4-3 조사대상자(여학생)의 기본정보 및 야학관련정보

No.	성명	일본식 성명 (창씨개명)	출생 연도	출신지 (당시의 지명)	당시의 가족구성 (본인)	가정형편	수학기간 (시기/년)	야학유형 및 명칭 (실시 장소)	설립자· 교사	조사일 및 장소
4	장옥산 (張玉山)	미상	1927	경기도 진위군 현덕면 덕목리	조부모, 부모, 3남3녀 (장녀)	부유층 (조부는 한의사, 조부는 구장)	수개월 (1935)	강습소 (학교건물)	설립자&교사:마을 청년 2-3명	2016.2.21. (경기도 평택시)
11	김다남	金城ダナム	1932	전남 순천군 별량면 봉림리	모친, 3자매 (막내), 11세 때 부친 사망	부농이었지만, 부친의 도박으로파산	1-2년 정도 (1940-41, 간헐적)	강습소 (회관)	설립자: 미상 교사: 학교 교사와 반장 (청년)	2014.12.27. (서울시)
14	김순임 (金純任)	金光純任	1929	전남 보성군 노동면 광곡리	부모, 1남5녀 (차녀)	농업	3년 (1940-42)	양정원, 야학	위와 같음	위와 같음
15	오연숙	미상	1932	전남 보성군 회천면 전일리	조부모, 부모, 숙부3명, 3자매 (차녀)	농업	약 4년 (1940-43)	위와 같음	위와 같음	2013.10.10. (광주시)

16	이용수 (李容洙)	安原容洙	1928	경북 성주군 (출생), 대구 부(유년기)	조모, 부모, 5남1녀 (장녀)	농업	1년 정도 (1941, 간헐적)	강습소 (단독건물)	설립자: 미상 교사: 일본 인 1명과 조선인 여 러 명	2015.3.13. (대구시)
17	오정숙	豊山ヨシ子	1929	전남 제주군 한림면 명월리	조모, 부친, 1남2녀 (차녀)	빈농 (부친은 도일)	2년 (1942-43)	명월숙 (향사)	설립자: 오 용범, 오경후 교사: 오용 범, 오승구	2013. 6.20. (제주시)
18	오계아	豊山明子	1931	위와 같음	부모, 3남3녀 (막내)	농업	약 1년 반 (1942-43)	위와 같음	위와 같음	위와 같음
19	오상춘 (吳相春)	豊山花子	1931	위와 같음	부모, 5남1녀 (장녀)	농업	2년 정도 (1942-43, 간헐적)	위와 같음	위와 같음	위와 같음
26	이민금 (李敏金)	咸豊敏金	1934	경기도 진위 군 오성면 금곡리	부모, 3자매 (차녀)	농업	1년 (1944-45)	금곡리강습 소, 대반리 강습소 (단독건물)	설립자&교 사: 마을청 년(김씨)	2016.2.21. (경기도 평 택시)
28	김옥배 (金玉培)	미상	1930	충남 예산군 예산면	부모, 6남매 (차녀)	부유층 (고무신, 옷 장사)	수개월 (1944-45)	강습소 (단독건물)	설립자&교 사:젊은 남 녀 여러 명	2017.6.6. (충남 서산시)
30	이복우 (李福雨)	하지 않음	1925	충북 진천군 만승면 죽현리	조모, 부모, 3남5녀 (차녀), 올케	부농	야학: 1년 반 정도 (1939-40)	야학 (공회당)	설립자: 만 승면 교사: 일본 인 남녀 각1명	2016.2.20. (경기도 이 천시)
33	김옥실 (金玉實)	金沢玉實	1925	평남 평양부	부모, 1남3녀 (막내)	탄광 노동자	3년 (1931-33)	야학(교회)	설립자: 교회 교사: 숭실 학교 학생들	2013.10.11. (서울시)
37	이기월 (李基月)	미상	1921	충북 보은군	부모, 7남매 (차녀)	부농 (부친이 이장)	야학: 3~4년 정도 (1933-36) 국어강습회: 결혼 (1940) 후	야학 (교사 자택) 국어강습회 (미상)	【야학】설립 &교사: 보 통학교재학 중인 친척 (충북 보은군) 【국어강습 회】경성부	2013.4.30. (서울시)
39	정을순	미상	1927	충북 충주군 앙성면 중전리	부친3남1녀 (막내), 올케	빈농	수개월 (1935)	야학 (교사 자택)	설립자&교 사: 마을청년	2014.3.29. (경기도 여 주시)
40	한지순 (韓智順)	미상	1928	전북 임실군 오수면	부모, 1남4녀 (3녀)	농업	1년(농한기) (1935)	야학 (회관)	설립자&교 사: 마을청년	2016.11.24. (전북 임실군)
41	황옥순 (黃玉順)	미상	1930	전남 영암군	조부, 부모, 2남2녀 (장녀)	농업	수개월 (1937, 간헐적)	야학 (교사 자택)	설립자&교 사: 마을청년	2013.10.11. (서울시)

42	최순단 (崔順丹)	미상	1930	경북 구미시 선산군 고아면	부모, 3남6녀 (차녀)	농장	6년 (1937~42)	야학 (지역유지 자택)	설립자: 마을청년(일본유학 경험자) 교사: 마을청년 여러 명	2017.4.6. (강원도 속초시)
43	김정례 (金正禮)	하지 않음	1926	전남 강진군 성전면 월평리	부모, 4자매 (3녀)	일용직 노동자	2년(농한기) (1937~38)	야학 (공회당)	설립자&교사: 마을청년 4~5명	2018.10.12. (서울시)
45	김분례	미상	1927	전북 익산군 익산면 동산리	조모, 부모, 6남3녀 (장녀)	부유층	1년 정도 (1938~39)	야학 (회관)	설립자&교사: 이웃마을청년	2014.3.29. (경기도 여주시)
46	이계숙 (李溪淑)	미상	1927	경기도 여주군 대신면 가산리	부모, 6남4녀 (4녀)	부농	2년(농한기) (1938~39)	야학 (서당)	설립자&교사: 친구의 조부(서당 훈장)	2017.4.8. (여주시)
47	김소영 (金小英)	미상	1932	경남 경주(출생), 사천군 곤명면 (유년기)	부모, 3남6녀 (4녀)	부유층	1년 반 정도 (1938~39)	광명학원 (단독건물)	설립자: 최범술(다솔사 승려) 교사: 김동리, 이상권, 김월계	2013.8.9. (부산시)
48	이옥순 (李玉順)	宮本玉順	1925	전남 제주군 구좌면 송당리	부모, 독녀	농업	1년 (1940)	야학 (교사 자택)	설립자&교사: 사립중 양심상소학교 학생	2013.6.20. (제주시)
50	최금옥	미상	1929	황해도 연백군 청룡면	부모, 3남2녀 (막내)	농업	2년(농한기) (1940~41)	야학 (지역유지 자택)	설립자&교사: 마을청년	2013.8.10. (인천시)
51	전개분	미상	1925	경북 문경군 문경면 마원리	부모, 2남4녀 (막내)	부농이었으나 오빠의 빚으로 빈곤해짐	3년(농한기) (1940~42)	여자야학회 (보통학교)	설립자: 문경공립보통학교 교사: 여러 명	2016.1.29. (경기도 이천시)
52	김구선	미상	1930	경북 성주군 수륜면 계정리	조부모, 부모, 숙부·숙모, 3남3녀 (장녀)	부농	1년(농한기) (1941)	야학 (학교)	설립자: 미상 교사: 마을 청년	2015.3.13. (경북 고령군)
53	박창례	アライ セイシャク	1928	충남 홍성군 결성면 형산리	부모, 3자매 (장녀)	부농 (조부가 대지주)	1년 (1942)	야학 (공회당)	설립자&교사: 청년2명	2013.5.3. (서울시)
55	고이순	미상	1930	경남 산청군 생비량면	부모, 4남2녀 (차녀)	부농	기간은 미상 (보통학교와 병행)	야학 (지역유지 자택)	설립자&교사:신재연 (마을청년)	2013.10.12. (서울시)

56	송정섭 (宋貞燮)	宮本ジンネ	1931	충남 홍성군 홍동면 홍원리	부모, 5남3녀 (차녀), 올케, 조카	수공업 및 판매	야학: 3년 (농한기) (1942~44) 국어강습회: 여름방학기간 (1944)	야학 (지역유지 자택), 국어강습회 (학교)	【야학】설립자&교사: 이억수 (마을청년) 【강습회】설립자&교사: 홍동국민학교	2013.5.2. (경기도 평택시)
58	김홍분	미상	1931	충남 서산군 부석면 간월도리	부모, 5남매 (장녀)	빈곤 (부친이 서당 훈장)	1년 정도 (1944~45)	야학 (서당)	설립자&교사: 부친(서당훈장)	2017.6.6. (충남 서산시)
59	김순홍	金山ジュン子	1927	전남 제주군 구좌면 송당리	부모, 1남4녀 (막내)	농업	합숙 1주일 (1942)	야학 (작업장)	설립자: 구좌면 교사 : 고태진 (마을청년)	2013.6.20. (제주시)

(1) '남존여비'사상에 입각한 여성교육관

상술했듯이 식민지기에는 여성에게 교육은 필요 없다는 유교적 여성교육관이 남아 있어 많은 여성들이 학교교육을 받지 못했다. 물론 이번 조사 대상자들 중 여성이어도 야학과 강습소를 끝낸 후 또는 병행하면서 학교에 다닌 사람도 있었는데(No.30, 40, 46~48, 55), 대부분의 여성들은 취학경험을 갖고 있지 않았다.

집이 부유층이었음에도 불구하고 여자라는 이유로 집안일을 돕거나 어린 동생들을 돌봐야 한다는 이유로 학교에 보내지 않았던 경우도 적지 않았다. 특히 여성이 배운다는 것 자체에 대해 부친이나 조부모의 반대가 컸다. 예를 들면 박창례(No.53)의 조부는 당시 홍성군에서 다섯 손가락 안에 들 정도로 대지주로 부친과 백부, 숙부들이 그 넓은 토지를 분할해서 관리할 정도로 매우 부유한 환경에서 자랐지만 장녀라는 이유로 어렸을 때부터 모친의 일을 돕거나 동생들을 보살피는 일을 해야 해서 학교에는 보내주지 않았다고 한다. 김구선(No.52)도 일꾼을 고용할 정도로 부농이었지만 "할아버지가 여자는 뒤꿈치가 가벼워지면 안 된다고 반대해서" 학교에 보내주지 않았고, "뼈가 부서질 정도로 계속 일만 했어"라고 말하며 "학교에 너무 가고 싶었지. 학교에 다니는 애들을 보면서 울기도 했다니까"라고 말한다. 또한 당시 부친이 이장도 하고 "마을에서 우리 집이 젤루 신식이었어"라고 말하는 이기월(No.37)은 "학교에 보내달라고 매일 졸랐지"만, "할머니가 호랭이 같아서. 우리 어머니가 '너 학교 가면 나까지 쫓겨난다'고 하셔서" 결국 학교에는 못 갔다고 회상한다.

그 주된 요인으로는 "국민학교를 인저 갔는데 이웃 사람들이 모두 저 집에는 아들이 많은데 아들 공부시키지 가시나 뭣하러 공부시키느냐캤어요. 너무 자존심 상하잖아요. 그럼 내 안 가면 될 거 아니가 하고 한 3학년까지 댕기구 관뒀어"라는 이용수(No.16)의 말에서도 볼 수 있듯이 남존여비사상이 뿌리 깊게 남아있음을 알 수 있다. "계집애들은 길삼과 바느질, 뜨개질을 배웠고 부모가 하는 일을 돕는 것이 그 시대 그 지역(제주도 명월리-인용자)의 풍습이었다"[56]라고 말하는 오계아(No.18)의 발언처럼 여성은 집안일과 육아를 돕다가 시집가면 그만이라는 사고방식이 강했다. 시집갈 거니까 학교교육은 필요 없고 오히려 여자는 학교에 가서 글을 배우면 "시집가서 시집살이 사나우면 친정으로 편지만 종종 한다고. 기집애는 공부시키면 안 되는 것이야, 할머니가"라고 말하는 김분례(No.45)나, 마찬가지로 학교에 갈 정도로 경제적으로 부유했지만 "아버지가 학교 보내주게 되면은 공부하게 되면 그 다음 시집가서 뭐 좀 나쁘면 홀까닥 편지 쓰고 온다고 우리 아버지가 (공부를-인용자) 못 하게 하더라고"라는 최순단(No.42)의 말에서 여성은 글자를 배우는 것 자체도 허용되지 않았던 당시의 분위기를 읽을 수 있다.

이계숙(No.46)은 부농 집안에 6남 4녀 중 넷째 딸로 태어나 12~13세에 2년제 간이학교에 다니면서 밤에는 친구 할아버지(서당 훈장)가 손녀를 위해 열었던 소규모의 야학에서 한글을 배웠다. "딸 중에서는 막내라서 나만 2년제 핵교 갔어"라며 오빠와 남동생은 모두 6년제 보통학교에 다녔지만 언니 3명은 취학도 안 시켜줬다고 한다. 이계숙이 간이학교에 입학할 수 있었던 것은 모친이 보내줬기 때문인데 모친이 취학시켜준 이유는 위의 사례들과는 반대였다. "시집이래두 가면 애미한테 그래도 편지래두 해

---

56 오계아 『명월리 팽나무처럼』 도서출판 세림, 2006, p.161.

야 되지 않나 싶어서 엄마가 핵교를 보냈어. 근데 간이핵교에서는 일본글만 가르쳐서 야학에서 한글도 배웠지"라고 말한다. 이러한 모친의 지지로 야학에 다닌 사람도 몇 명 더 있었다. 제주도의 오정숙(No.17)은 모친의 권유로 명월숙에 다니게 되었다고 말했고, 할머니의 강한 반대로 학교에는 못 가고 친척이 가르치는 야학에서 배운 이기월(No.37)은 야학에서 사용하는 노트나 연필 등은 모친이 할머니에게 들키지 않게 몰래 사다줬다고 한다. 또한 위에서 언급한 최순단(No.42)도 취학을 반대한 부친과는 달리 모친은 학교에 가지 못하는 아이들을 위해 같은 마을의 다른 부모들과 함께 야학을 기획해 교사도 백방으로 찾아다녀 일본유학경험이 있는 사람에게 야학을 담당해 달라고 했다. 즉 조부모나 부친들은 여성의 교육에 대해 아직 부정적으로 생각하는 사람들이 많았지만 모친 중에는 딸의 교육을 뒤에서 응원하고 그 중에는 상당히 적극적인 지원을 한 모친도 있었다.

한편 학교에 비하면 야학에 다니는 것에 대해서는 크게 반대하지는 않았던 것으로 보인다. 그 이유로는 주로 야간에 이루어졌다는 점과 무료로 가르쳤던 곳이 많았던 점 등을 들 수 있다. 물론 야학도 반대한 부모도 있다. 이용수(No.16)와 김정례(No.43), 최금옥(No.50)은 여자라는 이유로 야학에 다니는 것도 반대에 부딪쳤지만 전개분(No.51)이 반대에 부딪친 이유는 조금 달랐다. 전개분은 집이 원래 부농이었기 때문에 보통학교에 입학은 했지만 오빠의 막대한 빚으로 가계가 어려워져 3학년 때 중도퇴학했다. 그 후 보통학교에서 농한기를 이용해 여자야학회가 열려서 그곳에 다녔는데 도중에 부친이 반대하게 됐다. 반대 이유는 당시 마을에서 젊은 여자들을 공출해서 일본으로 데려간다는 소문이 돌았고, 그것을 들은 부친이 일본어를 할 줄 알면 끌려갈 가능성이 높다고 생각해서 야학에서 일본어를 배우는 것을 반대하기 시작했다는 것이다. 소문에는 일본으로 끌려가면 "피를 빼간다"라는 말까지 돌아서 너무 무서웠다고 말한다.

이번 조사에서는 당시 '공출'이라는 명목으로 미혼의 젊은 여성을 일본으로 데려간다는 소문 탓에 10대 중반의 여성을 결혼시켰던 일도 많은 지역에서 확인할 수 있었다. 예를 들면 충청북도 충주군 출신의 정을순

(No.39)은 "우리 친정아버지가 나 열일곱살 먹던 해에 일본사람이 기집애 데려다 공출한다고 그러는 바람에 시집을 그냥 별안간 보냈어 나를. 그래서 나 시집도 열일곱살에 일찍 왔어"라고 말하고, 전라남도 순천군 출신의 김다남(No.11)은 "일본놈들이 뺏어서 거기 데꾸가니까 그리서 부모님이 우리 16살 먹은 언니를 얼른 시집을 보낸 거여. 안 저기 할라구"라고 증언한다. 또한 경상북도 성주군 출신의 김구선(No.52)도 "처녀모집 한다 해서 열여섯살이 여기 시집 왔는디"라고 말한다. 당시 남성은 17세, 여성은 15세 이하의 결혼이 조혼으로 여겨지긴 했으나 1930년대부터는 조혼자에 대해 보통학교와 중학교 입학을 금지하는 곳이 등장하는 등 조혼에 대한 통제와 부정적 인식이 확대되어 갔던 것으로 보인다.[57] 실제로 이번 조사대상자의 대부분은 16-17세 때 결혼한 것을 조혼으로 인식하고 있었다.

그리고 '처녀공출'이 원인으로 야학을 중단 또는 포기한 사람도 있었다.[58] 예를 들면 황해도 연백군 출신으로 13세에 결혼한 최금옥(No.50)은 "야학을 열두살에 갔어. 아이 나 창피한 소리지. 왜정시대 때 왜 저기 처녀 공출할 때 일본으로 뽑아가잖아. 그러는 바람에 시집도 일찍 갔어"라고 회상한다. 또 충청남도 홍성군 출신의 박창례(No.53)가 "모집이라면서 일본 군인들이 마을 처녀들하고 야학에서 같이 공부하던 여학생들을 데리고 가서 야학을 그만뒀다"고 말하는 것에서도 야학의 중단이유를 엿볼 수 있다. 당시 젊은 미혼여성들을 대상으로 방적공장 등에서 일하는 사람을 모집해 일본으로 데려갔었는데, 그곳에 끌려가면 절대 돌아오지 못한다는 소문이 퍼져 그런 소문을 들은 마을 어른들이 딸의 결혼을 서둘렀다는 말을 들은

---

57 「約婚 或 結婚한 男女는 中等校入學을 拒絶, 早婚弊風을 막기 爲하야 三年間 猶豫로 實行 할 豫定, 平南校長會議 決議」『東亞日報』1933. 8. 3.;「早婚兒童의 小學校入學 伊川郡 서도 拒絶」『每日申報』1938. 8. 7.;「舊慣因襲打破: (中)各界人士의 高見—早婚禁止 適 齡婚獎勵／冠婚喪祭諸儀改善」『東亞日報』1939. 1. 4.;「早婚의 陋習을 싸려 부시라—旣 婚者엔 入學拒絶, 在學中의 約婚 結婚도 斷然禁止, 江原道, 各學園에 嚴達」『每日申報』 1940. 7. 30.;「早婚하지말자!—女子는 徵用치 않는다」『每日申報』1944. 5. 16.

58 '공출'(연행)에 의해 12~13세경에 학업을 중단했다는 증언은 과거 '위안부'(여자근로정신 대를 포함)의 증언을 토대로 당시 여성의 불취학 상황을 밝힌 김부자의 연구에서도 찾아 볼 수 있다. 金富子, 앞의 책, pp.252-271.

적이 있다고 한 사람은 이번 조사대상의 여성뿐만 아니라 남성 야학경험자
도 많이 증언했다. 그 중에는 당시 부모들이 '공출'을 피하기 위해 서둘러
딸의 결혼상대를 찾느라 가난하거나 지적장애를 가진 남자와 결혼을 시키
는 경우도 꽤 있었다고 말하는 사람도 있었다.[59]

이상과 같이 1930~40년대에도 여전히 남존여비의 풍습이 뿌리 깊게
남아 있고, 그것은 여성교육에 큰 영향을 미쳤다. 학교 취학은 물론 야학
에 다니거나 문자를 배우는 일 그 자체를 부정적으로 생각하는 풍조가 있
었다. 당시는 여자가 문자를 배우면 기생이나 창부가 되니까 안 된다고 해
서(No.48), 또는 야학은 남녀가 같은 방에서 함께 배우기 때문에 그것이 싫
어서 다니지 않았다는 여성도 있었다고 한다(No.11).

이렇게 여성교육에 대한 사회적 인식이 아직 진보하지 않았던 것도 있
고 다녔던 야학 유형에서도 남녀 차이를 볼 수 있다. 남성의 경우는 1년 내
내 주간에 운영되던 학교와 유사한 형태의 학술강습소에 다닌 사람이 3분
의 2를 차지하고 부모의 반대도 없었으며, 오히려 부모의 지지가 있었던
경우가 많았다. 그리고 야학과 강습소를 끝낸 후에는 보통학교에 입학 또
는 편입하는 경우가 많았고, 그 중에는 중등학교 진학까지 하는 사람도 여
러 명 있었으며, 학교 졸업 후 또는 해방 후에는 교사나 경찰, 군인 등의
직종에 취업한 사람도 있었다. 그에 반해 여성의 경우는 주간의 학술강습
소에 다닌 사람은 이번 조사에서는 10명(No.4, 11, 14~19, 26, 28)으로 3분
의 1에 그쳤고, 또한 강습소에도 가다말다 간헐적으로 다닌 사람이 3명이
나 있었다(No.11, 16, 19). 많은 여성은 야간에 열린 야학에 다녔는데 그중
약 30%는 매년 농한기(약 3~4개월)에만 열린 야학에 다녔다. 그리고 여성
의 경우는 야학을 끝낸 후 학교에 입학한 사람도 적었고 식민지기에 야학
에서 배운 것이 마지막 배움이 된 사람도 많았다. 그 탓인지 야학에 2~3
년 다녔다는 여성 중에는 자신의 이름의 한자표기나 일본식 이름을 모

---

59 인터뷰조사는 실시했지만 건강상의 문제로 충분한 인터뷰를 할 수 없었기 때문에 분석
대상에서는 제외한 김점순(1926년생, 충청북도 옥천군 청산면 출신(조사일시: 2014. 5.
24.))과 제5장에서 검토할 야학교사경험자인 박규선(1924년생, 인천광역시 강화군 화도
면 출신(조사일시; 2015. 1. 31))의 인터뷰 자료.

르거나 또는 쓰지 못하는 사람이 남성에 비해 훨씬 많았다(제3장의 〈표 3-4〉를 참조).

1930년대가 되면 여성의 보통학교 입학자가 급증하고 서당이나 강습회도 여성들이 많이 다니게 되었다고는 하나[60] 1944년 현재 12~19세 여성의 불취학률은 82.3%로 여전히 높았고,[61] 여성 전체의 문해율을 보면 그 수준은 참담한 수준이다. 〈표4-4〉에서 볼 수 있듯이 1936년 말 현재 '국어'=일본어를 '약간 이해할 수 있는 사람'은 남성 843,310명, 여성 209,593명이며, '일상 대화에 지장이 없는 사람'은 남성 903,612명, 여성 147,447명이다. 이 수치가 같은 연도의 남녀 인구에서 차지하는 비율을 각각 계산해 보면 남성 16.1%, 여성 3.4%로 여성의 일본어 해득률이 압도적으로 낮았음을 알 수 있다. 이러한 당시의 여성 비문해율을 남성의 그것과 비교하면서 지적하는 기사[62]와 그 원인이 '남존여비'의 구습에 있다고 비판하는 의견은 식민지 말기에도 여전히 계속되었다.[63] 즉 식민지기의 여성교육은 총독부의 소극적인 교육정책만이 아니라 조선사회의 유교적인 규범에 뿌리내린 젠더규범에도 크게 영향을 받아 식민지 말기까지도 비약적인 발전을 보지 못했다. 그러한 악조건 속에서 조금이나마 여성교육에 이바지한 것이 야학이었다고 할 수 있다.

---

60 金富子, 앞의 책, p.222.

61 板垣竜太「植民地期朝鮮における識字調査」『アジア・アフリカ言語文化研究』58, 1999, p.292.

62 「男子보다 尤甚한 女子의 文盲程度, 중앙 三도의 녀자 문맹 상태, 千人中 九百人이 無識」 『東亞日報』 1933. 1. 20.

63 「朝鮮女子教育의 欠點」『東亞日報』 1929. 9. 21.; 한결 「欠陷많은 朝鮮의 女子教育」『東光』 第18號, 1931. 10. 2.;「女子教育에 對하야」『東亞日報』 1935. 4. 15.; 李萬珪 「여자교육의 중대성—딸의 교육은 구혼인가? 취직인가?—」『東亞日報』 1939. 9. 15.; 張鷹震 「새해의 所望: 男尊女卑思想에서 解脫—女子教育에도 注重하라」『每日申報』 1940. 1. 12. 등.

표 4-4   '국어'를 이해하는 남녀별 조선인 수 및 비율(1936년 말)

인구		약간 이해할 수 있는 사람(A)		일상대화에 지장이 없는 사람(B)		(A+B)의 비율 = 해득률	
남	여	남	여	남	여	남	여
10,842,097	10,531,475	843,310	209,593	903,612	147,447	16.1%	3.4%

자료: 朝鮮總督府學務局學務課『學事參考資料』1937. p.218, 227.

(2) 야학의 복합적인 역할

종래의 야학연구에서는 '야학'이라는 장을 불취학 아동과 취학연령을 넘긴 청년, 부인, 농민, 노동자 등에 대해 주로 글이나 산술 등의 문해교육과 실용적인 지식을 가르친 곳, 그리고 야학에 따라서는 민족교육도 실시한 '민중교육의 장'으로서 파악해 왔다. 그럼 당시 실제로 야학에 다녔던 학생들은 야학을 어떤 곳으로 인식하고 이용했을까? 특히 남성과는 달리 학교 입학은 물론 배우는 것 자체를 허락받지 못했을 정도로 유교적인 젠더규범에 얽매여 있었던 여성들에게 야학은 어떠한 곳이었을까? 이번 조사대상자들 중 여성의 구술사에 주목해 본 결과 그녀들에게 있어 '야학'이라는 장은 반드시 '배움터'만이 아니었다는 것을 알 수 있었다.

이미 제3장에서 야학은 불취학자들의 배움터, 즉 학교대체시설이나 재수학원과 같은 기능을 했을 뿐만 아니라 지역의 거점역할도 했었다는 점을 지적했다. 그러나 학교 입학을 허락받지 못했던 여성들에 초점을 맞춰보면 남학생들에게서는 볼 수 없었던 여학생들만의 특질이 드러난다. 물론 당시의 많은 여학생들은 '글자를 배우고 싶어서', '매번 새로운 것을 배울 수 있어서' 등과 같이 이른바 '공부'를 주된 목적으로 야학이나 강습소에 다녔다.

그러나 한편으로 "야학에 댕깅께 그냥 좋았고 모두 그러구 까부는 것이 좋았지"(No.11), "배우기 싫은데 친구들 댕기니까 그냥 댕긴 거지"(No.50), "장난삼아 가는 거지. 그 재미로 뭐 공부나 옳게 배와도 안하고 노니라고"(No.52), "다 모여서 노는 재미로 매일 더 가지. 저 동네 앞에 숲이 있어. 거기 나가서 노래 막 부르고 했어"(No.37) 등 '공부' 이외의 즐거움으로 다녔다고 말하는 사람도 적지 않았다. 즉 그녀들이 야학에 계속 다니게 된 동력은 '공부'보다는 그곳에서 만나는 '친구들과 노는 것'이었다. 상술한 전개분(No.51)의 경우 부친이 '처녀공출'을 두려워해서 야학에 가는 것을 반대했음에도 불구하고 부친의 눈을 피해 몰래 야학에 계속 다녔다. 그 이유는 여자야학회(관제야학)에서 가끔씩 상영해 준 전쟁추진 교육영화를 보러 가기 위해서였다. 물론 그녀가 주최측의 정치적 의도를 정확히 이해하고 찬동한 것은 아니다. "가츠도 샤신(활동사진-인용자)에서 나오는 노래(군가-인용자)를 다 같이 부르고 막 떠들고 그런 기 좋아서 가지"라는 말에서도 엿볼 수 있듯이 영상 내용보다는 평소 접할 수 없는 활동사진(영화)이라는 신문물과 문화체험, 영상에서 흘러나오는 서양음악을 차용한 행진곡 스타일의 군가 멜로디, 또한 그것을 모두 함께 합창하는 처음 해보는 경험이 신선했을 것이다. 전개분은 지금도 그때 배운 노래를 기억하고 있었으며, 그 노래의 한 소절을 미소 지으며 완벽하게 불러주었다. 그 노래는 1937년에 발표된 '노영의 노래'(露營の歌)(작사: 야부우치 키이치로(藪內喜一郎), 작곡: 고세키 유지(古關裕而))라는 전시가요였다. 그녀가 불러준 한 소절의 가사는 다음과 같다.

勝って來るぞと　勇ましく	이기고 오겠노라 용감하게
ちかって故郷を　出たからは	맹세하고 고향을 떠나온 이상
手柄たてずに　死なりょうか	공도 못 세우고 죽을쏘냐
進軍ラッパ　廳くたびに	진군의 나팔소리 들을 때마다
瞼に浮かぶ　旗の波	눈앞에 어른거리는 깃발의 파도

(번역: 필자)

야학에 다녔던 남학생들 중에는 당시 경쟁이 심했던 보통학교 입학과 중등학교 진학을 위한 시험 준비, 혹은 취직에 도움이 되기 때문이라는 명확한 목표를 갖고 야학에 다닌 사람도 다수 있었지만, 여학생은 그런 경우는 거의 찾아볼 수 없었다. 당시 장래 꿈이 무엇이었냐는 물음에도 남성의 경우는 소수이긴 하나 영문학자나 기차 기관사, 가수 등이라고 답변한 사람이 있었던 반면 여성 대부분은 '장래 꿈'이라는 말조차 생각해 본 적이 없었다고 한다. 즉 당시의 많은 여성들에게는 교육을 받아 장래 직업을 갖는다는 것은 선택지에 없었고, 오로지 결혼이라는 선택지밖에 없었던 것이다. 그리고 낮에는 집안일과 농사일을 돕거나 어린 동생들 돌보기 등으로 친구들과도 자유롭게 놀지 못하는 경우가 많았던 어린 여자아이들에게 마을 아이들이 많이 모이는 야학은 최고의 놀이터였을지도 모른다. 이러한 환경에서 자란 여성들에게 야학은 기초적인 문해교육을 받는 '배움터'이기도 했지만 일부 여성들에게는 동년배의 친구들이 모여 왁자지껄하게 수다를 떨 수 있는 소위 '놀이터'와 같은 곳이기도 했던 것이다.

더욱이 여성들에게 야학은 집안일이나 농사일, 동생들 돌보기 등에서 벗어나 잠깐이나마 쉴 수 있는 '쉼터'이기도 했다. 예를 들면 양정원에 다녔던 김순임(No.14)은 "모 심는다구, 밭 맨다구 (양정원에-인용자) 못 가게 해. 인쟈 뭔 일이 있으면 못 가게 허면 몰래 울타리 그 뺏겨 뒹긴뒤로 꿰어가꾸 학교(양정원-인용자)를 갔어, 못 가게 해 갖구", "때려죽인다구 인쟈 갔다오면 혼났어"라고 말한다. 오빠가 설립하고 가르쳤던 명월숙에 다녔던 오상춘(No.19)은 "처음 생길 때부터는 못 다녔지. 애기덜 돌보구 하느라 중간부터 다녔지. 그냥 뭐 얼마 다니지두 않았어. 가다 말다 했어", "비 오면 완전 좋아. 쉬니까. 일을 안 하니까"라고 증언한다. 즉 당시의 많은 여성들은 어린 동생들을 돌보거나 집안일, 농사일을 도와야 했기 때문에 그 노동에서 벗어나는 한 방법으로 학교나 야학에 가고 싶어 했던 것을 알 수 있다. 그것은 "어릴 때부터 동생들을 돌보고 집안일을 했었지. 학교에 가고 싶었어. 그 이유는 첫째는 일에서 벗어나기 위해서, 둘째는 친구들과 놀고 싶어서, 셋째는 공부하고 싶어서"였다고 하는 박창례(No.53)의 발언에서도 엿볼 수 있다. 송정섭(No.56)도 야학에 가거나 이웃집에 놀러갈 때마다 집안일을 돕지 않고 놀러 다닌다고 올케가 눈 흘기고 했다고 말한다. 이처럼 여성이 야학에 가는 목적은 반드시 '공부'만이 아니라 친구와 만날 수 있는 '놀이터'나 노동에서 해방되어 한숨 돌릴 수 있는 '쉼터'를 위해서 다닌 사람도 적지 않았음을 알 수 있다. 특히 남성과는 달리 평소의 노동에서 벗어나기 위해 야학을 이용한 사례는 여성들에게서만 찾아볼 수 있었던 특징이다.

이상에서 1930~40년대의 식민지 조선의 야학 실태를 당시 그 야학에 다녔던 적이 있는 여성들의 구술사를 토대로 고찰했다. 그 결과 드러난 당시 여성들의 생활과 야학의 특질은 크게 다음의 세 가지로 요약할 수 있다.

첫째, 1930년대 이후 여성의 교육 참가율이 대폭 향상되는데 특히 야학에서의 여성비율은 공립보통학교나 서당의 그것보다도 높아 여성교육에서 야학이 차지하는 비중은 매우 컸다고 할 수 있다. 1930~40년대는 여성교육에 대한 필요성이 강하게 요구되어 여성의 보통학교 취학률도 조금은 올랐지만 남존여비의 유교문화 속에서 여성은 취학이 아니라 가사노동을 강요받았고 심지어는 가계에 여유가 있어도 여자라는 이유로 학교에는 보내주지 않아 야학에 다닌 사람도 많았다.

둘째, 야학은 보통학교가 없는 농촌벽지 등에도 설치되었고, 또한 학교에 비해 학사규정이나 규칙, 여러 운영체제 등이 느슨하고 경제적 부담도 적어 학교교육의 혜택을 받지 못하는 여성들에게는 나름 접근하기 쉬운 교육시설이었다고 할 수 있다. 그러나 그 느슨한 조건이나 운영환경은 여성들을 야학으로 많이 끌어당기는 요인이기도 했지만, 한편으로는 노동이나 결혼, 질병 등과 같은 특별한 이유가 없어도 쉽게 결석하거나 그만두는 환경요인으로도 작용했다. 주로 문해나 지식의 습득, 취학 및 진학, 취직을 준비하기 위해 야학을 이용했던 많은 남성들과 달리 '가사 · 육아 돕기나 농사일 등의 노동에서 해방되니까', '친구들과 즐겁게 놀 수 있어서' 야학에 다녔다고 말하는 여성들이 비교적 많았던 점에서 당시 여성들이 야학에 다닌 목적은 반드시 문해나 지식습득을 위해서였다고 단언하기는 어렵고, 오히려 불취학 여성들에게 있어 야학은 학교에 다니지 못했다는 억울함이나 아쉬움을 조금이라도 달랠 수 있는 '학교적인 것'을 체험할 수 있는 곳이었고, 부모의 눈을 피해 노동에서 탈출해 잠깐이나마 쉬거나 친구들과 놀 수 있는 '놀이터'나 '쉼터', 좀 더 말하자면 '피난처'와 같은 성격도 있었다고 할 수 있다.

셋째, 결혼이나 '처녀공출'이 여성의 교육기회를 저해하는 요인이기도 했다고 할 수 있다. 이번 조사대상자 중 많은 사람들은 1940년대 전반에 야학을 경험한 사람들인데 이 시기도 여성이 교육을 받는 것에 대해 부정적인 인식을 갖고 있는 부모나 조부모가 여전히 많았고, 경제적으로 여유가 있어도 학교에 보내지 않거나 야학에 다니는 것도 반대하는 경우가 적지 않았다. 그 이유 중 하나는 여자가 글자를 배우면 품행방정한 여성이 되지 못한다는 사고방식과 언젠가는 시집을 갈 여자아이에게 교육은 필요 없다는 관습이 아직 뿌리 깊게 잔존해 있었기 때문이다. 또한 당시는 일본의 방적공장 등에서 일할 젊은 미혼여성을 모집(조사대상자 대부분은 그것을 '처녀공출'이라고 말했다)했었는데, 그곳에 끌려가면 절대 돌아오지 못한다는 소문이 각지에 퍼져 많은 가정에서는 딸의 결혼을 서둘렀고, 사람에 따라서는 그 결혼으로 인해 야학을 단념하는 사례도 있었을 정도이다.

이상과 같이 본 장에서는 야학경험자들 중에서도 특히 여성들의 구술사에 초점을 맞춤으로써 지금까지 문헌자료 중심의 연구에서는 밝히기 어려웠던 식민지기 야학에서의 여성의 배움 실태와 그 특질을 조금이나마 밝혀낼 수 있었다.

야학교사의 교육실천

야학교사의 유형

식민지기 조선의 야학교사는 야학의 설립·운영주체인 경우도 많았다. 이미 제2장에 살펴보았듯이 당시의 야학은 지역유지에 의해 설립된 경우가 가장 많았고, 그 다음으로 청년·부인단체, 종교계, 노동자·농민단체, 교육관계자, 경찰 및 지방관리의 순이었다.[1]

1920년대 이후 야학이 급증한 배경에는 3·1운동 이후에 강조된 실력양성운동의 기운과 함께 민중들의 교육열 및 그것을 흡수할 교육기관의 부족이라는 문제가 있었다. 그중에서 지역유지에 의해 설립된 야학의 대부분은 노동자나 농민, 그 자녀들 등의 무산계급을 주요한 대상으로 무상으로 운영되는 경우가 많았고, 또한 설립자 자신이 가르치는 경우도 적지 않았다.[2] 당시의 신문에 따르면, 1929년에 황해도 은율군에서는 읍내의 유지들(홍성흠, 오종률, 김의양, 이성춘, 김경하, 김성실, 정태희)이 "그 지방 빈민아동들의 교육기관이 업슴을 유감으로 생각하고" '광선야학'을 설립해 빈민아동 140여 명을 모집해서 가르쳤고,[3] 1928년에 경기도 수원군 정남면 문학리에서는 동리의 여러 지역유지들이 무산아동들을 위해 '정문야학회'를 설립하여 최석원, 김춘실 외 여러 사람이 강사를 담당해 주학부 85명, 야학부 180명에 이르는 아동을 교육했다. 교실 신축에 필요한 경비를 위해 동 야학회 관계자 20여 명은 하기휴가를 이용해 각 지방을 돌면서 명함행상을 하기도 했다.[4] 또한 1938년 경상남도 함안군 군북면 소포리에서도 동리의 나영후, 김동팔 둘이서 무산아동들의 교양을 위해 개설한 '소포야학'이 "설립된 이래로 극히 양호한 성적을 보혀 오든바", 그 야학생들의 학력이 군북보통학교 졸업생 정도였다고 소개하고 있다. 또한 소포야학은 명성이 높고 아동수가 날로 늘어나 동리에 사는 우편국 사무원인 나병한도 동리의

1 石川武敏「1920 年代朝鮮における民族教育の一斷面─夜學運動について─」『北大史學』21, 1981, p.41.
2 李正連『韓國社會敎育の起源と展開─大韓帝國末期から植民地時代までを中心に─』大學敎育出版, 2008, p.199.
3 「地方有志의 熱誠 貧民兒童을 敎育 은률군에 설립된 광선야학」『每日申報』1929. 1. 3.
4 「夜學維持費 엇고저 各地로 名啣行商, 地方有志의 多大한 同情希望, 正文夜學職員의 活動」『東亞日報』1928. 8. 6.

나판수, 나정숙과 함께 매일 밤 야학에서 교편을 잡았다.[5] 즉 재정조달 능력이 있고 근대 학교교육을 받은 지역유지나 청년들이 지역주민(무산계급 아동과 농민, 노동자 등)을 위해 야학을 열어 기초적인 문해교육과 농업지식 등 생활에 필요한 교육을 담당하는 일이 많았다고 할 수 있다.

둘째로 야학교사에 현역 생도나 학생도 적지 않았다. 야학교사에는 정규교원 면허소지자라는 조건이나 규정이 없었고, 학교교원이 야학에서 가르치는 일은 있어도 실제로 교원면허를 갖고 야학교사가 되는 경우는 드물었다. 대부분의 야학은 읽고 쓰고 계산하는 정도의 기초적인 문해교육이 중심이었고, 초등교육 이상의 교육을 받은 사람이면 야학에서 가르칠 수 있었다. 따라서 초·중등학교에 재학 중인 학생들이 지역주민과 친척 등에게 부탁을 받거나 또는 스스로 야학을 개설해 가르치는 경우도 적지 않았다.

1930년 7월호의 『농민』(개벽사)이라는 잡지에는 '하휴(夏休)에 귀향하는 학생들의게'라는 특집을 마련했는데 교원이나 기자 등의 지식인 10명이 각각 기사를 기고했다. 방정환(개벽사)은 "학생들이 식골로 도라가면 보통학교 오륙학년 생도로 하여금 국문(한글–인용자) 모르는 이의게 가르쳐 주도록 주선함이 조흘 줄 암니다"[6]고 말하고 있고, 이상협(중외일보사)은 "(정규학교 학생이–인용자) 방학에 (고향에–인용자) 도라가 할 일이 여러 가지 잇겟스나 제가 말하고 십흔 것은 학교에 가지 못하는 아동들의게 됴선 글을 가르처 주어스면 함니다"[7]고 기술하고 있는 등 지식인들에 의한 교육봉사 독려가 이루어졌다.

제2장에서 검토했듯이 1920년대 후반부터 동아일보사와 조선일보사 등에 의한 농촌계몽과 문자(한글)보급운동이 이루어졌고, 양 신문에는 학생들을 상대로 그 운동에 참가하도록 홍보하는 기사가 많이 실렸다.[8] 다음은

---

5 「小浦夜學隆盛! 地方有志의 熱誠으로」 『東亞日報』 1938. 2. 1.
6 方定煥 「夏休에 歸鄕하는 學生들의게―民衆組織의 急務」 『農民』 1930. 7, p.5.
7 李相協 「夏休에 歸鄕하는 學生들의게―먼저 啓蒙運動을」 『農民』 1930. 7, p.5.
8 「奉公의 情神을 涵養하라, 夏休와 學生 『브나로드』 運動에 붙여」 『東亞日報』 1931. 7. 16.; 「社說: 學生 『브나로드』 와 한글講習」 『東亞日報』 1931. 7. 28.; 「社說: 學校와 學生에 告함, 本社 第2回 브나로드運動」 『東亞日報』 1932. 5. 17.; 「社說: 브나로드, 總動員에 參加하자」 『東亞日報』 1932. 6. 24.; 「歸鄕學生들과 地方靑年에게, **브나로드에 參加하라**」 『東

1930년에 경기도 진위군에서 보통학교에 다니는 어린 학생들이 여름 방학을 이용해 고향의 무산계급 아동들에게 한글과 산술 등을 가르쳤다는 사례를 소개하는 기사이다.

> 진위군 서탄면 수월암리(振威郡 西炭面 水月岩里)의 강호섭(康昊燮), 최인태(崔仁泰) 량군은 현재 오산공립보통학교(烏山公普校) 륙년급에 재학 중인바 지난 하긔방학을 리용하야 동리 무산아동을 상대로 한글강습과 기타 산술 습자 등을 교수하야 三十여명의 수업자를 내는 동시에 그를 긔념하기 위하야 학예회까지 개최하야 대성황리에 마치고 다시 순박한 농촌의 문맹(文盲)을 근본적으로 퇴치하리라는 구든 마음과 붉은 성의로 노력하야 오든바 오는 十一월 十五일부터 농민야학을 개강하기로 작정하야 그 실현을 보게 되엇다는데 일반 무산아동들과 군내 유지들의 칭찬이 자자하다는데 보통학교 아동으로 한편 배호며 한편 가르키는 일은 학교가 부족하고 공부할 월사금이 업는 아이가 대부분인 조선이 아니고는 보기가 어려운 현상이라 하겟다.[9]

황해도 연백군 유곡면 영성리에서는 사립창동학교에 다니는 두 명의 소년이 무산아동을 위해 야학을 열어 가르쳤는데,[10] 이처럼 학교교육 경험자가 적은 농촌에서는 교사부족 문제를 안고 있는 곳이 많았다. 예를 들면 충청남도 논산군 영정에 있는 노동야학교에서는 교사문제로 인해 일시 폐교됐는데 "同校 講堂 內에서 卒業生 十七名과 前在學生 五十餘名이 會合하야 將次 進行할 問題를 長時間 討議한바 圓滿히 解決되"(동교 강당 내에서 졸업생 17명과 전 재학생 50여 명이 회합하여 장차 진행할 문제를 장시간 토의한 결과 원만히 해결되)어 "無報酬로 三人이 自願함으로"(무보수로 3명이 자원함으로) 다시 개교하게 되었다.[11] 즉 이렇게 당시 농촌지역의 야학의 필요성과 함께 그에 수반되는 교사부족문제를 해결하는 시책으로서 학교 졸업생

亞日報」 1932. 6. 28. 등.

9 「普校生二名 農民夜學 創設, 배호며 가르키며 하야 修業者가 卅餘名」『東亞日報』 1930. 10. 27.

10 「洞里兒童들에게 誠意로 한글 敎授, 白川漢橋夜學 두 少年」『朝鮮中央日報』 1936. 3. 8.

11 「勞動夜學友會開催」『東亞日報』 1927. 1. 18.

이나 재학생들이 농촌의 고향으로 돌아가 학교에 다니지 못하는 아동이나 글을 모르는 어른들에게 한글 등을 가르치는 일이 많았고, 그것을 장려하는 이들도 적지 않았다.[12]

그림 5-1 '문맹퇴치'에 공헌한 청년에 대한 표창
(『中外日報』1930. 4. 6)

그리고 지역에 따라서는 그 공적을 치하하기 위해 야학교사를 표창하는 곳도 있었다. 〈그림5-1〉은 전라남도 강진군 동면 덕천리에서 보통학교 재학시절부터 자신의 방에 노동자들을 모아 10년간 한글을 가르쳐 온 김매을(金賣乙) 군의 노력과 공적을 표창하기 위해 동리의 유지들이 준비 중이라는 기사이다. 그의 교육으로 동리의 남녀 30세 이하는 모두 신문 3면 정도는 충분히 읽을 수 있게 되었다고 칭찬하는 내용도 쓰여 있다.[13]

그러나 한편으로 이러한 야학에 대한 관 당국의 감시와 단속이 있고, 도지사의 인가가 없다는 이유로 야학을 금지당하는 곳도 적지 않았다.[14] 예

---

12 朴熙道「現下朝鮮農村救濟의 三大緊急策」『農民』1930. 6. 13;「夏休에 歸鄕하는 學生들에게」『農民』1930. 7.

13 「十年을 繼續, 文盲退治에 努力한 金賣乙을 表彰」『中外日報』1930. 4. 6.

14 「第二回學生『브나로드』運動 各地隊員 消息(其二十五)」『東亞日報』1932. 8. 27.;「第三

를 들면 강원도의 고성재경유학생회(高城在京留學生會)에서는 1931년 여름 방학 중에 고향의 무산아동들에게 글자를 보급할 목적으로 조선일보사 주최의 문자보급운동에 참여해 100여 명의 아동을 모집해서 금강유치원에서 2주간 야학회를 개최했다. 그러나 도지사의 인가가 없다는 이유로 고성경찰서로부터 금지명령을 받았다.[15]

셋째로 야학을 설립·운영한 주체로서 청년회와 부인회, 종교단체 등의 단체를 들 수 있다. 당시의 신문에는 이 단체들이 운영하는 야학에 대한 기사가 꽤 많이 소개되었는데 교사에 대한 정보는 이름 이외에 얻을 수 있는 정보가 거의 없는 경우가 대부분이다. 그로 인해 교사의 연령이나 학력, 학식수준, 직업 등의 상세한 정보는 파악하기 어렵다. 한편 기독교계 단체 중에는 청년회도 조직되어 있어 양 단체는 회원이 겹치는 경우도 있다.

당시 조선에는 미국이나 호주, 캐나다 등에서 선교회가 들어와 있었고 각 선교회에서는 선교활동과 함께 교육활동과 의료활동 등을 전개했다. 교육활동으로는 학교설립 외에 주일학교나 야학교, 하기성경학교 등의 사회교육도 추진했다.[16] 특히 여성교육, 예를 들면 주일학교의 여학생 교육과 부인야학 등에 관해서는 선교사뿐만 아니라 조선인의 전도부인(Bible Woman)[17]들도 교사로서 참여해 가르치기도 했다.[18] 예를 들면 전라남도 보성군에서는 전도부인회가 부인야학을 개최해 부인들에게 한글, 산술, 창

回學生啓蒙運動！各地隊員消息(其十六)」「東亞日報」1933. 8. 23.；「第三回學生啓蒙運動！各地隊員消息(其十七)」「東亞日報」1933. 8. 25.

15 「文字普及會 高城서 禁止, 무산아동 야학회를」「東亞日報」1931. 8. 18.

16 朴宣美「オーストラリア長老派敎會朝鮮ミッションと女子敎育」「歷史人類」第48號, 2020, pp.70-92.

17 「Bible Woman」은 '성서를 판매하는 부인' 또는 '성서를 읽어주는 부인'이라는 의미의 '부인관서(婦人觀書)'와 '부인매서(婦人賣書)'의 의미로 사용되었으나 1910년대 중반부터는 전도부인의 활동과 역할이 확대되어 보다 전문적인 교육을 받고 선교활동과 교육활동 등 여성선교사들의 일을 도왔다. 그중에서도 특히 여성에 대한 교육이나 순회 전도활동을 담당했다. 오상철「개신교초기 전도부인에 대한 연구(1884-1934)」장로회신학대학대학원 석사학위논문, 2011, pp.9-13, pp.46-59.

18 이윤미「식민지 초기 여성선교사 교육활동」「한국교육사학」제29권 제2호, 2007, pp.100-102.

가, 가정교육 등을 가르쳤다.[19]

넷째로 면서기나 구장, 순사 등의 지방관리가 야학을 설치해 직접 교편을 든 경우도 있었다. 예를 들면 평안북도 영변군 용산면 신흥리에는 교육기관이 없고 또한 동면의 구장공립보통학교까지 약 12키로나 떨어져 있어서 아이들이 통학하기도 어려운 상황이라 경찰관 주재소의 순사부장 및 순사 2명이 1921년 "十一月부터 當地에 夜學會를 開設하고 生徒를 募集하야 勤務餘暇 每夜 二時間式 普通校程度의 學科를 以來 敎授"(11월부터 당지에 야학회를 개설하고 생도를 모집하여 근무 후 여가시간에 매일 밤 2시간씩 보통학교 정도의 학과를 교수)[20]하였고, 전라북도 옥구군 대야면에서는 면장과 면서기가 동 면사무소 내에 야학회를 설립해 강사는 지경역의 역장과 면서기가 담당했다.[21] 또한 평안북도 철산군 정혜면 등관동에서는 경찰과 지역유지들이 공동으로 서당에 야학회를 설치해 일본인 및 조선인 순사들이 교사가 되어 가난해서 학교에 가지 못하는 아이들에게 일본어와 조선어, 산술을 가르쳐 부모들로부터 높은 평가를 받았다.[22] 경상북도 문경군과 황해도 태탄군의 면서기들도 각기 야학회를 열어 청년남녀에게 조선어, 산술을 가르쳤다.[23]

이러한 지방관리에 의한 야학에 대해서는 특히 1930년대에는 조선총독부가 이른바 '농촌진흥운동'의 일환으로 전국 각지의 농촌진흥회가 야학설치를 추진했던 적도 있어[24] 지방관리나 자산가가 야학설립자인 경우를 모두 '관제야학'으로 간주하기 쉬우나 그런 단순한 적용에는 주의할 필요가

---

19 「寶城婦人夜學 傳道婦人會서」『中外日報』1928. 10. 16.

20 「新興市의 新消息」『東亞日報』1922. 5. 3. 제목의 '신흥시'(新興市)는 '신흥리'(新興里)를 잘못 표기한 것으로 보인다.

21 「全羅北道, 篤志家의 夜學會」『每日申報』1915. 8. 7.

22 「警察官의 熱誠, 夜學會 設立」『每日申報』1927. 3. 9.

23 「面書記 發起로 勞動夜學 開催(聞慶)」『東亞日報』1936. 1. 23.;「面書記들이 夜學會 開催(苔灘)」『東亞日報』1936. 2.18.

24 「逐日發展하는 振威振興會 成績―夜學만도 六十餘箇所」『每日申報』1933. 8. 10. ;「德川 鼈島面에 農村振興會, 農民夜學에 助力」『中央日報』1932. 1 20.;「黃州郡 振興會 文盲 退治에 專力, 各面各村마다 夜學을 開設, 學生數 五千三百餘名」『每日申報』1935. 1. 29.

있다는 의견도 있다. 즉 김형목은 "자강운동론자·실력양성론자 중 야학
운동을 주도한 인물들은 대다수 전·현직 관리나 자산가였다"[25]고 지적한
다. 실제로 부천군 계남면 오류동 구장(區長)인 리성환(李聖煥)이 "구장으로
서 그 동리 구차한 사람에게 곡식을 베풀기도 하고 자긔집에 강습회를 설
립하야 무산아동을 교양하는 등 독행의 사적이 만함으로 그 부근에 칭송이
만타"는 기사와,[26] 소유가옥을 '문맹아동 퇴치'를 위한 야학당으로 기증한
부여군 임천면 비정리의 유지들과 함께 야학을 설립한 남상재(南相宰)구장
이 보수로 받은 보리(麥粗)를 야학경비로 충당했다는 기사,[27] 농민야학당을
운영한 평안남도 덕천군 농민사[28]의 이사가 구장도 겸임했다는 기사[29] 등을
보면 이 야학들에 지방관리인 구장이 관여하긴 했으나 사재까지 써가며 야
학운영을 했던 것으로 보아 관제야학이라고 단언하기 어려운 면이 있다.

다섯째로 '학교를 중심으로 하는 사회교육'시책과 함께 1930년대에 농
촌진흥운동의 일환으로 관제야학이 공립보통학교에 설치되는 일도 많았
고, 그 경우는 학교교원이 야학교사도 담당했다.[30] 주간의 수업이 끝난 후
야간을 이용해 그 지역의 무산아동과 여성을 위한 야학을 설치해 일본어와
조선어, 산술 등을 가르쳤다. 예를 들면 철원군 회산보통학교 훈도인 최택
성은 "農村의 참된 振興을 圖謀하려면 무엇보담도 어두운 그늘에서 헤매
이고 잇는『까막눈이』女子들을 光明으로 引導하야 活路를 찾게 함에 잇다

---

25 김형목「야학운동의 의의와 연구동향」한국사학회『사학연구』제66호, 2002, p.172.
26 「區長의 篤行—貧民을 救濟, 夜學을 創設, 富川梧柳洞區長 李聖煥氏」『東亞日報』1931.
    2. 26.
27 「文盲兒童退治코저 夜學을 設置」『東亞日報』1936. 2. 18.
28 조선농민사는 1925년에 조직된 천도교 농민운동단체로서 경성에 본부를 두고 지방에 각
    지부와 사우회를 조직했다. 조선농민사는 설립 초기부터 기관지『조선농민』,『농민』을 발
    행하고 각종 강연회를 개최해 농민의 지식계발과 교양운동을 전개했다. 그리고 농민야
    학을 통한 농촌운동도 전개하고『농민독본』,『한글독본』등의 야학교재도 발행했다.
29 「德川 棲鶴里農民社 夜學堂을 新築, 區長도 理事가 兼任하여」『東亞日報』1931. 10. 9.
30 예를 들면「大邱公普夜學」『東亞日報』1922.5.2.;「公普校訓導 夜學도 擔當, 無産兒童 爲
    하야」『每日申報』1927. 10. 21.;「陽地 無産夜學 普校教員이 熱心」『東亞日報』1931. 1.
    27.;「順天普校教員一同 夜學에 專力」『東亞日報』1932. 12. 14.;「公普教員들이 夜學을
    開始」『東亞日報』1936. 1. 28.;「洪川普校 教員總動 蓮峰서 夜學開始, 文盲啓發에 熱誠
    傾注」『每日申報』1937. 1. 29.

는 것을 切實히 늣기여 지난 二月二十三日부터 六個月 豫定으로 同普通學校 講堂에서 婦人夜學會를 設置하고 附近部落에 家庭主婦 十七名을 爲始하야 學資와 年齡關係로 未就學한 女兒三十四名을 募集하야 將次 家計簿記入 程度에 이르기까지 每年 繼續 開講"(농촌의 참된 진흥을 도모하려면 무엇보다도 어두운 그늘에서 헤매이고 있는 '까막눈이' 여자들을 광명으로 인도하여 활로를 찾게 함에 있다는 것을 절실히 느껴 지난 2월 23일부터 6개월간 예정으로 동보통학교 강당에서 부인야학회를 설치하고 부근 부락의 가정주부 17명을 시작으로 학자금과 연령관계로 미취학한 여아 34명을 모집해 장차 가계부 기입 정도에 이를 때까지 매년 계속해서 개강)하여 주로 조선어, 한문, 일본어, 산술 등을 가르쳤다.[31] 또한 평안북도 강계군에 있는 건중공립보통학교 훈도인 최동일은 자택에서 매년 국문(조선어), 산술, 일본어 등을 부인들에게 가르쳤고,[32] 전남 순천군 송광면 낙수리진흥회가 면내의 무산계급 노동자를 대상으로 일본어, 조선어, 산술 등을 가르치기 위해 설립한 노동야학회에서도 강사를 담당한 것은 송광공립보통학교 훈도였다.[33] 이렇게 공립보통학교 교원은 업무상 야학활동에도 많이 참여하게 되었고, 또는 스스로 참여하기도 했다.

식민지 초기부터 학교교원에게는 본 업무 외에 총독부의 정치적 목적을 위해 학교관계자 및 지역유지, 학부형과 접촉하면서 일반민중을 계발·선도하는 사회교육의 업무까지도 강요받았다. 이러한 상황은 그 이후에도 계속되어 학교교원에게 이중부담이 된 것은 물론 한편에서는 사회교육의 비전문직화에 대한 비판까지도 나오게 되었다.[34]

그러나 이후 황국신민화정책에 따라 보통학교(국민학교)에서 불취학자나 '국어'(일본어)를 모르는 성인 대상의 '국어강습회'가 개최되면서 교원의 부담은 더욱 가중되어 갔다. 예를 들면 강원도 춘천군 신서공립보통학교에서는 "更生精神農村 國語一千言講習會를 開催實施中인바 受講生은 書堂教師, 夜學教師, 靑年團員, 卒業生, 更生農家員, 學校上級兒童 等 五十名이

---

31 「婦女夜學設置 文盲退治에 努力 回山普校 崔訓導」『每日申報』1936. 5. 9.
32 「崔氏의 婦人教育」『東亞日報』1925. 3. 10.
33 「公普校訓導 夜學도 擔當 無産兒童 爲하야」『每日申報』1927. 10. 21.
34 金三斗「初等學校に於ける社會的教育の指導」『文教の朝鮮』1928. 9. p.107.

라 하며 講師는 學校長, 訓導, 官公署長, 更生運動關係指導員"(갱생정신농
촌 국어일천언강습회를 개최 실시 중인데 수강생은 서당교사, 야학교사, 청년단원,
졸업생, 갱생농가원, 학교상급아동 등 50명이라고 하고 강사는 학교장, 훈도, 관공
서장, 갱생운동관계지도원)[35]이었다. 전라남도에 있는 "靈岩公普校에서는 一
般婦人에게 國語를 普及식히는 一方 家計簿 等을 記入할만한 程度로 文盲
을 退治코자 每年 婦人夜學會를 開催하야 오든바 今年에도 同校 李榮來, 諸
岡ミテ, 金鳳龍 三女訓導의 犧牲的 奉仕로 今年 十月 十二日부터 同校에서
婦人國語講習會를 開講하야 十二月 十二日 閉講하얏다."(영암보통학교에서
는 일반부인에게 국어(일본어)를 보급시키는 한편 가계부 등을 기입할 수 있을 정
도로 문맹을 퇴치시키고자 매년 부인야학회를 개최해 왔는데 올해도 동교 이영래,
모로오카 미테, 김봉용 3명의 여훈도의 희생적 봉사로 올해 10월 12일부터 동교에
서 부인국어강습회를 개강하여 12월 12일에 폐강하였다.)[36]

그림 5-2 3일간의 강습을 끝낸 서당교사들
(『每日申報』1928. 8. 26)

반면 1932년부터 시작된 '농촌진흥운동'에 따라 관제야학을 늘리면서
도 한편으로는 '사설학술강습회'(야학)에 대한 단속을 엄격하게 해 갔다. 예

---

35 「春川新西普校 農村 國語講習」『每日申報』1937. 1. 17.
36 「靈岩普校婦人 國語講習盛況」『每日申報』1936. 12. 17.

를 들면 1932년 11월 28일에 개최된 강원도 이천군 안협면 구장회의에서는 "농촌진흥자력갱생의 완벽을 기하"기 위한 협의사항으로 '사설학술강습회 단속의 건'[37]을 다루었다. 또한 1934년경부터는 '야학교사강습회'나 '서당교사강습회'를 확대시켜[38] 서당과 야학에 대한 지도감독을 강화했다.[39] 특히 경기도에서는 농촌계몽을 위해 농촌진흥회에 야학을 개최하도록 했는데 그 야학을 담당하는 교사에 대해 교수방법과 교수함에 있어 주의시킬 필요가 있다고 하여 1934년 5월부터 7월에 걸쳐 경기도 촉탁인 최병협이 강사로서 각 군을 순회하면서 야학교사강습회를 개최했다.[40] 1940년대가 되어도 사설교육기관에 대한 통제는 계속되었고, 1942년부터 본격화된 '국어보급운동'[41]에 따라 학교만이 아니라 야학에서도 조선어교육은 엄격히 통제되었다.

---

37 「安峽面區長會議開催」『每日申報』 1932. 11. 28.

38 「私立講習所教師講習會」『每日申報』 1934. 9. 4.;「忠州郡夜學教師講習會」『每日申報』 1934. 10. 7.;「谷山郡書堂教師講習會 開催, 農村振興의 基本이 되도록」『每日申報』 1934. 1. 29.;「補助教育機關大改革 書堂教師講習會, 準簡易普校를 經營식히고저, 忠北道의 文教對策」『每日申報』 1934. 8. 11.;「瑞川郡管下 書堂教師講習」『每日申報』 1936. 8. 6.;「五百餘 改良書堂教師의 素質向上, 忠北서 講習會開催」『每日申報』 1937. 7. 15.;「私學教員 再教育─冬閑期를 利用, 江原에서 講習會」『每日申報』 1939. 10. 10. 등.

39 「書堂과 講習所의 指導監督을 强化, 教師의 素質向上計劃도 樹立, 忠北서 各郡에 示達」『每日申報』 1938. 7. 22.;「年復年 激增하는 慶南의 私設講習 八百十一, 四萬八千名收容, 教師의 資格이 큰 問題」『東亞日報』 1937. 9. 10.

40 「京畿道農村啓蒙, 夜學教師講習會 講師로 崔秉協 囑託을 任命派遣, 十七日부터 巡回開催」『每日申報』 1934. 5. 10.;「文盲退治에 努力하는 夜學教師講習會─長湍郡에서 開催」『每日申報』 1934. 5. 19.;「夜學教師講習會」『東亞日報』 1934. 5. 30.;「水原郡各勞動夜學會教師講習會」『東亞日報』 1934. 7. 1.;「夜學教師講習─高陽郡에서」『每日申報』 1934. 7. 28.

41 일본어 보급을 위해 '국어강습소'에 한해서는 도지사의 인가를 얻기 위한 "복잡한 수속을 필요로 하지 안코 다만 강습소 개최의 사항을 부윤 혹은 군수를 경유하야 도지사에 제출하는 동시에 그 등사를 소관경찰서장에 제출하면 되기로 되엇다." 「國語講習所에 限해 道知事의 可不必要」『每日申報』 1942. 7. 12.

야학교사에 의한 교육실천의 실태

-1930~40년대 야학경험자의
구술사를 토대로-

식민지기 야학의 설립주체와 교사는 지역유지나 청년을 비롯해 재학생, 청년·부인단체, 종교계, 노동자·농민단체, 교육관계자, 경찰 및 지방관리 등 다양한 주체에 의해 이루어졌다는 것에 대해서는 선행연구에서도 어느 정도 밝혀진 내용이다. 그러나 종래의 연구에서는 주로 신문이나 잡지 등을 이용한 양적 분석을 한 것이 대부분으로 야학의 전모를 밝히는 데에는 충분하지 못하다고 할 수 있다.

특히 야학교사에 주목한 연구는 매우 적고, 당시의 신문기사에서 얻을 수 있는 정보도 교사의 이름이나 신분, 인원수 정도이다. 따라서 야학교사에 관한 연구에 착수하기란 그만큼 쉬운 일이 아니다. 그런 가운데 서장에서도 언급한 김민남과 조정봉의 연구는 영주와 칠곡 등 경상북도 지역의 야학경험자들(당시의 교사 및 학생과 그 자손 및 지역주민 등)에 대한 인터뷰조사를 통해 식민지기 야학교사의 실태에 접근하려고 시도한 연구로서 주목할 만하다. 그러나 인터뷰조사 대상자 선정에 있어 당시의 형사사건부를 참조하고 있기 때문에 그 조사대상은 격문 배포나 사회주의계 조직결성 등의 치안유지법 위반으로 검거되거나 체포된 야학교사, 혹은 그 가족과 주변인물들이다. 인터뷰조사로 신문이나 잡지에서는 밝혀낼 수 없었던 식민지기 야학의 실태를 엿볼 수는 있으나 위와 같은 증언자 선정방법으로 인해 그 증언들은 민족적·항일적인 관점에서 수집되어 조사·분석된 것이라고 하지 않을 수 없다.[42] 또한 이 연구는 경북지역에 한정된 연구로서 당시 전국적으로 퍼져 있었던 다양한 유형의 야학을 담아내지는 못했다. 당시 야학은 전국적으로 널리 분포되어 있었고, 그 설립주체 및 취지를 비롯해 교육대상, 교육내용, 운영규모 및 운영실태 등도 매우 다양했다.

따라서 본 절에서는 어느 한 지역에 국한하지 않고 가급적 다양한 지역의 야학을 대상으로 삼았고, 그 야학에서 배우거나 가르친 경험이 있는 야학경험자들의 구술사를 바탕으로 당시의 야학설립자나 교사들의 활동과

---

42 조정봉·김민남 「일제하 영주지역의 노동야학에 관한 연구」『한국교육』제31권 제4호, 2004, pp.53-71; 김민남·조정봉 「1930년대 칠곡지역 야학의 재발견」『중등교육연구』제42호, 1998, pp.1-32.

특징에 대해 살펴보고자 한다. 우선은 당시 학생들의 눈에 비친 설립자나 교사들에 대해 살펴본 뒤 이번에 소수이긴 하지만 새롭게 찾아낸 야학교사 경험자 4명(1939~43년에 교사 경험)의 구술사를 통해 야학교사를 하게 된 계기나 목적, 교수내용, 교수방법 등을 비롯해 교사 자신이 어떤 생각으로 학생들과 접하고 교육실천에 임했는지 등 문헌자료로는 파악할 수 없는 구체적인 실태에 대해서도 검토하고자 한다.

아울러 이번 조사대상자 중에는 자서전이나 에세이 등을 출판한 사람도 있는데 그 저서에는 식민지기에 다녔었던 야학이나 당시의 생활상황 등에 대해서도 기술되어 있어 이러한 문헌들도 참고하고자 한다. 또한 '양정원'의 설립자 겸 교사였던 윤윤기와 '천곡강습소'의 교사였던 최용신, '명동서숙'의 설립자였던 김종숙에 관해서는 연구자나 제자, 가족 등에 의해 발표된 연구서와 논문, 자료집 등을 비롯해 그 밖에 조사대상자 및 해당 야학을 소개한 신문기사나 블로그, 홈페이지 등도 참고자료로 활용하고자 한다.

1 학생들의 눈에 비친 교사들의 교육실천

우선 제3장에서 검토한 조사결과 중 야학경험자(학생경험자)들이 당시의 야학설립자 또는 교사에 대해 이야기한 증언을 토대로 당시의 야학교사의 교육실천에 대해 검토하고자 한다. 그리고 증언 중에서도 야학설립자 또는 교사의 성명을 비롯해 주요 경력, 교육실천 및 그 밖의 활동 등 보다 구체적인 정보가 확보된 설립자 및 교사에 초점을 맞춰서 고찰하고자 한다. 그 주요 야학설립자 및 교사에 관한 정보는 다음의 〈표5-1〉과 같다. 아울러 학생경험자에게 붙인 번호는 제3장의 〈표3-4〉에서 붙인 번호를 그대로 사용한 것이다.

| 표 5-1 | 야학경험자의 구술사로 본 주요 야학설립자 및 교사의 정보 |

설립자/ 교사	성별	주요 경력(학력·경력)	야학·강습소 (운영기간)	학생경험자 (조사대상자)
김종식	남	1875년 출생 미상~1905년 대한제국 도지부(度支部) 관료 1905년 기독교로 개종 1907년 척곡교회 및 명동서숙 설립 1909년 교회 및 서숙 건물 신축 1943년 당국의 탄압으로 서숙의 폐숙 　　　　신사참배 거부로 투옥 1945년 8월 출옥	명동서숙 (명동학술 강습회) (1907~1942)	김영성(No.1)
최경하	남	1911년 출생(충청남도 논산군 두마면 정장리) 1921년 연산공립보통학교 입학(6년제) 1926년 동맹휴학 주도 혐의로 1개월 정학처분 1927년 연산공립보통학교(6년제) 졸업 　　　　야학회 설립(1933년까지 운영) 1934년 경기도 안성군으로 이주	백석노동야학회 (1927~33)	최성하(No.32)
최용신	여	1909년 출생(함경남도 덕원군) 1917년 사립학교 입학 1919년 루씨보통학교 입학 1928년 루씨여자고등보통학교 졸업 1931년 10월 YWCA파견교사로서 샘골마을에 　　　　파견 1932년 5월 강습소로 인가 1933년 강습소 교사 신축 1934년 3월 일본 고베(神戸)여자신학교 유학 1934년 9월 병환으로 귀국, 다시 천곡강습소로 　　　　복귀 1935년 1월 사망	천곡강습소 (1931~35)	이덕선(No.2)

김유정	남	1908년 출생(강원도 춘천시 신동 면증리) 1916~19년 서당에서 수학 1919년 제동보통학교 입학 1923년 휘문고등보통학교 입학 1930년 연희전문학교 입학 · 중퇴, 병환으로 　　　 귀향 1931년 야학 설립, 농우회 · 부인회 등 조직 1932년 야학을 '금병의숙'을 개칭 1935년 조선일보사와 조선중앙일보사의 신춘 　　　 문예 공모에 당선되어 정식으로 소설가 　　　 로 등단 1937년 병환으로 사망	야학 (금병의숙) (1931~32)	강갑수(No.34)
김동리	남	1913년 출생 1928년 경신중학교 3학년으로 편입학 1929년 귀향 1935년 조선중앙일보사 신춘문예 공모에 단 　　　 편소설 『화랑의 후예』 당선 1936년 동아일보사 신춘문예 공모 단편 『산 　　　 화』 당선 1937년 광명학원 교사	광명학원 (1937~42)	김소영(No.47)
윤윤기	남	1900년 출생(전라남도 보성군 노동면 신천리) 1917년 「조선국민회」[43] 보성지회 입회 1925년 3월 전남공립사범학교 강습과(1년) 　　　 졸업 1925년 안양공립보통학교 훈도 1933년 천포간이학교 훈도로 좌천 1939년 보성보통학교로 전보 직후 사직 1940년 양정원 설립 · 교사	양정원 (1940~47)	윤금동(No.12) 임태선(No.13) 김순임(No.14) 오연숙(No.15)
오용범	남	1917년 출생(제주군 한림면 명월리) 연도 미상 구우공립보통학교 졸업 후 도일(渡日) 1936년 일본에서 귀국 1942년 명월숙 설립 · 교사	명월숙 (1942-48)	오정숙(No.17) 오계아(No.18) 오상춘(No.19) 오용수(No.20) 양영일(No.21) 문순욱(No.22)

---

43 조선국민회는 평양숭실학교 출신의 장일환이 1915년에 동급생과 다른 학교의 학우들을 모
　　아 평양에서 조직했다. 경상도, 황해도, 전라도에도 지부를 만들고 회원을 모집했다.

(1) 김종숙(金鍾淑, 1875~1956): '명동서숙'(明洞書塾)의 설립 및 운영

김종숙(호는 신광[信光])은 1875년에 태어나 대한제국 도지부(度支部)(재무담당행정기관)의 관료를 지냈으나 1905년의 '제2차 한일협약'(을사늑약)에 절망해 교회에 다니면서 선교사의 설교나 강연을 듣고 기독교 신자가 되기로 결심한다. 그 후 아내의 고향인 경상북도 봉화군 법전면 척곡리로 귀촌해 1907년에 동리에 척곡(尺谷)교회와 함께 명동서숙을 설립하여 지역의 아이들에 대한 교육도 실시했다. 명동서숙은 기독교 교도들에 의해 설립 · 운영되었지만 학생은 기독교 신자에 한하지 않고 지역의 아이들이나 배우고 싶어 하는 아이들이라면 누구나 받아들였다.

그림 5-3 명동서숙의 설립자 · 김종숙

자료: 김영성 님 제공

명동서숙은 식민지기 이전에는 '명동서당'이나 '명창(明昌)학교'라고도 불렀지만 식민지기는 총독부의 인가를 받기 위해 '명동학술강습소'로 등록했다. 1909년에는 교회 및 서숙의 건물을 같은 부지 내에 신축했다. 또한 명동서숙에는 먼 곳에서 다니는 여학생들을 위해 서숙 건물에 조그만한 방을 만들어 기숙사처럼 숙박할 수 있도록 편의도 도모했다.

명동서숙의 초대 숙장(塾長)(1907~19년 4월)은 척곡교회와 명동서숙을 함께 설립한 장복우장로가 담당했고, 제2대 숙장(1919년 5월~1923년 3월)은 김종숙의 장남인 김운학이 담당했다. 김운학이 1923년 4월부터 안동공립보통학교 훈도로 근무하게 되어 서숙은 7년간 문을 닫게 되었는데 1930년부터 3대 숙장에 장복우장로의 손자인 장사현이 취임하면서 재개되었다. 그러나 1943년에 당국에 의해 폐쇄되게 된다.[44] 보통학교에 입학하기 전까지 2년간(1931~32년)을 명동서숙에서 학습한 김영성(No.1)은 장사현 교사에게 배웠다. 장사현 교사 자신도 취학 전까지 명동서숙에서 배운 뒤 춘양공립보통학교에 입학하였고 졸업 후 명동서숙에서 가르치게 되었다.

김종숙의 손자이기도 한 김영성(No.1)에 따르면, 조부인 김종숙은 3·1독립운동에도 참여하였고, 상해 임시정부의 의병군에게 자금도 지원하는 등 독립운동을 했었기 때문에 공립보통학교 훈도로 일하던 부친 김운학은 조부의 항일운동의 영향으로 1930년에 평안남도 평원군에 있는 동송공립보통학교로 좌천되어 7년 정도 부친과 떨어져 살았다고 한다.

김종숙은 1943년에 신사참배 거부와 독립운동을 도왔다는 혐의로 투옥되어 독립을 맞이한 다음 날에 석방되었다.[45] 그로 인해 명동서숙도 1943년에 폐쇄되고 척곡교회는 유지되긴 했으나 황민화정책의 일환으로 교회 내에는 가미다나(神棚, 일본의 가정이나 상점에서 신을 모시기 위해 만들어 놓은 선반과 같은 제단)를 설치하고 일장기도 게양하도록 강요당했다. 〈그림 5-4〉를 보면 척곡교회 사람들이 기념촬영을 한 사진에서 일장기를 발견할 수 있다.

44 황홍렬 「평신도교회로서의 척곡교회와 기독교교육센터로서의 명동서숙에 대한 선교적 이해」 봉화척곡교회당 『제1회 명동서숙포럼』 2010, p.11.

45 김영성 「경북봉화척곡교회사 소고」 봉화척곡교회당 『제1회 명동서숙포럼』 2010, pp.51-52.

| 그림 5-4 | 척곡교회 일동(1945. 2. 12) |

자료: 김영성 님 제공

한편 2005년에 '척곡교회 문화재 추진 위원회'(위원장: 김영성)가 발족
되어 척곡교회와 명동서숙은 2006년에 문화재청 등록 문화재 제257호로
지정받았고, 2011년에는 경상북도 지방문화재 문화재자료 제590호로도
지정되었다.[46]

(2) 최경하(崔卿夏, 1911~1991): '백석(白石)노동야학회'의 설립 및 운영(교사)

최경하(호는 우촌[友村])는 1911년에 충청남도 논산군 두마면 정장리에
3남 1녀 중 장남으로 태어났다. 부친 최해근은 만주 독립군 양성사업을 후
원하는 모금운동에 참가하고 3·1운동 당시 지역의 만세운동을 주도하는

---

46 김영성·김태환·박정규·손산문 공편 『봉화척곡교회 문헌사료집(1907-2012)』 대한예
수교장로회 봉화척곡교회·명동서숙, 2013, pp.66-67.

등 독립운동에 관여했는데 최경하가 9세 때 사망해 홀어머니 밑에서 성장했다. 1921년에 연산공립보통학교(6년제)에 입학한 최경하는 6학년이었던 1926년 4월 25일에 순종이 서거한 것을 알고 학교 교장에게 봉도(奉悼)를 위한 휴일을 요구했으나 거절당한 것에 반발해 동맹휴학을 주도하여 1개월 간 정학처분을 받았다. 이러한 동맹휴학은 당시 전국적으로 일어난 일이었다. 1926년 5월 9일자의 『동아일보』에는 전국 각지의 보통학교에서 일어난 동맹휴학을 보도하고 있는데, 거기에 소개된 몇몇 보통학교만 보더라도 전라북도 고창군의 흥덕공립보통학교 및 옥구군의 옥구공립보통학교를 비롯해 전라남도 나주군의 나주공립보통학교, 경기도 강화군의 길상공립보통학교, 충청남도 예산군의 덕산공립보통학교, 경상남도 울산군 학성공립보통학교 등이 같은 이유로 동맹휴학을 일으켰다.[47]

최경하는 보통학교를 졸업한 1927년부터 1933년까지 연산면 백석리의 자택에서 야학회를 열어 마을 사람들에게 한글과 산수를 가르쳤다. 낮에는 밭을 갈고 밤에는 책을 읽는다는 주경야독의 정신으로 가르쳤기 때문에 야학회의 명칭은 '백석노동야학회'로 하였으며, 마을의 남녀노소를 가리지 않고 교육을 했다. 처음엔 자택의 사랑방과 대청마루를 이용해 가르쳤는데, 점차 학생이 늘어나면서 이웃집 방을 제공받기도 했다. 그러나 점점 늘어나는 야학생들로 인해 장소가 협소해지자 보다 넓은 공회당으로 자리를 옮겨 야학회를 열게 되었다.[48]

칠판은 판자에 손수 흑칠을 해서 사용했고, 책상은 호롱불용 석유장사를 하던 최경하의 조모가 석유를 판 후에 남은 나무상자를 활용해 만들어 사용했다. 교과서는 마을 사람들이 돈을 모아 보통학교 교과서를 구입해 사용했고 노트는 싼 백지를 사다가 손수 만들어 학생들에게 나누어 줬다.[49] 이 백석노동야학회의 설립에 대해서는 당시의 신문에도 다음과 같이 소개되었고, 설립자인 최경하의 이름도 확인할 수 있다. 신문에는 동 야학회를

---

47 「頻發하는 學界의 不祥事, 原因은 奉悼不許關係」『東亞日報』1926. 5. 9.
48 최경하 「答辭」은사 최경하선생 불망비 건립식 자료, 1973. 8. 13.(최경하 교사의 가족 제공)
49 위와 같음.

'강습소'로 소개했는데 여기서도 당시 야학과 강습소는 거의 동의어로 사용
되고 있었음을 엿볼 수 있다.

> 忠南 論山郡 連山面 白石里의 權重喆, 崔卿夏 兩氏는 新興講習所를
> 設立하고 洞里 無産階級兒童 五十餘人을 募集하야 無報酬로 敎授함으
> 로 地方人士는 感謝하야 마지안는다더라.(충남 논산군 연산면 백석리의
> 권중철, 최경하 양씨는 신흥강습소를 설립하고 동리 무산계급 아동 50여 명
> 을 모집해 무보수로 교수함으로 지방인사는 감사해 마지않는다더라.)[50]

신문에는 설립자가 권중철과 최경하로 쓰여 있지만 실제로는 최경하
가 중심이 되어 야학회를 운영했던 것으로 보인다. 그 이유는 동 야학회에
서 배웠다는 최성하(No.32)에게 인터뷰조사하기 위해 방문했을 때 동 야학
회에서 교육받은 출신자들이 건립한 최경하 교사의 공적비인 '은사 최경하
선생 불망비'(恩師崔卿夏先生不忘碑)(1973년 설립)의 뒷면에 "權重喆, 柳功烈,
金元中이 同心協力하였"다는 문구가 새겨져 있는 것을 확인했기 때문이다.
또한 공적비까지 안내해 준 마을 이장님을 비롯해 마을사람들도 최경하 교
사의 공적에 대해 입을 모아 칭찬을 했다. 1931년에 1년간 동 야학회에서
공부한 최성하(No.32)가 "선생님은 3~4명 정도 있었고, 전부 남자였다"고
말한 점에서 최경하가 중심이 되어 설립·운영되었고, 권중철 외 2명이 교
사로 함께 참여했던 것으로 보인다.

그리고 당시 최경하의 이러한 야학회 활동은 그의 보통학교 동급생들
에게도 영향을 미쳐 이웃 마을에도 동급생들에 의해 야학회가 설립되게 되
었다. 즉 "同里 德谷에는 學友 韓昊東 韓在東 等이 培英夜學院을 隣洞 漁
隱에는 金永臺 金東洙 等이 昭英夜學院을 開設하야 이 運動에 同調하였으
니(동리 덕곡마을에는 학우 한호동, 한재동 등이 배영야학원을, 옆 동네 어은마을
에는 김영대, 김동수 등이 소영야학원을 개설하여 이 운동에 동조하였으니)"라고
불망비에 적혀 있다. 그들 대부분은 1927년에 연산공립보통학교(6년제)를

졸업한 동급생이었다.[51]

백석노동야학회 창립 3주년 기념(1930. 3. 10)
　　　　　　　(맨 뒷줄 왼쪽에서 여덟 번째가 최경하 교사)

자료: 최경하 교사의 가족 제공

최경하 교사 불망비(필자 촬영)

51　한호동 「축사(祝辭)」은사 최경하 선생 불망비 건립식 자료, 1973. 8.1 3.(최경하 교사의
　　가족 제공)

또한 불망비 뒷면에는 "매년 음력 9월 29일, 세종대왕의 한글기념일에
는 왜정의 심한 경계 속에서도 200여 명의 야학생들과 함께 깃발행렬까지
감행하는" 등 최경하는 '민족자주원칙사상'이 강하고 마을을 떠난 후에도
마을 사람들이 그 정신을 계승했다고 적혀 있는 점에서 당시 최경하의 선
각자이자 민족교육자로서의 역할을 짐작할 수 있다. 2011년에는 최경하의
아호인 '우촌'에서 이름을 딴 '우촌장학회'도 발족되어 운영되고 있다.[52]

야학회에서는 한글과 산술 등의 문해교육 이외에 씨름이나 소풍도 갔
고 노래를 통해 민족의식을 함양시켰으며 교육의 중요성을 인식시켰다. 곡
명과 작사·작곡가는 미상이나 매번 야학이 시작하기 전에는 모두 함께 다
음과 같은 노래를 불렀다고 한다. 그 밖에도 '꽃노래'나 '봄노래'라는 노래
도 함께 불렀으며 그 가사도 지금까지 내려오고 있다.[53]

> 우리 조선청년들도 이제야 비로소 잠을 깼고
>
> 중학 대학을 공부하니 즐겁고도 반갑도다
>
> 반도 강산에 비친 서광 우리 민족을 살리자고
>
> 높이 솟았네, 열심히 공부하세

위의 가사는 조선민족을 위한 교육의 필요성을 강조하는 가사인데 학
생이었던 최성하에 따르면 교사들 모두가 항상 "배워야 한다!"고 말했다는
점에서 최경하를 비롯한 당시의 보통학교 졸업생들이 민족과 지역을 위해
주민에 대한 교육과 계몽에 힘썼음을 알 수 있다. 또한 당시 일본어는 가
르치지 않았고 한글만을 가르쳤으며 당국의 감시는 없었다고 말하는 점에
서 1930년대 초반까지는 아직 야학에 대한 통제가 매우 심하지는 않았던
것으로 보인다.

---

52 최경하 교사 가족과의 인터뷰(2013.10.10. 서울) 내용과 제공 자료에 의함.
53 위와 같음.

(3) 최용신(崔容信, 1909-1935): '천곡(泉谷)강습소'의 교사

최용신은 1909년 8월에 함경남도 덕원군에서 2남 3녀 중 차녀로 태어났다. 최용신이 태어난 지역은 일찍부터 기독교가 전파되어 교회와 함께 근대 학교가 설립되었던 곳이다. 최용신의 조부는 사립학교를 설립하였고 부친은 교육에 종사했다. 이러한 환경에서 자란 최용신은 어려서부터 주일(일요)학교에 다녔고 8세에는 지역의 사립학교에 입학했다. 그 후 10세에 강원도 원산에 있는 루씨(樓氏)보통학교로 전학했고, 1928년(19세)에 루씨여자고등보통학교를 졸업했다. 졸업 후 협성여자신학교에 입학해 그곳에서 황애덕 교수에게 지도를 받게 되었다. 협성여자신학교는 1932년에 남학교인 협성신학교와의 통합에 의해 감리교신학교가 되었는데 그 통합과정에서 최용신은 새로운 교장 부임에 반대하는 동맹휴교 주도자라는 혐의로 징계를 맞아 졸업을 1년 앞두고 학업을 중단하게 되었다. 이것이 계기가 되어 최용신은 1931년 10월에 경기도 수원군 반월면 샘골(천곡)마을로 부임하게 되었다.[54]

그림 5-7 천곡강습소 낙성식(1933년)

자료: 이덕선 님 제공

---

54 이만열 「아시아 여성사회운동 및 다민족사회와 최용신」 최용신탄생 100주년 기념 국제학술회의 논문집 『최용신 기억 속에서 아시아로 걸어 나오다』 안산시, 2009, pp.14-16.

1929년에 장명덕과 밀러(L. A. Miller)선교사가 천곡마을에 교회와 그 부속 강습소로서 천곡강습소를 설립했다. 최용신은 1931년 10월에 조선여자기독교청년회연합회(YWCA)의 농촌지도자로서 천곡강습소에 파견되어 동 강습소를 중심으로 한 농촌계몽운동을 전개하는 임무를 맡게 되었다. 1933년 1월에는 새로운 강습소의 교사를 건축해 보다 많은 학생들이 이용할 수 있게 했다.

당시의 샘골마을에는 학교도 없었고 면소재지에 있는 보통학교에 보내려면 수업료와 교재, 문구 등에 드는 비용 부담도 커서 학교에 보내는 가정은 많지 않았다. 이러한 마을에서 선교활동과 함께 아이들과 부인들에 대한 교육사업에 의욕적이었던 최용신이 부임하면서 샘골마을에는 활기찬 변화가 일어나게 되고 주민들의 신망도 점점 높아졌다.[55] 1931년 11월부터 1934년까지 천곡강습소에서 배운 이덕선(No.2)은 최용신 교사와의 첫 만남에 대해 다음과 같이 회상한다.

> 1931년 11월 어느 날, 샘골예배당 강습소에서 신여성(신식공부 많이 한) 최용신 선생님을 만나게 되었다. 여기서 나는 새로운 세상을 만난 것이다. 내 새로운 삶이 열린 것이다. 그것은 크나큰 감격이요, 감동이고, 충격이었다.[56]

천곡강습소에 다니기 전까지는 서당에서 조부와 같은 연배의 훈장에게 『천자문』과 『동몽선습』(童蒙先習)[57] 등의 한문만을 배웠었던 이덕선에게 도회지에서 온 신여성 최용신 교사는 컬쳐쇼크 그 자체였던 것 같다. 이덕선이 최용신 교사에게 배웠던 것 중에서 가장 인상에 남은 것으로 첫해 크리스마스 때 공연했던 연극을 들었고, 그 다음으로 운동회, 산술, 노래, 체조, 구연동화 등을 든 것에서도 서당과는 다른 이른바 '신교육'의 매력에 흠뻑 빠졌음을 알 수 있다. 또한 이러한 새로운 것들을 가르쳐 주고 평소 세련된 이미지

---

55 김형목 「최용신 농촌계몽운동과 연구동향」 위와 같음, p.66.

56 이덕선 「기억으로 그린 최용신 정물화」 위와 같음, p.261.

57 1543년에 만들어진 입문적인 교과서.

의 '신여성' 최용신 교사는 당시 아이들에게 아이돌과 같은 존재였다고도 할 수 있다. 이덕선은 해방 후 교사가 되어 평생 교직에 몸담았는데 그의 교직 생활과 신념에도 최용신 교사의 영향이 컸다고 말한다. 그 중에서도 "하나는 선생님의 인품, 또 하나는 선생님의 우리(나에게)에 대한 진실하고 참다운 사랑과 가능성에 대한 확고한 믿음, 그 다음 하나는 우리들(아동, 지역사회, 조국)을 위한 자기희생"에서 강하게 영향을 받았다고 회고한다.[58]

그림 5-8　**구우계(購牛契) 활동(맨 왼쪽이 최용신 교사)**

자료: 최용신기념관

최용신은 아이들에 대한 교육만이 아니라 야간에는 성인 대상의 야학을 열어 생활향상을 위한 부인계몽활동도 활발히 하는 등 농민계몽에도 힘을 썼다. 예를 들면 당시 계란을 부화시켜 병아리를 판매한 돈을 모아서 소를 구입하는 '구우계'(購牛契)가 각지에서 이루어졌는데,[59] 최용신도 〈그림 5-8〉에서 볼 수 있듯이 샘골마을의 부인들과 구우계를 결성해서 활동했다.

58　이덕선, 앞의 책, pp.262-263.

59　「始興郡의 共同購牛契」『毎日申報』1913. 2. 14.;「京畿道의 購牛契 奬勵」『毎日申報』 1913. 4. 10.;「購牛契를 組織」『東亞日報』1925. 9. 22.;「一部落을 單位로 購牛契組織 奬勵 忠州郡 有畜農業策」『毎日申報』1937. 1. 20.

최용신은 1934년 3월부터 일본고베여자신학교에 유학하게 됐는데 일
본으로 건너간 지 6개월 정도 됐을 때 병환으로 다시 귀국해 천곡마을로
돌아왔다. 투병생활을 하면서 다시 농촌계몽에 힘썼지만 병환이 깊어져 결
국 1935년 1월에 25세라는 젊은 나이로 사망했다. 그녀의 죽음은 당시의
신문에도 크게 보도가 되었다.[60](〈그림5-9〉를 참조) 그리고 그녀의 일생은
심훈에 의해 소설『상록수』로 발표되었고, 그 소설은 1935년 9월 10일부터
1936년 2월 15일까지 총 127회에 걸쳐『동아일보』에 연재되었다.

그림 5-9 **최용신의 사망을 보도한 신문기사**
(『朝鮮中央日報』1935. 1. 27)

(4) 김유정(金裕貞, 1908~1937): '금병의숙'(錦屛義塾)의 설립 및 운영(교사)

김유정은 1930년대 조선을 대표하는 문학가로서 조선일보사의 신춘문
예공모에 당선되어 본격적으로 집필활동을 시작한 1935년(27세)부터 약 2

---

60 「썩은 한 개의 밀알, 브나로드의 선구자, 故崔容信孃의 一生」『朝鮮中央日報』1935.3. 3,
   1935. 3. 4.

년간 30여 편의 단편소설을 발표했다. 지금까지 그의 문학작품에 관한 연
구는 수없이 많이 이루어졌고, 오늘날 교과서에도 많은 작품이 실릴 정도
로 지금도 사랑받는 소설가이다.

　김유정은 1908년 강원도 춘천부 남내이작면 증리(현 춘천시 신동면 실
레마을)에서 태어나 1916년부터 3년간 서당에서 수학한 후 1919년에 제동
공립보통학교에 입학했다. 그 후 경성부에 있는 휘문고등보통학교를 거
쳐 1930년에 연희전문학교에 입학하지만 결석일수가 많아서 제적당하고
1931년에는 병에 걸려서 귀향하게 된다.

그림 5-10　금병의숙의 설립자 · 김유정

자료: 김유정문학촌 홈페이지

　귀향 후에는 야학을 열어 동네 아이들에게 한글과 산술 등을 가르치는
한편 농우회와 부인회 등을 조직해 농우가도 만들어 부르는 등 당시 전국
적으로 전개되었던 농촌계몽운동에도 영향을 받으며 활동을 전개해 갔다.
1932년에는 야학을 '금병의숙'으로 개칭했다.[61] 1933년에 다시 상경하는데

61　김유정문학촌의 기록에는 1932년에 야학당을 '금병의숙'으로 개칭하고 간이학교로 인가
　를 받았다고 쓰여 있는데, 간이학교제도는 1934년에 실시되기 시작한 제도로서 사설학

폐결핵에 걸려 투병하면서 집필 작업을 시작했다. 위에서 말했듯이 1935 년에 조선일보사 및 조선중앙일보사의 신춘문예 공모에 연속 당선되어 많은 단편소설을 발표해 높게 평가받았지만 병상이 악화되어 1937년 3월에 29세의 나이로 사망했다.[62]

금병의숙에 다녔던 강갑수(No.34)는 "김유정 선생은 일본말을 못하게 하셨어요. 감시가 있어도 한국지도, 일본지도 다 그려 붙이고 세계지도 다 붙이고 선생님이 그려서 붙이고 한국이 토끼라고 그랬지. 토끼는 머리가 영리하니깐 세계를 지배할 수 있는 능력이 있다"고 김유정 교사가 말했다며 민족교육을 받았을 때를 회상했다. 김유정은 그림도 잘 그려서 교수방법도 학교교육과는 달리 그림을 그려서 설명하는 일이 많아 즐겁고 알기 쉬웠다고 말한다. 매주 토요일에는 한글이 쓰여진 단어카드를 많이 만들어와서 퀴즈를 내고 우승한 사람에게는 우승상으로 연필을 주었다고 한다. 그 밖에도 문학가답게 다양한 예나 비유를 들면서 왜 어릴 때 제대로 배워야 하는지 강조했으며 학교 교사와는 달리 엄격하지도 않아 아이들의 용변까지 살피고 케어할 정도로 친절한 선생님이었다고 기억했다. 강갑수는 당시 공립보통학교에 입학하고 난 후에도 야학에 계속 다니고 있었기 때문에 학교 교사나 교수방법에서는 느끼지 못했던 김유정 교사 특유의 따뜻함과 지혜, 예술성 등이 한층 크게 돋보였는지도 모르겠다.

(5) 김동리(金東里, 1913~1995): '광명학원'(光明學院)의 교사

김동리는 1913년에 5남매 중 막내로 태어났다. 맏형인 김범부[63]와는 16세 차이가 났지만 한학자이자 철학자였던 맏형의 영향을 크게 받으며 성장했다. 모친이 기독교 신자여서 경주에 있는 제일교회가 만든 계남학교와 대구에 있는 계성중학교에 다녔고 도중에 편입한 경성의 경신중학교 4학

술강습회로 인가를 받았던 것을 잘못 기록했을 가능성이 높다. 김유정문학촌HP(www. kimyoujeong.org[최종열람: 2021. 10. 6])

62 위와 같음.

63 제3장의 각주16을 참조.

년(1929년) 때 귀향해 맏형이 갖고 있던 철학서적과 동양고전, 세계문학 서
적에 심취해 있었다. 그 많은 독서량이 영향을 끼친 것인지 1934년에 조선
일보사의 신춘문예 공모에 시 『백로』가 당선되었고, 이듬해에는 조선중앙
일보사의 신춘문예 공모에 단편소설 『화랑의 후예』가 당선됐다. 또한 1936
년에도 동아일보사의 신춘문예 공모에 단편소설 『산화』가 당선되었고, 그
후에도 화제작이 계속 발표되어 1930년대 후반 크게 주목받는 작가가 되
었다. 그러나 중일전쟁 후에는 집필을 그만두고 맏형 김범부가 살던 사천
군으로 내려가 살게 되었고, 그곳에서 1937년부터 광명학원의 교사로 활
동했다[64].

그림 5-11 **광명학원 제1회 졸업생기념(1941. 3. 28)**
(맨 앞줄 오른쪽에서 3번째가 최범술, 4번째가 김동리)

자료: 다솔사 「茶전시관」

광명학원은 맏형 김범부가 승려와 학자들에게 현리(玄理)사상을 가르
치고 있던 다솔사(多率寺)의 승려이자 독립운동 동지이기도 했던 최범술

---

64 홍기돈 「김동리연구」 중앙대학교 대학원 박사학위논문, 2003, pp.18-59; 동리목월문학
관HP(http://dml.gyeongju.go.kr/?r=home(최종열람: 2021.10.6.))

(1904~79년)이 민중에 대한 문해교육을 위해 다솔사 경내에 설립한 야학이다. 다솔사는 불교계 독립운동 비밀결사조직 '만당(卍堂)'의 거점으로 김범부를 비롯해 한용운과 김상호, 김법린 등의 승려 독립운동가들이 총독부의 감시를 피해 활동했던 곳이기도 하다. 최범술 주지는 다솔사 경내에 있었던 광명학원의 교사를 이후 다솔사 재정으로 별도로 건축했고, 1937년 4월부터 사설학술강습회의 인가를 받아 개시했다. 김동리가 운영책임자가 되어 이상권이라는 마을 청년과 함께 주간에는 아이들 약 50명에게, 야간에는 청년들 약 20명에게 조선어와 산술 등을 가르쳤다. 김동리는 주로 조선어와 동요를, 이상권은 산술과 서예를 가르쳤다. 1940년경부터는 김동리의 아내인 소학교 교사 김월계도 참여해 가르치게 되었지만, 1942년 10월에 조선어교육 금지라는 이유로 당국에 의해 폐쇄당했다.[65]

　김동리의 조카이기도 한 김소영(No.47)은 소학교에 들어가기 전인 1938~39년에 광명학원에 다녔는데 숙부인 김동리보다 이상권 선생님이 더 헌신적이고 존경할 만한 선생님이었다고 말한다. 이상권은 광명학원에 다닐 수 없는 아이들에게는 집까지 방문해 가르치는 등 매우 열심인 선생님이었다고 기억했다. 그리고 김소영은 일본어를 배우고 싶었지만 자신이 다니던 때에는 광명학원에서 일본어를 배울 수 없었다고 말했지만, 실제로는 일본어도 가르쳤던 것으로 보인다. 학생들의 성적표에 일본어를 국어로 표기하지 않고 조선어를 국어로 표현했던 점과 광명학원 학생들이 기미가요를 제대로 부르지 못했기 때문에 당국으로부터 폐쇄명령을 받았다고 김동리가 폐쇄 이유에 대해 기록하고 있는 점을 보면 일본어도 가르쳤던 것으로 보인다.[66] 단 김소영이 다녔던 1930년대 후반은 감시의 눈을 피해 적극적으로는 일본어를 가르치지 않았을 가능성도 없지 않다.

　또한 광명학원에서 "민족교육이나 독립 등에 대한 이야기를 들어본 적이 있나"라는 질문에 대해 김소영은 "일절 없었다"고 답했다. 위의 폐쇄이

65　김광식 「다솔사와 항일비밀결사 만당—한용운, 최범술, 김범부, 김동리 역사의 단면—」 『불교연구』 48호, 2018, pp.151-157.

66　위의 논문, p.155.

유를 보면 교사들은 암묵적으로 민족교육을 했을지 모르나 어린 학생들에게는 그 의도가 제대로 전달되지 않았을 가능성도 배제할 수는 없다.

(6) 윤윤기(尹允基, 1900~1950): '양정원'(養正院)의 설립 및 운영(교사)

윤윤기(아호는 학산[學山])는 1900년에 전라남도 보성군 노동면에서 태어나 1925년 3월에 전남공립사범학교 졸업 후 1925년 3월 31일부터 1934년 4월 27일까지 전남 장흥군 안양면에 있는 안양공립보통학교의 훈도로 재직하였고, 그 후 보성군 천포면(1941년에 회천면으로 개편)에 설립된 천포간이학교로 발령을 받는다.[67] 그러나 발령 당시 천포간이학교는 아직 존재하지 않아 윤윤기는 1933년부터 안양공립보통학교와 천포를 오가며 천포간이학교의 신설을 추진했다.[68] 그 후 1939년 3월 31일에 천포간이학교에서 보성보통학교로 전보되는데 같은 해 5월 천포간이학교의 부형과 지역유지들이 윤윤기 교사의 공적을 기리는 기념비를 건립하는 등 그의 천포간이학교에서의 실적과 역할은 아이들뿐만 아니라 지역주민에게도 영향을 미칠 정도로 큰 것이었다. 또한 윤윤기는 독립운동가를 음지에서 경제적으로 도왔다고도 전해지고 있다. 공립학교의 훈도로 근무하며 뒤에서는 독립운동가를 지원하면서 학교나 사설강습소에서도 몰래 아이들에게 조선의 역사나 한글을 가르치는 등 민족교육을 하는 인물이었다고 전해지고 있다.[69] 양정원의 학생이었던 김순임(No.14)와 오연숙(No.15)에 따르면 수업에서 기미가요는 가르쳤지만 윤윤기 교사가 제일 좋아하는 '반달'[70]이라는 조선의 동요도 가르쳤다고 한다.

---

67 선경식『민족의 참 교육자 학산 윤윤기』한길사, 2007, p.337.

68 위의 책, pp.64-69

69 위의 책, pp.71-114; 한규무「일제강점기 학산 윤윤기의 항일민족교육」학술심포지움자료집『전남사범의 설립과 학산의 민족교육운동』광주교육대학 역사문화교육연소, 2013, pp.9-13.

70 윤극영(1903-1988)이 1924년 10월 12일에 작사·작곡한 공식적으로 인정된 조선 최초의 창작동요이다.

　윤윤기는 보성보통학교로 전근된 후 얼마 되지 않아 사직서를 내고 양
정원 설립에 전념하게 되는데 1939년 9월에 아이들 및 지역주민과 함께
봉강리의 들판에 양정원의 간판만을 내거는 형태로 시작했다. 이번 조사대
상자인 김순임(No.14)은 이때부터 양정원에 다니기 시작했고 학생과 학부
모들도 양정원 교사 건설을 도왔다고 증언한다.

　제3장에서 이미 검토했듯이 양정원에서는 당시의 보통학교에 준하는
형태로 교육을 했다. 과목은 물론 학년제(6년제: 1~4학년은 초등과정, 5~6학
년은 중등과정)도 만들어 매일 수업을 했다. 또한 양정원의 한 편에는 의무
실을 설치해 학생들뿐만 아니라 마을 주민들의 병을 치료해 주고 경보장치
로 사이렌을 울려 시계를 갖고 있지 않은 대부분의 마을 주민들에게 시간
을 알려주거나 화재발생을 알려주는 등 양정원은 지역주민에게도 여러모
로 의지할 수 있는 곳이었다.

그림 5-12　양정원의 설립자 · 윤윤기

자료: 윤윤기 교사의 가족 제공

그림 5-13 해방 전의 양정원 기념사진

자료: 윤윤기 교사의 가족 제공

양정원은 사설강습소로 인가는 받았으나 윤윤기가 창씨개명을 계속 거부했고, 이전에 근무했던 천포간이학교 때부터 조선어를 가르치고 민족교육을 했다는 소문이 돌아 관으로부터 엄격한 감시를 계속 받아왔다. 양정원은 접근성이 매우 떨어지는 벽지에 위치해 있었음에도 불구하고 시학관과 순사 등에 의한 감시가 자주 있었다.[71] "윤선생님도 경찰이 뒤에서 주시하고 있다는 걸 다 알고 있거든요. 그러니까 우리들한테도 그런 말 독립의식 그런 것에 대해선 조심을 했고 우리도 선생님의 그런 마음을 알고 일체 그런 것을 조심했지"라는 윤금동(No.12)의 말에서도 당시 양정원은 군 당국에게 있어 상당히 요주의시설이었음을 알 수 있다.

이상과 같이 양정원은 불취학자를 위한 교육을 지원하면서 민족교육도 하기 위해 설립된 사설강습소라고 할 수 있는데, 설립자인 윤윤기가 교육사업을 하면서 한편으로는 독립운동가 여운형 등과도 밀접한 관계를 맺고 있었던 점에서 독립운동에도 관여했음을 알 수 있다.[72] 양정원 출신자 전원은 인터뷰에서 무상으로 교육을 제공했던 윤윤기 교사에 대한 감사와 경

---

71 선경식, 앞의 책, pp.155-159.

72 위의 책, pp.203-217.

의를 표했다. 김순임(No.14)은 "한 반에 한 백여 명 돼. 돈 안 주고 댕깅께 막 너도나두. 어티케 해서 그리고 선생님은 돈을 조달하나 이런 생각이 가 더라구. 그렁께 사업을 뭘 내가 그 생각을 허니 마음속으로는 했는디. 우 리 선생님이 사업이나 뭣을 하싱께 밤낮 나가시더라구. 또 인쟈 운동회 날 같은 날 그런 날은 밤낮 어디로 가시더라구, 딱 차려입구. 근데 어서 사업 을 항께 그리 하지"라며 그 많은 학생들을 무상으로 교육했던 윤윤기 교사 의 자금조달방법에 대해 희한하게 생각하며 말했다. 그리고 양정원이 궤도 에 오른 뒤에는 윤윤기의 부재가 잦아졌고 수업은 양정원출신의 청년들이 가르치게 되었다고도 덧붙였다.

아울러 양정원은 1947년 2월 제7기 졸업생을 배출한 후에 폐원했고, 양정원 학생들은 그 후 신설된 회천서국민학교로 편입되었다.[73]

(7) 오용범(吳鏞範, 1918~미상): '명월숙'(明月塾)의 설립 및 운 영(교사)

1942년에 제주도 한림면 명월리에 설립된 명월숙은 이 마을의 오용범 이라는 청년에 의해 설립되었다. 오용범은 1918년에 7남매 중 장남으로 태 어나 구우공립보통학교를 졸업한 후 친척이 있던 일본으로 건너가 잠시 있 다가 부모들의 결혼 권유로 20세에 귀국했다. 귀국 후 결혼했으나 가정에 는 그다지 관심이 없었고, 늘 지역의 아이들을 위한 교육사업에 빠져 지냈 다고 동생인 오용수(No.20)는 증언한다.

---

73 위의 책, pp.199-200.

그림 5-14 **명월숙의 설립자 · 오용범**

자료: 오용범 교사의 가족 제공

　　오용범은 1942년에 이서장(里쯅長)이었던 오경후의 행정적 지원과 지역유지들의 지원을 얻어 마을 향사(사당)에 명월숙을 열었다. 1934년에 명월리에 있었던 구우공립보통학교가 한림리로 이전되면서 불취학 아동이 증가했던 것이 주된 설립요인이었다. 학생은 첫해엔 약 30명에서 시작했으나 2년째에는 100명 가까이까지 늘어날 정도로 마을에서는 평판이 좋은 강습소였다. 교육내용은 보통학교의 교과와 거의 같은 내용이었고, 수업에서의 사용언어는 기본적으로 일본어였다. 보다 상세한 교육내용과 방법 등은 제3장을 참조하길 바란다.

　　명월숙에서는 처음엔 오용범 혼자서 가르쳤으나 학생이 늘어나면서 오승구라는 마을 청년도 교사로서 가르치게 되었다. 교과교육 이외에는 1년에 두 번(봄과 가을) 가까운 곳으로 소풍을 갔고, 경주나 씨름 등의 체육시간과 학예회(연극)도 열었다. 이번 조사대상자들은 모두 야학에서 가장 기억에 남는 것으로 이러한 행사를 들었다. 또한 연극은 농한기에 이루어졌는데 옆 마을의 한림리에서도 보러 올 정도로 수준 높은 것이었다고 한다.

　　한편 오용범 교사의 남동생인 오용수(No.20)는 '창씨개명'에 관련해 다음과 같이 이야기했다. "우리 형님(오용범-인용자)이 그 맨날 집에 가 보면

이 책을 들고 이름을 짓고 있어. 뭐하는 겁니까 했드니 그냥 그 이름을 지었노라고 말여, 학생들의. 창씨개명. 왜냐하면 일본놈들이 그거 뭐 하라구 하니까. 안 하면 뭐 어쩌구 저 하니깐 그냥 그 이름을 전부 지어준거야."
"'창씨'(創氏)라는 것은 호적상의 성(姓)(부계 혈통)을 씨(氏)(한 집안의 호칭)로 바꾸는 것이고, '개명'(改名)이라는 것은 개인의 이름을 바꾸는 것을 의미하는"[74]데, 당시 친족 단위로 창씨하는 일이 많았고 개인의 이름까지는 바꾸지 않는 사람이 많았다. 제3장의 〈표3-4〉에서 볼 수 있듯이 이번 조사대상자들 중에서 창씨개명을 한 것을 명확하게 기억하고 있는 35명 중 10명만이 이름까지 바꿨음을 알 수 있다. 그중 오용범 교사의 여동생인 오상춘(No.19)과 남동생 오용수(No.20)는 물론 같은 성의 오정숙(No.17)과 오계아(No.18)도 모두 이름까지 바꾸었다. 물론 성만 바꾸고 이름은 바꾸지 않았더라도 읽는 방식은 일본식으로 읽었다. 예를 들면 같은 명월숙에 다녔던 양영일(梁榮一)(No.21)은 성을 '요시카와'(吉川)로 바꿨고, 이름 한자를 그대로 사용했지만 발음은 일본식 발음으로 '에이이치'(榮一)라고 불렀다.

당시 창씨개명(1940년부터 실시)을 하지 않으면 식량배급 등에서 불이익을 당하기 때문에 어쩔 수 없이 성을 일본식으로 바꾼 사람들도 적지 않았다. 이번 조사대상자 중 이용수(No.16)도 "성을 바꿨어요. 그때는 식구가 많은데 성을 바꾸지 않으면 배급을 안 줬어요"라고 말했다. 당시 조선과 마찬가지로 일본의 식민지였던 대만에서도 '성명 바꾸기(改姓名)'가 실시되었고, 성명을 바꾸면 배급에서 우대받는 등의 장려조치가 있었다.[75]

이렇게 학생들의 창씨개명을 솔선해서 도왔던 점에서 오용범 교사가 당국의 정책에 찬동했던 것처럼 보기 쉽다. 그러나 제3장에서 이미 소개했듯이 딱 한 번이긴 하나 오용범 교사가 몰래 민족교육을 한 적이 있었다는 일화(오계아(No.18)의 증언)를 통해 식민지 조선에서 살아가는 보통 청년이자 동시에 마을 아이들의 교육과 미래를 걱정하며 교육봉사를 하던 야학교

74 水野直樹・藤永壯・駒込武編『日本の植民地支配—肯定・讚美論を檢證する』岩波書店, 2001, p.46.
75 위의 책, p.47.

사로서 안고 살아가는 내적 갈등과 자기모순이 느껴진다.

---

2 야학교사가 증언하는 교육실천

이번 조사대상자들 중에는 적은 수이긴 하지만 식민지기의 야학과 강습소에서 교사로서 활동했던 사람도 4명 있다. 남성 3명, 여성 1명으로 전원 1920년대 출생으로 1939년부터 1943년 사이에 교사로서 활동했다. 인터뷰 당시 전원 90세를 넘긴 고령이었지만 강태분 교사 이외는 매우 건강해 순조롭게 인터뷰를 할 수 있었다. 강태분 교사를 인터뷰할 때는 가족(장녀)이 동석해 필담인터뷰를 도와주었다. 야학교사 경험자 4명에 관한 기본정보는 〈표5-2〉와 같다.

표 5-2 야학교사 경험자의 기본정보 및 야학관련 정보

성명	일본식 이름 (창씨 개명)	성별	출생 연도	출신지역 (당시의 지명)	교수기간 (시기)	야학명·유형	설립자	조사일(장소)
강태분 (姜泰分)	미상	여	1922	경기도 평택군 포승면	3년 (1939~41년)	신명강습소	팽성교회	2016. 2. 21 (경기도 평택시)
박규선 (朴珪璇)	蔚山珪璇	남	1924	경기도 강화군 화도면	2년 (1941~42년)	니산학술강습소	윤재근	2015. 1. 31 (인천시 강화군)
조용기 (趙龍沂)	香川龍沂	남	1926	전북 곡성군 옥과면	2年 (1942~43년)	농민야학	조용기	2017. 4. 7 (광주시)
이완훈 (李完薰)	山本完薰	남	1926	경기도 양평군 단월면	2年 (1939~40년)	부인야학	이완훈	2017. 9. 7 (경기도 양평군)

(1) 강태분(姜泰分): '신명(新明)강습소'의 교사

강태분(세례명은 마리아 막달라)은 1922년에 경기도 진위군(1938년에 평택군으로 개칭) 포승면에서 1남 3녀 중 장녀로 태어나 기독교 신도였던 부모 밑에서 자랐다. 모친인 김인순 전도사는 1906년에 팽성(彭城)교회를 설

립해 1911년에 교회 안에 신명강습소를 설립했다. 신명강습소에 대해서는
1927년의 『동아일보』에도 "只今으로부터 二十餘年前에 (팽성교회가 – 인용자)
水原聖公會 支部로 芙蓉面 客舍里에 創立되얏는데 只今은 信徒가 百餘名
이라 하며 其事業은 聖公新明講習所를 設立하고 敎師二人에 生徒 四十餘
名을 敎授한다하며…"(지금으로부터 20여 년 전에 팽성교회가 수원성공회 지부
로서 부용면 객사리에 창립되었는데 지금은 신도가 백여 명이라고 하고 그 사업은
성공 신명강습소를 설립하여 교사 2명이 생도 40여 명을 교수한다 하며…)[76]라고
소개되어 있다.

그림 5–15 **신명강습소(1940년)**
(맨 왼쪽에 서 있는 성인여성이 강태분)

자료: 강태분 교사의 가족 제공

강태분은 부친이 정미소를 경영해 부유한 가정환경에서 자랐다. 부용
공립보통학교(4년제)를 졸업한 후 성동공립보통학교(6년제) 5학년으로 편입
해 5~6학년 과정을 마친 후 졸업했다. 그 후 1939년에 신명강습소에서 농
촌지도교사 양성과정을 수료하고 평택군 오성면의 각 가정을 순회하며 농

---

76 「聖公會」『東亞日報』1927. 4. 23.

촌의 아이들과 부인들을 대상으로 문해교육과 계몽활동을 전개했다. 그러나 농사 경험이 전혀 없어 오히려 농민들에게 농사일에 대해 여러 가지 배웠다고 한다. 당시의 1930년대 말에는 가뭄이 심해 많은 사람들이 아사(餓死)했다고도 덧붙였다.

한편 신명강습소에서는 아이들에게 수신과 일본어, 한글 등을 가르쳤는데 순사가 빈번히 찾아와 무엇을 가르쳤냐고 하며 의심하거나 추궁했다고 한다.[77] 강습소의 교사로서 3년간 즐겁게 지냈는데 부모가 결혼을 권해 시집을 가는 바람에 교사도 그만두게 되었다.

앞에서 살펴본 최용신과 마찬가지로 강태분도 기독교계 단체가 전개한 농촌계몽운동의 지도자로서 파견되어 출신지역이긴 하지만 아이들을 위한 강습소의 교사만이 아니라 부인과 농민들에 대한 계몽활동도 실시한 점에서 기독교계가 특히 농촌계몽운동에 주력했던 것을 재확인할 수 있다.

(2) 박규선(朴珪璇): '니산(尼山)학술강습소'의 교사

박규선은 1925년에 경기도 강화군 하도면(1938년부터 화도면) 내리에서 태어나 1935년에 하도공립보통학교(4년제)를 졸업한 후 니산강습소에 1년 다녔는데 1936년에 하도공립보통학교가 6년제가 되면서 다시 6학년으로 입학해 1937년에 졸업했다. 박규선이 4년제 공립보통학교 졸업 후에 다녔던 니산강습소에서는 보통학교에서 가르치는 내용(일본어, 산수, 지리 등)과 거의 같은 수준의 교육을 했었기 때문에 6년제 보통학교에 재입학했을 때 큰 학력격차를 느끼지 못했다고 한다. 공립학교(6년제) 졸업 후에는 1941년부터 2년간 니산학술강습소 교사가 되어 가르쳤다.

니산학술강습소의 전신은 1908년에 기독교 신자들을 중심으로 한 지역유지들이 협력해서 지역주민의 자택(사랑방)을 빌려 시작한 니산학원이다. 그 후 1924년에 교사를 짓고 4년제 니산강습소로서 교육을 시작하게 되

---

77 「대한성공회 평성 성요한교회 생생한 증인 강태분할머니」『평택시민신문』2015. 3. 15.(http://www.pttimes.com/news/articleView.html?idxno=33333(최종열람: 2021.10.8.))

었다.[78] 그 몇 년 후 한동안 교육활동이 중단되었는데 1938년에 사설학술강
습회로서 도에서 인가를 받아 수업료 부담이나 입학경쟁으로 인해 학교에
가지 못하는 불취학 아동들에게 다시 교육을 제공하게 되었다. 1919년에 니
산학원에서 수학한 윤재근이 1938년에 인가신청을 해서 니산학술강습소를
운영하게 되었고, 인가신청은 2년마다 해야 했기 때문에 1940년에 제2회 학
술강습회 인가신청을 해서 인가를 받았다. 이때의 교사는 박규선을 포함해
총 4명이었다. 그 후 1944년까지 총 4번의 인가를 신청했고, 1945년에 해방
과 함께 니산학술강습소는 화도(華道)국민학교로 편입되었다.[79]

　　박규선은 17세(세는나이)부터 니산학술강습소('니산학교'라고도 부름)에서 가
르쳤다. 학생들 중에는 자신보다 나이가 많은 사람도 있어서 자신의 말을 잘
들을까 걱정도 했지만 학생들이 모르는 약간 어려운 산수를 가르치면 다들 말
을 잘 들었다고 한다. 5~6세 정도 아래의 학생들은 언제나 정중하게 선생으로
대접해 주었다고 한다. 가장 기억에 남는 일은 부모가 없는 학생이 수업 후 신
발도 없이 추위에 떨고 있어서 집으로 데려와 2~3일 보호했다가 사촌누나 집
에서 목동으로 일하게 해 주었다고 한다. 그 덕에 그 아이는 무사히 성장했고
성인이 되고 나서 길에서 만났을 때 매우 감사해 했다고 회상했다.

　　니산학술강습소는 6년제로 각 학년에 한 반씩 있었고, 한 반에 25명 정
도였기 때문에 강습소 전체로는 150명 정도였다. 인근 양도면에서도 학생들
이 다녔을 정도로 당시 강화군에는 교육시설이 적었다. 수업은 학교와 같이
1년 내내 주간에 이루어졌다. 박규선은 2학년을 담당했다. 박규선이 학생으
로서 강습소에 다녔을 때는 자신보다 나이가 많은 여자들도 많이 다녔었는
데, 교사로서 담당했던 2학년에는 어린아이들이 대부분이었다고 한다.

　　니산학술강습소는 처음에는 사택에서 가르쳤지만 이후 큰 교사를 지었
다. 또한 운영비를 위해 학생들은 수업료를 지불했고 교사들은 적은 금액
이지만 월급을 받았다.

78　「尼山講習好績, 校室까지 新築」『東亞日報』 1924. 6. 12.

79　박규선 교사 가족 블로그(https://blog.daum.net/park1169/8766381?catego
　　ry=1170008(최종열람: 2021. 10. 8))

교육내용은 일본어, 산술, 지리, 노래 등 학교에서 가르치는 내용을 가르쳤고, 운동회와 학예회는 없었지만 소풍은 매년 갔다(〈그림5-16〉을 참조). 군사훈련은 한 적 없고 민족교육도 하지 않았다고 한다. 섬이었기 때문에 마을에 일본인은 학교장과 지서장밖에 없었고 일본인과 접촉할 기회는 거의 없었다고 한다.

그리고 박규선은 주간에는 강습소에서 가르치고 야간에는 마을 회관에서 혼자서 마을 성인들 대상으로 교육을 했다. 야학에서는 기미가요 등을 가르쳤다고 증언한 점과, 그 시기가 '국어상용'이 전개되었던 1940년대였던 점을 고려하면, 이 야학은 마을 주민들을 대상으로 한 '국어강습회'였을 가능성이 높다고 할 수 있다.

그림 5-16 **화도니산강습소 보문사 원족기념(1942. 10. 19)**

(왼쪽 사진: 남학생, 오른쪽 사진: 여학생, 왼쪽 사진의 맨 뒷줄 맨 오른쪽이 박규선)

자료: 박규선 교사 가족의 블로그

(3) 조용기(趙龍沂): 농민야학의 교사

조용기(호는 우암[愚嵒])는 1926년에 전라북도 곡성군 옥과면 옥과리에서 2남 3녀 중 차남으로 태어났다. 4,500여 평의 농지를 갖고 있던 비교적 여유 있는 농가에서 자랐다. 그런데 열 살 무렵 일본인들이 신사를 짓는다며 조상 대대로 살아오던 집을 빼앗아갔다. 이에 부친이 크게 반발해 투옥되는 일이 있었다. 하루아침에 집을 빼앗기고 부친은 수감되었기 때문에

남은 가족은 할 수 없이 옆 마을로 이사를 했다. 게다가 다니던 옥과공립
보통학교에서 자퇴를 강요당해 이웃면인 화면(1949년부터 오산면)공립보통
학교로 전학을 가게 되었다고 한다. 이러한 일로 인해 이때부터 꼭 성공해
서 일본인들을 이기고 싶다는 생각을 하게 되었고, 그들을 이기려면 힘을
가져야 하고 그 힘은 배움에서 나온다고 믿었다고 한다. 부친이 "나라가
없어서 이런 설움을 당한다. 너희들은 우리같이 살지 마라"고 말하던 목소
리가 지금도 들리는 듯하다고도 덧붙였다.[80]

그림 5-17   **조용기의 자전에세이**

조용기는 보통학교 졸업 후 순천농림학교(5년제)에 진학해 순천에서 자
취생활을 했는데 주말이나 방학이 되면 고향집으로 돌아와 야학을 열어 농민
들에게 문해교육과 학교에서 배운 새로운 농법을 가르쳤다. 야학이 열렸던
1942~43년에는 조선어교육이 엄격히 금지되었기 때문에 야학은 마을의 어느
집 사랑방에서 비밀리에 열었다. 주요 교육대상은 머슴이나 농민들이었고, 당

---

80   조용기 『달걀이 깨어나 바위를 넘다』 책가, 2012, pp.34-35.

시 사람들이 사랑방에 모여 마을 단위로 공출해야 하는 일정량의 가마니를 매일 밤 같이 만들었는데 그곳에 불려가서 농민들에게 조선어와 역사, 태극기 그리는 방법, 농업관련지식 등을 가르쳤다. 사랑방에는 바닥에 짚으로 만든 멍석을 깔아놓았는데 야학에서 가르칠 때 밖에서 인기척이 나면 잽싸게 그 멍석 밑으로 책이나 노트를 감췄다고 한다. 그러나 결국 야학활동이 발각돼서 농림학교에서도 권고퇴학을 당했다. 그 후 사찰로 한동안 피난했다가 돌아와서 다행히 복학해 졸업은 했고, 1944년에 순천농림학교 졸업 후 겸면사무소 농업기수로 취직해 과학적인 영농방법을 보급하는 업무를 담당했다.

야학에서는 무료로 수업이 이루어졌지만 학생인 농민들에게 돈이 아닌 다른 형태로 사례를 받기도 했다고 한다. 조용기는 매일 부친의 지시로 소먹이로 사용하는 목초를 베어 와야 했는데 그 목초를 베러 가면 야학에서 배우는 성인학생들이 "그냥 너는 저리 가 있어"라며 대신 목초를 베어 줬다고 한다. 아직 농림학교 다니는 10대 중반의 야학교사였기 때문에 성인학생들이 많이 귀여워해 줬다고 회상한다.

조용기가 이러한 야학과 농촌계몽에 관심을 갖게 된 것은 농촌계몽과 항일의식이 강했던 옥과교회의 영향을 받았기 때문이라고 한다.[81] 주민들의 요청도 있었지만 그 밑바닥에는 종교적인 신념도 있었던 것으로 보인다. 그리고 무엇보다 어렸을 때 부친과 가족이 일본 당국에게 받은 부당한 사건으로 인해 교육의 필요성을 통감했던 것이 그 저변에 깔려 있었다고 생각된다.

이러한 교육에 대한 강한 신념을 지녔던 조용기는 해방 후 광주숭일중학교의 교사가 되지만 머지않아 그만두고 1950년 12월에 비문해와 빈곤으로 고생하는 고향사람들을 위해 옥과농민고등학원을 설립하였고, 그 후에도 옥과고등학교, 전남과학대학, 남부대학을 연이어 설립해 농촌운동과 교육사업을 현재까지 전개해 오고 있다.

(4) 이완훈(李完薰): 부인야학의 교사

이완훈은 1926년에 경기도 양평군 단월면에서 태어났다. 원래는 8남

---

81 위의 책, p.27.

매였으나 절반의 형제가 어려서 사망해 4남매만 남았고, 이완훈은 막내로 자랐다. 경제적으로 그다지 여유는 없었지만 9세부터 2년간 서당에서 천자문과 동몽선습을 배웠고, 1936년에 4년제 단월공립보통학교 2학년으로 편입해서 3년 만에 졸업했다. 졸업 직후 1939년 봄부터 2년간 농한기 야간에 마을 부녀자들에게 한글을 가르쳤다.

야학을 시작하게 된 계기는 당시 마을 부인들이 세간에서 화제였던 영웅의 삶을 그린 고전소설『유충렬전』(劉忠烈傳)을 읽고 싶으니 한글을 가르쳐달라고 했던 것이 계기였다고 한다. 1936년에『유충렬전』을 조선음악연구회가 연극으로 만들었는데, 당시의 여러 신문은 그 연극 상연에 관한 보도를 일제히 보도했다.[82] 이런 것을 보면 당시『유충렬전』이 인기가 꽤 많았던 소설이었음을 알 수 있다.

그림 5-18 『유충렬전』연극의 한 장면

(『東亞日報』 1936. 5. 26)

---

82 「連鎖唱劇化한『劉忠烈傳』, 聲樂研究會作」『東亞日報』 1936. 5. 26.;「劉忠烈傳大好評」『每日申報』 1936. 6. 11.;「劉忠烈傳」『朝鮮中央日報』 1936. 6. 11.;「連鎖劇 劉忠烈傳 府民館서 上演中」『東亞日報』 1935. 6. 11.

학생들은 모두 이완훈보다 15~6세 많은 기혼여성(부인)들이었고, 14세의 어린 남자아이가 선생님이 되어 가르쳤던 것이다. 이완훈이 살던 마을은 같은 성의 사람들이 모여 사는 집성촌이었기 때문에 야학에 오는 많은 여성들은 먼 친척이 되는 사람들이었다. 교육내용은 한글뿐이었고 소설을 읽고 싶어 하는 여성들의 요구에 맞춘 야학이었다. 학생은 10명 정도로 도중에 도저히 진도를 따라갈 수 없다고 그만두는 사람도 있었다고 한다. 야학은 어느 마을주민의 사랑방에서 열렸고 칠판이나 교과서도 없어서 종이에 글자를 써서 보여주면서 가르쳤다고 한다. 야학은 보수 없이 무료봉사로 가르쳤다.

당시 이 마을에는 자식에게 일본어를 가르치는 학교에 보내는 것보다 농사를 돕게 하는 편이 낫다며 학교에 보내지 않았던 부모도 많았다고 한다. 이완훈이 보통학교에 입학하던 1936년에 함께 입학한 사람은 두 명밖에 없었을 정도로 마을에서 학교교육을 받은 사람은 매우 적었다고 한다.

그 후 1941년에 친척의 소개로 조선인쇄회사에서 일하게 되어 야학을 그만두고 경성으로 올라갔다. 그러나 이듬해인 1942년에 단월공립보통학교가 6년제가 된다는 이야기를 듣고 곧바로 고향으로 내려와 보통학교 5학년으로 재입학했다. 그리고 1944년에 졸업하고 그 이듬해 해방을 맞았다.

이완훈은 인터뷰 내내 몇 번이나 자신을 "이게 선생두 아니구 이게 뭐 아무것두 아닌 거지. 난 쪼그맣구 무슨 선생여"라며 겸손해 했지만 너무나도 읽고 싶은 소설을 글을 몰라 읽을 수 없었던 부인들에게는 어린 꼬마라도 그녀들의 교육욕구를 채워준 훌륭한 선생이었고 오아시스와 같은 존재였다고 할 수 있을 것이다.

조선에서 살아가는 야학교사들

식민지기에 야학의 학생 및 교사를 경험한 사람들의 구술사를 토대로 당시의 야학교사의 실천과 그 특징을 종합해 보면 크게 네 가지의 유형으로 나눌 수 있다. 우선 지역주민이나 유지들이 학교에 다니지 못하는 불취학 아동이나 학령기를 넘긴 주민들을 위해 설립한 민중야학의 교사들, 둘째로 농촌계몽운동의 일환으로 엘리트지식인들이 운영한 계몽야학의 교사들, 셋째로 학교나 면 등의 관에 의해 운영된 관제야학의 교사들, 마지막으로 구직 또는 이직을 하려는 사람들을 대상으로 한 영리목적의 야학을 운영한 민간영리야학의 교사들로 나눌 수 있다. 그럼, 다음에서 이 네 가지 유형과 각 특징에 대해 차례로 살펴보고자 한다.

1 민중의 교육욕구 및 생활향상을 위한 민중야학의 교사들

이번 조사대상자들 중 3분의 2 이상은 학식·식자층의 지역주민이 불취학 아동이나 농민, 부인 등의 기초교육과 생활향상을 위해 설립·운영한 민중야학에 다녔다. 조선총독부는 학교증설에서 시종 소극적인 자세를 취했기 때문에 1930~40년대에도 면사무소 소재지에서 멀리 떨어진 지역이나 벽지 등에는 학교가 없어 취학하지 못하는 아이들이 많았다. 그로 인해 보통학교(1941년부터 국민학교) 입학에도 면접시험이 부과되는 등 입학경쟁이 매우 심했다. 이번 조사대상자들의 증언에 따르면 소위 '빽을 써서', 즉 인맥이나 연줄을 이용해서 입학하는 사람들도 있었던 것으로 보인다(No.9, 24, 26, 28). 물론 경제적으로 여유가 없어 취학하지 못하는 사람도 있었고, 여자라는 이유로 학교에 보내주지 않아 입학하지 못했던 사람도 적지 않았다. 야학은 이러한 다양한 이유로 학교에 가지 못하는 불취학 아동들이나 취학연령이 지난 청년, 부녀자들의 기초교육을 담당했던 것이다. 그리고 입학난으로 입학시험을 준비하는 학원과 같은 기능도 했고, 나아가 지역의 거점시설로서의 기능도 했다.

민중야학에서 가르친 교사들 대부분은 초등교육 정도의 교육을 받은 지역의 청년들이었다. 본장에서 검토한 교사들도 교회나 사찰이 설립한 강습소에서 가르쳤던 최용신과 김동리, 강태분 이외에는 모두 지역유지나 청년들이 지역주민을 위해 개설한 야학에서 가르쳤다. 그 밖에는 초·중학교에 다니면서 야학교사를 한 경우(No.37, 48)도 있었고, 서당 훈장이 야학을 운영한 경우(No.46, 58)도 있었다. 실제로 위의 조용기의 교육실천에서 볼 수 있듯이 순천농림학교 재학 중에 주말과 방학을 이용해 농민들에게 글과 농법 등을 가르쳤던 사례에서 확인할 수 있다. 또한 보통학교 졸업 후 지역주민의 교육을 위해 노동야학회를 열어 7년이나 교육봉사를 한 최경하의 실천도 훌륭한 민중야학이라고 할 수 있다. 그리고 보통학교를 막 졸업한 14세에 마을 부인들의 요청으로 야학을 열어 매일 밤 한글을 가르친 이완훈의 사례도 교사 자신의 큰 신념이나 사명감이 있었던 것은 아니지만 특히 교육과는 거리가 멀었던 부인들의 학습요구에 2년이나 무상으로 대응했다는 점은 민중야학으로서 손색없는 교육실천이라고 평가할 수 있다. 즉 이번 조사에서는 주로 불취학자들을 위해 지역주민 유지들이 야학을 세워 학생을 모집하는 곳이 여러 곳 있었는데 이완훈과 같이 주민들의 요구에 맞춰 야학을 개설하게 된 경우도 있었다.

민중야학은 야학설립자나 교사의 자택(주로 사랑방), 지역주민의 집 등을 이용해 이루어지는 경우도 많았지만 공회당(회관)이나 제실(사당) 등 지역의 공유시설, 혹은 새로 교사를 건축해서 가르치는 경우도 있었다. 비교적 규모가 큰 곳은 사설학술강습소로 인가를 받아 보통학교처럼 학년제나 학급제를 도입해 일 년 내내 주간에 가르치는 곳도 많았다. 본장에서 소개한 양정원과 명월숙, 니산학술강습소 등이 그 대표적인 예이다. 야학교사들은 대체로 본업인 농사일을 하면서 봉사로 야학교사를 하는 경우도 많았고 보수도 없는 경우가 허다했다.

교과는 주간에 이루어진 강습소의 경우는 주로 일본어, 조선어, 산수, 노래, 회화, 제식훈련 등을 가르쳤고, 운동회나 소풍, 연극, 학예회 등의 행사도 열렸다. 이에 반해 야간에 자택 등에서 소규모로 가르치는 경우는 주로 일본어, 조선어, 산수 등의 문해교육만 이루어졌다. 교과서는 없는 경우가 많았고 칠판에 교사가 판서한 것을 보면서 따라 쓰며 공부하는 경우가 대부분이었다. 당시는 종이나 연필 구입도 힘든 환경이었기 때문에 직접 만든 노트를 나눠주거나(최경하 교사), 습득력을 높이기 위해 칠판에 그림을 그리며 설명하거나 단어카드를 사용한 퀴즈게임 등을 활용하는(김유정 교사) 등 자체적으로 교수방법을 고안하는 교사도 있었다.

황국신민화교육이 시작된 1938년 이후 학교에서는 물론 강습소 등에서도 조선어교육은 금지되어 학교에서와 마찬가지로 강습소 내에서도 조선어를 말하면 벌금이나 체벌을 당하는 곳도 있었다(No.8~9, 17~22, 26). 그러나 사설학술강습소로 인가를 받기 위해 대외적으로는 황국신민화를 내세워 일본어 중심의 교육을 하면서도 한편으로 관의 감시를 피해 몰래 조선어를 가르치거나 민족교육을 하는 교사도 있었다. 예를 들면 과거 보통학교 훈도였던 윤윤기는 "문맹퇴치·빈곤타파·부랑아 수용·황국신민화"를 내세워 양정원을 사설강습소로 인가신청도 했는데 실제로 수업에서는 한글과 역사교육도 몰래 했다.[83] 예를 들면 일본어 한자발음을 칠판에 한글로 독음을 달아 가르치거나 할 때 관의 감시관이 나타나면 종을 쳐서 알려 서둘러 칠판을 지우는 방식으로 실시했다(No.14, 15). 명월숙의 오용범 교사도 강습소에서는 일본어만을 사용하도록 했고 조선어를 사용한 학생들에게는 청소 등의 벌을 내렸지만 한편으로는 딱 한 번이긴 하나 어느날 수업에서 "선생님의 책에는 역사(교과서−인용자)가 있는데 어째서 안 가르쳐주십니까?"라는 질문을 받았을 때 "이 책의 역사는 일본놈의 역사이기 때문에", "지금두 독립군들이 어디서 싸우고 있으니까 해방되면 그때는 우리나라를 위해서 충성하라"고 본심을 말한 적이 있었다고 당시 학생이었던 오계아(No.18)는 증언한다. 또한 "이 말이 새나가면 그날이 제삿날이 되니까 이 말 일절 하지 말라"고 못을 박은 후 오용범 교사가 그 이후 이런 종류의 이야기는 두 번 다시 하지 않았다는 말을 들었을 때는 민족교육과 황민화교육의 사이에서 고뇌하던 피식민자인 청년 교사의 모습이 눈에 아른거렸다.

---

83 선경식, 앞의 책, pp.134-150.

그러나 이러한 설립자나 교사들에 의한 민족교육의 의도나 목적이 아이들에게 반드시 강하게 전해졌다고는 말하기 힘들다. 양정원에 다녔던 윤금동(No.12)과 임태선(No.13)은 선생님이 평소 민족교육에 관해서는 일체 말한 적이 없었다고 했고, 김순임(No.14)은 조선총독부의 황민화정책의 일환으로 각 가정에 설치하도록 독려된 가미다나(神棚)를 향해 매일 아침 세수하고 난 뒤 열심히 기도를 했다고 한다. 김순임에게 기도한 이유에 대해 물으니 "아 좋다구 항께. 신을 모셔갖구 좋다구 해갖구 손을 세 번씩 치는 했구니만 그래갖구 이렇게 절하지"라고 천진난만하게 답한다. 명월숙의 오상춘(No.19)도 오빠인 오용범이 교사였지만 그녀가 명월숙에 다니고 싶었던 가장 큰 이유는 강습소에 가면 집에서 일을 안 해도 되기 때문이었다. 또한 오용범 교사의 남동생인 오용수(No.20)가 "우리는 일본이 전분지 알았지. 조선이 이래는 건 (일본의 식민지인 건-인용자) 알지도 못했단 말야. 해방되니까는 아, 이게 이랬구나 생각이 되지"라고 말한 것도 인상에 남는다. 양정원과 명월숙 모두 1940년대라는 당국의 통제가 심했던 시대에 설립된 것이긴 하나 아이들의 눈에 교사들의 고뇌는 잘 보이지 않았고, 아이들이 야학과 강습소에 계속 다닌 이유도 설립자나 교사들의 이념이나 목적과 꼭 관련이 있었던 것은 아니었다.

이번 조사대상자들 중에서 야학설립자와 교사에 관해 정확히 기억하고 있는 사람들은 〈표5-1〉에서 볼 수 있듯이 비교적 큰 규모로 이루어진 학술강습소의 출신으로 해방 이후 그 출신자들이나 동창회를 중심으로 기념비를 세우거나 자료집과 서적 등을 출판하는 등 관련기록을 남긴 사례도 있었다. 그러나 〈표5-2〉에서 볼 수 있듯이 지역주민 등 개인이 개최한 소규모야학(조용기, 이완훈)은 교사 자신 혹은 가족 등의 관계자가 기록을 남기지 않는 한[84] 교사의 실천은커녕 야학이 존재했다는 사실도 알 수가 없다. 그런 의미에서 이번에 적은 수이긴 하나 야학교사 경험자들을 만나게 된 것은 큰 행운이었다.

---

84 매우 드물지만 당시의 잡지에 야학교사의 일기의 일부가 계재된 적도 있었다. 李洽「白墨日記―젊은 夜學教師의 手記」『批判』第13號, 1932.5, pp.76-77.

2 농촌계몽활동의 일환이었던 계몽야학의 교사들

1920~30년대에는 문자(한글)보급과 농촌계몽운동의 일환으로 엘리트 지식인들에 의한 계몽야학이 늘어났다. 동아일보사의 '브나로드운동'이나 조선일보사의 문자보급운동으로 많은 고등보통학교의 학생들이 고향이나 지방에 내려가 야학을 조직하거나 또는 기독교 등의 종교단체를 중심으로 한 농촌계몽 야학이 널리 전개되었다.

이번 조사에서도 이러한 계몽야학에서 배운 사람들(No.1~2, 33~35, 47)과 가르친 사람들(강태분, 박규선)에게 인터뷰를 할 수 있었다. 우선 강갑수(No.34)가 학생으로 다녔던 야학은 김유정이 본격적인 소설가가 되기 전 병환으로 고향인 강원도 춘천군에 잠시 내려와 개설한 야학 '금병의숙'이다. 1930년대 동아일보사의 농촌계몽운동에도 찬동하면서 한글과 산수만이 아니라 청년가나 산보가 등과 같은 노래도 만들어 가르치면서 교육의 필요성을 아이들에게 강조했다. 김소영(No.47)은 숙부이자 당시 소설가로 활동했던 김동리가 가르치는 '광명학원'에 보통학교에 입학하기 전까지 다녔다. 광명학원은 독립운동가들이 모여 활동한 다솔사 주지 최범술이 설립한 계몽야학이다. 김유정과 김동리는 1930년대를 대표하는 소설가였는데 각각 병환과 집필 작업을 이유로 고향과 형이 있던 다솔사로 내려가 집필활동을 계속하면서 야학을 통해 농촌계몽에도 힘썼던 것이다.

이덕선(No.2)은 소설 『상록수』(심훈, 1935년)의 모델이기도 한 최용신이 농촌계몽운동을 위해 운영했던 천곡강습소에서 배웠고, 김영성(No.1)은 천곡교회의 설립자인 조부 김종숙이 지역의 아이들을 위해 설립한 명동서숙에서 보통학교 취학 전까지 배웠다. 김옥실(No.33)과 김종식(No.35)도 각각 교회가 운영하는 계몽야학에 다녔다. 김옥실이 평양에서 다녔던 교회의 야학에서는 숭실학교 학생들이 가르쳤다고 한다.

기독교계 단체가 특히 농촌계몽에 주력해 활동했다는 것에 대해서는 이미 제4장에서도 언급했는데 농촌계몽과 야학활동은 당시 교육을 받은 신여성들의 사회활동으로 큰 비중을 차지하는 활동이기도 했다. 조선여자기독교청년회연합회의 농촌지도자로서 경기도 수원군 반월면 샘골(천곡)마을에 파견된 최용신은 아이들을 가르치는 일에 그치지 않고 천곡강습소의 교사건축을 비롯해 부인야학과 생활개선운동 등도 전개했다. 농사일 등 처음 해보는 일들뿐이라서 당혹스러웠을 그녀의 유품에는 수많은 서적이 남아 있는 것으로 보아 서적 등을 통해 학습하며 농촌계몽에 힘썼던 것으로 사료된다. 그중에는 그녀의 모교인 협성여자신학교에서도 강의한 적이 있는 조민형(趙敏衡)이 저술한 『조선농촌구제책』(1929년)(〈그림5-19〉)도 있었다. 종교적인 신념으로 교회나 기독교단체에 의해 농촌지도자로 파견되었다고는 하나 여학교를 갓 졸업한 젊은 신여성이 농민들을 지도한다는 것은 그리 쉬운 일은 아니었을 것이다. 위에서 살펴본 강태분도 단기간의 농촌지도교사양성과정을 마치고 농촌지역에 농촌지도자로 파견되었지만 농업지식이나 경험이 없어 오히려 농민들에게 여러 가지를 배운 시간이었다고 회상했다.

그림 5-19 **조민형의 『조선농촌구제책』**

자료: 최용신기념관

한편, 기독교계 단체에서 파견된 것은 아니지만 기독교 신자였던 조용기는 1930년대의 농촌계몽운동과 항일의식이 강했던 옥과교회를 다니며 영향을 받아 고향에서 학업에 매진하면서 한편으로는 농민들을 대상으로 야학을 열어 글을 가르쳤다. 명동서숙을 설립한 김종숙은 조선이 식민지가 되기 이전에 기독교 신도가 되어 이후 교회를 세워 신앙 활동을 하는 한편 명동서숙이라는 야학을 설립해 지역의 아이들을 위한 교육활동을 40년 이상 전개했다.

요컨대 식민지기 불취학자들의 배움을 담당한 종교단체의 역할은 매우 컸다고 할 수 있으며, 그 활동은 야학뿐만이 아니라 농촌계몽과 생활개선을 위한 활동으로 확대되어 갔다. 이러한 야학에서 배운 출신자들은 야학에서의 교육활동뿐만 아니라 마을의 발전을 위한 교사의 폭넓은 활동과 공헌도 높이 평가했다.

3 관제야학의 교사들

1930년대에는 엘리트지식인들에 의한 농촌계몽운동이 전개됨과 동시에 한편으로는 관에 의해 농촌진흥운동이 전개되었다. 농촌진흥운동을 위해 각 지방에 조직된 농촌진흥회에 의해 대대적으로 야학이 개설되어 농한기를 이용해 무산층의 남녀아동을 대상으로 한 교육이 실시되었다. 1934년 1월 24일자 『동아일보』에 따르면 전라북도 옥구군의 각 보통학교에 빈곤아동과 학령초과자를 위해 연간 50주간 매주 일요일에 사설학술강습회(일요강습회)가 개최되었는데,[85] 실제로 이번 조사대상자 중에도 일요강습회에 다닌 경험이 있는 사람이 있었다. 유재섭(No.60)은 1932년에 전라북도 부안군 백산면의 백산공립보통학교에서 이루어진 일요강습회에 수개월 다닌 적이 있고 그 일요강습회에서는 보통학교 교원이 가르쳤다고 한다.

중일전쟁 발발 이후에는 황국신민화정책에 따라 국민학교에서 '국어

---

85 「貧窮兒와 超齡者 爲해 日曜講習會 開催, 一年五十週日을 利用 敎授, 沃溝郡各普校에 設置」『東亞日報』 1934. 1. 24.

강습회'가 개최되었는데 이번 조사에서도 충청남도 홍성군 홍동면에 있었던 홍동국민학교가 여름방학 기간을 이용해 국어강습회(1944년)를 운영했던 것을 확인할 수 있었다. 여름에 이 강습회에 다녔던 송정섭(No.56)은 농한기인 겨울에는 마을 청년이 열었던 민중야학에도 다니는 등 관민양측의 야학에서 모두 배웠다. 충청북도 진천군 만승면 죽현리의 이복우(No.30)는 주간에는 보통학교 2부제에 다니면서 야간에는 만승면이 주최한 야학(1939~40년)에 다녔다. 야학교사는 일본인 남녀가 각각 1명씩 와서 가르쳤다고 한다. 그 밖에 설립자는 불분명하지만 학교 교사와 마을 반장이 교대로 가르쳤던 강습소(No.11[1940~41년])와, 개최장소가 학교였던 강습소에 다녔던 사람(No.4[1935년], No.52[1941년])도 있다. 또한 전개분(No.51)은 문경공립보통학교에서 열린 '여자야학회'(1940~41년)에 다녔으며 가끔 보여준 전쟁영화가 너무 재미있어 그걸 보기 위해 다녔다고 한다.

관제야학의 경우 학교나 관공서와 같은 공적 기관이 설립한 것이 아니라 지방관리나 자산가가 설립한 경우는 그것을 '관제야학'으로 간주하는 것에는 신중할 필요가 있다고 상술한 바 있는데, 그것은 당시 야학운동을 주도한 많은 지방관리나 자산가가 자강운동론자·실력양성론자로서 공무와는 별도로 사재를 써가며 야학을 전개한 일도 있었기 때문이다. 위에서 살펴본 조사대상자는 1940년경에 야학에서 배운 사람들이기 때문에 이 사례에는 해당되지 않겠으나 제주도의 김순홍(No.59)에게 흥미로운 이야기를 들을 수 있었다. 김순홍은 1942년 관(구좌면)이 실시한 한 달간의 합숙형 청년훈련에 참가했던 적이 있는데 그곳에서 1주일 정도 야학이 열려 일본어와 산술, 노래 등을 배웠다. 야학교사는 고태진이라는 마을 청년이었는데 그에 대해서는 김순홍뿐만 아니라 다른 지역주민들도 높이 평가했다. 그러나 같은 시기에 간이학교 교장을 지냈던 고철용이라는 사람에 대해서는 같은 마을 사람이었지만 "그 사람은 일본 말만 따르는 사람으로 무서운 사람이었다"고 입을 모았다. 즉 똑같이 관이 운영하는 곳에서 일한 조선사람이라도 그 사람의 태도나 인성에 따라 그 평가가 달랐다.

즉 배우는 입장의 학생들에게 있어서는 설립주체나 취지보다도 실제로 어떻게 가르쳤는지, 교사가 학생들을 어떻게 대했는지, 또는 교사의 인성이나 친밀도 등이 중요한 평가기준이었음을 확인할 수 있는 대목이다.

4 민간영리야학의 교사들

종래의 야학연구에서는 볼 수 없었던 야학으로 식민지기에 영리를 목적으로 구직 혹은 이직을 하려는 사람들을 대상으로 유료로 교육을 제공하는 야학이 존재했었다는 증언을 이번 조사에서 들을 수 있었다. 제3장에서 자세히 검토했지만 드문 사례라서 여기에서도 좀 더 다뤄보고자 한다.

1917년에 전라북도 부안군 백산면 오곡리에서 태어난 유재섭(No.60)은 보통학교와 국어강습회에서 수학한 후 16세(세는나이)인 1932년 가을에 상경해서 취직을 했다. 그러나 일본어와 산수를 잘하지 못하면 월급 등 조건이 좋은 직장에 취직하기가 어려웠기 때문에 일본어를 좀 더 배울 수 있는 오늘날의 어학원과 같은 '외국어야학'에 다녔다고 말한다. 이 야학은 당시(1934년경) 경성부 종로 2정목(町目)에 있었던 화신백화점(현재 종로타워)의 뒤편에 있었고 전차에서 '외국어야학'이라는 간판이 보여 찾아갔다고 한다.

그림 5-20 1930년대의 화신백화점

자료: 서울역사아카이브

이 야학에서 유재섭은 일이 끝난 후 매일 밤 9시경부터(주말은 조금 이른 시간에) 2시간씩 배웠고 수업료로 매달 50전을 지불했다. 당시 유재섭이 일했던 곳의 월급이 1원 50전이었기 때문에 월급의 3분의 1을 야학에 사용한 셈이다.

이 야학에서는 주로 일본어와 산술을 가르쳤고 취직 면접시험에 도움이 될 만한 일본의 역사나 생활문화 등도 조금 가르쳤다. 30~40대 남성교사(전원 조선인) 2~3명이 방 하나에 칸막이를 세워서 나누어서 가르쳤고, 수강생이 많은 반은 20~25명이었고 적은 반은 7~8명이었다고 한다. 수강생은 모두 취직이나 이직을 준비하는 남성이었다. 유재섭은 이 야학에 다니고 나서 2번 이직을 했는데 그때마다 급료가 3배 정도 높은 곳으로 옮겼다고 한다.

위에서 말한 '외국어야학' 외에 유사한 곳은 본 적이 없다고 하는 유재섭의 말에서 볼 수 있듯이 그 수는 적었다고 할 수 있는데 적어도 경성부에는 취직을 원해 상경한 사람들을 대상으로 지금의 어학원과 같은 영리목적의 야학이 존재했다고 할 수 있겠다. 기존의 야학연구에서는 식민지기의 야학은 무상 혹은 소액의 수업료로 가르쳤다고 여겨져 왔으나 실제로는 일자리가 많았던 다른 도시지역에도 이러한 영리목적의 야학이 적지만 운영되었을 가능성도 있다. 그러나 당시 취직과 이직을 하려는 청년 이상의 연령층을 대상으로 이루어졌다던 점에서 해당 야학경험자의 현재 연령은 이미 90세를 훌쩍 넘긴 고령으로 찾아내는 것 자체도 힘들 뿐만 아니라 설령 찾아내더라도 인터뷰조사가 성립될지도 미지수이다. 그런 점에서 유재섭의 증언은 매우 귀중한 자료라고 할 수 있다.

제1절에서 소개한 김형목의 지적처럼 야학의 구분은 좀처럼 간단치가 않다. 김형목은 1920년대 중반 이후 민족해방운동과 혁명적 노동조합운동 및 농민조합운동의 진전과 함께 야학운동도 발전하지만 곧바로 관 당국의 탄압에 의해 해체되거나 일본어 보급을 위한 야학으로 변질되어 간 점, 그리고 야학설립자가 전·현직 관리나 자산가의 경우는 모두 '관제야학'으로 간주되는 일이 많았지만 실제로 자강운동론자나 실력양성론자 중 야학운

동을 주도한 인물의 대부분이 전·현직 관리나 자산가였던 점을 감안하면 식민지기의 야학을 단순히 설립주체에 의해 그 성질을 단정해 버리는 일은 문제라고 지적한다.[86]

하지만 당시의 야학의 성질을 규명하기에는 그 관련 역사자료가 너무나 적고, 따라서 당시의 야학경험자들의 증언은 매우 중요하다. 특히 당시의 야학에서 가르쳤던 교사의 증언과 그 가르침을 받은 학생들의 증언은 설립주체나 설립취지와는 달리 실제 교육운영에 있어서는 다른 양상이 나타날 수 있음을 밝히고, 설립자나 교사들의 생각이나 그 변화 등 당시 야학의 실태에 좀 더 가까이 다가갈 수 있게 해 주는 귀한 자료이다. 본서는 이러한 과제의식에서 출발해 야학경험자들의 증언을 모아 세상에 나오게 된 것이다.

실제로 이번 조사에서도 공식적으로 내건 야학의 설립취지에 반하는 민족교육을 당국의 감시를 피해 몰래 실시했던 사례를 찾아볼 수 있었다. 가까운 곳에 학교가 없어 교육을 받을 수 없는 아이들에게 교육을 제공하기 위해서는 점점 엄격해지는 사설강습소 인가조건을 충족시켜야 하는 절박한 상황과, 한편으로는 전쟁에 필요한 식량과 금속, 노동력 등의 '공출' 강화로 인해 민중의 생활이 궁핍해져 당국에 대한 불만과 반발이 일어나는 상황 사이에서 고뇌하면서도 때로는 민족교육의 필요성을 느껴 몰래 실천하는 소위 식민지기를 살아가는 피식민자로서의 야학교사들의 모습을 이번 야학경험자들의 생생한 증언을 통해 그려낼 수가 있었다. 그동안 문헌자료에만 의존했던 야학연구의 문제점과 한계를 구술사연구를 통해 조금이나마 극복한 점이 본서의 큰 성과라고 할 수 있을 것이다.

---

86 김형목, 앞의 책, 2002, pp.171-172.

불취학자의 배움과 야학

불취학자들에게
야학은 어떠한 곳이었나?

본서에서는 식민지기 조선의 많은 불취학자들의 교육욕구를 충족시킨 것으로 보이는 야학에 주목해 실제로 야학에 다녔던 사람들이 당시 야학에 어떤 계기로 다니게 되었고 무엇을 위해 다녔으며, 또한 그곳에서 무엇을 어떤 방식으로 배웠는지, 그리고 무엇을 느꼈는지 등을 불취학자들의 관점에서 검토함으로써 기존의 문헌자료에 기초한 연구에서는 규명할 수 없었던 식민지기 조선의 야학의 실상에 좀 더 가까이 다가가고자 하였다.

제1장과 제2장에서는 3·1운동 후의 식민지 지배자(조선총독부)와 피지배자(조선민중)의 교육에 대한 각각의 대응 변화에 대해 검토하였다. 3·1운동 이후 급격히 높아진 조선민중들의 교육열에 대해 총독부는 그 이전의 취학독려정책과는 정반대로 입학시험 및 수업료를 부과하는 등의 방침으로 전환했다. 또한 심각한 입학난으로 인해 학교증설을 요구하는 조선민중들의 요구를 식민지 말기에 이르기까지 적극적으로 대응하지 않았다. 반면 사립학교와 서당, 야학 등과 같은 사설교육기관의 교육활동은 엄격히 통제하면서 '졸업생지도'와 같은 식민지 특유의 사회교육시책을 전개해 민중들의 교육욕구를 일부 흡수함으로써 학교증설에 따른 재정적인 부담을 줄이고 동시에 보통학교 졸업생들을 농촌지역의 '중견인물'로 육성해 청년들이 진학이나 취업을 위해 농촌을 떠나는 현상을 막았다. 그러나 이러한 총독부의 소극적인 교육정책에 대해 조선민중들은 포기하지 않고 학교증설운동을 펼치면서 한편으로는 농촌계몽운동과 야학활동 등을 통해 자신들의 교육욕구를 충족시킬 수 있는 길을 개척해 갔다.

제3장부터 제5장에서는 조선민중들의 교육활동 중에서도 많은 불취학자들의 교육을 담당한 야학에 주목해 그 야학이 실제로 어떻게 전개되었는지, 즉 누가 설립하였고 누가 무엇을 어떻게 가르쳤으며, 그리고 그 야학에는 누가 무엇을 바라고 다녔는지, 나아가 설립자 및 교사의 설립취지나 의도가 학생들에게 얼마나 전달되거나 영향을 끼쳤는지 등 문헌자료로는 파악할 수 없었던 구체적인 교육실천의 실태를 1930~40년대의 야학경험자들(학생 및 교사들)의 구술사를 바탕으로 살펴보았다.

총 64명의 야학경험자(교사경험자 4명 포함)에 대한 인터뷰조사를 통해 야학의 실태를 검토함으로써 기존의 문헌고찰 중심의 야학연구들에서 언급되어 온 야학의 실상이나 특질을 실제 경험자들의 증언을 통해 확인할 수 있었을 뿐만 아니라 문헌자료를 바탕으로 한 연구에서는 찾아볼 수 없었던 점도 발견할 수 있었다.

다음에서는 이번 구술사연구를 통해 새롭게 발견해 낸 야학의 실태와 그 의미에 대해 살펴보고자 한다.

첫째, 야학에 다녔던 사람들은 수동적이지 않았고, 자신들의 필요에 따라 야학에 계속 다닐지 말지를 결정했던 주체적·능동적인 존재였다는 점이다. 기존의 야학연구는 주로 신문이나 잡지 등의 문헌자료를 중심으로 고찰해왔기 때문에 실제 교육을 받았던 측의 목소리를 담아낼 수 없었다. 당시의 신문기사에는 설립주체와 교사의 이름과 신분(지역유지나 청년회, 종교단체, 관리 등)이 소개되는 경우는 있으나 학생에 관해서는 무산계급아동이나 농민, 노동자, 부인, 소녀 등과 같이 계층에 관한 기술이나 참가자 수를 소개하는 수준에 머무는 것이 대부분이었다. 그로 인해 지금까지의 연구에서는 설립주체별로 야학을 분류해 야학의 성격을 규정하는 일이 많았다. 그러나 야학에서 배우는 사람들이 각 야학의 설립취지와 목적을 얼마나 의식하고 있었는지 또는 실제 영향을 받았는지 등에 관해서는 문헌자료만으로는 확인할 길이 없다. 즉 야학에 다녔던 많은 사람들이 무엇을 원해 야학에 다니기 시작했고 계속 다녔는지, 그들에게 있어 야학은 어떠한 곳이었는지, 그 경험자들의 학습실태를 밝힘으로써 지금까지 민족주의적 또는 반식민지주의적 교육운동의 대표적인 사례로 여겨져 온 야학의 새로운 측면을 규명할 수 있을 것이다.

실제로 1930~40년대에 야학에 다녔던 적이 있는 사람들에게 실시한 이번 인터뷰조사에 따르면 설립취지와 야학의 성격(사설야학/관제야학)이 당시 야학에 다녔던 사람들에게 끼쳤던 영향은 그다지 크지 않았던 것으로 보인다. 1936년에 공립보통학교 1면 1교제 계획이 완수되었다고는 하나 1940년대에도 여전히 많은 지역에는 학교가 없었고, 야학도 마을에 한 곳 있을까 말까 한 곳도 많았다. 이번 야학경험자들의 증언에 따르면 야학이나 학술강습소가 마을에 없어 옆 마을에 있는 야학이나 강습소에 다닌 사람도 적지 않았을 정도로 불취학자들에게 있어 배움의 장은 선택의 여지가 없었던 것이다. 즉 그 야학과 강습소를 설립한 주체나 설립취지 등보다는 배울 장소가 생겼다는 것에 의미를 두는 사람이 대부분이었다.

조사대상자들 중에는 관제야학에 다녔던 사람도 여러 명 있었는데 그들은 그것에 큰 의미를 두지 않았다. 예를 들면 마을 청년이 불취학자를 위해 개설한 민중야학과 국민학교가 여름방학을 이용해서 개최한 불취학자들을 위한 관제강습회에 모두 다녔던 사람도 있었는데 그는 이 둘의 차이를 그다지 의식하고 있지 않았다. 같은 마을의 친한 또래 친구 두 명은 학교에 다녔지만 자신은 학교에 보내주지 않아서 슬펐다는 그에게 학교에서 배우는 글자나 산수 등 새로운 것을 배울 수 있는 곳이라면 어디든 좋았다는 것이다. 또한 이번 조사에서 많은 야학은 설립자가 야학을 설립하면서 학생들을 모집하는 경우가 많았는데, 한편으로 학생(학습자)들의 요청에 의해 야학이 개최된 예도 있었다. 제5장에서 검토한 야학교사 경험자인 이완훈은 마을 부녀자들이 소설을 읽고 싶다며 한글을 가르쳐 달라고 요청을 해 와서 보통학교 졸업 직후부터 2년 정도 야학을 열어 한글을 가르쳤다.[1]

제3장에서 검토했듯이 야학에 다니게 된 계기는 야학교사나 부모의 권유, 주변사람들의 영향 등 주로 다른 사람들의 권유나 영향을 받아 다니게 된 경우가 가장 많았다. 그러나 계속해서 다니느냐 마느냐는 자신의 의지에 의한 경우가 대부분이었다. 학교와는 달리 수업료가 없는 경우가 많았고, 출석체크나 규칙 등도 그다지 엄격하지 않았으며, 여성의 경우는 야학에 다니는 것을 부모나 조부모가 반대하는 경우도 있긴 했지만 야학에 계속 다닐 것인지에 대한 결정은 많은 경우 학생 자신의 판단과 의지에 의한 경우가 많았다. 즉 야학의 학생들은 교사나 부모들에 의해 야학에 계속 다

---

1 야학운동이 왕성했던 1920년대에는 노동자에 의한 야학설립 요구도 있었다. 「平壤布木商店員 待遇改善을 歎願, 布木商組合에 대하야 夜學設立과 報酬要求」 『東亞日報』 1923. 12. 22.

녔다기보다는 보다 주체적으로 참여했다고 할 수 있다.

둘째, 야학은 교육욕구를 채우는 것 이외의 장소로서도 이용되었다는 점이다. 야학이 실력양성과 생활개선, 민족교육을 위한 장으로서만이 아니라 심각한 입학난문제 등으로 인해 생겨난 대량의 불취학 아동들의 교육을 맡게 되었고, 학교대체시설 또는 재수학원으로서의 기능을 했다는 것은 물론 지금까지의 연구에서도 언급되어 온 점이다. 또한 야학은 이러한 교육욕구를 충족시키는 교육의 장에 그치지 않고, 운동회나 학예회 등의 행사나 이벤트를 통해 지역주민들이 함께 모여 새로운 문화에도 접할 수 있는 장, 즉 주민들의 단결을 위한 구심적인 역할과 민중문화 창출의 장으로서 기능한 점도 일부 연구에서 이미 지적되어 온 것이다.

그러나 위의 특징들에 더해 이번 조사에서 새롭게 발견된 점으로서 야학(특히 학술강습소)도 학교와 마찬가지로 소위 '공부'보다는 '주변문화'에 매료되어 계속 다녔던 사람도 적지 않았다는 점이다. 이번 조사대상자들에게 야학에 계속 다니게 된 이유에 대해 물어보면 '공부'라고 말한 사람도 많았으나 '친구들과 놀 수 있어서', '재미있는 놀이를 할 수 있어서'라고 답한 사람도 적지 않았으며, '공부는 싫어했다'라고 답한 사람도 여러 명 있었다. 또한 야학에서 가장 기억에 남는 좋았던 점에 대해서도 '소풍에 갔었던 기억', '운동회', '연극에서 주역을 맡았던 기억', '씨름하며 놀았던 기억', '친구들과 놀았던 기억', '노래' 등 그 대부분은 '공부'가 아니라 주변적인 문화행사나 친구들과의 교류였다. 즉 불취학자들에게 야학은 실력양성이나 생활개선, 민족교육, 또는 진학과 취직을 위한 교육을 받는 장소에 그치지 않는 지역주민들의 단결과 문화 창조의 장, 나아가 친구들과 어울리며 소풍이나 운동회, 학예회(연극), 노래 등과 같은 학교교육의 '주변문화'를 체험할 수 있는 장으로서도 기능했다고 할 수 있다. 당시 장래 희망(꿈)이나 야학 수료 후의 진로 등에 대해서는 생각해 본 적조차 없다고 대답한 사람이 많았던 점에서도 많은 불취학자들에 있어 야학은 근대교육과 새로운 문화 활동을 조금이나마 체험할 수 있는 유일한 장이었던 것이다.

셋째, 식민지기 조선인 여성들에게 야학은 가장 접근하기 쉬운 교육시설이었고 잠시나마 가정에서 강요받던 유교적인 젠더규범에서 벗어나 사회와 연결되는 유일한 통로였다는 점이다. 식민지기 조선인 여성들의 교육을 방해한 큰 원인 중 하나는 '남존여비'라는 유교적 규범이었으며, 그로 인해 식민지기 여성들의 교육은 학교나 서당보다는 야학이 많은 부분을 담당했다는 점은 선행연구들에서도 지적되어 온 바이다. 하지만 여성 개개인의 배움의 실태를 조명함으로써 보다 생생하게 당시의 야학의 실상을 그려낼 수 있고, 그 특질을 보다 더 구체적으로 이끌어낼 수 있다.

이번 조사에 따르면 당시 많은 여성들에게는 야학이 유일한 배움의 장이었지만 그마저도 접근이 쉽지만은 않았다. 남성들과 달리 여성은 어차피 시집을 갈 것이니 교육은 필요 없다고 생각하는 부모들이 많았고, 그대신 여성(딸)에게는 가사나 육아, 농사일 등을 돕도록 했다. 그 때문에 야학에도 안심하고 충분히 다닐 수 없었던 여성들도 적지 않았다. 그런 면에서 여성들에게 야학은 배움의 장이기도 했지만 동시에 가사노동에서 해방되어 친구들이나 가족이 아닌 사람들과 어울리고 새로운 문화체험을 할 수 있는 '쉼터' 혹은 '놀이터'이기도 했으며, 또한 바깥세상과 연결되는 통로이기도 했다.

실제로 이번 조사대상자들 중 여성들은 집안의 경제적 형편과 상관없이 여성이라는 이유로 학교교육 및 전통교육(서당)은 물론 야학에 다니는 것도 반대에 부딪쳤던 사람이 여럿 있었다. 그에 반해 남성들의 경우는 집안형편이나 수험실패, 지리적 환경 등으로 인해 학교에 입학하기 어려워서 야학에 다닌 사람들이 많았고, 부모의 일손을 돕거나 농사일 등을 이유로 야학에 다니는 것을 반대하는 부모는 한명도 없었다. 야학은 무상으로 이루어지는 곳이 많았고 입학조건이나 규칙도 딱히 없는 곳이 많았기 때문에 학교나 서당에 비하면 여성들이 접근하기 쉬운 곳이었다고 할 수 있다. 그리고 지역에 따라서는 여자야학이나 부인야학도 존재했는데 많은 야학에서는 남녀가 같은 공간에서 연령도 취학 전의 6~7세부터 20세 정도까지 폭넓은 연령층이 함께 배우는 곳이 많았다. 또한 대부분의 야학은 개인집이나 공회당 등 비교적 좁거나 마을의 공유시설에서 이루어진 경우가 많았기 때문에 성별과 연령에 따라 반 편성을 하기란 어려웠을 것으로 보인다. 주로 주간에 이루어진 학술강습소에서도 반 편성을 성별로 한 곳은 적었다. 이번 조사결과를 바탕으로 말하자면 이처럼 야학은 유교적 젠더규범에서 조금은 자유로운 장이었던 것으로 보인다.

넷째, 식민지 말기의 피식민자였던 조선인 야학교사의 내적 갈등과 고뇌, 고민 등을 엿볼 수 있었던 점이다. 지금까지의 야학연구에서는 야학의 설립주체 속성으로 야학을 분류하고, 그 성격을 규정하는 경향이 있었다. 따라서 사설야학과 관제야학으로 크게 나누고 또한 사설야학은 민중야학과 계몽야학으로 나누었다. 이들 사설야학에서는 민족교육이 이루어진 것으로 분석하는 경우가 많았다. 그로 인해 야학설립자나 교사에 관해서도 주로 항일운동지향의 야학교사에 초점이 맞춰지고 관 당국으로부터 심하게 통제받거나 폐쇄당하거나 투옥되거나 했다는 이른바 '억압-저항'이라는 이항대립 구도에 기초한 단편적인 분석에 그치는 경우가 많았다.

그러나 사설야학에는 도 당국으로부터 허가를 받은 야학, 소위 '사설학술강습회'도 포함되어 있다. 중일전쟁 후는 사설야학에 대한 단속이 한층 심해져 도 당국의 인가를 받아 황민화교육을 실시하지 않으면 폐쇄명령이 내려지는 일도 늘어났기 때문에 불취학자들을 위한 교육을 계속해 가기 위해서는 인가를 받지 않을 수 없었고 당국의 감시도 항상 받아야 했다. 이러한 상황 속에서 한글을 가르치거나 민족교육을 하는 일은 결코 쉬운 일이 아니다.

그렇다고는 하지만 인가를 받아 일본어만을 가르치고 황민화교육을 했던 야학이 모두 민족교육을 하지 않았다고 단언할 수도 없다. 왜냐하면 이에 해당되는 사례를 이번 야학경험자(학생 및 교사)들의 증언을 통해 확인할 수 있었기 때문이다. 특히 1940년대 야학의 경우는 겉으로는 황민화교육을 내걸어 인가를 받은 후 뒤에서는 다양한 궁리를 하며 몰래 한글이나 조선 노래를 가르치거나 민족교육을 한 곳도 있었고, 내심은 민족교육을 하고 싶지만 관의 심한 감시와 통제로 인해 좀처럼 실천으로 옮기지 못해 내적 갈등으로 괴로워했던 교사의 모습도 볼 수 있었다. 이러한 야학교사들의 생각과 고민에 공감하고 교사들의 속마음까지 헤아렸던 학생들도 있었지만 같은 교사에게 배운 경우라도 교사의 그런 생각을 눈치 못 채거나 그다지 의식하지 않았던 학생도 있었다. 야학교사의 심경을 헤아리기에는 아직 너무 어린아이들이었기 때문에 어찌 보면 당연한 일일지도 모르겠다.

다섯째, 적어도 경성부에는 취직이나 이직을 위해 일본어를 배우려는 사람들을 대상으로 한 영리목적의 야학이 존재했었다는 점이다. 지금까지의 야학연구에서는 영리목적의 야학에 대해서는 언급된 적이 없는 것으로 안다. 이러한 새로운 유형의 야학이 존재했다는 사실은 이번 조사에서 당시 그러한 야학에 다녔던 적이 있는 당사자(야학경험자)를 만났기 때문에 발견할 수 있었다. 이번 조사에서는 하나의 사례에 불과하지만 1930년대 이후 일본어능력을 몸에 익힌 많은 조선인들이 직장을 얻기 위해 또는 장사를 시작하기 위해 경성, 평양, 부산 등의 대도시지역으로 이주했던 점을 감안하면[2] 경성 이외의 도시지역에도 같은 유형의 야학이 존재했을 가능성이 높다.

본서에서는 식민지기의 조선민중들, 그중에서도 불취학자들이 야학을 통해 어떤 교육을 받았는지를 구술사를 통해 밝힘으로써 불취학자들에게 야학이란 어떤 곳이었는지, 나아가 조선민중들에게 배움이란 무엇이었는지에 대해 고찰해 왔다. 야학경험자 개개인의 학습실태를 조명한 결과 기존의 연구들에서는 밝혀내지 못했던 야학의 실상을 밝히고 또한 그것을 통해 식민지하의 조선민중들의 교육관과 생활문화 등도 보다 생생하게 그려낼 수 있었다. 그리고 당시의 조선민중들은 보다 나은 생활향상과 사회적 지위의 상승이동, 또는 새로운 문화를 누리기 위해 교육이라는 수단을 적극적으로 활용하는 주체적인 존재였으며, 그것은 학교교육에서만이 아니라 야학이라는 사회교육적 활동에서도 똑같이 확인할 수 있었다.

그러나 야학에는 입학이나 진학, 취업 등과 같은 명확한 목표가 있거나 또는 학습의욕이 높은 사람만이 다닌 것은 아니었다. 또한 장래 꿈이나

---

2 林廣茂『幻の三中井百貨店―朝鮮を席巻した近江商人・百貨店主の興亡』晩聲社, 2004, p.170.

목표가 딱히 없거나 혹은 가질 수 없는 상황에 있었던 사람들이 단지 문자나 숫자 등과 같은 기초 문해능력이나 지식을 얻기 위해서만 다닌 것도 아니었다. 오히려 그들은 학습주변의 것들, 즉 유희나 교류, 다양한 신문명 등을 접하기 위해 계속해서 다닌 사람도 많았으며 그런 그들에게 야학은 다양한 기능을 가진 복합시설과 같은 장이었다. 야학은 배움의 장에 한정되지 않는 보다 다양한 요구를 지닌 사람들에 의해 이용된 곳이었다고 할 수 있다.

상술한 바와 같이 식민지기 조선에는 야학이 한 곳 이상 있는 지역은 적었고, 오히려 학교는 물론 야학도 없는 지역이 많았기 때문에 수많은 민중들에게 야학은 선택의 여지가 없는 지역에서 유일한 교육시설이자 문화시설이었다. 따라서 그 야학의 성격(사설야학 혹은 관제야학)이 학생들에게 미친 영향도 그다지 크지 않았던 것으로 보인다. 즉 배우는 사람들 관점에서 야학을 바라보면 기존의 '억압-저항'의 구도로는 설명할 수 없는 회색지대가 존재한다.

하지만 이것이 식민지 근대화론이나 식민지 지배 긍정론을 인정한다는 것은 결코 아니다. 식민지 말기에도 여전히 학령아동의 보통학교(국민학교) 취학률이 관·공·사립을 모두 합해도 50%를 넘지 않았고, 특히 여성의 취학률은 1942년에도 30%를 넘지 못했을 정도로 식민지 조선의 교육보급 정책은 매우 미흡했을 뿐만 아니라 오히려 '민족·계급·젠더'[3]에 따른 큰 교육격차를 낳았다. 이러한 빈약한 교육환경 속에서 전국 각지에 퍼진 민중들 손에 의해 만들어진 다양한 야학이 아동·청년·여성 등의 수많은 불취학자들의 교육 요구를 충족시켰으며, 한편으로는 지역주민들의 문화교류의 장 및 지역의 거점으로서의 역할도 담당했다고 볼 수 있다.

3　金富子『植民地期朝鮮の教育とジェンダー――就學·不就學をめぐる權力關係―』世織書房, 2005.

본 연구의 의의와 과제

　2018년에 일본식민지연구회는 『일본 식민지연구의 논점』 이라는 책을 출판했다. '머리말'에 이 책의 취지가 다음과 같이 쓰여 있다.

　　'공식제국'(公式帝國), '비공식제국'(非公式帝國)을 불문하고 또한 지배측의 주관적인 의도가 어떤 것이었던 식민지 지배라는 것은 다른 민족에 의한 사회·생활공간의 찬탈이며 식민지정책으로 전개되는 해당 지역의 행정은 피지배지역에 '비일상'(非日常)적 공간을 만들어낸다. 그러나 식민지 통치정책이 피지배사회를 밑바닥부터 장악하고 재편할 수 있었던 것은 아니다. 식민지 지배하라고 해도 전통적인 경제관계나 생활의식은 '일상'적 공간으로 계속 존재했다. 이러한 '일상'성과 '비일상'성 사이에서 식민지 지배를 원활하게 추진하기 위해 식민지 통치행정이 지배지역의 관행에 대응해 변화하는 사례가 있었던 반면 역으로 전통적인 사회·경제관행이 식민지 통치정책에 적응해 변질되는 경우도 있었다. '일상'성과 '비일상'성이 교착하면서 생기는 고유한 시간과 공간이 식민지 사회였다. 이 고유한 시간과 공간이 배태(胚胎)된 여러 양상을 될 수 있는 한 논점으로 추출해 식민지 사회의 실상에 좀 더 다가가고자 한다.[4]

　위의 글과 같이 식민지 사회는 '식민지 근대화론'이나 '식민지 수탈론' 등처럼 한마디로 정리할 수 없는 이른바 '억압-저항'의 이항대립의 구도만으로는 설명할 수 없는 유기적인 것이다. 식민지라고는 하나 거기에 사는 사람들의 가치관이나 삶의 방식은 다양하고, 각자 처한 생활조건이나 계급은 물론 성별, 연령, 지역 등에 따라서도 각기 다른 문화와 경험을 가졌을 것이다. 그리고 그에 따라 가치판단이 갈리는 일도 당연히 있었을 것이다.

　위의 책에 실린 글 중에 특히 눈길을 끄는 논문은 가토 게이키(加藤圭木)의 「피지배자의 주체성」이라는 논문이다. 가토는 일본 식민지사 연구에서 1990년대부터 등장한 식민지 근대(성)론(식민지 공공성론)과 정치문화론을 기존의 민족운동사 연구나 일본 제국주의 연구가 함몰되어 있던 지배와 저항의 '이항대립' 도식을 극복하고자 한 연구로 평가하고 있다.

4　須永德武 · 谷ケ城秀吉 「はじめに」 日本植民地研究會編 『日本植民地研究の論点』 岩波書店, 2018, p.x.

우선 식민지 근대(성)론에 대해서는 근대를 긍정적으로 바라보는 기존의 연구시각을 비판하면서 "식민지 인식의 '회색지대'에 주목할 것을 주장하며, 구체적으로는 대일(對日)협력이나 식민지 지배에 의해 초래되는 근대성을 내면화하는 사람들의 동향을 살펴봐야 한다고 말한" 연구라고 평가한다. 한편 "유교적 민본주의나 전통과의 관계 속에서 사람들의 동향을 논하려는" 정치문화론에 대해서는 "근대주의적인 역사상을 극복하면서 다른 한편으로 식민지 지배에 의해서만 규정되지 않는 사람들의 주체성에 주목해" 큰 성과를 거뒀다고 말한다.[5]

그러나 두 연구의 성과를 인정하면서도 거기에는 각각 중대한 문제가 있다고도 지적한다. 즉 "식민지권력과 피지배자의 정치적 거래(bargainning)가 이루어지는 장으로서 「식민지 공공성」"을 상정하는 일은 "정치적 권리가 박탈된 식민지 지배의 실태를 잘못 보게 하고", 그리고 식민지 근대(성)론은 "피지배자의 지배에 대한 협력을 조명함으로써 결국은 식민지 만능론에 접근해 식민지 지배를 극복해 가려는 피지배자 측의 주체적인 동향은 제거해 버린다"고 말한다. 한편, 정치문화론에 대해서는 "피지배자의 행동과 실천을 정치문화와의 관련에서 논하는 일에 치우친 나머지 자칫 단조롭고 정태(情態)적인 역사상에 빠지기 쉽고", 또한 "유교적 민본주의를 둘러싼 논의는 조선의 정치문화를 한 형태로 바라보는 경향이 있으며, 지역이나 계급, 젠더에 의한 차이가 잘 보이지 않는다는 문제가 있다"고 지적한다. 가토는 이러한 "민족운동사나 유교적 민본주의를 둘러싼 논의의 성과를 인지하면서 **사람들이 살아가는 현장(특히 지역사회)에서 사람들의 주체성을 파악해 갈 필요가 있다**"고 주장한다.[6]

이러한 연구 관점은 최근의 식민지 교육사연구에서도 나타난다. 예를 들면, 식민지 대만의 국어교육에 초점을 맞춰 "기존의 「지배-저항」이라는 도식에서 벗어나는 문제를 파악할 필요가 있다"고 제기한 천페이펑(陳培豊)은 국어교육을 둘러싼 통치자 측과 민중 측의 대응에 복잡한 실상이 존재

---

5 加藤圭木「被支配者の主體性」위의 책, pp.24-26.

6 위의 논문, pp.22-31.

한다고 주장한다. 즉 피지배자인 대만 민중들은 "문명적인 교육을 수용하면서 저항하거나, 저항하면서 수용하는" 식의 대응을 했고, 지배자 측도 그 대응을 보고 정책을 재편하거나 변경해 갔다는 것이다.[7] 1990년대 이후 이와 같은 연구 관점에 입각한 연구가 식민지 조선의 교육사연구에서도 나타나기 시작했다.[8]

2011년에 한일의 식민지 교육사 연구자들이 공동 집필한『식민지 교육 연구의 다변화』(오성철 편)라는 책이 한국에서 출판되었는데, 이 책의 취지도 상술한 연구와 궤를 같이 하는 것이다. 편자인 오성철은 식민지기 조선에서 전개된 교육에 관한 기존의 교육사연구의 특징을 크게 두 가지로 나누고 있다. 그 하나는 민족주의적인 사관을 배경으로 하여 일제의 식민 교육정책을 비판적으로 검토하는 연구 경향이고, 나머지 하나는 조선인이 전개한 민족주의적, 반식민주의적 교육 운동의 사례를 밝히는 연구 경향이라고 정리한 후에 이 두 연구 경향이 가진 학문적 의미뿐만 아니라 실천적인 의미도 인정하면서 한편으로는 이러한 민족주의적인 사관에 기초한 연구가 식민지기 조선에서 실제로 전개된 다양하고 풍부한 교육현상에 대한 접근 시야를 제한할 가능성이 있다고 지적한다. 따라서 '민족주의' 대 '식민주의'라는 이원적인 대립 축 이외에 다른 인식의 축을 설정하여 식민지기의 사회적, 교육적 실재에 접근할 수 있는 가능성도 언제나 열려 있다고 보아야 한다고 말한다.[9]

필자는 이상과 같은 식민지연구 및 식민지 교육사연구의 새로운 연구 관점에 공감하며 지금까지 식민지기 조선의 사회교육에 관한 연구를 해왔다. 특히 학교라는 정규교육의 트랙에서 벗어난 사람들의 배움에 주목해 그 불취학자들의 교육욕구에 대한 정책적 대응을 고찰하고, 다른 한편으로

---

7 陳培豊『「同化」の同床異夢―日本統治下臺灣の國語教育史再考』三元社, 2001, p.19.

8 韓祐熙著・佐野通夫譯「日帝植民統治下の朝鮮人の教育熱に關する研究」四國學院大學『論集』第81號, 1992, pp.113-132; 古川宣子「植民地期朝鮮における初等教育―就學狀況の分析を中心に―」『日本史研究』第370號, 1993, pp.31-56; 오성철『식민지 초등 교육의 형성』교육과학사, 2000 등.

9 오성철『식민지 교육연구의 다변화』교육과학사, 2011, pp.5-6.

는 민중들이 그 정책을 이용하면서 그것을 자신들의 생활논리로 재편하거나 혹은 저항하는 과정, 또한 거기에서 생겨난 새로운 실천논리가 정책에 어떻게 반영되고 정책의 변화를 이끌어냈는지 등 민중들의 배움의 실태에도 관심을 갖고 검토해 왔다.

그중에서도 제도권 교육 밖에서 이루어진 대표적인 민중교육의 실천이라고도 할 수 있는 '야학'에 주목해 민중들 스스로가 야학을 설립해 실천한 교육(배움)의 실태와 그 특질을 밝히려고 노력해 왔다. 그러나 야학에서의 민중들의 배움의 실태를 검증하기 위해서는 기존의 야학연구에서 해 온 문헌자료 중심의 연구로는 충분치가 않다. 따라서 새롭게 채택한 연구방법이 식민지기에 야학에 다닌 적이 있는 사람들의 증언(구술사)을 수집하는 일이었다.

본 연구에서는 야학경험자들의 증언을 바탕으로 한 구술사연구를 통해 당시 불취학자들이 경험한 야학의 실상에 좀 더 가까이 다가가려고 노력했다. 상술한 가토의 말을 빌려 말하자면 본 연구는 '사람들이 살아가는 현장' 중 하나인 야학을 통해 교육(배움)에서의 '사람들의 주체성을 파악해'가고자 시도한 것이다. 즉 많은 불취학자들이 야학을 이용하는 가운데 교육(배움)을 어떻게 여기고 야학에서 어떤 교육(배움)을 원했는지 요컨대 그들 한 사람 한 사람에게 야학이 어떤 존재였는지에 다가감으로써 지금까지의 야학연구에서는 거의 주목하지 않았던 배우는 입장(학생)의 주체성을 비롯해 거기에서 드러나는 야학의 새로운 특질과 역할을 밝혀냈다는 점에 본 연구의 의의가 있다고 할 수 있겠다.

본 연구의 큰 성과로는 우선 무엇보다 야학경험자(학생과 교사)를 발굴해내는 것 자체가 매우 어려운 상황에서도 64명에 이르는 유의미한 조사대상자를 찾아냈다는 점이다. 그리고 각각의 구술사를 토대로 야학에 관한 보다 상세한 실태에 접근할 수 있었던 점, 나아가 야학과 교육에 대한 가족 및 주위의 반응을 비롯해 일본인과의 관계나 인상(이미지), 당시의 생활상 및 시대인식 등에 대해서도 들을 수 있어 당시의 사회 실상이나 그에 대한 민중들의 인식 등도 엿볼 수 있었던 점 등도 구술사연구의 성과라고 할 수 있겠다.

　그러나 물론 본 연구에는 과제와 한계도 존재한다. 우선 이번에 야학 경험자에 대해 직접 인터뷰를 실시한 것은 큰 성과이긴 하나 64명이라는 조사대상자 수가 결코 많다고는 할 수 없다. 그리고 조사대상자의 출신지 역에서 한반도의 북부지역(함경도, 평안도, 황해도, 강원도) 출신자가 5명밖 에 없고, 함경남도 및 함경북도에서 야학에 다닌 사람은 한 명도 없다. 남 북분단으로 인한 어쩔 수 없는 조건 속에서 진행한 조사이긴 하지만 지역 에 편차가 생긴 것도 부정할 수 없다. 또한 조사개시 시점(2013년)에 야학 경험자의 대부분은 80세 이상의 고령이었기 때문에 조사대상자들이 야학 에 다닌 시기는 대체로 1930~40년대였다. 그로 인해 야학운동이 왕성했 던 1920년대와의 비교분석을 충분히 할 수 없었던 점은 매우 아쉬운 점으 로 남는다. 마지막으로 이미 상술한 바와 같이 이번 조사대상자들의 대부 분이 조사 당시 매우 고령이었고, 또한 70~80년 이상 전에 일어난 일에 대한 회상이기 때문에 그 증언의 자의성이나 정확성에 관한 과제도 남아 있다. 이러한 여러 과제들을 안고 있긴 하나 본 연구가 식민지기 조선의 야학연구에 조금이나마 기여할 수 있기를 희망해 본다.

참고문헌

【한국어】

1. 정기간행물

(1) 잡지

『開闢』『農民』『東光』『別乾坤』『批判』『三千里』『新生活』『新女性』『靑年』

(2) 신문

『大韓每日申報』『獨立新聞』『東亞日報』『每日申報』『每日新報』『時代日報』
『朝鮮日報』『朝鮮中央日報』『中央日報』『中外日報』『평택시민신문』

2. 저서

강만길 『고쳐 쓴 한국현대사』 창작과 비평사, 2000
강명숙 『사립학교의 기원—일제초기 학교 설립과 지역사회』 학이시습, 2015
김귀옥 『구술사연구』 한울, 2014
김성준 『일제강점기 조선어교육과 조선어 말살 정책 연구』 경인문화사, 2011
김형목 『최용신 소통으로 이상촌을 꿈꾸다』 도서출판 선인, 2015
김형목 『배움의 목마름을 풀어준 야학운동』 서해문집, 2018
노영택 『일제하 민중교육 운동사』 탐구당, 1980
노영택 『일제하 민중교육 운동사』 학이시습, 2010
선경식 『민족의 참 교육자 학산 윤윤기』 한길사, 2007
안산시 『최용신, 기억과 계승』 도서출판 선인, 2109

오계아 『명월리 팽나무처럼』 도서출판 세림, 2006

오성철 『식민지 초등 교육의 형성』 교육과학사, 2000

오성철 편 『식민지 교육연구의 다변화』 교육과학사, 2011

윤택림 『역사와 기록연구를 위한 구술사연구방법론』 아르케, 2019

이정연 『한국 '사회교육'의 기원과 전개』 학이시습, 2010

이태길 『긴 삶 숱한 고비』 태화출판사, 1999

정재걸 외 『한국 근대 학교교육 100년사 연구(Ⅰ): 개화기의 학교교육』 한국교
육개발원, 1994

조용기 『달걀이 깨어나 바위를 넘다』 책가, 2012

천성호 『한국 야학 운동사-자유를 향한 여정 110년』 학이시습, 2009

최용신 탄생 100주년 기념 국제학술회의 논문집 『최용신, 기억 속에서 아시아
로 걸어 나오다』 안산시, 2009

3. 논문

김경남 「'신여성' 잡지를 통해 본 1920년대 여성관의 변화와 여자교육」 『우리말
글』 Vol.43, 2008, pp.237-259

김광식 「다솔사와 항일비밀결사 만당—한용운, 최범술, 김범부, 김동리 역사의
단면—」 『불교연구』 48호, 2018, pp.135-168

김민남·조정봉 「1930년대 칠곡지역 야학의 재발견」 『중등교육연구』 제42호,
1998, pp.1-32

김민남·조정봉 「일제하 교재를 통해 본 야학교육 활동」 『중등교육연구』 제44호,
1999, pp.59-84

김정인 「근우회 여성운동가들의 교육계몽론」 『교육철학연구』 제41권 제4호,
2019, pp.67-86

김형목 「1920년대 전반기 경기도 야학운동의 실태와 기능」 독립기념관 한국독
립운동사연구소 『한국독립운동사연구』 제13집, 1999, pp.101-135

김형목 「야학운동의 의의와 연구동향」 한국사학회 『사학연구』 제66호, 2002,
pp.167-198

김형목 「1920-1924년 여자야학의 현황과 성격」 『한국여성교양학회지』 제12

집, 2003, pp.47-63

김형목 「1920년대 인천지역 야학운동 실태와 성격」『인천학연구』 8호, 2008, pp.227-260

남창균 「일제의 일본어 보급정책에 관한 연구: 일제말기(1937-1945)를 중심으로」 경희대학교 대학원 석사학위논문, 1995

박진동 「일제강점하(1920년대) 조선인의 보통교육 요구와 학교 설립」 역사교육연구회 『역사교육』 제68집, 1998, pp.59-97

서영인 「일제말기 생산소설 연구―강요된 국책과 생활현장의 리얼리티―」『비평문학』 제41호, 2011, pp.145-176

송숙정 「일제강점기 간이학교제도에 관한 고찰」『일본문화학보』 No.87, 2020, pp.241-262

송연옥 「재일조선인 여성의 삶에서 본 일본 구술사연구 현황」『구술사연구』 제6권 2호, 2015, pp.197-220

신용하 「우리나라 최초의 근대학교 설립에 대하여」『한국사연구』 제10집, 1974, pp.191-204

오상철 「개신교 초기 전도부인에 대한 연구(1884-1934)」 장로회신학대학교 대학원 석사학위논문, 2011

이명선 「근대의 '신여성' 담론과 여성의 성애화」『한국여성학』 제19권 2호, 2003, pp.5-37

이명실 「일제하 야학의 민족교육에 관한 연구―1920년대를 중심으로―」 숙명여자대학교 대학원 교육학과 석사학위논문, 1987

이송희 「일제하 부산지역의 여성운동(1)―1920년대를 중심으로―」『부산사학』 제34집, 1998, pp.35-91

이용기 「구술사의 올바른 자리매김을 위한 제언」『역사비평』 통권58호, 2002.2, pp.364-384

이용기 「역사학, 구술사를 만나다」『역사와 현실』 제71호, 2009.3, pp.291-319

이윤미 「식민지 초기 여성선교사 교육활동」『한국교육사학』 제29권 제2호, 2007, pp.87-118

이은우 「신간회운동에 관하여」『성신사학』 제12·13합집, 1995, pp.253-280

이희경 「1920-30년대 식민지 조선 여성교육의 성격―2차 교육령과 여자

고등보통학교규정을 중심으로—」『한국교육사학』 제28권 제1호, 2006, pp.151-187

정근식 「식민지 위생경찰의 형성과 변화, 그리고 유산: 식민지 통치성의 시각에서」 한국사회사학회 『사회와 역사』 제90집, 2011, pp.221-270

정다운 「범부 김정설의 '화랑외사'에서 본 '화랑관'」『동북아문화연구』 제23집, 2010, pp.129-143

정준희 「1930년대 브나로드운동의 사회적 기반과 전개과정」 연세대학교 대학원 석사학위논문, 2018

정혜정 「일제하 '학술강습소'의 문화운동과 샘골학원」『역사와 교육』 제29집, 2019, pp.39-85

조윤정 「식민지 조선의 교육적 실천, 소설 속 야학의 의미」『민족문화연구』 제52호, 2010, pp.227-270

조정봉 「일제하 야학의 갈등구조에 대한 교육사적 연구」『교육철학』 제13집, 1995, pp.281-313

조정봉 「일제강점기 금천지역 야학운동」『중등교육연구』 53(2), 2005, pp.51-70

조정봉 「일제강점기 안동군 '풍산노동야학'의 교육실태 분석」『교육철학』 제29집, 2006, pp.137-158

조정봉·김민남 「일제하 영주지역의 노동야학에 관한 연구」『한국교육』 제31권 제4호, 2004, pp.53-71

차석기 「일제하 노동야학을 통한 민족주의교육의 전개」 고려대학교 교육대학원 『고려대 교육논총』 16·17, 1987, pp.1-17

한규무 「일제강점기 학산 윤윤기의 항일민족교육」 학술심포지움자료집 『전남사범의 설립과 학산의 민족교육운동』 광주교육대학 역사문화교육연구소, 2013, pp.1-27

한상권 「일제강점기 차미리사의 민족교육운동」『한국독립운동사연구』 제16집, 2001, pp.339-437

한우희 「일제식민통치하 조선인의 교육열에 관한 연구」『교육사학연구』 Vol.3, 1990.2, pp.121-135

홍기돈 「김동리연구」 중앙대학교 대학원 박사학위논문, 2003

4. 자료·보고서 등

김영성·김태환·박정규·손산문 공편『봉화 척곡교회 문헌사료집(1907-2012)』대한예수교장로회 봉화 척곡교회·명동서숙, 2013

봉화 척곡교회당『제1회 명동서숙포럼』2010

학산 윤윤기(승원)선생기념사업회『반일애국열사·학산 윤윤기(승원)선생자료집』2013

한림읍 명월리『명월향토지』2003

5. 참고 웹사이트

국가통계포털(http://kosis.kr/index/index.do)

김유정문학촌HP(http://www.kimyoujeong.org/)

동리목월문학관HP(http://dml.gyeongju.go.kr/?r=home)

박규선 교사 가족 블로그(https://blog.daum.net/park1169/8766381?category=1170008)

서울역사아카이브HP(https://museum.seoul.go.kr/archive/NR_index.do)

최용신기념관HP(https://www2.ansan.go.kr/choiyongshin/main/main.do)

『평택시민신문』(http://www.pttimes.com/news/articleView.html?idxno=33333)

학산 블로그(https://cafe.daum.net/7yun)

한국민족문화대백과사전HP(http://encykorea.aks.ac.kr)

황원준 장로 블로그(https://blog.daum.net/hwj2129/)

【일본어】

1. 정기간행물

(1) 잡지

敎育思潮硏究會『敎育思潮硏究』

朝鮮敎育會『文敎の朝鮮』

朝鮮總督府『朝鮮』

(2) 신문

『大阪朝日新聞 朝鮮版』『大阪朝日新聞　附錄 朝鮮朝日』『京城日報』『時
事新報』『釜山日報』

(3) 행정자료

朝鮮總督府『朝鮮總督府官報』

朝鮮總督府『朝鮮總督府統計年報』

朝鮮總督府學務局『朝鮮諸學校一覽』

2. 저서

李正連『韓國社會敎育の起源と展開―大韓帝國末期から植民地時代までを中心
に―』大學敎育出版, 2008

井上和枝『植民地朝鮮の新女性―「民族的賢母良妻」と「自己」のはざまで―』明
石書店, 2013

江藤秀一編『帝國と文化―シェイクスピアからアントニオ・ネグリまで―』春
風社, 2016

大野謙一『朝鮮敎育問題管見』朝鮮敎育會, 1936

學部『韓國敎育』1909

學部『韓國敎育ノ現狀』1910

姜在彦『朝鮮近代史』平凡社, 1998

金富子『植民地期朝鮮の教育とジェンダー：就學・不就學をめぐる權力關係』
世織書房, 2005

隈本繁吉『敎化意見書』1910

駒込武『植民地帝國日本の文化統合』岩波書店, 1996

酒井順子『市民のオーラル・ヒストリー―歴史を書く力を取り戻す』川崎市生
涯學習財團かわさき市民アカデミー出版部, 2008

佐藤廣美・岡部芳廣編『日本の植民地教育を問う―植民地教科書には何が書か
れていたのか』晧星社, 2020

佐野通夫『日本植民地教育の展開と朝鮮民衆の對應』社會評論社, 2006

幣原坦『朝鮮教育論』六盟館, 1919

植民地教育史研究會『植民地教育體驗の記憶』(『植民地教育史研究年報』第7號),
晧星社, 2004

高橋濱吉『朝鮮教育史考』帝國地方行政學會朝鮮本部, 1937

崔誠姫『近代朝鮮の中等教育―1920～30年代の高等普通學校・女子高等普通學
校を中心に―』晃洋書房, 2019

朝鮮總督府官房調査課編『朝鮮國勢調査結果要約』1940

朝鮮總督府學務局『學校を中心とする社會教育狀況』1922

朝鮮總督府學務局社會教育課『朝鮮社會教育要覽』1941

朝鮮總督府學務局學務課『學事參考資料』1937

朝鮮總督府學務局學務課『朝鮮ニ於ケル教育ノ概況』1941

陳培豊『「同化」の同床異夢―日本統治下臺灣の國語教育史再考』2001, 三元社

帝國地方行政學會『朝鮮統治秘話』1937

西村綠也『朝鮮教育大觀』朝鮮教育大觀社, 1931

日本植民地研究會編『日本植民地研究の論点』岩波書店, 2018

朴宣美『朝鮮女性の知の回遊―植民地文化支配と日本留學―』出川出版社,
2005

林廣茂『幻の三中井百貨店―朝鮮を席卷した近江商人・百貨店主の興亡』晚
聲社, 2004

ポール・トンプソン著・酒井順子譯『記憶から歴史へ―オーラル・ヒストリー
の世界』青木書店, 2002

松田利彦・陳姃湲編『地域社會から見る帝國日本と植民地─朝鮮・臺灣・滿洲─』
　思文閣出版, 2013

御廚貴『オーラル・ヒストリー─現代史のための口述記錄─』中公新書, 2011

水野直樹・藤永壯・駒込武編『日本の植民地支配─肯定・讚美論を檢證する』
　岩波書店, 2001

三ッ井崇『朝鮮植民地支配と言語』明石書店, 2010

山下達也『植民地朝鮮の學校教員─初等教員集團と植民地支配─』九州大學出
　版會, 2011

弓削幸太郎『朝鮮の教育』自由討究社, 1923

歷史學研究會編『オーラル・ヒストリーと體驗史─本多勝一の仕事をめぐって
　─』靑木書店, 1988

歷史學研究會編『事實の檢證とオーラル・ヒストリー──澤地久枝の仕事をめぐっ
　て─』靑木書店, 1988

3. 논문

石川武敏「1920年代朝鮮における民族教育の一斷面─夜學運動について
　─」北大史學會『北大史學』Vol.21, 1981, pp.35-52

李正連「植民地朝鮮における實業補習教育に關する一考察─實業補習學校の
　設置及び運營を中心に─」『生涯學習・キャリア教育研究』第7號, 2011,
　pp.11-24

李正連「植民地期朝鮮における女教師の社會教育活動」『生涯學習・キャリア教
　育研究』第16號, 2020, pp.27-41

磯田一雄「日本の植民地教育における教師と子ども」成城大學大學院文學研究
　科『コミュニケーション紀要』11, 1997, pp.27-61

磯田一雄ほか「日本の舊植民地・占領地における教育政策の研究」『成城學園教
　育研究所研究年報』第14集, 1991, pp.1-98

板垣龍太「植民地期朝鮮における識字調査」『アジア・アフリカ言語文化研究』
　58號, 1999, pp.277-316

井上薫「第一次朝鮮教育令下における日本語普及・強制政策:「國語講習會」「

國語講習所」による日本語普及政策とその實態」『北海道大學教育學部紀要』66, 1995, pp.33-56

井上薫「日本統治下末期の朝鮮における日本語普及・强制政策：徵兵制度導入に至るまでの日本語常用・全解運動への動員」『北海道大學教育學部紀要』73, 1997, pp.105-153

井上薫「報告『日本帝國主義の朝鮮における教育政策』研究の視座」『植民地教育史年報』第1號, 1998, pp.28-39

李炯喆「植民地支配下の朝鮮語」『長崎縣立大學國際社會學部研究紀要』第1號, 2016, pp.7-19

李明實「日本强占期社會教育史の基礎的研究—朝鮮總督府による施策の展開を中心に—」筑波大學大學院博士學位論文, 1999

片桐芳雄「記憶された植民地教育—韓國・大邱での聞き取り調査をもとに—」『植民地教育史年報』第1號, 1998, pp.70-90

姜東鎭著・阿部洋譯「日帝支配下の勞動夜學」『韓』通卷34號, 1974, pp.25-62

許佩賢「植民地臺灣の近代學校—その實像と虛像—」『アジア遊學』No.48, 勉誠出版, 2003, pp.38-45

熊谷明泰「植民地下朝鮮における徵兵制度實施計劃と『國語全解・國語常用』政策(上)」『關西大學人權問題研究室紀要』48號, 2004, pp.77-230

熊谷明泰「賞罰表象を用いた朝鮮總督府の『國語常用』運動：『罰札』, 『國語常用家庭』, 『國語常用章』」『關西大學視聽覺教育』29, 2006, pp.55-77

櫻井厚「ライフヒストリー研究における〈インタビューの經驗〉：報告（〈企劃〉シンポジウム：消えゆく聲を聞く/見えないものを見る：オーラル・ヒストリーの可能性とアーカイヴの課題）」史資料ハブ：地域文化研究：東京外國語大學大學院地域文化研究科21世紀COEプログラム『史資料ハブ地域文化研究據點』2, 2003, pp.12-21

高森充「明治後期～大正期の社會教育政策と青年教育—近代日本の青年教育史（その2）—」『名古屋大學教育學部附屬中高等學校』第13集, 1967, pp.148-152

都築繼雄「朝鮮女子教育會の社會教育活動」『東アジア社會教育研究』No.6, 2001, pp.184-200

富田晶子「準戰時下朝鮮の農村振興運動」歷史科學協議會『歷史評論』No.377,
　　校倉書房, 1981, pp.76-98

朴宣美「オーストラリア長老派敎會朝鮮ミッションと女子敎育」『歷史人類』第48
　　號, 2020, pp.70-92

早川和彦「『卒業生指導』の立案・實施とそれへの對應—立案者八尋生男の理
　　想形と現場の實際—」『中央大學政策文化總合硏究所年報』第22號, 2018,
　　pp.51-70

廣川禎秀「日本近現代史硏究とオーラル・ヒストリー」大阪市立大學文學部紀
　　要『人文硏究』第46卷 第11分冊, 1994.12, pp.37-58

松本武祝「植民地期朝鮮農村における衛生・醫療事業の展開—『植民地的近代
　　性』に關する試論」『商經論叢』第34卷 第4號, 1999, pp.1-35

尹素英「1930年代植民地朝鮮における新敎育運動の變容—簡易學校を中心に
　　—」『植民地敎育史硏究年報』2012, pp.29-51

古川宣子「植民地期朝鮮における初等敎育—就學狀況の分析を中心に—」『日本
　　史硏究』370, 1993, pp.31-56

古川宣子「植民地期朝鮮の簡易學校—制度導入とその普及を中心に—」『大東文
　　化大學紀要』第55號, 2017.3, pp.129-144

원문 출처

다음의 각 장은 기존 발표논문을 대폭 수정·추가하여 작성되었다.

제2장 교육욕구의 고조와 야학 증가

「植民地期朝鮮における不就學兒童と夜學─1930~40年代夜學經驗者のオーラルヒストリーをもとに─」(平成23年度~平成25年度 科學硏究費補助金・基盤硏究(B)硏究成果報告書『日本統治下臺灣・朝鮮の學校教育と周邊文化の硏究』(硏究代表者:佐藤由美), 2014年3月, pp.67-86)에 수록. 본서에 게재하면서 일부 개고하고 덧글을 달았다.

제3장 불취학자들의 배움의 실태

「植民地期朝鮮における私設學術講習所と不就學者の學び─『養正院』及び『明月塾』出身者のオーラル・ヒストリーをもとに─」(『東京大學大學院教育學硏究科紀要』第54號, 2015年3月, pp.151-159)에 수록. 추가 조사한 내용을 더해 대폭 개고했다.

제4장 여성의 배움과 야학

「植民地期朝鮮の夜學と女性の學び─夜學經驗者のオーラルヒストリーをもとに─」(アジア教育學會『アジア教育』第10號, 2016年9月, pp.15-30)에 수록. 추가 조사한 내용을 더해 일부 개고하고 덧글을 달았다.

제5장 야학교사의 교육실천

「植民地期朝鮮の夜學教師に關する一考察─夜學經驗者のオーラルヒストリーをもとに─」(『生涯學習・キャリア教育硏究』第14號, 2018年3月, pp. 27-39)에 수록. 일부 개고하고 덧글을 달았다.

사항색인

숫자

인명색인

저자 소개

이정연(李正連)

일본 동경대학 대학원 교육학연구과 교수, 박사(교육학)
전공분야는 사회교육, 평생교육

동국대학교 교육학과에서 학부 및 석사과정을 마친 뒤 일본으로 건너가 나고야대학(名古屋大學)에서 박사학위를 취득했다. 2006년에 나고야대학 대학원 교육발달과학연구과 조교수로 부임, 이후 부교수를 거쳐 2011년부터는 동경대학으로 자리를 옮겨 교육 및 연구에 힘쓰고 있다. 2022년부터 교수로 재직 중이다.

주요 저서로는 『한국 '사회교육'의 기원과 전개』(학이시습, 2010), 『日本の社會教育・生涯學習—新しい時代に向けて—』(大學教育出版, 2013, 공편), 『社会教育福祉の諸相と課題: 欧米とアジアの比較研究』(大學教育出版, 2015, 공저), 『國家主義を越える日韓の共生と交流—日本で研究する韓國人研究者の視點』(明石書店, 2016, 공편저), 『躍動する韓國の社會教育・生涯學習—市民・地域・學び』(エイデル研究所, 2017, 공편저), 『人生100年時代の多世代共生-'學び'によるコミュニティの設計と實裝-』(東京大學出版會, 2020, 공저) 등이 있다.

식민지 조선 불취학자들의 배움 -야학경험자의 구술사를 토대로-

초판발행	2023년 3월 1일
지은이	이정연
펴낸이	노 현
편 집	김민조
기획/마케팅	손준호
표지디자인	이영경
제 작	고철민·조영환
펴낸곳	㈜ 피와이메이트
	서울특별시 금천구 가산디지털2로 53, 210호(가산동, 한라시그마밸리)
	등록 2014. 2. 12. 제2018-000080호
전 화	02)733-6771
f a x	02)736-4818
e-mail	pys@pybook.co.kr
homepage	www.pybook.co.kr
ISBN	979-11-6519-334-8 93370

* 파본은 구입하신 곳에서 교환해 드립니다. 본서의 무단복제행위를 금합니다.
* 저자와 협의하여 인지첩부를 생략합니다.

정 가	29,000원

박영스토리는 박영사와 함께하는 브랜드입니다.